U0935809

王伟光　夏宝龙／总主编

中国梦与浙江实践

—— 文化卷 ——

谢地坤／主　编

陈　野／副主编

社会科学文献出版社
SOCIAL SCIENCES ACADEMIC PRESS (CHINA)

“中国梦与浙江实践”课题组名单

领导小组组长

王伟光　中国社会科学院院长、党组书记

夏宝龙　中共浙江省委书记、省人大常委会主任

从书编撰委员会主任

李培林　中国社会科学院副院长

葛慧君　中共浙江省委常委、宣传部长

中国社会科学院总协调组

组　长：晋保平　中国社会科学院副秘书长

成　员：马　援　中国社会科学院科研局局长

张国春　中国社会科学院科研局副局长

秘　书：孙　晶　中国社会科学院科研合作处正处级调研员

浙江总协调组

组　长：葛慧君　中共浙江省委常委、宣传部长

副组长：胡　坚　中共浙江省委宣传部常务副部长

舒国增　中共浙江省委副秘书长、政研室主任（时任）

张伟斌　浙江省社会科学院党委书记

迟全华　浙江省社会科学院院长

金延锋　中共浙江省委党史研究室主任

文化组

组　长： 谢地坤　中国社会科学院哲学研究所所长、研究员

副组长： 陈　野　浙江省社会科学院调研中心主任、研究员

成　员： 张晓明　中国社会科学院哲学研究所研究员
惠　鸣　中国社会科学院哲学研究所副研究员
祖春明　中国社会科学院哲学研究所助理研究员
陈立旭　中共浙江省委党校教育长、教授
李　杰　浙江大学传媒与国际文化学院副院长、教授
吴锡标　衢州学院科研处处长、教授
周　静　浙江省社会科学院调研中心副研究员
张红岭　中共浙江省委党校社会学文化学教研室副教授
魏俊杰　衢州学院副教授

序言（一）

党的十八大以来，习近平总书记发表了一系列重要讲话，深刻回答了新形势下党和国家事业发展的一系列重大理论和现实问题，勾画了党和国家走向未来的宏伟图景，为我们在新的起点实现新的奋斗目标提供了科学指南和基本遵循。习近平同志在浙江工作期间的深邃思考和丰富实践，是科学运用马克思主义世界观和方法论解决当代中国问题的典范，是坚持实事求是思想路线、坚持辩证唯物主义和历史唯物主义的高度体现。2014 年 3 月，为从历史大视野和发展大趋势方面加深对习近平系列重要讲话内在联系的理解，真正在深层次上提高思想理论水平，中国社会科学院与中共浙江省委合作启动了“中国梦与浙江实践”重大课题研究工作。

经过近一年的潜心研究，“中国梦与浙江实践”系列丛书正式出版。这套丛书由 7 卷专著组成，约 200 万字，全景式、立体式地揭示了浙江通过实施“八八战略”取得的发展经验。“八八战略”是习近平同志深入调查研究，科学分析省情，一切从浙江实际出发而形成的科学思路，是战略思维，它明确了中国梦在浙江实践的目标和原则，也指明了浙江实践的路径和方法。“八八战略”的实践成就，是形成了以“经济民本多元、社会包容有序、文化自强创新、政府服务有为、党建坚强有力”为主要特点和基本内容的浙江经验。党的十七大以来，特别是党的十八大以来，中共浙江省委继续坚定不移地实施“八八战略”，推进浙江新实践、新探索。新阶段中国梦在浙江实践的突出特点和基本经验，可以概括为“经济倒逼转型、主动引导，政治基层民主、有效政府，文化务实守信、崇学向善，社会城乡一体、平安和谐，生态绿水青山、金山银山，党建巩固基础、发挥优势”。“八八战略”的经验不仅属于浙江，也属于全国。当前，中国全面建成小康社会进入决定性阶段，全面深化改革进入攻坚期，我们必须破解改革发展稳定难题和应对全球性问题。不断总结浙江人民深入科学探索、成功实践中国梦的基本经验，对于我们正确认识所处时代环境和国内外形势，从容应对各种各样的风险挑战，具有特别重要的理论价值和实践意义。

丛书提出了中国梦在浙江实践的五点重要启示，值得我们深入思考：必须始终坚持和加强党的科学领导；必须把充分发挥市场配置资源决定性作用与更好发挥政府作用紧密结合起来；必须高度重视发掘和弘扬传统文化，用文化软实力支撑和助推经济硬实力；必须坚持科学规划、创新与继承相结合，一张蓝图绘到底；必须弘扬尊重规律、尊重实践、尊重人才、尊重群众的首创精神。

"中国梦与浙江实践"系列丛书的研究编著，是中国社会科学院建设中国特色新型智库、发挥智库作用的一个范例。中国社会科学院正在努力建设成具有国际影响力的世界知名智库，正在努力实践全体哲学社会科学理论工作者的中国梦。我们同样要坚持党的领导，把握正确的政治方向和学术导向；要坚持围绕中心、服务大局；要坚持科学精神，鼓励大胆探索；要坚持深化改革，持续推进体制机制和组织形式创新。只有这样，我们才能充分发挥中国社会科学院资政建言、理论创新、舆论引导、社会服务和公共外交等重要功能。

这套丛书是中国社会科学院与中共浙江省委、省政府第二次合作研究的结晶。2005 年，双方携手开展"浙江经验与中国发展"重大课题研究。2007 年，《浙江经验与中国发展——科学发展观与和谐社会建设在浙江》（6 卷本）出版，在社会上产生了广泛的影响，构建了学术研究机构与地方政府紧密合作、理论源于实践又有力地反作用于实践的范式与机制。这次合作研究是上次研究的继续和深化，中国社会科学院党组和中共浙江省委高度重视这项工作，中国社会科学院抽调了 7 个研究所（院）的所长及 20 余位研究骨干，浙江省也精心选调了 30 多位科研精英、党政领导干部，共同开展调研。书稿曾数易其稿，成稿后，双方专家又反复进行了认真修改，中共浙江省委宣传部、省委政策研究室等部门的领导提出了许多宝贵意见和建议。尤其是夏宝龙同志多次精心指导，并为丛书作序。在此，我们要向付出辛勤劳动的他们表示衷心感谢！

让我们不断奋力谱写中国梦浙江实践、中国梦全国实践的新篇章。

中国社会科学院院长
中国社会科学院党组书记 王伟光

2015 年 2 月 9 日

序言（二）

党的十八大以来，习近平总书记站在坚持和发展中国特色社会主义、实现中华民族伟大复兴中国梦的战略高度，发表了一系列重要讲话，深刻阐释了党和国家发展的重大理论和实践问题，提出了许多富有创见的新思想、新观点、新论断、新要求。习近平总书记系列重要讲话精神是中国特色社会主义理论体系的最新成果，是指导具有许多新的历史特点的伟大斗争的最鲜活的马克思主义。特别是，中国梦以一个朴实无华的概念，把远景的期盼和具体的现实、党的执政理念和人民群众对美好生活的向往，紧密地融合在一起，进一步指明了全党全国各族人民共同的奋斗目标，深刻揭示了中华民族的历史使命和当代中国的发展走向，鲜明宣示了我们党执政为民的理念，已成为中国人民团结奋进的精神旗帜，也得到了世界各国人民的广泛赞誉和高度认同。

习近平总书记在浙江工作期间，坚持干在实处、走在前列，深入实施“八八战略”，推进中国特色社会主义在浙江的生动实践，为浙江留下了宝贵的精神财富。我们学习贯彻习近平总书记系列重要讲话精神，需要与学习贯彻习近平总书记在浙江工作时的重要论述结合起来，切实做到温故知新、学新用新，学而信、学而用、学而行。为此，中共浙江省委和中国社会科学院于2014年3月联合开展“中国梦与浙江实践”重大课题研究，全面梳理2003年以来历届中共浙江省委坚持一张蓝图绘到底、深入实施“八八战略”的历史进程，科学总结中国特色社会主义在浙江生动实践的宝贵经验，深入研究解读习近平总书记在浙江工作期间形成的一系列关于经济、政治、文化、社会、生态文明建设和党的建设的主要思想观点和重大决策部署，深入挖掘阐释其中所蕴含的马克思主义的立场、观点和方法。历经10个月，这一课题研究形成了最终成果——“中国梦与浙江实践”系列丛书。该丛书共有7卷，即总报告卷、经济卷、政治卷、社会卷、文化卷、生态卷和党建卷。

“中国梦与浙江实践”系列丛书，以中国梦为切入口，聚焦浙江经验，解析浙江现象，全面研究了中国特色社会主义在浙江的创新实践。我相信，这套丛书的出版，一定有助于我们更好地把握习近平总书记系列重要讲话精神形成的思想渊源和实践基础；有助于我们更加全面系统地总结浙江的实践经验，更深刻地认识到“八八战略”是引领浙江发展的总纲，是推进浙江各项工作的总方略，是认识新常态、适应新常态、引领新常态的金钥匙；有助于我们进一步坚定一以贯之地续写好“八八战略”这篇大文章的信心和决心，通过干好“一三五”、实现“四翻番”，加快建设物质富裕、精神富有的现代化浙江和建设美丽浙江、创造美好生活，全面推进中国特色社会主义在浙江的伟大实践，谱写好中国梦的浙江篇章。

特别值得一提的是，“中国梦与浙江实践”重大课题研究得到了中国社会科学院的高度重视和大力支持。王伟光院长专程率领专家团队来浙商谈，并就课题研究的主要内容、组织架构、成果规划和具体实施提出了明确要求。由中国社会科学院和以浙江省社会科学院为主的双方专家组成的课题组成员多次深入基层考察调研，精心研究撰写。浙江省各地各部门认真准备，积极配合，为课题研究和丛书出版做了大量工作。在此，我谨代表中共浙江省委，一并表示衷心的感谢！

中共浙江省委书记
浙江省人大常委会主任

2015年2月5日

目　录

导论
浙江文化建设：经验与成就

浙江是我国的经济大省，也是我国改革开放的排头兵之一。改革开放以来，依靠独特的区位优势和自强不息、敢为人先的创业创新精神，浙江从一个经济基础薄弱的省份迅速成长为我国最发达的省份之一，经济、政治、文化、社会、生态等各个领域的建设均走在了全国前列。

为全面总结浙江发展的经验，2006 年，中国社会科学院与浙江省合作，开展了“浙江经验与中国发展”重大国情调研。作为文化组成员，我们有机会走进浙江，对浙江文化建设的成就和内在动力进行了深入考察。在考察中我们发现，浙江在以“求真务实、诚信和谐、开放图强”为主旨的浙江精神引导下，按照时任浙江省委书记习近平同志“干在实处、走在前列”的指示，着力建设文化大省，给我们留下了深刻印象。在建设文化大省目标和“八八战略”的推动下，浙江人将“文化观”与“发展观”紧密连接在一起，以科学发展观深化文化体制改革、以全新的方式建构公共文化服务体系、以“无中生有”的创新精神发展文化产业，使文化成为保障全省经济、社会、政治、生态协调发展的“硬道理”。在《浙江经验与中国发展——科学发展与和谐社会建设在浙江（文化卷）》一书中，我们的一个基本判断就是，浙江文化建设走在了全国前列，为全国其他地区的文化建设提供了丰富的经验。

时隔 8 年，我们作为“中国梦与浙江实践”课题组文化组，对 10 余年来的浙江文化建设进行新的审视。我们发现，此一时期，浙江将文化建设与经济社会发展的内在要求密切结合，着力建构诚信、公平等现代市场伦理，涵养、激发创业创新的地域文化精神，推动全省经济转变增长方式、优化产业结构，走出了一条经济发展与文化发展协调互动的浙江之路。在本次考察中，浙江高度的文化自觉给我们留下了极为深刻的印象。浙江在文化建设中对于本土化发展路径的探索以及对于文化治理方式的创新，更让我们兴奋。这些文化实践，是此一时期浙江文化建设中的最大亮点，更是具有全国性示范意义的重大突破。

2014 年 9 月，正当课题组集中力量撰写本书的时候，传来了阿里巴巴在美国成功上市的消息，这让全世界的目光都聚焦中国。阿里巴巴是在浙江这片沃土上生长起来的企业，它极具象征性意义地将中国带入了网络经济时代，其所迸发出来的巨大经济潜力是我们在 2007 年就曾经感受过的，在这次调研过程中我们依然深有体悟。2007 年，我们聚焦浙江文化建设，对浙江精神的内涵及其在文化建设中表现出来的自觉意识进行了认真梳理和挖掘。今天，我们再次关注浙江，希望能对 2008 年国际金融危机后浙江进行的经济转型，特别是转型背后的文化动因进行再认识。我们将这一动因归结为从文化自觉走向文化治理，并把这 10 余年来浙江文化建设的过程归结为不断探索文化治理的本土路径的过程。

党的十八届三中全会提出“推进国家治理体系和治理能力现代化”的目标之后，关于治理的讨论日益成为热点。但这些讨论多集中在政治治理和社会治理层面，对文化治理的讨论尚且不多。事实上，越来越多的人已经认识到，对于我国正在推动的政治、经济、社会、文化和生态“五位一体”的现代化进程而言，文化发展是能对国家整体发展起平衡作用的战略枢纽，不仅可以进一步促进经济社会整体发展水平的提高，更能通过塑造一种全新的生活方式，为世界贡献一种中国式的文明典范。正是在这个意义上，我们认为，浙江文化建设作为一种文化治理的本土路径的探索具有极为重要的意义。

浙江地处苏浙文化圈、吴越故地，历史文化积淀极为丰厚。距今 1 万年的上山文化、距今 7000 年的河姆渡文化、距今 6000 年的马家浜文化、距今 5000 年的良渚文化，都是中华文明重要的早期源头。在文化版图上，浙江自古人文昌盛，名人荟萃，东汉以来载入史册的浙江籍文学家占全国的 1/6，素有“天下文章出浙江”之说。这是浙江人独特的文化基因和特有的人文优势。

人文优势是浙江区域发展的重大优势。近现代以来，由于战乱频仍，浙江文化在促进区域发展和现代化进程中的优势难以发挥。计划经济时代，浙江又始终处于计划体制的边缘地带，不具备把人文资源优势变为文化经济实力的经济条件和物质基础。

改革开放以后，浙江人文优势得到充分释放，并转化为经济增长的强大动力。浙江成为全国经济增长速度最快、增长成效最为显著的省份之一。据《浙江统计年鉴2014》和浙江省统计局提供的数据，2004～2014年，浙江省经济总量迅速增长，从2004年的11648.70亿元增长到2014年的40153.5亿元，年均增长率达到13.17%。虽然2008年金融危机后浙江省经济总量增幅逐步放缓，增长率由2007年的峰值14.7%骤然降至2008年的10.1%，2009年再降至8.9%，但这与我国宏观经济增长速度整体放缓，进入经济换挡调整期的大环境有关。2010年以后，浙江经济逐渐恢复增长，除2011年外，其余年份的增速依然高于全国年均增长率（见表1）。

表1　2004～2014年全国和浙江省国内生产总值及增长率比较

项目＼年份	2004	2005	2006	2007	2008	2009
全国生产总值(亿元)	160714.4	185895.8	217656.6	268019.4	316751.7	345629.2
全国生产总值增速(%)	10.1	11.3	12.7	14.2	9.6	9.2
浙江省生产总值(亿元)	11648.70	13417.68	15718.47	18753.73	21462.69	22990.35
浙江省生产总值增速(%)	14.5	12.8	13.9	14.7	10.1	8.9

项目＼年份	2010	2011	2012	2013	2014
全国生产总值(亿元)	408903.0	484123.5	534123.0	588018.8	636462.7
全国生产总值增速(%)	10.6	9.5	7.7	7.7	7.4
浙江省生产总值(亿元)	27722.31	32318.85	34665.33	37568.49	40153.5
浙江省生产总值增速(%)	11.9	9.0	8.0	8.2	7.6

数据来源：国家统计局网站（http：//data.stats.gov.cn/easyquery.htm？cn = C01）；《浙江统计年鉴2014》、浙江省统计局。

浙江文化产业发展在全国也堪称翘楚。自从2004年我国第一次建立文化产业国家统计制度以来，浙江省文化产业增加值增速除了2009年受到金融危机影响降至10%以下外，在多半时间里保持在20%以上，到2013年，文化产业增加值总量已经占GDP的5.0%，超过了全国平均水平，成为引领浙江经济转型和升级的战略性支柱产业（见表2）。不仅如此，浙江文化产业发展与经济发展呈现有趣的相关性。从数据看，2009年金融危机影响达到高峰，浙江经济发展增速降至8.9%，文化产业增速也第一次下降到9.87%，为10年中最低。但是，2010年文化产业增加值增速猛然增长到30.71%，为10年中的峰值。如果说2009年浙江省文化产业增加值增速降至谷底是由于2008年受到经济危机的消极影响，那么2010年的骤然增长则显然具有“逆势上扬”的性质了。

表2　2004～2013年浙江省文化产业增长情况

项目＼年份	2003	2004	2005	2006	2007	2008
文化产业增加值(亿元)	312.00	377.61	442.24	501.72	595.93	735.40
文化产业增加值增速(%)	—	21.02	17.12	13.45	18.77	23.40
占GDP比例(%)	3.3	3.2	3.3	3.2	3.2	3.4

项目＼年份	2009	2010	2011	2012	2013
文化产业增加值(亿元)	807.96	1056.09	1290.01	1581.72	1880.40
文化产业增加值增速(%)	9.87	30.71	22.15	22.61	18.90
占GDP比例(%)	3.5	3.8	4.0	4.6	5.0

注：2003年包括体育，2012年及2013年数据按国家新的文化及相关产业行业分类标准统计。
数据来源：浙江省统计局。

金融危机爆发后，浙江省委、省政府把金融危机作为“倒逼”发展模式转变的重要机遇，从融资、治理结构、发展空间等方面推动民营经济创新、民营企业创新，并在台州市和温州市等地设立民营经济创新发展综合配套改革试点区，推动民营经济在危机后实现整体升级。党的十八大后，浙江省全面加快推进经济升级转型。2013年，浙江省进一步提出“四换三名”工程，从战略上要求加快“腾笼换鸟”、机器换人、空间换地、电商换市的步伐，大力培育名企、名品、名家。可以看出，浙江在经济转型升级中所依赖的文化内涵，正是来自经济伦理的建构，来自品牌的提升以及知识、科技与创造力的融合和自觉运用。在这一过程中，浙江省坚持推动以信息化引领新型工业化，大力提升现代服务业在经济总体中的比重，并积极发展文化创意产业，使浙江经济的内在质量得到持续提升，全省经济发展迈上新的台阶。

2014 年，进入"十二五"后期，浙江经济"2.0 版"强势崛起。2014 年 9 月 19 日，全球最大的电子商务服务商阿里巴巴登陆纽约证券交易所，每股发行价高达 68 美元，成功融资 250 亿美元，创造了全球股市历史上最大的单次融资纪录。阿里巴巴在纽交所上市之初市值就高达 2300 多亿美元，成为全球市值仅次于苹果、微软、谷歌的第四大 IT 公司。至 11 月上旬，上市 1 个多月后，阿里巴巴股价已经超过 100 美元，市值超过了传统零售巨头沃尔玛。目前，阿里巴巴早已超越电子商务的范畴，发展成为集电商、云服务、互联网金融、大数据、影视与数字娱乐等众多业务于一体的宏大"帝国"。阿里巴巴的最大成功之处是对互联网服务经济无限潜能的拓展和挖掘。阿里巴巴的成功表明，浙江企业走向世界、驾驭市场经济的能力提升到了一个全新的水平，能够为世界经济创新做出巨大的贡献。如果说义乌的小商品模式代表了浙江经济的"1.0 版"和传统的商业模式，阿里巴巴则以全新的互联网商业模式、商业伦理和创新文化代表了浙江经济的"2.0 版"，它是浙江经济创新、升级并成功迈上更高平台的标志，更是互联网时代浙江人创业创新精神的集中体现，这也正是本卷试图揭示的浙江新的精神文化特质。

10 余年来，浙江的文化发展不仅对经济社会的整体发展发挥了重要作用，而且为探索中国特色现代化发展道路提供了浙江样本。无论是用各项硬性指标来衡量，还是从当代浙江人的精神风貌来考察，都可以看到浙江正从前现代时期的"文物之邦"成长为今日的"文化大省"乃至"文化强省"。在我们看来，浙江正在经历一场真正意义上的"文化复兴"。

毫无疑问，在浙江应对金融危机挑战、再创辉煌的过程中，文化发展以及文化产业与传统经济的融合发展发挥了极为重要的作用。这一现象引发了人们的关注和反思，使人们再度聚焦文化在促进经济社会发展方面的重要作用。正如习近平同志所指出的：“改革开放以来浙江经济社会持续快速健康发展的深层原因，就在于浙江深厚的文化底蕴和文化传统与当今时代精神的有机结合，就在于我们在推进经济发展的同时大力加强文化建设，就在于全省人民大力发扬‘浙江精神’，始终保持昂扬向上的精神状态。”①

浙江文化建设是在清晰的战略路径指导下开展的。自20世纪90年代开始，浙江省委、省政府在中央精神的指引下，对文化发展进行科学谋划和合理布局。1999年，浙江提出建设文化大省战略，2000年出台了《浙江省建设文化大省纲要（2001～2020年）》。10余年来，浙江省先后出台了《中共浙江省委关于加快建设文化大省的决定》《中共浙江省委关于认真贯彻党的十七届六中全会精神大力推进文化强省建设的决定》等10多个纲领性文件，并深入实施“八项工程”（文明素质工程、文化精品工程、文化研究工程、文化保护工程、文化产业促进工程、文化阵地工程、文化传播工程、文化人才工程），大力构建“三大体系”（社会主义核心价值体系、公共文化服务体系、文化产业发展体系），推动浙江走向“文化复兴”之路。本导论将对过去10余年浙江经济、文化的发展做一个粗线条的梳理。我们按照通常理解，将问题分为“核心价值体系建设”、“公共文化服务体系建设”、“文化体制改革和文化产业发展”以及“文艺创作”这四个方面。

第一节　社会主义核心价值体系建设

2006年，党的十六届六中全会第一次明确提出了“建设社会主义核心价值体系”的重大命题和战略任务；党的十七大进一步指出“社会主义核心价值体系是社会主义意识形态的本质体现”；党的十七届六中全会进一步强调，社会主义核心价值体系是“兴国之魂”；党的十八大报告明确提出“三个倡导”，即“倡导富强、民主、文明、和谐，倡导自由、平等、公正、法治，倡

① 习近平：《干在实处　走在前列——推进浙江新发展的思考与实践》，中共中央党校出版社，2006，第289页。

导爱国、敬业、诚信、友善，积极培育社会主义核心价值观”。

尽管如此，社会主义价值体系究竟是什么，如何使之落地，如何实现体制化建构，如何与传统文化价值观念进行嫁接等，始终是各地在践行社会主义核心价值观的过程中所普遍面临的问题。在很多地方实际工作中，社会主义核心价值体系难以落地，甚至出现在宣传中被“碎片化”、在基层中被“边缘化”、在群众中被“程式化”、在操作中被“另类化”的倾向，这使得社会主义核心价值体系的建设在很大程度上流于形式，效果欠佳。

浙江在建设社会主义核心价值体系方面积极探索本土路径，不仅使之落地生根，而且成功实现嫁接，结出了丰硕成果。早在2000年，《浙江省建设文化大省纲要（2001～2020年）》就提出，要“努力建立适应社会主义市场经济发展的思想道德体系，完善与经济社会发展要求相适应的文化发展格局”。自2006年以来，浙江更是把建设社会主义核心价值体系的工作当作全省精神文明建设的根本任务。在贯彻落实中共中央办公厅印发的《关于培育和践行社会主义核心价值观的意见》精神的过程中，浙江省注重分类分层指导，注重如何使社会主义核心价值观融入生活，深入人心。广泛搭建群众参与平台，积极营造“人人参与、人人践行”的社会环境，着重突出实践养成环节，兼顾宣传教育和制度建设。

开展“信用浙江”建设，与经济实践对接。浙江一直以来以非公有制经济为主导，以成长于传统小农经济中的个体手工业“草根经济”为特色，但在国内外竞争日趋激烈的今天，草根经济背后的商业文化与现代商业伦理之间的深层矛盾日益暴露。市场信用体系不完善、“熟人社会”为基础的浙商文化与现代经济伦理的矛盾、家族式管理与现代企业治理体制的矛盾、经济增长与资源和环境支撑的矛盾，等等，都成为浙江经济可持续发展的重大挑战。针对这些问题，2002年，浙江省政府下发了《关于建设“信用浙江”的若干意见》，明确提出建设“信用浙江”。2005年，浙江省政府又出台了《浙江省企业信用信息征集和发布管理办法》，广泛开展道德教育，培育信用文化。2012年，《浙江省公民道德建设纲要》更是明确提出，“着眼于建设‘信用浙江’，把诚信建设摆在突出位置，大力推进政务诚信、商务诚信、社会诚信、司法公信和个人诚信建设，强化诚信理念，弘扬诚信精神，培养诚信品质，形成‘诚信为本、操守为重’的社会风尚。抓紧建立健全覆盖全社会的征信体系，加强诚信信息征集和披露、诚信评价、诚信自律、诚信奖惩等机制建设，规范信用行为，加强信用监管，在全社会广泛形成‘有信者荣、失信者耻、无信者忧’的氛围”。可以说，诚信建设是这十多年来贯穿始终的、建设社会主义核心价值体系的基础性工作，为浙江经济构建了伦理基础。

开展“我们的价值观”大讨论，与本土经验对接。在实践中，浙江省广泛开展道德教育，推动社会诚信体系构建与公民道德建设的融合促进。其中关于弘扬公民美德的“最美浙江人”评选、凝聚社会价值共识的“我们的共同价值观”大讨论最为引人注目。“我们的共同价值观”大讨论从2012年开始，历时4个多月，接到5万多份建议稿，23万余次的价值观词条，参与人员达1000多万人次，最终形成“务实、守信、尚学、向善”的当代浙江人的共同价值观，倡导“以踏实奋进、开拓创新的姿态，以诚实守信、和礼天下的品质，以学以修身、学以济世的精神，以善善从长、乐善不倦的心态”做一个当代浙江人。这一大讨论将社会主义核心价值观与普通群众的生活经验结合了起来，并真正落实到日常生活和行为中。

建设农村文化礼堂，与乡村日常生活对接。农村文化礼堂建设是近年来浙江基层公共文化服务建设中的重大创新项目。针对广大农村设施薄弱、群众参与程度较低等现状，浙江省突破传统上的村级文化活动室的概念，在村民自愿的基础上，通过财政资金支持，帮助各村通过新建或改造利用原有的礼堂、影剧院、会场等多种方式，建设农村文化礼堂。建成后的农村文化礼堂成为村民日常交往、文化娱乐、聚会交流、培训学习、体育锻炼乃至举办宴会的公共空间。村民在文化礼堂中享受、体验、参与、表达属于自己的本土文化和生活方式。娱乐、交往、办事、服务等功能的高度结合，使文化礼堂真正成为农民群众日常生活的一部分，更成为广大村民的新型精神家园。同时，文化礼堂在公共服务功能上的高度整合，也从机制上解决了基层文化建设中资源投放重复、分散分割、与主体需求不匹配的问题，使公共文化资源使用效率获得极大提高，为我国基层公共文化服务建设提供了重要经验。

开展“好家训好家风带好民风”等实践活动，与乡土传统对接。为利用自古就有的“家训”这一优秀的传统道德教育方式，2014 年，浙江省文明办下达了《关于开展“我们的家训——浙江百姓重家风”活动的通知》。该通知提出，要立足于浙江优秀的历史文化传统，通过开展“我们的家训——浙江百姓重家风”活动，引导人们从自己做起，从家庭做起，讲道德、树家风，使“爱国、敬业、诚信、友善”等原则和立身处世、持家治业的乡土传统衔接起来，引导人们讲道德、重家风，进而形成良好的民风。

开展“最美现象”评选活动，与群众生活对接。为践行社会主义核心价值观，充分发挥“选树典型”的示范带动作用，浙江开展了一系列“最美现象”的评选活动，如“最美浙江人——浙江好人榜”推荐评选活动、“浙江骄傲”年度人物评选活动、浙江省“道德模范”评选活动、“青春领袖”评选活动等，此外，十大“最美”衢州人物、杭州市“十大平民英雄”、温州市“感动温州”人物、“感动台州”十大人物、“感动余姚”新闻人物等评选活动也已形成品牌，在群众中享有口碑，推动“崇德向善，见贤思齐”良好社会风尚的形成。

开展各种道德主题教育实践活动，与青少年教育对接。浙江将培育和弘扬社会主义核心价值观贯穿于公民道德建设中，先后开展了以“诚信”“友善”“勤俭”“孝敬”等为主题的实践活动。同时，根据习近平总书记关于“学习和弘扬社会主义核心价值观要从娃娃抓起、从学校抓起，做到进教材、进课堂、进头脑”的要求，浙江提出要研究制订《关于把社会主义核心价值观融入学校教育全过程的实施意见》，创新中小学德育课和高校思想政治理论课教学方式方法，并通过开展“我的中国梦”“争做精神富有的浙江青少年”主题教育活动，从娃娃抓起，构筑草根群体的道德高地。

除实践养成环节外，浙江在宣传教育和制度建设方面也进行了积极实践，且成效显著。在宣传方式上，除传统媒体外，还运用手机报、微信、微博、微电影、微视频等新媒体、新渠道，借助文艺作品、公益广告等宣传平台，积极营造有利于社会主义核心价值观传播的社会环境。在制度建设上，为构建培育和践行社会主义核心价值观的保障机制，浙江省在2014年9月18日颁布实施了《浙江省道德模范待遇保障若干规定（暂行）》，进一步规范了道德模范的待遇保障工作，营造了“好人有好报”的鲜明导向，引导更多人自觉践行社会主义核心价值观。

总体而言，浙江“最美人物”“身边好人”越来越多，已经由“盆景”变为“风景”，由“风景”变为“风尚”。

第二节 公共文化服务体系建设

2005年，我国第一次正式提出“公共文化服务体系”的概念，公共文化服务水平也成为检验政府为民服务的绩效和衡量人民实现文化权益程度的重要指标。公共文化服务水平的提高与经济社会的发展水平密切相关，经济社会发展水平较高的地区，通常公共文化服务设施水平也相应较高。但这并不意味着其使用率必然较高。在很多地区，“三馆一站”建设得完备整齐，但里面的书籍和设备却布满灰尘，甚至堆满杂物，成为仓库，并未达到公共文化服务满足人民群众精神文化需求的目的。

我们在浙江调研时发现，浙江近年来不但在公共文化服务基础设施建设上有所创新，在公共文化服务的绩效方面也实现了很大提升。

浙江的办法是，通过对基层公共文化服务设施进行整合升级，提高其利用率，使之成为人民群众进行文化活动的经常性场所。2005年，浙江省委第十一届委员会第八次全体会议通过了《中共浙江省委关于加快建设文化大省的决定》，把构建具有浙江特色的公共文化服务体系作为推进文化大省建设的重要目标。2011年，中共浙江省委第十二届十次会议更进一步把“着力构建公共文化服务体系”作为推进浙江文化强省建设六个方面的主要任务之一，提出要“完善公共文化设施网路，增强公共文化服务能力，创新公共文化服务机制”。

“十一五”时期以来，浙江每年公共文化投入的总量仅次于广东，稳居全国第二。2013年，全省文化体育与传媒支出106亿元，占全省公共财政总支出的2.24%。[①] 据《中国公共文化服务发展报告（2012）》数据显示，浙江在公共文化服务综合指数和人均公共文化服务综合指数的排名中均位列全国前三。

经过10余年的全面建设，浙江公共文化设施建设成效显著，公共文化服务水平逐步提高，公共文化区域差距和城乡差距逐渐缩小，公共文化服务活动形式丰富多彩，公共文化服务体制机制不断创新，已基本形成了优势互补、错位发展、优化配置、布局合理的城乡区域公共文化服务体系一体化格局。

浙江现有全国公共文化服务示范区1个，省级公共文化服务示范区7个，全国文化先进县27个，省级文化先进县58个，基本建成了省、市、县、乡、村五级覆盖的文化设施网络。县级文化馆、图书馆、乡镇综合文化站以及文化信息资源共享工程基本实现全覆盖，村级文化室的覆盖率达97.8%，文化信息资源共享工程覆盖率达98.5%，全省广播电视的综合人口覆盖率接近100%。浙江还在全国率先全面实现了博物馆、图书馆、美术馆、文化馆（站）等公共文化场所的免费开放。2004年开始，浙江省博物馆面向社会常年免费开放，2013年参观人数突破了1850万人次。目前，全省免费开放的博物馆、纪念馆总数达92家。2007年，浙江图书馆免费开放，是全国率先开放的省级图书馆，2009年，该馆在全国率先开通网络图书馆，积极构建一体化的公共图书馆系统“一卡通”工程。

与此同时，为深入贯彻党的十八大精神，根据《文化部“十二五”时期公共文化服务体系建设实施纲要》的具体要求，浙江省把2013年作为“浙江省公共文化服务体系建设提升年”，并制定了《浙江省公共文化服务体系建设提升年活动实施方案》，这标志着浙江公共文化服务建设进入了一个全新的发展阶段。

2014年，浙江省农村应急广播体系建设已有15299个行政村完成建设任务，完成比例达55.4%。全省农村电影放映统一供片，累计订购各类影片26万场，其中商业片比例达到46.8%；全省共送公益电影下乡28.86万

① 参见浙江省委宣传部提供的《浙江省文化产业发展情况》，2014年5月。

场，完成年度放映任务的102%；25个省级中心镇、小城市培育试点镇完成数字影院建设。全省新建城乡阅报栏（屏）1200个，总数达9925个（其中，电子阅报屏3716个、传统阅报栏6209个）；各报刊社公益广告刊发总计达4222版，社会公益捐赠达8247万元。2013～2014年浙江成年居民综合阅读率达86.4%，位居全国前列。

在回顾浙江这10余年来公共文化服务建设成果的过程中，令我们印象最为深刻的依然是浙江在不断创新公共文化服务体制机制，积极探索具有浙江特点的公共文化服务体系建构的本土化路径。

1. 侧重基层、保证均等的文化惠民工程

浙江在公共文化服务体系建设中始终注重公共文化资源向城乡基层倾斜，向包括农村贫困人员、外来务工人员等在内的弱势群体倾斜，以保证公共文化服务供给实现均等化。近年来，浙江深入实施“新农村文化建设十项工程”“文化低保工程”以及基本公共文化服务提升计划，大力开展“文化走亲”等活动。全省文化系统平均每年送戏下乡2万场，送图书200万册，2013年组织“文化走亲”活动1100场，并充分运用文化舞台车、流动图书馆、流动文化馆、流动博物馆、流动美术馆等方式送文化下乡。与此同时，浙江省还积极推行公共文化服务标准化，2010年在全国率先制定并实施浙江省农村公共文化服务评价指标体系，这标志着浙江的公共文化服务体系建设正逐渐走向制度化、标准化、规范化和法制化。

2. 侧重引导、保证效率的农村文化礼堂建设

2013年，浙江创造性地提出建设“农村文化礼堂”的构想，以“尊民意、强特色、重活动、促和谐”为要求，以“文化礼堂、精神家园”为核心，按照“五有三型”① 为标准，以“两堂五廊”为基本格局，以“建一家、成一家、用一家”为目标进行建设。截至2014年底，共建成各类文化礼堂3447家。我们在调研中发现，农村文化礼堂基本实现了乡镇各类文化

① “五有”指有场地、有展示、有活动、有队伍、有机制；“三型”指学教型、礼仪型、娱乐型。

资源的整合升级，侧重引导群众参与，积极策划群众喜闻乐见的文化活动，提高了文化服务设施的使用效率。事实上，农村文化礼堂建设可能成为我国新农村建设乃至整个中国的现代化转型中具有开创性意义的范例。

3. 侧重培养、保证内生的“种文化”活动

从2008年起，浙江每年安排1500万元专项资金开展“千镇万村种文化活动”，组织各相关部门的农村“种文化”培训辅导团深入到各村镇，举办舞蹈、戏曲、科技、卫生等各类辅导班、讲坛、讲座活动，现场指导和培训农村文化队伍、文艺骨干达几万人次。“种文化”概念的提出本身就表明浙江在文化建设的理念上已经发生了根本转变，开始注重培育人民群众的文化主体意识，充分发挥和调动群众参与文化建设的积极性、主动性和创造性，进而形成文化建设的内生机制。

4. 鼓励创新、各具特色的公共文化服务模式

浙江不同地区之间经济社会发展水平差距较大，就人均生产总值而言，最发达的杭州比欠发达的丽水要高出3倍多。这就要求不同区域立足本地实情，坚持尽力而行、量力而为，在优先保证基本公共文化服务供给的基础上，鼓励自主创新公共文化服务模式，探索适合当地经济社会发展水平和公共文化需求的本土化路径。我们在调研中发现，仅在农村文化礼堂建设方面就出现了“一村一特色”“一堂一品牌”的局面，实现了公共文化服务与不同地区人民群众不同的精神文化需求的有效对接。

可以说，浙江为了使公共文化服务能够真正惠及普通百姓，无论在建设理念上还是在具体措施上都在积极探索本土化路径，着重培育人民群众的文化权利和文化主体意识，以期充分激发人民群众的文化创造力，这也应是我国公共文化服务建设的根本目标和发展方向。

第三节 文化体制改革和文化产业发展

谈到浙江文化产业的发展现状，最令浙江人感到振奋和骄傲的应是最近阿里巴巴的上市所代表的浙江经济形态升级。改革开放之初，浙江温州首开

"温州模式"，后来又崛起了义乌小商品市场，义乌小商品不仅销往全国，更远销海外。但当时浙江商人受教育程度普遍不高，创新和诚信意识普遍薄弱，义乌商品基本是低端的仿制品，在金融危机时受到很大冲击。随着知识经济时代的到来，文化产业作为高科技与高文化的联姻产物在浙江成为推动经济发展转型和传统产业升级的主要引擎，作用日益凸显，浙江开始由"浙江制造"走向其升级版——"浙江智造"或"浙江创造"。

本卷把文化体制改革和文化产业发展放在一起进行论述，是因为"以文化体制改革助推文化产业发展，撬动发展杠杆，调动发展积极性，实现文化发展效率的倍增，这已经成为我国文化发展的重要思路"①。浙江是最早启动文化体制改革的省份，也是最先取得突破性进展的省份：2003 年，浙江被确定为全国两个文化体制改革综合试点省份之一。2006 年，浙江率先在全国将地级市以下的文化局、广电局、新闻出版局合并为"文化广电新闻出版局"。同时成立文化市场综合执法机构，对文化市场实现统一综合执法，效果良好，在文化部全国文化市场行政执法考评中连续多年位居前两名。

为落实中央关于文化体制改革的要求，浙江在以改革促发展方面进行了积极实践，把文化产业的发展摆上文化大省和强省建设的重要战略位置，先后制定出台了《关于深化文化体制改革加快文化产业发展的若干意见》《浙江省文化产业发展规划（2010 ~2015）》等文件。2013 年，浙江省委、省政府召开全省文化产业大会，出台《关于进一步加快发展文化产业的若干意见》。除此之外，各级财政不断加大文化产业发展的投入力度，并建立稳定的投入增长机制。2013 年，省财政争取到中央补助文化产业资金 12879 万元，比上年增长 78%，省本级设立了 5 亿元的东方星空文化产业投资基金，用于引导和培育文化领域战略投资。杭州、宁波、温州等地都设立了文化产业发展专项资金，仅杭州市的专项资金就达到 4.3 亿元。

深入推进文化体制改革释放出巨大活力，在大力发展文化产业的政策引

① 刘玉珠：《协同创新与融合发展是文化产业转型升级的有效方式》，中国经济网文化产业频道，2014 年 9 月 19 日。

导下，浙江文化产业发展势头强劲，总量规模逐年增加。2013 年，全省文化产业实现增加值 1880.4 亿元，占全省 GDP 比重的 5.0%。截至 2014 年，浙江上市文化企业达 11 家，已经成为全国上市文化企业最多的省份。全省共有 85683 家文化企业，“三上”（规模以上工业、限额以上贸易业和限额以上服务业）骨干企业 3690 家，“三下”单位 81993 家。国家新闻出版广电总局 2014 年 7 月发布的 2013 年新闻出版产业分析报告显示，浙江省新闻出版业总体经济规模居全国第四位。其中全省新闻出版单位数量、企业法人数量、直接就业人数分别为 32339 家、21822 家、46.55 万人，在全国的占比分别为 9.34%、13.84%、9.71%，均居全国第二位；营业收入、总产出、资产总额、所有者权益分别为 1405.53 亿元、1442.94 亿元、1693.87 亿元、843.06 亿元，均居全国第三位；行业增加值、利润总额、纳税总额均居全国第四位。

根据浙江省相关部门提供的数据，2014 年，全省新闻出版业营业收入预计达 1503.92 亿元、总产出 1529.52 亿元、增加值 408.08 亿元，分别同比增长 7%、6% 和 10%；全省广播影视业经营收入超 340 亿元，同比增长 10% 以上，其中电影票房收入超 23 亿元，同比增长约 28%。2014 年，浙江省有影视节目制作机构 1100 多家，生产电影 38 部，生产电视剧 62 部（2717 集），生产动画片 51 部（25388 分钟），动画片和电视剧产量分别位列全国第二位和第三位。

此外，全省文化用品制造、文化旅游等产业都进入全国前列。全省文化产业总体发展水平在全国省区市中优势极为突出。在这里，我们列举浙江文化产业令我们印象最为深刻的几个特点。

民营文化企业活力突出，国有文化企业增长稳健。浙江自古民营经济发达，加之浙江省不断出台政策支持民营资本投资文化领域，使得民营文化企业在全省文化产业发展中的“生力军”作用进一步凸显。目前，全省共有各类民营文化企业约 7 万家，投资总规模在 2000 亿元以上，吸纳就业人员 75 万余人。[①] 2014 年，全省共有影视节目制作机构总注册资金 103.92 亿元，

① 参见浙江省委宣传部提供的《浙江省文化产业发展情况》，2014 年 5 月。

民营影视企业占总数的90%以上。除上文提到的阿里巴巴之外，宋城演艺、华策影视、华谊兄弟等民营文化企业均已成功实现上市。

与此同时，浙江国有文化企业集团综合实力和竞争力也在持续提升。2013 年，浙江日报报业集团总收入达 25. 6 亿元，实现利润 4. 3 亿元；浙江广播电视集团实现总收入 102 亿元，利润 17. 8 亿元，位居全国省级广电集团前列。2014 年，浙江日报报业集团实现营业收入 35 亿元，实现利润 5. 2 亿元，增长 30% 以上。浙江广播电视集团主营业务收入 85. 2 亿元、利润 20. 7 亿元，均保持 20% 的增长。浙江出版联合集团总销售、主营业务收入和总资产均已超过百亿元，跨入全国“三个百亿”出版集团行列。浙江华数是目前我国唯一的跨地域经营的有线网络运营商，拥有有线电视家庭用户 2000 万户，旗下上市公司“华数传媒”的市值近 400 亿元，是我国市值最高的广电企业之一。总体而言，浙江已初步形成以公有制为主体，多种所有制共同发展的文化产业新格局。

文化产业地区特色明显，差异化竞争优势凸显。浙江始终把因地制宜地差异化发展文化产业作为重要原则，在《浙江省文化产业发展规划（2010～2015）》中更提出“一核三极七心四带”① 的区块特色布局，加快推动地区特色文化资源的产业化开发，形成“一县一品”的文化产业发展格局。2013 年，杭州国家数字出版产业基地营业收入、资产总额、利润总额分列全国数字出版基地第五位、第六位和第二位。2014 年，杭州国家数字出版产业基地营业收入达 84. 25 亿元，同比增长 12. 0%，其中中国移动手机阅读基地营业收入 62. 08 亿元、中国电信天翼阅读基地营业收入 2. 35 亿元。以影视产业闻名全国的东阳市，依托国家级横店影视产业实验区的优

① “一核”是立足于杭州近年来快速崛起的文创产业，积极把杭州打造成为全省综合性文化产业发展核心和全国一流的文化创意产业中心；“三极”是指宁波、温州和浙中城市群三大优势突出、竞争力强的文化产业增长极；“七心”是按照特色优势发展的原则，以设区市为重点，引导形成特色文化产业集聚中心；“四带”则从区域文化产业发展资源和共性特征出发，引导形成浙北创意文化、浙中影视流通、浙东海洋文化、浙西南生态文化四大产业带。

势，延伸文化产业链，拓宽文化产业领域，推动文化产业全域化发展战略。[①] 截至2013年，成立于2004年的横店影视产业实验区累计实现营业收入近300亿元，完成纳税总额近20亿元，提供就业岗位36000多个；东阳更以横店影视文化旅游为主线，构建起"四横三纵"[②] 的特色文化旅游网。近年来，以全球小商品生产贸易中心闻名世界的义乌市，着力推动线上线下结合的国际文化产品贸易，精心打造中国（义乌）文化产品交易会。义乌文交会已成为集文化商品贸易、版权交易、创意设计、时尚展示等多元结构于一体的综合性文化博览交易盛会，成为义乌从国际文化商品贸易中心走向国际文化创意中心的重要推手。

文化"走出去"成效显著，文化贸易蓬勃发展。近年来，浙江在推动中国文化"走出去"和促进文化贸易蓬勃发展方面取得了显著成效。2013年，全省文化服务进出口总额达到5.33亿美元，其中出口总额0.26亿美元，同比增长48.9%。共有25家浙江文化企业入围2013～2014年度国家级文化出口重点企业。中国（浙江）影视产业国际合作实验区共完成1050部电视剧的翻译制作，《媳妇的美好时代》等影视剧在海外热播，成为传播当代中国文化价值的重要渠道和平台。

同时，浙江还积极利用义乌文交会、中国（杭州）国际动漫节、杭州文交会等国际文化会展平台促进对外文化交流与商贸发展。2014年，第9届中国（义乌）文化产品交易会实现洽谈交易额49.1亿元，共有109个国家和地区的9.4万名境内外专业采购商参会，其中境外采购商6027名，境外贸易团队37个。杭州动漫节吸引了来自74个国家和地区的600多家企业和机构参会，成交总金额138.8亿元。

融合发展趋势凸显，新业态不断涌现。浙江大力推进文化与科技及相关业态融合，繁荣发展新型业态。2013年以来，浙江共获得国家科技和文化

① 参见东阳市委宣传部提供的《建设文化名城　推动产业发展——东阳市文化产业全域化发展情况》。

② "四横三纵"是指以横店影视城、卢宅古民居、西周古墓群、恐龙大遗址为横线，以自然风景区、乡村古建筑、三乡风情线为纵线。

融合专项经费支持8项，总额7008万元。浙江现有国家级文化与科技融合示范基地3个，阿里巴巴、浙江华数等更是高科技与高文化联姻的产物。

数字内容产业成为新业态发展的最新亮点，数字出版、网络报纸、手机报等文化新业态快速发展，杭州国家数字出版产业基地、中国移动手机阅读基地和中国电信数字阅读基地也相继落户浙江。截至2014年底，中国移动手机阅读基地实现单月访问用户超过1亿户，单月信息费收入超过4亿元。

总体而言，浙江文化体制改革正在不断深化推进，文化产业也在不断优化产业结构、推动融合发展、促进统筹协调，呈现出良好的发展态势和前景。

第四节　文艺创作走向全面繁荣

进入21世纪以来，人民群众不再只是文艺创作的对象，而是逐渐成为文艺创作的主体力量之一。这种转变与民众文化权利意识的觉醒和文化素养的提升密切相关。大众文化的兴起意味着普遍的文化分享需求，这促使文艺创作者更加自觉地关注民众的文化需求，创作更加贴近社会需求、更加富于时代气息的多样化的文艺作品；文艺繁荣又会进一步促进民众文化权利意识的觉醒和文化素养的提升。这是文艺创作的当代路径，也是衡量文艺创作实现全面繁荣的重要指标之一。如果我们以此为依据考察浙江文艺创作的发展情况，不难看出，浙江的文艺创作正在走向全面繁荣。

1. 民营文艺表演团体发展迅猛

浙江自古以来就有发达活跃的民间演艺活动。改革开放以来，浙江省民间文化演艺活动重现勃勃生机。2009年，《浙江省人民政府办公厅关于加快发展民营文艺表演团体的意见》出台，明确每年出资不少于300万元补贴民营剧团，并将民营文艺表演团体舞台艺术人员纳入全省艺术专业技术资格的评审范围。目前，浙江省共有文艺表演团体657个，每年演出32万场，观众1.1亿人次，演出收入12.6亿元；其中民营文艺表演团体年演出量占省内全部演出的80%以上，从业人员约3万人，涉及10余个剧种。这些民营文艺表演团体为广泛开拓市场，经常深入基层，走入乡间，这进一步激发了民间文艺创作的活力。

2. 业余文艺团体活力迸发

民间文艺创作的兴起与发展使浙江文化发展具有浓郁的乡土特色。基层文化发展离不开“文艺能人”，他们或是自学成才的文艺爱好者，或为离退休的文艺工作者，加之近年来浙江持续开展“种文化”活动培养的一批文艺骨干，这些“文艺能人”逐渐成为乡村和社区文艺创作活动的策划者和组织者，在他们的带动下，业余文艺团体大批成立，文艺活动更是丰富多彩，有些表演当地特色戏曲曲目，有些则组织排练现代舞、交际舞等。除此之外，浙江还每年给 1000 个业余文艺团体发放补助，每个团体补助 4000 元。目前，全省共有业余文艺团体近 3 万个，业余文艺骨干 50 余万名，这些业余文艺团体和业余文艺骨干已成为推动基层文化建设的生力军。

值得注意的是，在注重提升民间文艺创作的活力之外，浙江省还注重文艺精品的打造，因为文艺精品代表着对文化卓越性的追求，引领着大众文化的发展方向。在打造文艺精品方面，浙江的成绩也是显著的。据统计，近 10 年来，浙江共有 300 余件文艺精品在国际和全国性重大赛事上获得大奖，如《陆游与唐婉》等 5 部越剧作品获“国家舞台艺术精品工程”最高奖。浙江作家共获得全国“五个一工程”奖、“鲁迅文学奖”、“茅盾文学奖”、“全国儿童文学奖”等奖项 14 项。所有这些文艺精品的创作始终贯穿着“贴近实际、贴近生活、贴近群众”的原则。

考察浙江 10 余年来文化建设的发展情况，我们不禁想到那句“文化为民、文化靠民、文化惠民”的宣传口号，“文化为民”是基本原则，“文化靠民”是主要手段，“文化惠民”则是根本目的，浙江的文化建设实践是这个宣传口号的最好注脚之一。

我们看到，浙江在践行社会主义核心价值观，构建公共文化服务体系，推动文化体制改革和文化产业发展，促进文艺创作走向全面繁荣的过程中，始终在积极探索本土化路径。只有通过本土化路径，浙江的文化才能真正走向复兴之路。

第一章
接力推进建设文化大省强省战略

2002 年 11 月，党的十六大提出深化文化体制改革的重要任务。2003 年 6 月 28 日，全国文化体制改革试点工作会议决定在北京、上海、重庆、广东、浙江、深圳、沈阳、西安、丽江 9 个省市和 35 个宣传文化单位启动文化体制改革试点工作。浙江成为全面铺开文化体制改革综合试点的两个省份之一，这标志着浙江省自 2001 年实施《浙江省建设文化大省纲要（2001～2020 年)》后，迈入了全面推进文化大省建设的新阶段。从现在回望过去，2003 年，是浙江文化体制改革与文化产业发展经历由点及面、由表及里、从量到质的嬗变的新起点。

第一节　顺应时代大潮　提高文化自觉

“文化是民族的灵魂，是维系国家统一和民族团结的精神纽带，是民族生命力、创造力和凝聚力的集中体现。文化的力量是民族生存和强大的根本力量。”① 这是 2003 年 7 月 18 日，时任浙江省委书记、省人大常委会主任的习近平同志在杭州专题调研结束后于深化文化体制改革、推进文化大省建设座谈会上的一段讲话。习近平同志 2002 年 10 月到浙江上任伊始，就深入市县和省直部门调研，9 个月跑了 69 个县市。在这次关于文化体制改革和文化大省建设的调研中，他实地考察了杭州市新闻、出版、影视、文艺、旅游、体育等 20 多个文化单位和企业，听取了杭州市及有关部门的汇报，召

---

① 习近平：《干在实处　走在前列——推进浙江新发展的思考与实践》，中共中央党校出版社，2006，第 293 页。

开了影视产业、剧团（院）改革两个专题座谈会和深化文化体制改革、推进文化大省建设座谈会。

正是在这个综合性的座谈会上，“浙江精神”被放到中华民族伟大的文化光谱中，“文化的力量”被上升到中华民族保持强大生命力的历史高度。民族文化（广义的地域文化）不断自我更新的生命力成为文化内生动力的一个客观表述：“中华民族历史悠久、饱经沧桑，几分几合，几遭侵略，都不能被分裂和消亡，始终保持着强大的生命力，根本的原因就在于我们具有源远流长、博大精深的文化内涵。浙江是文物之邦，是中华文明的发祥地之一，文化名人群星璀璨，文化精品琳琅满目，文化样式异彩纷呈，文化传统绵延不绝，为丰富和发展中华民族文化作出了重大贡献，也有力地促进了浙江经济社会的发展。”[①] 由此出发，“浙江精神”呈现出深广的历史和现实根基，为浙江经济发展寻求深层的文化动因，更为文化、经济、政治相互交融的发展新格局凝聚起强大的内生动力。

一　起点：《浙江省建设文化大省纲要（2001～2020年）》

从提炼“浙江精神”入手，进一步唤醒全社会的“文化自觉”，充分认识文化建设的重要性，是浙江经济、社会发展到一定阶段的必然要求。在这个阶段，经济发展和文化发展的逻辑关系是，经济的繁荣和发展会促进文化的繁荣和发展，其中必须有一个中介，即文化自觉。早在《浙江省文化发展规划（1996～2010年）》中，浙江省委就已经认识到，社会主义文化建设对于满足人民群众日益增长的精神文化需求，对于提高民族素质，对于促进经济发展和社会全面进步，都具有重要作用。这项规划同时指出，就浙江文化的整体情况看，问题集中表现在文化发展滞后于经济发展，文化投入不足，欠账较多。与先进省份相比，浙江省文化优势不明显，现有文化设施、文化产品、文化活动还不能满足人民群众多层次的文化生活需

① 习近平：《干在实处　走在前列——推进浙江新发展的思考与实践》，中共中央党校出版社，2006，第293～294页。

求。这些认识，可以看成是浙江省委、省政府对浙江文化发展相对滞后现象的自我诊断和反省。

1999年12月，中共浙江省委第十届三次全体（扩大）会议第一次提出“发展文化产业，建设文化大省”的目标。与此同时，“研究浙江现象，总结浙江经验，提炼浙江精神”的工作在浙江决策层和理论界迅速展开，并最终将“浙江精神”确定为“自强不息、坚韧不拔、勇于创新、讲求实效”十六字概述，明确要将浙江民间和传统中有利于市场经济的伦理资源充分释放出来，率先促进本土化市场经济模式的形成。

从浙江改革发展进程来看，这个“浙江精神”的原初表述，烙着20世纪与21世纪之交浙江历史发展环境的特殊印记。改革开放以来，浙江在政策并无特殊、资源并不丰富的情况下，成为全国经济发展最好最快的省份之一，经济总量从全国第十二位上升到第四位，人均GDP进入全国前三强。但诸多阻碍浙江经济社会实现进一步腾飞的问题也暴露出来，如生产要素供给缺乏，粗放型的开发和生产造成环境承载力下降；市场规范不够健全，作为经济生力军的中小民营企业存在恶性竞争，等等。在这个时期，通过探讨“浙江精神”，深入理解浙江取得的实实在在的成就，发掘特定的机制、模式、做法背后浙江人的观念和思想，其意义在于，为浙江人顽强地克服地域局限发展经济，找到地域文化中适应市场经济的文化传统，也为浙江继续推进经济社会全面发展寻求强大的精神动力。因此，2000年围绕提炼“浙江精神”的理论探索和成就，是中共浙江省委在经济发展经历快速飞跃的20年后，为继续寻求突破和增长所进行的一次理论创新，是浙江省委系统提出《浙江省建设文化大省纲要（2001～2020年）》的先声，在浙江文化大省建设的布局中扮演了重要角色。

站在21世纪文化与经济日益融合的节点上，文化在经济发展的进程中迸发出巨大的创造力，极大地推动了浙江生产力的解放和发展。更精辟的概括是：浙江的经济是“文化的”，浙江的文化是“经济的”。这是浙江“文化经济”的新概念。可以说，把握和处理好经济与文化的关系，是“研究浙江现象，总结浙江经验，提炼浙江精神”的现实起点，也是《浙江省建设文化大省纲要（2001～2020年）》（以下简称《纲要》）的重要落脚点，标志着浙江文化大省建设在起步之初，就紧紧抓住了经济文化一体化这一现代社会发展的重要趋势，也紧紧扣住了当代文化发展的活力源头和矛盾节点。

这份《纲要》是浙江文化大省发展战略的基础文本，外界对其的评价是“财力具备，政府有为”。《纲要》基本原则的第一项就是经济发展与文化发展相协调，经济发展为文化发展提供必要的物质基础，文化发展为经济发展提供强大的推动力量。第二项是社会效益与经济效益统一，在强调繁荣文化事业，发展文化产业，必须把社会效益放在首位的同时，提出正确处理文化事业和文化产业的关系，对不同的文化类型，采取不同的政策和管理办法。进而指出，“在社会主义市场经济下，文化产业是国民经济的有机组成部分，文化产品具有商品属性，必须在坚持社会效益的前提下，十分重视文化产品的经济效益，努力实现两者的最佳结合”。在方法论上，《纲要》提出继承借鉴和改革创新相并重，整体推进和重点突破相结合，要注重文化创新，大胆改革，以发展科技教育为基础，以发展文化产业为突破口。

与此相对应，《纲要》对浙江文化产业发展提出了形成规模、增强竞争实力的目标，专门与“繁荣文化事业”并列，设“发展文化产业”专章提出发展要求，要求加快形成与现代化进程相适应的文化产业发展格局，并细化为积极调整文化产业结构，逐步优化文化产业布局，大力扶持文化骨干企业，积极培育和开拓文化市场。同时要求大力培育和发展重点文化产业门类，将传媒业、旅游业、演艺业、美术业、会展业、体育业纳入文化产业发展的重点领域。在此基础上，《纲要》专辟一章，提出完善文化经济政策，要求调整文化产业资产存量结构，加大文化产业机构调整力度，增强文化资源的创新活力，促进文化产业升级。鼓励个人、企业、社会团体兴办国家政策许可的各种文化经营企业，在规划建设、土地征用、规费减免、从业人员职称评定等方面与国有文化企业一视同仁。

二　提升：作为综合竞争力的文化软实力

新的文化发展观，就是树立围绕“发展”这个中国改革开放的第一主题来看待文化的地位、功能和任务的大局观。

随着经济社会发展和扩大对外开放，浙江对文化建设重要意义的认识，不再限于省域经济的发展，也不再限于地域文化的传承。2001 年 12 月 11 日，我国正式成为世贸组织成员，对外开放和现代化建设进入了新阶段。党的十六大报告强调，在当代发展中，文化与经济、政治越来越相互交融，在综合国力竞争中的地位和作用越来越突出。我国正是在不断扩大对外开放的过程中，加入全球化的综合国力竞争的。浙江作为全国对外开放的前哨，2001 年，全省进出口总额达 328.0 亿美元，比上年增长 17.8%。2002 年，全省进出口总额达 420 亿美元，比上年增长 28%。2003 年，全省进出口总额达 614.2 亿美元，比上年增长 46.2%。有一句对“浙江精神”的褒扬之词言犹在耳，“工厂和项目，这谁都可以竞争，但经济与文化互相交融所形成的强大的软实力，不是哪一个省在短时间内所能赶上的”。即使在外贸实现“三级跳”之时，浙江也能感受到国际综合实力竞争带来的机遇和挑战。

2003 年 7 月 18 日，习近平同志在浙江省文化体制改革和文化大省建设座谈会上讲话指出，“文化是综合实力和国际竞争力的重要组成部分，文化生产力是社会生产力的重要组成部分。当今世界激烈的综合实力竞争，不仅包括经济实力、科技实力、国防实力等方面的竞争，也包括文化实力和民族精神的竞争”[①]。在 7 月 28 日召开的浙江省委第十一届八次全会上，他更详尽地阐述了世界多极化、经济全球化带来的文化激荡，不仅使我们在经济发展上面临严峻挑战，也让意识形态领域的斗争变得更加复杂。他鲜明地指出，“加快建设文化大省，就是要顺应时代大潮，提高文化自觉，始终坚持用先进文化牢牢占领思想文化阵地、统领意识形态领域，坚决抵御西方敌对势力

---

① 习近平：《干在实处　走在前列——推进浙江新发展的思考与实践》，中共中央党校出版社，2006，第 294 页。

‘西化’、‘分化’的政治图谋和各种腐朽、落后的思想文化的渗透，确保文化安全”。①

鉴于对形势的判断和发展的预期，提升浙江综合竞争力已不仅仅只有经济一个坐标系。文化软实力，恰恰体现了经济领域之外的、属于意识形态吸引力的文化力量，是经济发展的“助推器”、政治文明的“导航灯”、社会和谐的“黏合剂”。文化领域的竞争远不止数据指标的竞争，除了文化产品、文化资本的较量，更有价值观念的挑战。2003 年全国文化体制改革试点工作会议指出，文化软实力有两个十分清晰的维度：一是民族精神。文化哺育并传承了民族精神，滋养着民族的生命力，激发着民族的创造力，铸造着民族的凝聚力。文化极大地提高了人民群众的思想道德素质和科学文化素养，为现代化建设提供强大的精神动力和智力支持。文化的力量是民族生存和强大的根本力量。二是文化生产力。文化是社会生产力的重要组成部分，在国民经济中占有越来越重要的地位。这次会议还专门提出，针对省市一级的区域综合竞争力的提高，其中的关键环节是软环境建设，包括建设廉洁高效的政务环境、民主公正的法治环境、公平诚信的市场环境、安全稳定的社会环境、舒适便利的生活环境、健康向上的人文环境、可持续发展的生态环境等，这些都与文化建设息息相关。这两个维度的表述，把提升文化软实力与全面建设小康社会的实践结合起来了。

2004 年 7 月 29 日，习近平同志在推动浙江经济社会全面协调可持续发展专题学习会上发言，将高度重视文化大省建设的要求明确概括为：加快构筑浙江综合竞争力的“软实力”。2005 年 7 月 28 日，在中共浙江省委第十一届八次全会的报告中，他再次强调，“必须用战略的思维、时代的要求、发展的眼光来审视文化建设，进一步统一思想，把加快建设文化大省的认识提到一个新的高度”。他坚定地指出，“今后一个时期浙江能否在全面建设小康社会、加快现代化建设进程中继续走在前列，很大程度上取决于我们对

① 习近平：《干在实处　走在前列——推进浙江新发展的思考与实践》，中共中央党校出版社，2006，第 290 页。

文化力量的深刻认识、对发展先进文化的高度自觉和对推进文化大省建设的工作力度”。[①]“文化的力量最终可以转化为物质的力量，文化的软实力最终可以转化为经济的硬实力。文化要素是综合竞争力的核心要素，文化资源是经济社会发展的重要资源，文化素质是领导者和劳动者的首要素质”。[②] 因此，研究浙江文化的历史与现实，增强文化软实力，为浙江的现代化建设服务，是浙江人民的共同事业，也是浙江各级党委、政府的重要使命和责任。

2005 年，浙江全省生产总值达 13340 亿元，人均生产总值达 28160 元；财政总收入跃过 2000 亿元，达 2115 亿元。瑞士洛桑国际管理学院公布的《2005 年国际竞争力年度报告》指出，浙江省在被评价的国家和地区中名列第二十位，被评为效力提升最快的地区之一。尽管多项经济指标位居全国前列，但善于“用欣赏的眼光看别人，用挑剔的眼光看自己”的浙江省委、省政府仍清醒地感受到发展的压力。这中间既有“先天不足”，也有“成长的烦恼”，一些老问题未从根本上解决，一些新问题又不同程度地比全国先期遇到。“怎样发展”，特别是各领域之间的全面、协调、可持续发展已经是一个全局性的战略问题。

三 拓展：与时俱进的浙江精神

改则兴，不改则衰。新形势下提升浙江综合竞争力时不我待，“浙江精神”要具备更有普遍性的精神内涵。对照已有的十六字版本的“浙江精神”，单靠某个地域文化自发释放出来的动力要素已不能完全适应新形势。2005 年，浙江省委开展了关于“与时俱进的浙江精神”的大讨论。最终在原初版本的基础上，增加了以“求真务实、诚信和谐、开放图强”为主旨的“浙江精神”升级版。相较于 2000 年的原初版本，升级版的“浙江精

---

① 习近平：《干在实处　走在前列——推进浙江新发展的思考与实践》，中共中央党校出版社，2006，第 289 页。

② 习近平：《干在实处　走在前列——推进浙江新发展的思考与实践》，中共中央党校出版社，2006，第 294～295 页。

神”体现了走向成熟的浙江区域市场经济的约束力和规范力，拓展了经济和文化交融发展的现实判断、国际眼光和未来图景，增添了更具现代性的思想观念、价值取向、心理状态和社会道德标准。

2006年2月5日，《浙江日报》头版刊发习近平同志的理论文章《与时俱进的浙江精神》，文章论述了“浙江精神”的历史传统、当代体现，重点阐发了新增十二字的精神价值和现实要求。他指出，“求真”，就是要遵循浙江经济社会发展的内在规律，保持浙江发展的个性和特色，既老老实实地按规律办事，又不墨守成规，勇于创新，善于创造，始终牢牢把握住发展的主动权。要充分尊重群众的首创精神，激发和支持人们在实践中创新、创业、创造的智慧和勇气。要让自主创新的精神真正融入浙江人的血脉，体现在创业的行动中，以自主技术争先，以先进科学制胜。“务实”，就是要尊重实际，始终坚持从世情、国情、省情出发，从我们面临的形势和任务的实际出发，从全省人民的愿望要求的实际出发，清醒认识浙江先发遭遇的新挑战、先行遇到的新问题，不囿于以往的经验，不照搬别人的做法，做出符合浙江实际的战略抉择。注重实干，善于抓住机遇、用好机遇，务实求变，务实求新，务实求进，用宽广的眼光、改革的思路、发展的办法解决前进中的问题。讲求实效，进一步树立效率理念，加强科学管理，提高资源利用效率，发展循环经济和建设节约型社会。“诚信”，就是要在全社会牢固树立个人无信不立、企业无信不旺、政府无信不威、国家无信不强的观念，使现代诚信意识深入人心，成为全社会自觉的行为规范。“和谐”，就是民主法治、公平正义、诚信友爱、充满活力、安定有序、人与自然和谐相处。“开放”，就是要使我们的思想观念、生活习惯、行为方式和精神素质不断适应开放的世界和全球化竞争的需要，让开放的精神结出更多惠及浙江千百万人民的硕果，要有跳出浙江、发展浙江的大手笔，要具备积极参与全球化合作与竞争的勇气和胆略，在更大范围、更广领域、更高层次参与国内外的经济技术合作和竞争，努力提高对外开放的水平。“图强”，就是要始终保持昂扬向上、奋发有为的精神状态，认清目标不动摇，抓住机遇不放松，坚持发展不停步，把浙江的各项事业做好做强，创造出不辜负时代、不辜负人民的一流业绩。①

2006年3月，习近平在接受《光明日报》记者采访时，再次精辟阐述了“与时俱进的浙江精神”的时代内涵及实践意义。他指出，浙江要进一步培育和弘扬遵循规律、崇尚科学的“求真”精神，求理论之“真”，求规律之“真”，求科学之“真”；进一步培育和弘扬真抓实干、讲求实效的“务实”精神，要清醒认识浙江先发遭遇的新挑战、先行遇到的新问题，做出符合浙江实际的战略抉择；进一步培育和弘扬诚实立身、信誉兴业的“诚信”精神，要把诚信作为现代社会文明之基，不仅要弘扬传统的“诚信”美德，而且要大力推进以个人为基础、企业为重点、政府为关键的现代“信用”建设，要把诚信作为公民安身立命之本、企业兴旺发展之道、政府公正公信之源，强化公共服务意识，切实转变政府职能，严格依法行政，真心诚意为民服务，努力增加政务透明度，使政府真正成为法治政府、有限政府和服务型政府。②

与时俱进的浙江精神，再次体现出它的活力内涵——“浙江精神”是具有生长性的。它既可以不断由底蕴深厚的文化传统外化为观念、态度、行为方式和价值取向，也可以不断从时代变革和当代精神中汇聚起新的生命力、凝聚力、创造力和竞争力。正因如此，也唯有如此，“浙江精神”一直是浙江经济社会持续快速健康发展的深层原因。

第二节　抢抓战略机遇　加快文化大省建设

“在两个文明建设中，物质文明建设实一点，精神文明建设虚一点；在提高人们素质的工作上，科学文化素质方面要实一点，思想道德素质方面要虚一点。实的比较好把握，虚的相对难以把握。……所以，干工作必须虚实结合，尤其虚功一定要实做。精神文明建设特别是思想道德建设一定要通过

---

① 习近平：《与时俱进的浙江精神》，《浙江日报》2006年2月5日第1版。

② 《大力弘扬与时俱进的浙江精神》，http：//www. gmw. cn/01gmrb/2006 – 03/01/content_381193. htm。

看得见、摸得着的方式，创造实实在在的载体，寓教于乐，入耳入脑，深入人心，潜移默化。道理要说清楚讲明白，但任何道理要深入人心，都不能光靠说教，要有一个好的载体，通过积极探索和创造更多更加贴近实际、贴近群众、贴近生活的有效载体，使精神文明建设活动开展得有声有色、富有实效。”[①] 这是2004年12月30日习近平同志在《浙江日报》头版“之江新语”专栏发表评论文章《虚功一定要实做》中的一段话，文章敏锐地揭示了文化建设的工作规律，清晰地提出了今后浙江文化大省建设要有扎实载体的改革思路。

一　纳入“八八战略”和“平安浙江”整体战略的文化大省建设

浙江省委、省政府从经济、政治、文化、社会“四位一体”的发展大格局着眼，将文化大省建设看作实施“八八战略”、建设“平安浙江”的重要举措，将文化建设与浙江经济社会发展的整体战略联系起来。建设文化大省战略站在政治和全局的高度，以浙江整体改革和发展战略为依托和支撑，是新形势、新战略中不可或缺的实践举措。

“八八战略”是浙江改革发展的一个极其重要的战略构想，是推进浙江经济社会发展的高远长策。加快建设文化大省的战略举措在“八八战略”被系统地提出之时，就是“八个方面优势”“八个方面举措”的重要组成部分。2003年7月召开的浙江省委第十一届四次全会上，习近平同志代表省委完整、系统地提出了“八八战略”：一是进一步发挥浙江的体制机制优势，大力推动以公有制为主体的多种所有制经济共同发展，不断完善社会主义市场经济体制；二是进一步发挥浙江的区域优势，主动接轨上海、积极参与长江三角洲地区合作与交流，不断提高对内对外开放水平；三是进一步发挥浙江的块状特色产业优势，加快先进制造业基地建设，走新型工业化道路；四是进一步发挥浙江的城乡协调发展优势，加快推进城乡一体化；五是进一步发挥浙江的生态优势，创建生态大省，打造“绿色

① 习近平：《之江新语》，浙江人民出版社，2007，第96页。

浙江”；六是进一步发挥浙江的山海资源优势，大力发展海洋经济，推动欠发达地区跨越式发展，努力使海洋经济和欠发达地区的发展成为浙江经济新的增长点；七是进一步发挥浙江的环境优势，积极推进以“五大百亿”工程为主要内容的重点建设，切实加强法治建设、信用建设和机关效能建设；八是进一步发挥浙江的人文优势，积极推进科教兴省、人才强省战略，加快建设文化大省。

全面建设平安浙江，是2004年5月浙江省委第十一届六次全会根据党的十六大精神，针对发展中出现的新情况、新问题而做出的重大决策部署。习近平同志在这次全会报告中指出，“平安浙江”中的“平安”，不是狭义的“平安”，而是涵盖了经济、政治、文化和社会等各方面宽领域、大范围、多层面的广义的“平安”。建设“平安浙江”的内涵包括“五个更加”的总体目标，即政治更加稳定，经济更加发展，文化更加繁荣，社会更加和谐，人民生活更加安康；具体目标为“六个确保”，即确保社会政治稳定，确保治安状况良好，确保经济运行稳健，确保安全生产状况稳定好转，确保社会公共安全，确保人民安居乐业。与此同时，他在《人民论坛》2004年第7期上刊文《推进“平安浙江”建设　促进社会和谐稳定》。文章鲜明指出，崇尚和谐，企盼稳定，追求政通人和、安居乐业的平安社会，这是中华民族文化的重要组成部分。浙江省委始终强调，发展是硬道理，是解决所有问题的关键；稳定是硬任务，是改革和发展的前提。浙江的实践充分证明，只有把握改革发展稳定的大局，自觉地把改革的力度、发展的速度和社会可承受的程度统一起来，真正做到在社会稳定中推进改革发展，通过改革发展促进社会稳定，才能真正实现在促进社会和谐稳定中推进物质文明、政治文明和精神文明的协调发展。[①] 这些理论阐述了“大平安”与加快文化大省建设、创建和谐社会的内在联系，标志着浙江将文化建设纳入了全省经济发展和社会进步的整体战略中，使文化建设获得了更扎实、深厚的政策土壤。

① 习近平：《推进“平安浙江”建设　促进社会和谐稳定》，《人民论坛》2004年第7期。

二　“虚功一定要实做”

调研工作是真抓实干的第一基本功。2004 年 12 月 14 日，习近平同志到嵊州市调研以“加强思想道德建设、加强文化阵地建设，整治文化市场、整治社会风气”为主要内容的“双建设、双整治”活动情况。2004 年初，嵊州市职工活动中心曾因色情表演被中央电视台《焦点访谈》曝光，整改后的职工中心，其中体育健身、技能培训、图书阅览、文化娱乐等活动丰富多彩，内容健康，积极向上。习近平同志说，“坏事”可以变成“好事”，压力可以转为动力，抓与不抓大不相同。任何一个阵地，我们不去占领，一些负面的东西就会乘虚而入，我们抓思想文化阵地建设就是一个雄辩的佐证，光是打击，总有漏网的；只有让正面的东西去占领了，才能让负面的东西失去生存的土壤。

在随后的座谈会上，他从加强社会主义精神文明建设的高度，提出一项特别具有实际意义的做好文化建设工作的指导原则，即“虚功一定要实做”。他指出，“虚与实是相比较而言的。比较之下，在两个文明建设中，物质文明建设实一点，精神文明建设虚一点；在提高人们素质的工作上，科学文化素质方面要实一点，思想道德素质方面要虚一点。实的比较好把握，虚的相对难以把握。有些同志在工作中往往喜欢抓实的，不喜欢抓虚的。虚与实的工作，好比人体的大脑和心脏，你说哪个重要，哪个不重要；哪个需要，哪个不需要？大脑和心脏都重要、都需要，缺一不可。所以，干工作必须虚实结合，尤其是虚功一定要实做。精神文明建设特别是思想道德建设一定要通过看得见、摸得着的方式，创造实实在在的载体，寓教于乐，入耳入脑，深入人心，潜移默化。道理要说清楚讲明白，但任何道理要深入人心，都不能光靠说教，要有一个好的载体，通过积极探索和创造更多更加贴近实际、贴近群众、贴近生活的有效载体，使精神文明建设活动开展得有声有色、富有实效”①。

① 习近平：《之江新语》，浙江人民出版社，2007，第 96 页。

平台就是阵地，文化大省建设的方方面面工作要落实到位，要具有持续发展力和自我生长性，就必须建立一系列切中目标、结合实际的平台、载体和项目。座谈会结束的一个多月后，2005 年 2 月 23 日，春节刚过，全省文化体制改革综合试点工作经验交流会随即召开，省文化厅、省新闻出版局、省广播电视局、浙江日报报业集团、浙江出版联合集团、浙江广播电视集团6 个省级试点部门和杭州、宁波两市汇报了试点工作情况。这一年，浙江省委将《文化大省建设的现状与对策研究》定为浙江省 2005 年重点调研课题。习近平同志主持调研，先后在杭州、宁波、温州、绍兴等地，实地考察了 60 多处文化设施和单位，举行发展文化事业和文化产业、建设“四个强省”等专题座谈会。浙江省委宣传部、省发改委、省统计局以及科技、教育、卫生、体育等部门组成课题组，对全省及 11 个市文化建设的现状进行量化统计，提出了文化建设“十一五”规划意见，同时制定出一套完整严密的刚性指标评价体系。这套体系使得文化建设“软”目标变成了对各地进行动态推进的“硬”抓手。

2005 年是“十一五”的规划年，也是浙江文化体制改革综合试点的总结年，两年的改革经验不断向政策、法规转化，为加快文化大省建设、制定下一步文化发展目标奠定了良好基础。2005 年 7 月 28 ~29 日，中共浙江省委召开了第十一届八次全体（扩大）会议。会上，习近平同志作了《加快建设文化大省，为在全面建设小康社会、提前基本实现现代化进程中走在前列提供强大力量》的报告。会议着眼于经济、政治、文化、社会“四位一体”的发展格局，通过了《中共浙江省委关于加快建设文化大省的决定》（以下简称《决定》），标志着浙江文化大省建设继续奔驰在快车道上。

8 月 16 日，《人民日报》第十版发表了习近平同志在浙江省委第十一届八次全体（扩大）会议上要求真抓实干加快文化大省建设的部分讲话摘要，重点强调文化事业是养人心志、育人情操的事业，文化的许多东西是很难用数字来衡量的，需要坚持不懈地抓下去才能见到成效。要从各自的实际出发，因地、因时制宜，加强分类指导，遵循文化发展的特点和规律，在积累中发展，在发展中创新，防止文化建设中的形式主义和“数字政绩”。8 月 25 日，

《人民日报・华东新闻》第一版刊发通讯《经济大省为何做强“文化引擎”——解读浙江“加快建设文化大省”战略部署》，文章再次引述习近平同志关于文化建设的论述，强调文化建设是一项重在建设的“树人工程”，是一项不容易出“政绩”的基础工程，文化建设有其自身规律和特点，需要的是埋头苦干而不是急功近利，需要的是一砖一瓦的积累和一代一代的传承，而不是立竿见影和轰动效应；文化工作是一项相对务“虚”的工作，衡量标准比较“主观”，表现载体比较多样，稍不留神就可能搞成“花架子”。因此，加快建设文化大省，更加需要求真务实的精神，锲而不舍，脚踏实地。

三　八项工程：加快建设文化大省的工作平台

打造软实力要有硬抓手、实举措、真功夫。文化建设要坚持“虚功一定要实做”，就必须在制订战略规划时就明确总体目标，分解出具体的阶段性目标，建立人力、财力、机制都得到切实保障的工作平台，以及寻求相关发展领域的强有力的外围支撑。这三点都鲜明地体现在《决定》的核心内容中，可概括为“三个力”“八项工程”“四个强省”。“三个力”，是浙江加快文化大省建设的三项动力系统，指增强先进文化凝聚力、解放和发展文化生产力、提高公共文化服务能力。“八项工程”旨在把三个着力点中的前两项，即增强先进文化凝聚力、解放和发展文化生产力的任务落到实处，包括文明素质工程、文化精品工程、文化研究工程、文化保护工程、文化产业促进工程、文化阵地工程、文化传播工程和文化人才工程，是加快文化大省建设的必要载体和有效途径。“四个强省”指教育强省、科技强省、卫生强省和体育强省，既切中加快文化大省建设的宏观格局，也与提高社会公共服务能力密切相关。

2005 年，习近平同志亲自倡导的浙江文化建设“八项工程”的重要内容之一——浙江文化研究工程启动，他亲自担任了这一项目工程的指导委员会主任。

从现在回望过去，“八项工程”为“十一五”“十二五”时期的浙江文化建设搭建了多元、多级、多层次的工作平台和载体，是近十年来浙江省委、省政府不断推进文化大省建设的重要抓手，是实施各项文化建设举措的坚实后盾。从城市到农村，从文化事业到文化产业，从公民道德建设到民营文化企业培育，从文化精品到文化普及，从传统文化研究到文化遗产保护，从文化设施建设到传播渠道建设，从文化人才培养到文化机制创新，这些工程项目打造的文化建设平台具有自我生长的强大内驱力。“八项工程”内容如下。

文明素质工程。全面提高人的素质，是加快建设文化大省的核心内容。要以全体公民为对象，着力增强公民的思想道德素质、科学文化素质和健康素质，不断提高全社会的文明程度。积极开展群众性精神文明创建活动，深化以加强思想道德建设、文化阵地建设和整治文化市场、社会风气为主题的“双建设、双整治”活动，进一步开展创建学习型社会和节约型社会活动。与时俱进地弘扬浙江精神，团结和凝聚全省人民力量。开展多种形式的形势政策教育，鼓舞人心，释疑解惑，维护改革发展的稳定大局。开展以创建“和谐家园”“平安家庭”为主题的教育活动，开展廉政文化建设，开展文明礼仪宣传教育活动，开展以普及科学知识、普及法律知识为主要内容的“双普”活动，加强爱国主义教育基地建设。开展一系列有针对性的诚信教育活动，建设“信用浙江”。

文化精品工程。文化精品是文化大省的重要标志。要大力推进文化内容创新，扶持和推动文艺、社科、新闻、出版四类优秀文化产品的创作、生产和传播，满足广大人民群众的精神文化需求，不断提升文化大省品位。重点扶持一批体现国家和浙江创作水准、具有全国影响力的作品，一批在文化产业发展中具有良好社会效益、市场发展潜质和积极导向作用的项目，一批深受基层群众欢迎的公益性文化服务项目，一批弘扬浙江优秀传统文化、具有传承和创新意义的文化艺术成果，一批围绕中心和大局、研究重大理论和现实问题、具有突出贡献的文化项目。

文化研究工程。系统研究浙江历史文化和当代发展，对于挖掘浙江文化底蕴，深入研究浙江现象，打造浙江学术品牌，指导浙江未来发展，具有重要意义。重点围绕浙江当代发展问题研究、浙江历史文化专题研究、浙江名人研究、浙江历史文献整理四大板块，开展系统研究，出版系列丛书。推动研究基地建设，形成可持续的研究平台。借助中国社会科学院、中国人民大学、浙江大学等名院、名校优势，整合各地各部门力量，开辟多种渠道，形成研究整体合力。注重研究成果的学术价值和应用价值，充分发挥其认识世界、传承文明、创新理论、资政育人、服务社会的重要作用。

文化保护工程。实施文化保护工程，加强文物保护利用示范、世界文化遗产申报、文物保护科技攻关、历史文化名城保护、博物馆建设等工作，构建比较完备的不可移动文物与历史文化名城和历史文化街区、村镇保护体系，基本建立布局合理、富有浙江地域特色的博物馆网络。制订并实施民族民间艺术保护规划，抢救一批濒临消失的传统民族民间艺术，做大一批民族民间艺术品牌活动项目，建设一批民族民间艺术馆，培育一批民族民间艺术经典旅游景区，发展一批民族民间艺术生态保护区，建立一批民族民间艺术产业基地。

文化产业促进工程。充分发挥地域文化资源和非公有制经济优势，培育一批具有较强实力和竞争力的文化产业主体，形成产品丰富、要素完备、管理有序的文化市场体系，形成以国有文化企业为主导、多种所有制文化企业共同发展的开放格局。加大对出版业、广播影视业、文化艺术服务业、会展业、动漫业、艺术品经营业、旅游文化服务业、文体用品设备制造业等重点产业的扶持力度。积极鼓励和引导社会力量兴办文化产业，推进投资主体多元化，加快文化产业创新，培育一批民营龙头文化企业和特色文化企业，培育一批高新技术文化企业，积极培育文化产品专业市场和文化产业要素市场。

文化阵地工程。充分发挥图书馆、文化馆、博物馆、广播电视台、科技馆、体育场馆、档案馆以及工人文化宫、青少年活动中心、老年活动中心等文化设施的功能，继续推进文化设施建设。推进文化下乡，做到经常化、制度化。

文化传播工程。重点是加强报纸、期刊、广播、电视、电影、图书、音像制品、电子出版物、互联网等文化传播媒体的建设和发展。加强文化传播主体建设，加强文化传播渠道建设，推进文化“走出去、请进来”，打造有影响的外宣品牌。加强文化传播手段建设，推进数字化和网络在线传播，加大重点新闻网站扶持力度。

文化人才工程。按照人才强省的总体部署，充分发挥人力资源优势，在文化领域重点造就一批在国内外具有重要影响力的文化名人和文化大师，培养理论、新闻、出版、文艺和文化经营管理等“五个一批”人才。建立并完善人才培养机制、选拔机制、使用机制、管理机制，构筑浙江文化人才高地。

四　浙江文化建设“十一五”规划

2005 年 7 月底发布的《中共浙江省委关于加快建设文化大省的决定》要求有关部门结合研究制定“十一五”规划，贯彻落实文化建设“八项工程”实施意见，制订并完善具体配套措施，突出发展重点，抓好项目落实。各级文化行政部门和文化单位要相应制订各自领域的文化事业和文化产业发展专项规划，列出一批重点发展项目，引导投资方向，形成发展亮点。

2006 年 2 月 10 日，浙江省政府正式出台《浙江省文化建设“四个一批”规划（2005 ~ 2010）》（以下简称《规划》），提出“十一五”期间建设一批重点文化设施、发展一批重点文化产业、培育一批重点文化产业区块、壮大一批重点文化企业，以加快推进浙江文化大省建设，增强浙江省综合竞争力的软实力，其范围包括全省新闻出版、广播影视、文化艺术、文化旅游、体育五大领域。

建设一批重点文化设施，就是重点抓好“2345”工程建设，即有序建设省、市两级标志性文化设施；加强建设县级、社区、农村三类基层文化设施；着力建设广播影视、新闻出版、文化艺术、文化旅游四类文化信息网络设施；鼓励社会资金加大对文化演艺、休闲娱乐、体育健身、文化旅游、出版发行五类经营性文化设施的投资经营。发展一批重点文化产业，就是重点发展“七优五新三特”文化产业，即做大做强浙江省出版业、发行业、印刷业、文化旅游业、广播影视业、会展业和文体用品制造业七大优势文化产业；着力发展网络文化服务业、动漫业、广告业、体育服务业和文化经纪业五大新兴文化产业；积极扶持文化演艺业、休闲娱乐业、艺术品经营业三大特色文化产业。培育一批重点产业区块，就是重点打造“两新三传五优”区块，即优先培育横店影视产业实验区、滨江高新文化产业区两大高新文化产业区块；加大扶持戏剧、工艺美术、金石书画三类传统文化产业区块；壮大提升现代传媒、文体用品制造、文化旅游、出版物和包装装潢印刷、文体用品贸易五类优势文化产业区块。壮大一批重点文化企业，就是通过做大做强国有文化集团、壮大重点国有文化企业、发展骨干民营文化企业、培育外向型文化企业，形成浙江国有、民营、外资等多种所有制文化企业有序竞争、良性互动、共同发展的格局。

关于文化体制改革，《规划》要求全省各地积极抓好规划的贯彻落实，推进文化部门体制机制的创新；加快制定文化产业投资目录，规范文化市场准入；进一步拓宽投资融资渠道，建立多元化的文化产业投融资体系；加大对文化产业的扶持力度，创建文化产业发展的优良平台。通过“四个一批”规划的全面实施，加快建设覆盖全省城乡、功能完善、富有特色的文化设施网络，加快集聚具有规模实力、竞争力、辐射力的现代文化产业区块和骨干文化企业，加快形成优势产业、传统产业、新兴产业协调、融合、共促发展的现代文化产业体系。

第三节　“三大体系”统领　文化创业创新

2007 年 11 月 6 ~7 日，中共浙江省委第十二届二次全体（扩大）会议举行。全会审议通过了《中共浙江省委关于认真贯彻党的十七大精神　扎实推进创业富民创新强省的决定》。创业富民、创新强省，是改革开放以来浙江发展经验的深刻总结，是续写“八八战略”的下一个篇章。《决定》要求大力培育创业创新主体，积极弘扬创业创新文化，不断健全创业创新机制，加快完善创业创新政策，着力优化创业创新环境，把创业富民、创新强省落实到经济建设、政治建设、文化建设、社会建设和党的建设各个方面，建设全民创业型社会，打造全面创新型省份，全面建设小康社会，继续走在全国前列。

2008年6月27日，浙江省委召开工作会议，研究部署掀起文化大省建设新高潮、推动社会主义文化大发展大繁荣的工作，并通过了《浙江省推动文化大发展大繁荣纲要（2008～2012）》。2008年6月28日至7月3日，《浙江日报》连续在头版刊发5篇深入贯彻省委工作会议精神的特约评论《深刻认识兴起文化大省建设新高潮的战略意义》《牢牢把握文化建设的正确方向》《积极推动文化发展成果惠及全省人民》《努力增强文化产业竞争力》《努力营造文化发展的良好环境》，并在6月28日、29日分别配发《人民日报》、新华社、《光明日报》、《经济日报》等中央媒体聚焦浙江文化大省建设的通讯报道。

一　“三大体系”成为“文化软实力”的本土表述

与以往的浙江文化大省发展战略相比，2008年的《浙江省推动文化大发展大繁荣纲要（2008～2012）》重点突出了“三大体系”建设，即社会主义核心价值体系、公共文化服务体系和文化产业发展体系。“三大体系”可以看作是对2005年《中共浙江省委关于加快建设文化大省的决定》中“三个着力点”（增强先进文化的凝聚力、解放和发展文化生产力、提高公共文化服务能力）的深化表述，是对文化软实力概念的本土化阐发，既符合文化大发展大繁荣的总体目标，也切合文化建设的实际，让“文化软实力”这个舶来理论在中国的文化发展实践中落地了。

建设社会主义核心价值体系是“三大体系”的首要内容。《中共浙江省委关于加快建设文化大省的决定》要求深入开展社会主义核心价值体系的宣传教育，增强社会主义意识形态的吸引力和凝聚力；积极探索用社会主义核心价值体系引领社会思潮的有效途径，切实提高舆论引导能力；把社会主义核心价值体系贯穿于文化建设的各个方面，着力建设和谐文化，牢牢把握文化建设的正确方向。

建设公共文化服务体系，就是要以此作为实现和维护人民群众基本文化权益、改善广大百姓文化民生的主要途径，切实抓好公共文化设施建设、公共文化产品的有效供给、公益性文化活动和公共文化服务方式创新，积极推动文化发展成果惠及全省人民。

建设文化产业发展体系，就是要以此作为转变经济发展方式和推进产业结构优化升级的重要抓手，着力优化文化产业结构，大力发展民营文化产业，提高文化产业集约化程度，打造文化创意产业，抓好现代文化市场体系建设，努力增强浙江文化产业的整体实力。

二 推动社会主义核心价值体系建设

2006 年 10 月，党的十六届中央委员会第六次全体会议通过的《中共中央关于构建社会主义和谐社会若干重大问题的决定》第一次明确提出了“建设社会主义核心价值体系”的重大命题和战略任务。《浙江省推动文化大发展大繁荣纲要（2008～2012）》提出，推动社会主义核心价值体系建设主要从五个方面着力。

第一是加强理论武装工作。要求领导干部加强理论学习，充分发挥“浙江论坛”等各类报告会、读书会的作用，建立并完善学习制度，切实增强干部理论学习的针对性和实效性。注重理论与实践的结合，努力把理论学习的成效转化为推动科学发展的思路、决策和能力。要求开展面向全社会的理论宣传，积极创新高校思想政治理论课教学和研究工作，抓好青年学生特别是大学生的思想政治工作。要求推进重大理论和现实问题研究，深入实施马克思主义理论研究和建设工程。

第二是繁荣发展哲学社会科学。要求建立健全科学高效的管理体制，深化哲学社会科学管理体制改革和管理机制创新，积极引导和规范各类民间社科研究机构和团体的发展。加大对哲学社会科学事业的支持力度，加强优势学科和重点研究基地建设，建立一批省级重点研究基地，重点扶持一批具有重大创新意义、对弘扬和传承民族文化有重大作用、对经济社会发展有重要影响的研究项目。进一步推进文化研究工程，完善运作机制，强化督促检查，加强与名院名校的合作，形成一批有较高学术价值和社会效益的研究成果。

第三是弘扬以爱国主义为核心的民族精神和以改革创新为核心的时代精

神。要加强爱国主义教育，以重大纪念日、民族传统节日、重要节庆活动、重大事件等为契机，开展丰富多彩的爱国主义宣传教育活动。对大力弘扬“浙江精神”提出新的要求，坚持用以创业创新为核心的“浙江精神”凝聚力量、激发活力、鼓舞斗志，大力弘扬浙江人民善于创业、勇于创新的精神品格和文化传统，努力在全社会形成鼓励创业创新、宽容失败挫折的社会氛围。深化对“浙江精神”的研究，适应时代发展要求，与时俱进地丰富和发展“浙江精神”。进一步探索典型宣传的新形式、新载体。

第四是加强思想道德建设。要求广泛开展公民道德实践活动，大力倡导社会主义荣辱观，广泛开展社会公德、职业道德、家庭美德、个人品德教育，切实加强公民诚信、社会责任、科学精神教育，促进形成知荣辱、讲正气、促和谐的社会风尚。切实加强未成年人思想道德建设，建立健全以学校为龙头、家庭为基础、社区为平台的未成年人思想道德建设网络。

第五是深化群众性精神文明创建。要求深化文明城市创建活动，加强农村精神文明建设。深入实施“千村示范、万村整治”工程，以推进农村垃圾集中处置、污水集中排放为重点，努力改善农村人居环境。以乡风文明建设为主要内容，大力开展乡风评议活动，繁荣农村社区文化。

三　推进公共文化服务体系建设

党的十六届五中全会第一次提出要“加大政府对文化事业的投入，逐步形成覆盖全社会的比较完备的公共文化服务体系”。《浙江省推动文化大发展大繁荣纲要（2008～2012）》第一次较详细地提出了公共文化服务的目标和要求：一是增强公共文化产品的生产供给能力。要求加强面向基层、面向群众的精神文化产品的创作生产，充分发挥公益性文化单位在公共文化服务中的骨干作用，着力提高公共文化产品的生产能力和服务水平。支持和鼓励文化企业生产质优价廉、健康适用的公共文化产品，参与公共文化服务。要创新公共文化服务方式，通过政府采购、项目补贴等方式，提高重要公共文化产品、重大公共文化服务项目和公益性文化活动的服务效益。大力推进“文化低保”工程，支持民办公益性文化机构的发展，鼓励民间开办博物馆、图书馆等。要大力开展公益性文化活动，举办浙江文化艺术节。精心组织各类民间艺术、表演艺术、造型艺术、竞赛竞技等活动，大力开展企业文化、农民文化、校园文化、社区文化、广场文化等系列活动，积极倡导全民阅读活动，深入推进“千镇万村种文化”活动。

二是完善公共文化服务网络。要求加强公共文化基础设施建设，集中力量改建和新建一批特色鲜明、功能完备的重要文化体育设施。加快推进广播电视“村村通”、文化信息资源共享、农村电影放映、农家书屋建设等重点农村公共文化服务工程，加强工人文化宫、社区文化中心、村文化活动室等基层文化阵地建设。充分发挥现有文化设施的作用，着力提高各类公共文化设施的使用效率。加强文化遗产保护和利用，深入实施文化保护工程，构建省、市、县三级博物馆网络，支持和引导非国有博物馆建设，鼓励建设行业博物馆、私人博物馆和具有鲜明特色的中小博物馆。坚持统筹规划、有效保护、抢救第一、合理利用、科学管理的原则，进一步加强历史文化名城（街区、村镇）保护工作，稳步推进世界文化遗产申报工作。

三是加强文化遗产的保护和利用。要求加强历史文物的保护和利用，深入实施文化保护工程，构建省、市、县三级博物馆网络，加强历史文化名城（街区、村镇）保护工作，加强非物质文化遗产的保护和传承。

四　推进文化产业发展

《浙江省推动文化大发展大繁荣纲要（2008～2012）》首次把文化“走出去”工作从文化事业转入文化产业范畴。要求扩大对外文化交流，深入开展“连线浙江”“走向世界·浙江文化展”等对外文化交流品牌活动，特别强调促进文化产品和文化服务出口，培育一批具有浙江特色的对外文化精品项目，参与国际文化市场竞争，扩大出口交易，培育一批出版、发行、影视、演艺等领域的外向型骨干文化企业和企业集团，培育一批对外文化中介机构，发展一批文化营销企业，积极开展国际市场调研，提供资讯和营销服务，由此树立起文化发展和文化竞争的国际视野。

同时，明确列出了文化产业重点发展领域，包括影视业、出版发行业、文化艺术服务业、旅游文化服务业、会展业、动漫业、设计艺术和艺术品经营业、文体用品制造业。要求从发展文化企业和实施项目带动战略两个方面寻求突破，重点培育建设一批文化产业园区和基地，运用市场机制，以资本为纽带，联合、重组一批具有较强实力和竞争力的大型文化企业集团。按照《浙江省文化产业项目投资指南》建设好全省文化产业项目数据库，将杭州打造成为全国文化创意产业中心之一，发挥文化创意产业对转变经济发展方式的带动作用。加强文化产品和要素市场建设，充分发挥文化市场中介机构和行业组织的作用。

五 推进主流媒体整体竞争力

《浙江省推动文化大发展大繁荣纲要（2008～2012）》还将新闻媒体建设与“三大体系”建设并行单列，着重提出三方面要求。

一是提高舆论引导能力。要求牢牢把握正确舆论导向，努力形成主流舆论强势。积极研究运用互联网、手机等新的信息和文化服务手段。推进新闻发布和新闻发言人制度建设，强化突发事件新闻处置机制建设，完善网上舆论引导机制，牢牢掌握网上舆论引导主动权。

二是加快媒体基础建设。要求提升主流媒体整体竞争力，继续推进集团化建设，做大做强全省现有报业集团、广电集团、出版集团，努力形成多媒体经营、跨地区发展的大型企业集团，不断提高主报主刊的核心竞争力。抓好重点新闻网站建设，推进网络媒体品牌化发展。健全各类新闻出版传播网络。以“华数”为主体，构建全省统一的数字电视发展平台。提高数字化水平，促进传统媒体和新媒体的融合发展，开拓数字报纸、视频点播、手机报纸、电子图书、车载电视等新型传播载体和业务。

三是加强网络媒体建设。要求做大做强重点新闻网站。加强网络文化产品和服务供给，各级政府网站要加大权威政务信息发布力度，成为推进政务公开、提供便民服务的重要网上平台。促进文化产品的数字化、网络化传播，形成一批具有浙江特色的网络文化品牌。加强网络文化管理，进一步完善网络文化管理体制机制，健全网络文化信息服务市场准入制度，严格实行网站年检制度，制定并实施浙江省网络文化信息管理办法。

第四节　建设文化强省　继续走在前列

一个政党如何为古老的文化注入全新的力量，带领民众走出一条文化重塑与振兴的“中国道路”？这个问题是站在当今中国要在激烈的国际竞争中掌握主动权的现实主题上，站在一个国家、一个民族要屹立于世界先进民族之林的历史高度而提出的。2011 年 10 月 15 日，党的十七届六中全会在北京召开。《人民日报》刊发署名任仲平的长篇评论员文章《文化强国的“中国道路”——论推动社会主义文化大发展大繁荣》。

这篇文章说，“兵临城下，文化交流中的逆差，国际竞争中的劣势，影响的绝不只是市场份额的大小、产业较量的成败，更关乎意识形态主动权的得失、国家文化软实力的强弱”。“一个民族，只有文化体现出比物质和资本更强大的力量，才能造就更大的文明进步；一个国家，只有经济发展体现出文化的品格，才能进入更高的发展阶段。”“一个民族的觉醒，首先是文化上的觉醒；一个政党的力量，很大程度上取决于文化的自觉。”“一个拥有深刻文化自觉的领导核心，是社会主义中国走向文化复兴的关键。”

3 天后，10 月 18 日，党的十七届六中全会通过了《中共中央关于深化文化体制改革　推动社会主义文化大发展大繁荣若干重大问题的决定》。这是自 2007 年党的十七大以来，“文化命题”首次作为中央全会的主题。建设社会主义文化强国，推动社会主义文化大发展大繁荣，文化建设上的重大政策性动向反映了我国经济社会发展的必然要求，引发了新一轮文化观念的变革。建设社会主义文化强国，要重点抓好关系中国特色社会主义事业全局和战略的六个领域的重要建设：一是加强社会主义核心价值体系建设；二是繁荣文化创作生产；三是加快发展公益性文化事业；四是加快发展文化产业；五是以改革创新推动文化发展繁荣；六是加快培养造就高素质文化人才队伍。社会主义文化大发展大繁荣体现为三个方面：一是民族凝聚力和创造力的重要源泉；二是综合国力竞争的重要因素；三是经济社会发展的重要支撑。

一　从文化大省到文化强省

2011 年是“十二五”开局之年。在《中共中央关于深化文化体制改革推动社会主义文化大发展大繁荣若干重大问题的决定》精神指导下，浙江省的文化发展战略迈上了新台阶。浙江是在全国较早提出以建设文化大省为目标任务的省份，始终将文化建设作为一项全局性的战略任务加以推进，体现了中共浙江省委、省政府高度的文化自觉和文化自信，特别是习近平同志为推进文化大省建设付出了极大的心血。党的十六大以来，浙江省委、省政府把加快建设文化大省作为实施“八八战略”和“创业富民、创新强省”总战略的重要内容，相继制定并实施《中共浙江省委关于加快建设文化大省的决定》《浙江省推动文化大发展大繁荣纲要（2008～2012）》，着力建设“三大体系”，深入实施“八项工程”，加快建设“四个强省”，增强了浙江的文化凝聚力、文化创新力、人民群众基本文化权益保障力、文化产业竞争力和文化影响力，形成了符合浙江实际、具有浙江特点的文化工作总体格局。

浙江省委、省政府将建设社会主义核心价值体系作为推进文化建设的重中之重，并将其贯穿于理论武装、思想道德建设、群众性精神文明创建、新闻宣传、科教文卫、文艺出版、科普、普法等各项工作之中。“十一五”期间，社会主义核心价值体系在浙江更加深入人心，平民道德模范纷纷涌现。报刊、广播、电视、出版等媒体积极搭建舆论平台，“社科普及周”“人文大讲堂”等社科品牌成为严肃文化的大众传播阵地，文化事业单位以常态化的机制开展以爱国主义为核心的民族精神教育、以改革创新为核心的时代精神教育，弘扬以创业创新为核心的“浙江精神”，弘扬优秀传统文化。“信用浙江”“法治浙江”建设已成为关系浙江社会发展全局的重点工程，“千万农村劳动力素质培训工程”和未成年人思想道德建设“春泥计划”在全省铺开，学校德育体系建设，政风、行风建设，科普教育，反腐倡廉教育，廉政文化建设等各项工作扎实开展，全省各界着力建成风清气正的社会环境。

“十一五”期间，浙江各级财政显著加大了对文化的扶持力度，文化投入逐年提高，每年文化事业投入总量仅次于广东，稳居全国第二。全省基本形成了优势互补、错位发展、优化配置、布局合理的城乡区域公共文化服务体系一体化格局。

据统计，“十一五”期间，浙江省文化产业增加值年均增长 19.0%，高出同期 GDP 现价增幅 3.4 个百分点。2010 年，浙江文化产业增加值首次超过千亿元，达 1056 亿元，占 GDP 比重达到 3.8%。连续 6 年，浙江文化产业增加值几乎每年跨上一个百亿元的台阶，增幅远超同期 GDP 增幅，对经济增长贡献率一路走高。2010 年，仅杭州一地，文化创意产业增加值就达到 702 亿元，增长 16.2%，高于该市 GDP 增速 4.2 个百分点。杭州市委领导明确提出，杭州文化发展已迎来黄金期，杭州要通过改革创新、产业发展、文化惠民等手段建设文化名城，打造全国文化创意中心。2010 年，浙江省新闻出版业主营业务收入达 228.3 亿元，利润总额为 21.3 亿元，分别居全国第二位与第一位；电视剧产量仅次于北京，居全国第二位；动画片产量仅次于江苏，居全国第二位，其中杭州市动画片产量居全国城市第一位；电影票房收入居全国第五位。全省共有规模以上民营文化企业 4 万余家，投资总规模逾 1300 亿元。横店、宋城、华策影视、中南卡通等一批在全国有影响的民营文化龙头企业纷纷涌现；华谊兄弟、宋城集团、华策影视等资本市场上的“电影第一股”“演艺第一股”和“电视剧第一股”都出自浙江。全省各地涌现出具有鲜明地域特色的文化产业园区 70 多个，吸引了人才、资本、技术等要素，集中了软件、工业设计、广告、传媒、艺术品创作和交易等优势产业。

全省经营性文化单位的转企改制工作进展顺利，出版、发行、电影等行业经营性单位已基本完成转企改制，省属艺术院团转企改制工作和全省文化市场综合执法改革也已基本完成。“十一五”时期，全省有近百部（个）优秀作品在国内外重大评选中取得佳绩。文化人才队伍不断壮大，截至目前，有 23 人入选全国宣传文化系统“四个一批”人才工程，有 279 人入选全省

“五个一批”人才工程，有近10万人从事社会科学教学研究和管理工作。同时，还形成了一支由专业文化工作者、社会各界人士和文化志愿者组成的专兼职基层文化工作者队伍。

二 推进“三大体系、八项工程、十大计划”的文化强省建设主线

建设文化大省是建设文化强省的坚实基础，文化强省是文化大省建设的必然方向。2011年10月20~21日，中共浙江省委常委扩大会议和领导干部会议传达了党的十七届六中全会精神。紧接着的一周，浙江省委领导分赴嘉兴、乐清、椒江、安吉、鄞州、绍兴、遂昌、松阳等地的基层、企业、农村宣讲党的十七届六中全会精神，蹲点调研当地文化建设总体情况，研讨“美丽乡村”建设、文化产业与旅游业的融合发展、农村文化阵地和队伍建设等具体问题。

全省各地市、文化宣传系统和社会各界纷纷举行专题会议，结合各行业领域的“十二五”发展规划，为浙江开创文化建设新局面献计献策。11月16~18日，浙江省委举行第十二届十次全体（扩大）会议，深入学习贯彻党的十七届六中全会精神，全面总结了改革开放以来特别是党的十六大以来浙江推进文化大省建设取得的显著成效，部署了推动浙江从文化大省向文化强省迈进的各项工作，审议通过了《关于认真贯彻党的十七届六中全会精神 大力推进文化强省建设的决定》（以下简称《决定》）。

《决定》提出，文化强省要增强六种能力，即先进文化凝聚力、公共文化服务力、文化产业竞争力、文化发展创新力、区域文化影响力和文化人才队伍支撑力。同时明确了推进文化强省建设的主要任务：一是大力建设社会主义核心价值体系。推进马克思主义中国化、时代化、大众化，牢固树立中国特色社会主义共同理想，弘扬民族精神、时代精神和“浙江精神”，加强公民道德建设。二是推动优秀文化产品创作生产。积极打造文艺精品，繁荣发展哲学社会科学，加强和改进新闻舆论工作，发展健康向上的网络文化，完善文化产品评价激励机制。三是着力构建公共文化服务体系。完善公共文

化设施网络，增强公共文化服务能力，创新公共文化服务机制，加强现代传播能力建设，加强文化遗产传承和利用。四是加快构建文化产业发展体系。优化文化产业布局，提升文化产业发展层次，加强现代文化市场建设。五是推进文化体制机制改革创新。深化国有文化单位改革，推进文化管理体制改革，创新文化“走出去”模式。六是加强文化人才队伍建设。造就高层次领军人物和高素质文化人才队伍，加强基层文化队伍建设，创新文化人才工作机制。

在具体举措方面，《决定》要求，在巩固文化大省建设成果基础上，继续深入推进社会主义核心价值体系、公共文化服务体系、文化产业发展体系“三大体系”建设，深入推进文明素质工程、文化精品工程、文化研究工程、文化保护工程、文化产业促进工程、文化阵地工程、文化传播工程、文化人才工程“八项工程”建设，重点实施中国特色社会主义理论体系普及计划、公民道德养成计划、文艺精品打造计划、网络文化建设计划、重大文化设施建设计划、基本公共文化服务提升计划、文化遗产传承计划、文化产业倍增计划、对外文化拓展计划、文化名家造就计划“十大计划”。

2012 年 4 月，浙江省文化建设领导小组举行会议。会议强调，2012 年是浙江从文化大省向文化强省迈进的启动年，也是完成文化改革阶段性任务的收官年，要以只争朝夕的精神，推动“三大体系、八项工程、十大计划”的文化强省建设。会议审议通过了 2012 年全省文化强省建设重点工作与文化建设“十大计划”。会议强调要突出抓好六项重点工作：第一，深入推进社会主义核心价值体系建设。第二，全面深化文化体制改革。按照中央要求，抓紧完成国有经营性文化单位转企改制、文化市场综合执法改革和有线电视网络整合，大力推进国有文艺院团改革和非时政类报刊改革。第三，积极构建完善的公共文化服务体系。完善公共文化服务网络，深入推进重点文化惠民工程建设；建、管、用并重，提高公共文化服务效能；坚持多措并举，丰富公共文化服务内容，不断满足人民群众日益增长的文化需求。第四，大力发展文化产业。在“提升、整合、融合”上下功夫，以文化产业倍增计划为抓手，深入实施文化产业发展“122”工程，实施重大项目带动战略。第五，加强文艺精品创作生产。努力形成一批文学、戏剧、影视、动漫、舞美以及民间文艺、群众文艺等众多门类的文艺精品，形成影视文化领域的“浙军”。第六，大力培养造就高层次文化领军人物和高素质文化人才队伍，加强基层文化人才队伍建设，保障文化人才队伍健康成长。

三 文化强省建设为“两富”“两美”的现代化浙江注入新动力

自“八八战略”实施以来，浙江从文化体制改革中获得强大的助力，注重把先行先试中的好做法、好经验转化为制度设计，从浙江实际出发，提出了一系列具有特色的改革举措，走出了一条浙江文化历史传承和当代发展优势相结合的具有开拓性意义的发展道路，堪称“浙江特色”。2012 年 11 月，党的十八大提出了新的时代推进中国特色社会主义事业的全面部署，对深入推进改革开放提出了两个“翻一番”的具体目标。12 月，中共浙江省委第十三届二次全会审议通过《中共浙江省委关于认真学习贯彻党的十八大精神　扎实推进物质富裕精神富有现代化浙江建设的决定》，提出了建设“两富”现代化浙江的目标，制定了“干好一三五、实现四翻番”的战略部署，为“八八战略”的蓝图续写了新篇章。

2013 年 11 月，党的十八届三中全会通过的《中共中央关于全面深化改革若干重大问题的决定》成为新的历史起点上全面深化改革的行动纲领，为浙江率先改革、走在前列，特别是在经济转型升级、民营经济发展、城乡发展一体化、“法治浙江”“平安浙江”“美丽浙江”建设等方面明确了方向。11 月底，中共浙江省委第十三届四次全会审议通过《中共浙江省委关于认真学习贯彻党的十八届三中全会精神　全面深化改革再创体制机制新优势的决定》。会议指出，“八八战略”是中国特色社会主义在省域层面的生动实践，是事关浙江现代化建设全局的重大战略，也是切合浙江实际、经受实践检验的务实之策。根据“八八战略”的丰富内涵和精神实质，《决定》提出了“八个着眼于”的改革路线，即要使市场在资源配置中起决定性作用，推动结构调整和产业升级，培育开放型经济新优势，推进城乡发展一体化，推进海洋强省建设，开拓文化发展新境界，推进“法治浙江”和“平安浙江”建设，建设“美丽浙江”八个方面，进一步发挥优势、深化改革、创新举措。这“八个着眼于”涵盖经济、政治、文化、社会、生态文明各领域，与“八八战略”一脉相承、环环紧扣，是“八八战略”在新的历史条件下的实践要求和改革层面的具体展开，是浙江全面深化改革的工作路线。

中共浙江省委第十三届四次全会审议通过的《中共浙江省委关于认真学习贯彻党的十八届三中全会精神　全面深化改革再创体制机制新优势的决定》再次明确提出完善建设文化强省体制机制的要求，并分四个部分落实。

一是深化社会主义核心价值体系建设。要求深入开展中国梦和中国特色社会主义宣传教育，倡导和践行社会主义核心价值观，大力弘扬“浙江精神”，积极倡导当代浙江人的共同价值观，深入开展“争做最美浙江人”主题活动，探索“最美盆景变风景”的有效机制，培育见贤思齐的社会风尚。大力推进公民道德建设工程，建设社会诚信体系，健全褒扬激励机制和失范矫正机制。探索建立全民阅读制度，全面提高公民素质。

二是加强和改进文化管理。要求推进文化管理体制改革，进一步规范文化行政审批事项。推进文化领域有关部门职能归并、机构整合。统筹社会效益与经济效益、导向要求与利润指标，健全文化产品评价体系，改革评奖制度，建立有利于出精品、出人才、出效益的文化发展体制机制。健全现代文化市场体系，培育壮大文化市场主体，加快推进文化产品交易平台、文化资本市场、文化产权市场建设。健全坚持正确舆论导向的体制机制，推动传统媒体和新兴媒体融合发展，积极构建现代传播体系。切实加强和改进对各类媒体特别是互联网等新型媒体的运用、管理和内容建设，完善媒体自律机制，严格新闻工作者职业资格制度。健全网络突发事件处置机制，加强网络舆情研判导控服务机制建设，形成正面引导和依法管理相结合的网络舆论工作格局。

三是完善文化产业发展体制。要求继续推进国有经营性文化单位转企改制，加快公司制、股份制改造。对按规定转制的重要国有传媒企业探索实行特殊管理股制度。加快文化产业投融资服务体系建设，鼓励非公有制文化企业发展，积极培养骨干文化企业，推动文化企业兼并重组。完善文化经济政策，扩大政府文化资助和文化采购。深入实施文化产业发展“122”工程和文化产业倍增计划，加快文化产业与其他产业融合发展，鼓励文化创意产业发展。培育文化出口重点企业、重点项目和出口基地，提高文化“走出去”水平。

四是加强公共文化服务体系建设。要求建立公共文化服务体系建设协调机制，统筹服务设施网络建设，促进基本公共文化服务标准化、均等化。鼓励社会力量、社会资本参与公共文化服务体系建设，培育文化非营利组织，推动公共文化服务社会化发展。完善文化设施网络建、管、用机制，分类分层推进覆盖城乡的文化设施网络建设。实施基本公共文化服务提升计划，以农村和欠发达地区为重点，继续推进重大文化惠民工程，推进群众性文化活动广泛开展。深入推进农村文化礼堂建设，着力打造农村精神家园。创新公共文化服务机制，探索公共文化设施共建共享模式，推动数字文化服务网络建设，大力发展覆盖全省的数字图书馆、数字博物馆、数字档案馆（室）、网络剧场等新兴文化服务平台。

2014 年 5 月 23 日，中共浙江省十三届五次全会通过《中共浙江省委关于建设美丽浙江创造美好生活的决定》，为积极推进建设美丽中国在浙江的实践，加快生态文明制度建设，努力走向社会主义生态文明新时代提出了新目标和新图景。其中建设“两美”浙江的主要任务之一是弘扬具有浙江特色的人文精神，共分三个部分，特别重点加入了积极培育生态文化的具体要求：

传承优秀传统文化。注重挖掘浙江传统文化中的生态理念和生态思想，加强国家重大文化和自然遗产地、重点文物保护单位、重要革命遗址遗迹、历史文化名城名镇名村保护建设，抓好非物质文化遗产保护传承与利用，丰富民间民俗特色文化活动载体，传承乡愁记忆，延续历史文脉。发现和培养扎根基层的乡土文化能人、民族民间文化传承人。开展优秀传统文化教育普及活动，积极打造文化精品，促进传统文化现代化。

不断提升公民人文素养。积极培育和践行社会主义核心价值观，倡导“务实、守信、崇学、向善”的当代浙江人共同价值观。大力宣传建设美丽浙江、创造美好生活的“最美景观”、“最美人物”、“最美现象”，促进“最美”由“盆景”变为“风景”，进而成为风尚，不断焕发社会正能量。培育和激发全体公民建设美丽浙江、创造美好生活的主体意识，大力推进志愿服务制度化，推动养成与生态文明建设相适应的思想品德、职业道德、社会公德和家庭美德。增强公民法治观念和科学人文素养，提高全社会节约资源、保护环境的自觉意识，大力倡导绿色低碳的生活方式、消费模式和行为习惯。

积极培育生态文化。结合浙江生态日、世界环境日等纪念活动，展示生态环保成就、普及生态环保知识、弘扬生态人文精神。大力弘扬尊重自然、顺应自然、保护自然的理念，积极借鉴发达国家注重生态文明的先进理念、有效做法和具体制度，强化全社会的生态伦理、生态道德、生态价值意识，形成政府、企业、公众互动的社会行动体系。积极开展生态文化重大理论和应用研究，繁荣“两类”主题文艺创作，着力构建包括学校、社区、家庭、企业和社会公益教育体系等在内的生态文明教育网络体系。

第二章
优秀传统文化涵育发展道路

2012年11月29日，习近平总书记在参观《复兴之路》展览时，发表了《承前启后 继往开来 继续朝着中华民族伟大复兴目标奋勇前进》的讲话，他指出，“现在，大家都在讨论中国梦，我以为，实现中华民族伟大复兴，就是中华民族近代以来最伟大的梦想。这个梦想，凝聚了几代中国人的夙愿，体现了中华民族和中国人民的整体利益，是每一个中华儿女的共同期盼”。

在实现中华民族伟大复兴“中国梦”的时代格局和语境里，优秀中华传统文化作为文明根柢，在经过创造性转化、创新性发展后，既是基础性的历史资源，也是现实中的发展动力，更是民族精神的中坚，具有毋庸置疑的当代价值。此间，习近平同志以其民族情怀、古典修养和政治睿智，对优秀中华传统文化的当代价值，做了全面而深刻的揭示和弘扬。他指出，“世界上没有两片完全相同的树叶。一个民族、一个国家，必须知道自己是谁，是从哪里来的，要到哪里去，想明白了、想对了，就要坚定不移朝着目标前进”①。“中华优秀传统文化已经成为中华民族的基因，植根在中国人内心，潜移默化影响着中国人的思想方式和行为方式。”②“中华文化源远流长，积淀着中华民族最深层的精神追求，代表着中华民族独特的精神标识，为中华民族生生不息、发展壮大提供了丰厚滋养。”③

① 习近平同志2014年5月4日在北京大学师生座谈会上的讲话，新华网，http://news.xinhuanet.com/politics/2014-05/05/c-1110528066_2.htm，2014年5月5日。

② 习近平同志2014年5月4日在北京大学师生座谈会上的讲话，新华网，http://news.xinhuanet.com/politics/2014-05/05/c-1110528066_2.htm，2014年5月5日。

③ 习近平同志2014年2月24日在中共中央政治局第十三次集体学习时的讲话，http://www.gov.cn/ldhd/2014-02/25/content_2621669.htm。

此种面对历史传统的审视和认知，是哲理思辨至于通达之境的结果，同时更经历了漫长的探索和范围深广的实践。2003 年浙江实施“八八战略”以来，持续推进优秀传统文化的传承和弘扬，广泛的民间传承基础，睿智的理性思考审视，持续的政策培育推动，生动的社会实践活动，构筑起优秀传统文化当代传承弘扬之清晰可见的浙江风貌；从自发到自觉，从民间到政府，从局部到全面，从传承到创新，从物态化的浅表层面到精神性的价值追求，呈现了优秀传统文化当代传承弘扬之循序渐进的浙江路径。浙江以具有本地特色的实践探索，与国家发展大势和时代潮流所趋同协共进，为构筑“中国梦”的“根”与“魂”，提供了一份鲜活的地方样本。

第一节　自在自发、丰富鲜活的民间文化传承

中华文化源远流长，浙江地域文化悠久、文明璀璨辉煌。漫长岁月里的磨砺锤炼，造就了浙江文化传统的绵密深厚、至美且丰、独具灵性，缔造了一个令人遥想追怀的地域传奇。她生发于清丽灵秀的自然山川，凭借着胼手胝足的辛勤劳作，营造出绚丽多姿的创新业绩，涵育了壮阔豪迈的天下情怀，浙江由此而臻人文胜境。其间，民间社会的文化创造和历史传承，体现了民众日常生活中的文化心理和行为规范，是构成浙江文化传统的根基，也是浙江文化在新时代创新发展的活力源泉。

民间社会自在自发的文化传承，鲜明地呈现出原生态的品质和形态，体现了中华民族文化绵延不绝的连续性、强大坚韧的传承力和生生不息的充沛活力。浙江历史上形成的深厚人文土壤，蕴含着文化传承的种子，它与浙江的经济基因一样，“一有雨露就发芽，一有阳光就灿烂”，转眼之间，便是“芳草碧连天”。近 10 年来，传统文化在浙江民间生活中日渐复苏，敬宗祭祖、编纂族谱、诵读经典等传统形式的文化活动遍布城乡，运用传统文化资源发展旅游、休闲、演艺等文化产业的民营经济活动，则体现了具有时代特色的创新发展。

一 民间日常生活中的传统样态

最有生命力的文化传承，是融合在日常生活中的生产生活方式、娱乐方式、礼仪民俗中使“百姓日用而不觉”的价值观。近 10 年来，浙江城乡的百姓生活中，丰富的传统文化资源不断被发掘、被融合，成为新生活中的有机因素。丽水市莲都区西溪村自唐代元和年间建村，其传统“礼德”祖训培育了淳朴的民风，现有保存完好的古民居约 1 万平方米。西溪村民深度挖掘历史文化，把村中的李氏祠堂改造成古物展览室，村民们拿出家中珍藏的明清古物，集中陈列于堂中。村中有 100 多名楹联创作、二胡、婺剧、快板、根雕、书画等乡村传统文化骨干人才，组成腰鼓队、舞龙队、舞狮队、太极剑队等 10 支文体队伍，形成了“自发组织、骨干带头、全村参与”的文化氛围。每到过年过节和有重大活动时，全体村民都会自发组织灯会、打腰鼓等活动，自娱自乐，气氛活跃。2006 年 6 月，西溪村被浙江省政府命名为“省级历史文化村”。

类似西溪村开展的乡村传统文化活动，广泛地存在于浙江乡村大地。金华义乌市上溪镇水碓村的 60 多位妇女热爱花棍舞、功夫扇等传统武术，还自创出许多对付平时劳动落下的颈椎病、腰痛等疾病的动作。杭州市萧山区楼塔镇管村有猜字作对的习俗，村民们都喜欢在晚饭后聚集到村中心农贸市场猜字对联，还在《浙江日报》、浙江在线网站摆开“百猜百对”擂台。杭州富阳窈口村是远近闻名的舞蹈村，村民们在长期传承的传统民间腰鼓舞、竹板舞、红绸舞的基础上，学习时髦的拉丁舞。浙江日报社帮他们从杭州请来了专业老师，其中一位俄罗斯小伙子说，真没想到，浙江的农民这么时尚，生活这么欢快。

传统文化不仅具有乡土气息，而且在现代文明的城市生活中，同样具有落地的空间和需求。在杭州市拱墅区珠儿潭社区，传统文化成为家庭文化品牌建设的重要资源，涌现出一批书法家庭、刺绣家庭、民乐家庭、仿古家庭，成为国际旅游访问点。来自奥地利、德国、意大利、美国、法国、加拿大等 10 多个国家的游客，深入各类家庭感受中国传统文化，纷纷感叹社区居民有礼貌、有修养、有生活情趣。类似社区在拱墅区还有很多，例如，半道红社区的收藏、北苑社区的书画、西一社区的京剧都很有特色。

随着城市化进程的加快，乡村城镇化、村民市民化成为趋势。但在此过程中，我们也看到了乡村传统文脉的顽强延续和乡村文化对城市文明的影响。杭州市西湖区骆家庄股份经济合作社，因城市化进程“拆村建居”，由郊区农村变成城市西部繁华中心社区。至今20余年来，在城市市民身份和城市社区生活组织架构下，传统的生活形态、娱乐方式、价值观念仍然不同程度地影响着骆家庄人的生活，主导着他们的思想，甚至影响到周边城市社区和居民。比如，骆家庄人仍以“村民”自居，村民之间相互认同，无论住到哪里，厨房里总会供奉一尊灶王爷的塑像。在他们的观念里，本分做人、忠厚待人是不变的价值观。特别是端午节的“赛龙舟”活动，历年延续不断，成为全村老少集聚的“村规民约”。只要是骆家庄人，端午前后的一周内，都会回到村里，以原先的自然村为单位，团圆会餐、组队参赛，共祭龙王。在端午节的习俗几乎简化到只剩“吃粽子”的城市里，骆家庄草根型、原生态的“赛龙舟”活动活力十足，吸引了大批城市居民观赏和参与，为城市居民的节日生活带来传统文化的内容、公共娱乐的氛围和“团结、拼搏、进取”的精神感召力，呈现出乡村传统文化反哺城市精神生活的美好景象。

二 民间节庆活动中的传统接续

历史悠久的节庆民俗活动，承载着丰富的农耕文化内涵，凝结着老百姓深厚的乡土情谊和人文情怀，具有恒久的传统魅力、文化吸引力和凝聚力。近年来，传统节庆民俗活动不断得到恢复开展，传统文化和现代文明交相辉映，蔚为可观。过去每逢腊月，绍兴城乡几乎家家都要请“祝福菩萨”，现在很多居民仍然保持了这一祈年习俗。温州泰顺“百家宴”已有千余年历史，最初仅是族人共进午餐，后来渐渐演变成当地各姓聚集的元宵聚餐，近年来更成为盛大娱乐活动。据当地旅游部门统计，泰顺有80%的乡镇每年都要举办规模不一的“百家宴”，节目内容几乎涵盖非物质文化遗产的18个门类。

自2008年起，清明、端午、中秋被列为法定节假日，传统民间节日活动成为国家制度。同年，浙江省首次确立14个传统节日保护示范地，即春节：绍兴（祝福）；元宵节：海宁市（硖石灯会）、泰顺县（泰顺“百家宴”）；清明节：缙云县（仙都轩辕氏祭典），湖州市南浔区、桐乡市（含山轧蚕花）；端午节：杭州市余杭区、西湖区（龙舟胜会）；七夕节：杭州市萧山区（萧山祭星乞巧）、武义县（武义接仙女）；中秋节：开化县（苏庄舞草龙）；重阳节：永康市（永康方岩庙会）；畲族三月三：景宁畲族自治县、云和县。传统节日保护示范地的确立，既体现了浙江对传统节日文化的重视和保护，也是浙江民间传统节庆文化资源丰富、活动众多、气氛热烈和需求旺盛的反映。

三　传统民间艺术的传递授受

浙江作为民间艺术大省，乡间村里生活着众多民间艺术家，民间歌舞、工艺、绘画、小戏小曲等民艺精品层出不穷。以金华地区为例，就有婺城的“农民诗自写自诵”，义乌的“农民艺术节”，浦江的“抬阁会”、“乱弹传承”、书画村，永康的“水上舞台”、“华溪春潮”，磐安的“炼火”、“祭大旗”、古茶道文化等，这些都是在本地深受欢迎、具有影响力的文化品牌。宁波众多的已被列入国家级和省级非物质文化遗产名录的民间艺术，同样具有扎实的传承基础和广泛的民间影响，是“活”在生活中的艺术。

走进嘉兴农家厨房，可见灶头上画有各种图案和纹样，配有不同的内容文字。这种灶头画既与祭灶的民间信仰习俗相关，也是具有装饰和审美意趣的民间艺术品，被列入浙江省第二批非物质文化遗产保护名录。灶头画的广泛需求培育了大批优秀民间灶头画艺人，他们熟悉乡村生活和乡亲们的审美需求，作品广受欢迎，是嘉兴民间美术和非物质文化遗产“活”在当下的最好的传承者、创造者和传播者。

温州瑞安的东源木活字印刷术，自元朝初年至今已传承14代，原汁原味地完整再现了中国古代活字印刷的传统工艺，堪称远古印刷术的活化石，具有极高的历史人文价值。今天的瑞安人仍用此工艺印制家谱，祖传的150

字口诀，一直流传于当地艺人之间，帮助他们精确地记住所有已刻汉字的位置。苍南倪处村章氏一族，七代传承米塑艺术。他们带动 180 余名村民学习制作米塑，并申报了省级非物质文化遗产。

四　民间家谱的广泛重修

古代中国的宗法制社会形态，是中华传统文化的重要基础，在当今农村社会仍具影响。近年来，浙江民间重修家谱热情高涨。历来有修谱传统的金华、丽水、温州等地，不少县城、村镇几乎家家入谱。丽水市缙云县修成的新谱已达百部以上，全县 43 万人口中至少有 30 万人列入重修的家谱。据了解，绍兴重修的家谱有 300 多套，正在编修的则有 100 多套。至 2011 年 12 月 1 日，绍兴已新增 200 多套家谱进入编修程序。原本修谱观念淡薄的杭嘉湖地区，也受此热潮影响，修谱之风渐盛。宁波市宁海全县 800 多个村庄除个别旧谱被毁，无谱可续或经济困难外，九成左右的村庄续修了家谱。杭州富阳、嘉兴海宁等地也都出现了类似情况。

这一波浙江重修家谱活动，从组织方式到经费使用等各个方面，都出现了新的特点。一是出现专业民间家谱协会。2010 年 12 月 18 日，绍兴市家谱协会成立。2012 年 9 月，诸暨市宗谱研究会正式成立，这是获得民政部门批准的合法民间组织，也是全国首家县级市宗谱协会。此类协会一般由具有一定修谱知识、喜欢挖掘家族迁移传承历史的热心人士组成，为民间编修家谱提供全方位的指导。二是出现专业修谱机构和职业修谱师。修谱机构实行专业化分工操作，自研修谱软件、开设专业网站，为修谱家族提供“一条龙”服务。职业修谱师主要从事资料收集、编写等工作，一个项目收入几万元，收入甚丰。据 2011 年 1 月 11 日《绍兴日报》报道，甚至有年收入在 200 万元者。[①] 三是修谱所需经费高昂，少则几十万元，多则上百万元，

① 参见王晓宏《绍兴重修家谱热催生“修谱师”　修个家谱净赚两百万》，浙江在线，2011 年 1 月 11 日，http：//www.zjnews.zjol.com.cn/05zjnews/system/2011/01/11/017227609.shtml。

这一经费大多由家族里的经商人士提供。出于经济实力强、攀比心理重等原因，绝大部分家谱使用宣纸印刷、丝绸封面、木盒包装，致使费用越来越高。某地一个大姓，由于人口众多、工作繁复，修谱预算近 300 万元。[①] 四是由于经济实力雄厚，资讯发达，眼界开阔，出现了跨国修谱。

此波修谱热潮的兴起，有多方面原因。浙江民间具有深厚的修谱传统，素有“三十年一小修，六十年一大修”的习俗。20 世纪以来，家谱断修，造成代际亲情隔膜，许多年轻人连自己的曾祖父、祖父的名字都叫不上来，数典忘祖实非虚言，因此寻根问祖成为一致认同，客观上产生修谱需求。这种客观需求逢遇社会稳定、生活水平提高、闲暇时间增多、文化意识萌发的环境，自然被激发出来。同时，广结人脉、留名后世、攀比跟风等心理，也是助推修谱成风的原因。

从汲取传统精华、构建和谐社会的角度看，弃除其中宗法制社会“三纲五常”糟粕、家长式威权主义专制等不良因素，修谱体现了中国人根深蒂固的家族观念、乡里之谊、桑梓之情，自有其和亲睦众、爱乡爱国、稳定社会、和谐共进的积极作用。从增强文化认同、共建新型精神家园的角度看，家谱里收录的内容健康、具有优良思想品质和高尚情操的先贤祖训、治家格言，都是先人的智慧结晶，可为后辈提供优秀传统文化营养，增强文化凝聚力。从接续传统文脉、开展学术研究的角度看，正史、方志、谱牒是中国特有的三大文献形式，构成了中国古典文献的主干。新修家谱的创新与发展，为地方史研究提供了大量的第一手资料。所有这些，对构建地方历史传统，强化文化认同，形成当代人的共同价值观，都具有有益的作用。

需要注意的是，民间修谱中依附名人、盲目攀比、大摆阔气、炫耀大姓、借此牟利、宣扬宗族文化糟粕等做法，均不可取。政府和学界需要积极介入，加以规范，确保民间文化走在正确的道路上。

---

① 参见王晓宏、陈乙炳《修家谱花费超 300 万元　1771 套绍兴家谱被国内外收藏》，浙江在线，2011 年 12 月 1 日，http：//zjnews. zjol. com. cn/05zjnews/system/2011/12/01/018043076. shtml。

五 民办博物馆:“来自民间的文化盛宴”

浙江民办博物馆始于20世纪90年代初，浙江是全国民办博物馆出现早、数量多、影响大的省份之一。据浙江省文物局2012年统计，全省共有民办博物馆92家，占全省博物馆总数的36.5%。截至2014年，浙江民办博物馆总数在全国位列榜首。张小泉剪刀博物馆、马寅初纪念馆、都锦生织锦博物馆等，都为人们所熟悉。

民办博物馆是体现浙江民间文化历史底蕴深厚、时代特色鲜明、创新意识强烈、民间资本积极投资文化事业的一个创新之举。经多年发展，已逐步形成鲜明的浙江特色：一是创办主体有个人和法人单位两大类，个人主体主要为文物收藏爱好者，建立在民间收藏基础上；法人单位主体为企事业单位，多与从事的产业、行业或与地方经济文化特色相关，如胡庆余堂中药博物馆等。二是馆藏内容专题化，如铜雕博物馆专展铜铸铜雕艺术、明清家具博物馆专展传统古家具等。三是涉及种类多样化，有车、船、桥梁、服装、眼镜、文房、徽章、珠算、邮电、证券、钱币、中草药、奇石、锁具、钟表、相机、剪刀、陶瓷、织锦、书画、剪纸、根雕、微雕、壶具等，其丰富程度在我国博物馆史上创下空前纪录，成为国有博物馆的重要补充。①

宁波市鄞州区是民办博物馆发展迅速的地区，被命名为“中国博物馆文化之乡”。目前已建和在建的各类博物馆有30家，除8家是国字号外，其余都是民营企业家、艺术家、收藏家等创办的私人博物馆。博物馆建筑、陈列投资总额约15亿元，其中民间投资9.9亿元。全区平均约3万人就拥有一家博物馆，遥遥领先于全国每60万人拥有一座博物馆的平均水平，达到发达国家水平。“企业+博物馆”“个人+博物馆”“景区+博物馆”“生产基地+博物馆”的多种尝试，形成了独特的办馆模式。

在向社会公众提供公共文化服务方面，民办博物馆发挥了积极作用。杭州“浙江本土古陶瓷艺术陈列室”致力于杭州中小学美术普及教育，宁波

① 参见雯跃《浙江民办博物馆建设方兴未艾》，《浙江文化月刊》2011年第3期。

紫林坊艺术馆、朱金漆木雕艺术馆、黄古林草编织博物馆、居家博物馆、知青博物馆 5 家民办博物馆每年免费开放天数在 315 天以上，积极举办公益活动，丰富群众文化生活。

目前，随着农村文化礼堂在全省各地的普遍开展，以展示馆、陈列馆等形式出现的体现“一村一品”传统与当代文化特色的小型场所，与民办博物馆性质类似、作用相同，体现了民办博物馆从城市向广大乡村延伸的可喜趋势。

民办博物馆在浙江的兴盛，与浙江经济发达、文化底蕴深厚、收藏传统悠久、民间文化意识强烈密切相关。浙江自古以来，文化收藏就占国之半壁。在当今收藏界，浙商一直是极具实力的生力军。曾有业内人士估计，近几年中国大型拍卖会一半以上的拍品最终归属于浙江民营企业家。随着收藏阅历的增长和文化自觉意识的觉醒，越来越多的投资者和藏家不再把收藏看作单纯的投资工具，而开始重视藏品的文化功能，自觉担当起传承民族文化的责任，并愿意将之与大众分享，为社会服务。民办博物馆作为一种文化形态和社会现象，为浙江文化建设注入了新鲜内涵和活力，它既是文化遗产保护的民间力量，也是展示、弘扬、传承中华优秀传统文化和浙江地方文化的重要窗口，对提升文化品位起到了很好的作用。

六　优质历史资源的民间资本开发

浙江民间具有悠久的商业传统和浓郁的经商氛围，善于发现商机、谋取经济利益。改革开放以来，浙江人敢闯敢冒险、坚韧不拔、吃苦耐劳，社会经济快速发展。其间，浙江民营经济起到巨大推动作用。在传统文化资源的利用上，浙江民营企业家同样具有独到的眼光和魄力，大力投资、经营以优秀传统文化为内容要素的旅游产业和休闲、演艺、影视、动漫等文化产业，是优秀传统文化与市场经济相结合、文物保护与开发利用相结合、民族性与时代性相结合、古典文化元素与现代表现手法相结合的成功案例。

南宋建都杭州，促成杭州和整个浙江经济社会文化发展的鼎盛时期，又因地理形胜和自然山水之利，形成了以休闲、娱乐、旅游为主要内涵的文化风貌，富者乐此不疲，贫者同样如是：“至如贫者，亦解质借兑，带妻挟子，竟日嬉游，不醉不归。此邦风俗从古而然，至今亦不改也。”[①]“故杭谚有‘销金锅儿’之号。”[②] 驰名中外的“西湖十景”之名，便出于南宋画院的山水画题名。

杭州的这种文化特质及蕴含其中的商业开发价值，被敏锐的浙江民营企业家所捕捉，宋城集团应运而生。宋城集团以“主题公园 + 文化演艺”为主营模式，利用南宋文化资源开发旅游休闲产业。在文化演艺及体验项目打造上，注重南宋文化的挖掘和现代科技手段的融合，成功开发了“宋城”和“千古情”品牌，成为文化行业内的常青树，并在资本市场助推下快速发展。2011 年，宋城景区接待游客 600 万人次，成为中国游客量第一的主题公园。宋城景区每年带动周边消费上百亿元，推进了杭州旅游产业结构的升级。大型歌舞《宋城千古情》推出至今，累计演出 13000 余场，接待观众 3500 万人次，是目前世界上年演出场次最多和观众接待量最大的剧场演出，是唯一获得国家“五个一工程”奖的文化旅游演艺类作品。宋城集团连续多次获得“中国文化企业 30 强”称号，是中国文化演艺第一股。

在浙江，宋城集团并非唯一的成功者。被誉为“东方好莱坞”的横店影视集团，同样以优秀传统文化为资源，累计投入 70 多亿元建起“清明上河图”“明清宫苑”等 28 个大型实景基地，11 座大型室内摄影棚，再现我国不同历史时期、不同地域的人文景观，建成了涵盖五千年中华民族历史文化、地域文化、民俗风情的大观园。在做大做强影视拍摄基地的同时，也推进了影视旅游产业的发展。2012 年，横店接待游客达 1222 万人次，收入达 82.9 亿元。

七 热心文化传承的社会公益精神

梁启超在《论公德》中说：“吾中国道德之发达，不可谓不早，虽然，

① （南宋）吴自牧：《梦粱录》卷一，浙江人民出版社，1984，第 8 页。

② （南宋）周密：《武林旧事》卷三，浙江人民出版社，1984，第 38 页。

偏于私德，而公德殆阙如。”一般认为，中国传统文化中，修身养性、善待亲人的私德广为民众接受，因此孝顺父母、尊老爱幼成为中华传统美德；而关乎社会性公共交往生活的公德则严重欠缺，故此面对公共事业不乏冷眼旁观、冷漠自保者。

此种观点揭示了中国文化传统的一个重要特征，但也并非绝对如此。就圣贤之教而言，《礼记·礼运》所谓“人不独亲其亲，不独子其子，使老有所终，壮有所用，幼有所长，鳏寡孤独废疾者，皆有所养”，孟子所谓“老吾老以及人之老，幼吾幼以及人之幼”，其中体现的社会理想和公共情怀不可忽视。就民间社会的实际情形而言，浙江历史上大量存在的乡邻互助、热心公益、扶危济困、共渡难关的事例，也足以说明超越一己、一家、一族私利的公共关怀和公共精神的存在。

这种公共关怀和公共精神，在当代浙江民间得到展现。近年来，涌现出众多个人、团体集资或出力共建社会公益事业，关心、关注和参与社会公共事务的现象。

在宁波市鄞州区鄞江镇，23 位政府部门、电管站等企事业单位的退休人员和社会上德高望重的老者，自发组织成立了“历史文化名镇鄞江民间筹建委员会”。所有人员均不收取任何报酬，纯粹为群众义务服务。筹委会成立以来，除日常工作外，还承担了它山庙扩建和鄞江桥复建两大工程。鄞江桥始建于唐代，是浙东第一座木结构风雨廊桥，为宁波两座千年古桥之一，1979 年改建成水泥钢筋大桥。当前民殷邑富，百姓对原鄞江桥的怀古情思热烈，复建呼声极高。筹委会出面向民间筹集到 1400 万元资金，择址重建鄞江廊桥。建桥期间，筹委会发挥各位委员的专业特长，分成工程组、水电组、木工组、石料组等，分工负责，现场办公。建桥过程中产生的房屋破损、交通不便、土地征用、拆迁赔偿等事项，均由筹委会与村民协商解决，没有找过一次政府。历时 7 个月，鄞江廊桥顺利建成，“团结、进取、奉献”的鄞江桥精神也由此产生。

2008 年，“嘉兴文献丛书”开始编纂。与其他地区性文献丛书编纂不同的是，此项目为民间自发启动，由嘉兴企业家苏伟纲出资，聘请苏州大学学者承担编纂工作，主要收录明清嘉兴文献。出资人苏伟纲在接受《嘉兴日报》记者采访时表示，做这项工作，不想追求轰动效应；不想把它变成一个很大的文化现象，就是个人爱好；不会一下子投入巨额资金，“细水长流，每年出个三五种。力所能及，才能做得远。我们是想做一辈子。尽自己微薄的力量，为文化的延续做点贡献”。丛书编纂者、苏州大学丁晓明博士对苏伟纲自发投资整理地方文献的公益事业之举做了分析。他认为，苏伟纲此举，虽然有个人素养、兴趣爱好和文化情怀的原因，但也并非纯因个人而起，而是嘉兴历史文化基因的显现。明清时代，嘉兴亦士亦商的文人比比皆是。由于历史原因，此种现象一度中断。但江南地区一直有这个土壤，一旦时机合适，就会有像苏伟纲这样的人出现。在海宁和桐乡，也有人在做同样的事情。[①] 丁晓明的分析客观可信。嘉兴历史上人文荟萃，文风炽盛，文献丰富。不仅文化名人辈出，民间也有崇文尚艺、关注乡邦文献的浓郁氛围。

优秀传统文化在当代民间社会的传承，在多个领域均有体现，以上仅为择要而言。综合分析近年来浙江民间社会的传统文化传承情况，大致呈现出以下特点。

一是浙江民间具有积淀深厚的传承基础和自在自发的历史传承行为，民间大众对中华传统文化具有天然的亲切感和热爱，生动地说明中华传统文化具有生生不息的内在血脉和生命活力，滋养着百姓的日常生活，是中国人的“根”和“魂”，是我们抛不了、丢不掉、割不断的精神命脉。

二是浙江民间对文化传统的历史传承，领域广阔、内涵丰富，民众传承热情高涨、活力迸发、敢想敢干。来自民间的智慧、胆量与力量，推动着文化传承在理念、内容和形式上的不断创新和拓展，呈现出积极、灵活、多样的态势。人民群众自身成为文化传承最为重要和主要的实践者、创新者。

三是基层民间社会自在自发的历史传承，具有原生态的原始性和质朴性，存在良莠并存、鱼龙混杂的现象。同时，又往往具有低、小、散的特

① 参见沈秀红、朱梁峰、陈苏《〈嘉兴文献丛书〉，我们想做一辈子》，《嘉兴日报》2010 年 4 月 9 日“江南周末”版。

征，在当代西方文明强势进入和市场经济利益导向的环境下，既易因受轻视或自身弱小而湮灭，也易因被不良分子利用或以此逐利而异化。因此，党和政府要加强顶层设计，专家学者要发挥专业特长、转化学术研究成果、积极参与社会实践，做好民间文化传承的引领、培育工作。

第二节　传统文化价值的理性思考和理论支撑

在基层民间社会开展质朴热情、充满活力、重在生活养成的文化传承活动的同时，浙江的思想者和知识界以理性、严谨的思考研究，从更为高远和深入的层次，积极探求中华文化传统的内在结构、基本要素、本质特征，分析浙江地域文化传统与当代浙江社会发展的关系，提炼其中的优秀元素和积极因素，阐述其当代价值，为将优秀传统文化转化运用至推进浙江现代化建设的时代大局，提供知识储备，发挥理论的引导支撑作用。

一　以睿智深刻的理性思考探究传统文化的当代价值

2002年10月，习近平同志来到浙江工作。浙江悠久的历史传统、深厚的文化底蕴、独特的文化品质、流传至今的丰富资源和基层民间社会传承传统文化的热情和创意，给他留下了深刻印象。他在为“浙江文化研究工程成果文库”所做的总序中指出：“千百年来，浙江人民积淀和传承了底蕴深厚的文化传统。这种文化传统的独特性，正在于它令人惊叹的富于创造力的智慧和力量。”① 他详细了解研究浙江历史文化传统，深入探讨“浙江精神”的历史渊源和对当代浙江经济社会发展的推动作用，对传统文化的当代价值和浙江开展继承弘扬优秀传统文化工作，提出了一系列具有创见、自成体系的观点、理念和战略思想。

（一）文化的力量熔铸在民族的生命力、创造力和凝聚力中

习近平同志对优秀传统文化及其当代价值的思考，首先建立在对文化和

① 习近平：《干在实处　走在前列——推进浙江新发展的思考与实践》，中共中央党校出版社，2006，第317页。

文化传统的认识基础上。相沿不绝是为传统，包罗万象乃为文化。传承的绵久与内涵的丰富，造就了文化传统的博大与精深。习近平同志深谙此理，他指出："在人类文化演化的进程中，各种文化都在其内部生成众多的元素、层次与类型，由此决定了文化的多样性与复杂性。中国文化的博大精深，来源于其内部生成的多姿多彩；中国文化的历久弥新，取决于其变迁过程中各种元素、层次、类型在内容和结构上通过碰撞、解构、融合而产生的革故鼎新的强大动力。"因此，文化传统型塑涵育着人类的生活："文化为群体生活提供规范、方式与环境，文化通过传承为社会进步发挥基础作用，文化会促进或制约经济乃至整个社会的发展。文化的力量，已经深深熔铸在民族的生命力、创造力和凝聚力之中。"①

中华民族生生不息的力量源泉，正在于她的文化。"中华民族历史悠久、饱经沧桑，几分几合，几遭侵略，都不能被分裂和消亡，始终保持着强大的生命力，根本的原因就在于我们具有源远流长、博大精深的文化内涵。"② 中华文化不仅久远深厚，而且富有思想性的精华，"在确立人类社会普遍的道德规范方面，中华文化有其优长之处。我们的祖先曾创造了无与伦比的文化，而'和合'文化正是这其中的精髓之一。'和'指的是和谐、和平、中和等，'合'指的是汇合、融合、联合等。'和合'，就是指对立面的相互渗透和统一，而且，这种统一是处于最佳状态的统一，对立的双方没有离开对方而突出自己。中华早期思想家创造并不断发展、充实这一文化，从'味一无果'、'声一无听'、'物一无文'，到'和实生物'，进而提出'天地和合，生之大经也'。这种贵和尚中、善解能容，厚德载物、和而不同的宽容品格，是我们民族所追求的一种文化理念。自然与社会的和谐，个体与群体之间的和谐，我们民族的理想正在于此，我们民族的凝聚力、创造力也正基于此。甚至还可以毫不夸张地说，我们中华民族传统文化的精髓也正是

① 习近平：《干在实处　走在前列——推进浙江新发展的思考实践》，中共中央党校出版社，2006，第294页。

② 习近平：《干在实处　走在前列——推进浙江新发展的思考实践》，中共中央党校出版社，2006，第293页。

在于这种伟大的和谐思想”①。

正是这样的优秀传统文化，营造了中国人的社会生活环境，构筑起中华民族的精神家园，“对生活其中的人们产生着同化作用，进而化作维系社会、民族的生生不息的巨大力量，中华民族共同的文化传统才使我们有了强烈的对中华文明的认同感和归属感”②。

（二）浙江为丰富和发展中华民族文化做出了重大贡献

具体到浙江而言，习近平同志致力于研究剖析浙江的历史传统、人文优势和文化基因，从中提炼出当代价值。

对浙江的历史发展和人文优势，他十分熟悉，信手拈来，如数家珍：“浙江是文物之邦，是中华文明的发祥地之一，文化名人群星璀璨，文化精品琳琅满目，文化样式异彩纷呈，文化传统绵延不绝，为丰富和发展中华民族文化作出了重大贡献，也有力地促进了浙江经济社会的发展。”③

对浙江的历史文化基因，他深入研究，综合提炼：“浙江文化的一个突出特点是：洋溢着浓郁的经济脉息。与‘钱塘自古繁华’相适应，古代浙江许多伟大的思想家也都倡导义利并重、注重工商的思想，不仅在中国文化史上独树一帜，而且深深地影响着浙江人的思想观念和行为方式，成为浙江思想文化的重要源泉。宋代‘永康学派’代表人物陈亮提出‘商藉农而立，农赖商而行’；‘永嘉学派’代表人物叶适提出‘通商惠工，皆以国家之力扶持商贾、流通货币’，主张农商相补，反对义利两分。明末大思想家黄宗羲则是第一次明确提出‘工商皆本’，反对歧视商业的观念。浙江文化的另一个特点是：融会了多元文化的精神特质，兼具内陆文化与海洋文化之长处，融合了吴越文化与中原文化之精髓，反映了中国文化与西方文化之激荡。浙江人生活在‘山海并利’的环境里，

---

① 习近平：《干在实处　走在前列——推进浙江新发展的思考与实践》，中共中央党校出版社，2006，第295~296页。

② 习近平：《干在实处　走在前列——推进浙江新发展的思考与实践》，中共中央党校出版社，2006，第293页。

③ 习近平：《干在实处　走在前列——推进浙江新发展的思考与实践》，中共中央党校出版社，2006，第293页。

受到多种文化因素的熏陶，因此表现出既有山的韧劲，又有海的胸襟；既具内陆文化吃苦耐劳、顽强拼搏的优点，又有海洋文化敢于开拓、勇于冒险的胆气。”①

（三）浙江地域文化传统孕育与时俱进的“浙江精神”

通过对浙江历史传统、人文优势和文化基因的剖析，习近平同志精辟地揭示了孕育“浙江精神”的文化底蕴：“在漫长的历史实践过程中，从大禹的因势利导、敬业治水，到勾践的卧薪尝胆、励精图治；从钱氏的保境安民、纳土归宋，到胡则的为官一任、造福一方；从岳飞、于谦的精忠报国、清白一生，到方孝孺、张苍水的刚正不阿、以身殉国；从沈括的博学多识、精研深究，到竺可桢的科学救国、求是一生；无论是陈亮、叶适的经世致用，还是黄宗羲的工商皆本；无论是王充、王阳明的批判、自觉，还是龚自珍、蔡元培的开明、开放；无论是百年老店胡庆余堂的戒欺、诚信，还是宁波、湖州商人的勤勉、善举；等等，都给浙江精神奠定了深厚的文化底蕴。”正是在如此深厚、丰富、优良的文化沃土之中，独具特色的“浙江精神”得以孕育、生长，“浙江精神得以凝练成了以人为本、注重民生的观念，求真务实、主体自觉的理性，兼容并蓄、创业创新的胸襟，人我共生、天人合一的情怀，讲义守信、义利并举的品行，刚健正直、坚贞不屈的气节和卧薪尝胆、发愤图强的志向”。②

浙江的地域文化传统孕育了“浙江精神”，“浙江精神”又在历史的演进里，一以贯之地引领着、支撑着、陪伴着浙江人民行进在建设美好家园的大道上：“虽然在不同时期，浙江精神呈现出来的具体形态和侧重点不尽相同，但是，由上述观念、理性、胸襟、情怀、品行、气节和志向所凝聚的内涵，正如涌动的活水，跳跃、翻腾在整个浙江的历史过程中，表现出旺盛的生命力。她们不仅与浙江人民的历史生命相伴，而且更与浙江人民的现实生

① 习近平：《干在实处　走在前列——推进浙江新发展的思考与实践》，中共中央党校出版社，2006，第316页。

② 习近平：《与时俱进的浙江精神》，载中共浙江省委宣传部编《与时俱进的浙江精神》，浙江人民出版社，2005，第2页。

活与未来创造相随。”①“她滋育着浙江的生命力、催生着浙江的凝聚力、激发着浙江的创造力、培植着浙江的竞争力，激励着浙江人民永不自满、永不停息，在各个不同的历史时期不断地超越自我、创业奋进。”②

（四）优秀文化基因助推浙江经济社会快速发展

优秀的文化基因并非只是存在于历史的传统中，也代代相续地传承于当代浙江人之中，为当代浙江发展奠定了独特根基。

习近平同志高度认可中共浙江省委于2000年提炼的“自强不息、坚韧不拔、勇于创新、讲求实效”的“浙江精神”，并特别着眼于从地域历史传统蕴含的优秀文化基因中，解读当代浙江发展的深层次原因。他认为，改革开放以来浙江经济社会快速发展的原因，正是浙江人民世代相传的优秀文化基因——“浙江精神”在当代的生动展现：“源远流长的浙江精神，始终流淌在浙江人民的血脉里，构成了代代相传的文化基因，她们‘一遇雨露就发芽，一有阳光就灿烂’。建设中国特色社会主义伟大实践的阳光雨露，全面激活了浙江人的这种‘文化基因’”，“极大地促进了经济快速发展，成为能动的经济创造力；极大地促进了社会全面进步，成为巨大的社会凝聚力；极大地促进了文化大省建设，成为核心的文化竞争力”③。

（五）优秀传统文化中蕴含提升领导干部素质和能力的智慧

运用优秀传统文化提高党员干部的思想素质和工作能力，是习近平同志长期思考、高度关注、多次论述的一个重要方面，他“首次在我党全面系统地要求领导干部学习中华传统文化，以此作为加强领导干部队伍建设的重要手段”④。他自2003年2月25日至2007年3月25日发表于《浙江

① 习近平：《与时俱进的浙江精神》，载中共浙江省委宣传部编《与时俱进的浙江精神》，浙江人民出版社，2005，第2页。

② 习近平：《干在实处　走在前列——推进浙江新发展的思考与实践》，中共中央党校出版社，2006，第317页。

③ 习近平：《与时俱进的浙江精神》，载中共浙江省委宣传部编《与时俱进的浙江精神》，浙江人民出版社，2005，第2页。

④ 董根洪：《论习近平的传统文化观》，《思想政治工作研究》2014年第9期。

日报》头版特色栏目“之江新语”的短评，在累计232篇短评中，有60余篇与传统文化有关，或是分析传统，或是论述作用，或是阐述前贤之语，或是引用以证己意。其中，约有30篇是与党员干部有关的篇章。

在《多读书，修政德》中，文章以《论语》“为政以德，譬如北辰，居其所而众星拱之”以及“修其心、治其身，而后可以为政于天下”，“为政之道，务于多闻”，“读书即是立德”等古语，要求不断加强党员领导干部的思想道德修养和党性修养，常修为政之德、常思贪欲之害、常怀律己之心，自觉做到为政以德、为政以廉、为政以民。在《心无百姓莫为“官”》中，文章以范仲淹“先天下之忧而忧，后天下之乐而乐”、郑板桥“些小吾曹州县吏，一枝一叶总关情”、杜甫“安得广厦千万间，大庇天下寒士俱欢颜”、于谦“但愿苍生俱温饱，不辞辛苦出深林”等前贤胸怀，说明心无百姓莫为“官”，党的干部，是人民的公仆，一定要把群众的安危冷暖挂在心上，以“天下大事必做于细”的态度，真心实意地为人民群众办实事、做好事、解难事。在《权力是个神圣的东西》中，以国家之权乃是“神器”，是个神圣的东西，非“凡夫俗子”所能用的古代哲理，要求各级领导干部对待权力一定要如履薄冰、如临深渊，做到慎用权、善用权、用好权，既要管好自己，又要防止他人利用自己的权力和职务影响谋取非法利益。在《激浊扬清正字当头》中，文章以清代思想家顾炎武“诚欲正朝廷以正百官，当以激浊扬清为第一要义”之言和孟子的“富贵不能淫，贫贱不能移，威武不能屈”的大丈夫气节，要求领导干部正字当头，发挥示范引导作用，在全社会形成褒扬正气、贬抑邪气，尊崇廉洁、鄙弃腐化的良好社会氛围。在《生活情趣非小事》中，以《宋人轶事汇编》中宋太祖与钱俶、《南村辍耕录·缠足》中李后主与嫔妃的两则典故，说明一名领导干部的蜕化变质往往从生活作风不检点、生活情趣不健康开始，要求各级领导干部在当前复杂的社会环境下，加强思想道德修养，注重培养健康的生活情趣，正确选择个人爱好，慎重对待朋友交往，时刻检点自己生活的方方面面，始终保持共产党人的政治本色。在《领导干部必须做到“守土有责”》中，文章以刘邦《大风歌》“大风起兮云飞扬，威加海内兮归故乡，安得猛士兮守四方”，说明当年的封建官吏尚且如此，共产党的领导干部更应有强烈的责任感，明白责任，敢于负责，保一方平安，强一方经济，富一方百姓，真正做到守土有责。在《理论学习要有三种境界》中，文章以著名学者王国维论述治学的三种境界，要求领导干部成为勤奋学习、善于思考的模范，解放思想、与时俱进的模范，学以致用、用有所成的模范。在《做人做事要力戒浮躁》中，文章以诸葛亮“非淡泊无以明志，非宁静无以致远”，《大学》中“静而后能安，安而后能虑，虑而后能得”以及“心浮则气必躁，气躁则神难凝”等语，要求为官从政要力戒浮躁，正确对待名利地位，大力倡导实干精神，大兴求真务实之风。①

凡此种种，不胜枚举，涉及为政以德、以民为本、秉公用权、清廉自守、克己慎行、守土有责、勤学善思、求真务实等众多方面。字里行间，满溢殷殷之情，可谓谆谆之言、诲人不倦，循循善诱、不厌其烦，体现了对党和人民事业的高度负责之心，对领导干部的惕厉关切之情。

（六）努力形成全社会保护文化遗产的良好氛围

正因为优秀传统文化具有珍贵的历史价值和当代价值，我们对之必须倍加珍惜和爱护。习近平同志十分重视保护和传承文化遗产，对此做了周密思考。他认为，现代化过程中隐藏着对文化遗产进行破坏的危险，城市化率提高的现实中存在着对城市文化个性的轻视甚至埋没，造成文脉断裂。因此政府部门要“正确处理文化遗产保护和经济社会发展的关系，正确处理文化遗产保护、传承与管理、利用的关系”。浙江具有珍贵的历史文化资源，同时也是旅游大省，省内不乏以历史文化为内涵的旅游景点和项目，如何处理两者的关系，是浙江发展旅游业需要面对的课题。习近平同志对此态度坚决，强调文化遗产保护应该以事业为主、产业为辅，主要是保护、抢救，更多的是花钱，而不是赚钱。“要正确处理文物保护与旅游开发的关系，做到保护第一、开发第二，坚决禁止破坏性开发。”② 在社会主义新农村建设和

---

① 所引各篇均见习近平《之江新语》，浙江人民出版社，2007。

② 习近平：《干在实处　走在前列——推进浙江新发展的思考与实践》，中共中央党校出版社，2006，第325页。

保护古村落历史原貌的关系上，他也同样提出保护第一的原则，“不要把社会主义新农村建设变成新村建设，更不要在建设过程中把那些具有文化价值和地方特色的历史建筑通通扫荡了。有的新农村恰恰是要保持历史原貌的古村落，如兰溪的八卦村等，就是要保护它的原貌，体现它的历史美，不能去破坏它”①。

保护文化遗产不但是政府的职责，也与我们每个人有关。“只有我们每个人都关心和爱惜前人给我们留下的这些财富，我们民族的精神和独特的审美情趣、独特的传统气质，才能传承下去。”习近平同志认为，应该在全社会倡导珍爱文化遗产的文明之风，形成共同参与文化遗产保护的良好氛围，“进而更好地熟悉中华历史，传承中华文明，弘扬中华文化，不断激发民族自豪感和爱国热情”②。

习近平同志对优秀传统文化在文化多样性、传统文化的教育、未成年人思想道德教育等众多方面的价值，都有论述，限于篇幅，难以一一展开。总之，通过对浙江历史传统及其当代价值的深入分析，习近平同志得出了自己的结论：“悠久深厚、意蕴丰富的浙江文化传统，是历史赐予我们的宝贵财富，也是我们开拓未来的丰富资源和不竭动力”③。

上述习近平同志有关优秀传统文化继承和弘扬的具体论述和独特创见，体现了他对祖国优秀传统文化的诚挚感情，对浙江历史传统和当代价值的系统梳理和深刻剖析；反映了他在如何继承和弘扬优秀传统文化、推动新形势下浙江经济社会建设发展等方面的高远视野、开阔思路、宏伟构想。特别是他从剖析地域文化传统的角度入手，深究浙江省情的独特性，研探浙江当代成就背后的文化基因、历史根基和由此而生的颇具特色的发展轨迹，令人信服地说明了一个地区独特的文化传统、独特的历史命运决定了它必然要走适

① 习近平：《干在实处　走在前列——推进浙江新发展的思考与实践》，中共中央党校出版社，2006，第324页。

② 习近平：《干在实处　走在前列——推进浙江新发展的思考与实践》，中共中央党校出版社，2006，第325页。

③ 习近平：《干在实处　走在前列——推进浙江新发展的思考与实践》，中共中央党校出版社，2006，第317页。

合自己特点的发展道路，深化了人们对优秀传统文化潜在力量和当代价值的认识，指明了认识、研究、传承和弘扬优秀传统文化的方法和路径。

党的十八大以来，习近平同志发表了一系列有关传承和弘扬优秀传统文化的重要讲话，对优秀传统文化在实现中华民族伟大复兴“中国梦”中的地位和作用，做了深刻阐述。他在浙江工作期间的相关思考和理论成果，既把浙江的优秀传统文化传承和弘扬工作推进到了一个新的境界，也为我们党今天从中华优秀传统文化中提炼“跨越时空、超越国度、富有永恒魅力、具有当代价值的文化精神”，看清楚、讲清楚中国特色社会主义道路植根于中华文化沃土、反映中国人民意愿、适应中国和时代发展进步要求的历史逻辑，实现中华民族伟大复兴，积累了丰富经验。

二 “与时俱进的浙江精神”中的传统文化基因

2005 年，中共浙江省委面对全球化的新挑战、推进浙江发展的新实践、中央对浙江走在前列的新期待，为使浙江人民在全面建设小康社会、加快推进社会主义现代化建设的不懈追求中具有现代的思想观念、价值取向、心理状态和社会道德标准，在“自强不息、坚韧不拔、勇于创新、讲求实效”的“浙江精神”的基础上，开展了“与时俱进的浙江精神”研究。习近平同志十分重视此项研究，强调指出：“浙江精神的调研应从浙江的历史传承、社会精神文明、文化综合实力的作用等诸角度进行”。根据省委“深入研究浙江现象、充实完善浙江经验、丰富发展浙江精神”的要求，省委宣传部会同省委办公厅、省社科院、省社科联、浙江日报报业集团等单位组织开展“与时俱进的浙江精神”课题研究和征文活动，共收到 100 多篇论文。

对浙江文化传统的全面审视，对浙江传统文化基因、文化特征、文化品格的深入探求，是此次研究的重要内容。浙江学者集中展开研讨，从浙东学术精神、工商文化、海洋文化、越文化、历史名人、民间文化以及省内各地区域文化的不同角度，提出多种观点，并以之作为传统根基和文化底蕴，提炼出“求真务实、诚信和谐、开放图强”的“与时俱进的浙江精神”。浙江省委于 2006 年初正式公布了新时期“与时俱进的浙江精神”。同年，习近平同志发表署名文章《与时俱进的浙江精神》，肯定了“自强不息、坚韧不拔、勇于创新、讲求实效”的“浙江精神”，对“求真务实、诚信和谐、开放图强”的“与时俱进的浙江精神”做了深刻阐述。

从两个版本的“浙江精神”对其所依托的浙江文化传统和文化基因的分析提炼来看，“与时俱进的浙江精神”有着更为科学合理的独到之处。

2000 年版“浙江精神”的提炼，具有特定的社会背景和时代语境。从 1978 年到 1999 年，浙江全省国内生产总值由 124 亿元增长到 5350 亿元，经济总量在全国的排序由第十二位跃升至第四位；城镇居民人均可支配收入和农村居民人均纯收入分别从 304 元、165 元增至 8428 元、3948 元，列全国第四位和第三位，创造出了“真富、民富、不露富”的“浙江现象”。如何总结这一现象，引领全省人民取得更大的成绩，成为摆在中共浙江省委面前的迫切问题。

在总结中，中共浙江省委敏锐地捕捉到了浙江文化在浙江经济发展中的作用。“在经济与文化日趋融合的形势下，研究浙江经济，不得不研究浙江文化，不研究浙江文化，就无法真正认识浙江经济。”① 故此，相应的研究也更多关注浙江历史传统中的工商精神，浙东学派中“义利并重”“工商并举”的观点，成为提炼“浙江精神”的主要思想资源。研究表明，此种学术思想，正是孕育出“自强不息、坚韧不拔、勇于创新、讲求实效”的“浙江精神”的主要文化基因②，使得浙江人特别能适应和发展市场经济，“浙江人民经受市场经济大潮的锤炼，自强不息、坚韧不拔、勇于创新、讲求实效，形成了具有鲜明时代特征和广泛群众基础的浙江精神，充分展示了当今 4000 多万浙江儿女的精神风貌”③。

---

① 参见《中共浙江省委关于深入学习贯彻江泽民同志“三个代表”重要思想的决定》，2000 年 7 月中共浙江省委第十届四次全体（扩大）会议审议通过。

② 蓝蔚青等学者所著《文化传统与浙江精神》一文，提出“工商皆本的文化传统孕育经商意识”“义利并重的价值观念孕育务实性格”“多元文化相互激荡塑造开拓创新意识”“先天不足的资源条件造就创业精神”“百工之乡的产业传统哺育聪明才智”五个孕育“浙江精神”的传统因素，见中共浙江省委宣传部编《与时俱进的浙江精神》，浙江人民出版社，2005，第 3～11 页。

③ 参见《中共浙江省委关于深入学习贯彻江泽民同志“三个代表”重要思想的决定》，2000 年 7 月中共浙江省委第十届四次全体（扩大）会议审议通过。

然而，在解释了一个时期内经济发展的动因之后，浙江需要对浙江历史传统有更为科学合理的分析挖掘，以期从中获得推动浙江走得更好更远的动力。浙江的历史传统中，除了浙东学派，除了经商贸易善谋实利，尚有更多丰富的内涵和要素。在学术思想上，有被英国科学史家李约瑟评价为“中国科学史上的坐标”“中国科技史上的里程碑”的沈括，有我国人文地理鼻祖王士性，有近代启蒙思想家龚自珍，有清末民初思想家、革命家、国学大师章太炎，有革命家、教育家、政治家、民主进步人士蔡元培；在地域民风上，有湖州、嘉兴一代带以诗文书画传家的温文平和，有杭州在西湖风月里浸染的精致秀雅，有衢州由南孔文化熏陶的尚德向善，有金华被誉为“小邹鲁”的崇学重教、耕读传家。如此等等，不一而足，思想的绿树丛生，智慧如繁花盛开，情感丰富，气象万千，人文璀璨，厚重而灿烂。唯其如是，浙江方能走过数千年的时光，创造出厚重的文明业绩和历史传统。

《大力弘扬和培育“与时俱进的浙江精神”》一文提炼出“以人为本、注重民生的观念”“求真务实、主体自觉的理性”“兼容并蓄、自得创新的胸襟”“人我共生、天人合一的情怀”“讲义守信、义利并举的品行”“刚健正直、坚贞不屈的气节”“卧薪尝胆、发愤图强的志向”① 7 项浙江传统文化特质，作为“求真务实、诚信和谐、开放图强”的“与时俱进的浙江精神”的历史基础和传统基因。与 2000 年的研究相比，这个提炼明显更为客观、全面、合理地兼顾和综合了包括浙东、浙西在内的浙江地域的传统风貌，更为令人信服和认同。

特别需要指出的是，在《与时俱进的浙江精神》中，习近平同志写道：“浙江特有的地理环境、生产生活方式、历史上的多次人口迁徙和文化交融，造就了浙江人民兼有农耕文明和海洋文明的文化特质，锤炼了浙江人民兼容并蓄、励志图强的生活气度，砥砺了浙江人民厚德崇文、创业创新的精

① 参见中共浙江省委宣传部编《与时俱进的浙江精神》，浙江人民出版社，2005，第 11 ~ 16 页。

神品格。”[①] 此处的“厚德崇文”四字，十分准确地补充了“浙江精神”中应该具有的、来自传统的重要文化基因。在 2012 年形成的“当代浙江人的共同价值观”中，“厚德崇文”以“崇学”“向善”的表述，得到认同。

“与时俱进的浙江精神”不仅是浙江面对新形势对精神引领、思想动力所做的探索和创新，也是对浙江历史传统和优秀文化基因的重新审视和评估。

三　以关切现实的传统文化研究提供理论支撑

浙江素有“文献之邦”之称，历史文献基础厚实。东汉以来的存世浙江文献有 2000 余种，可谓“泱泱两千年，皇皇两千种”。在浙江，历来盛行重视历史研究、以学问经世致用的学风。清代史学家章学诚的“六经皆史”之论影响深远。著名学者龚自珍更是直言历史之于国家命运的重要关系：“欲知大道，必先为史。”“灭人之国，必先去其史；隳人之枋，败人之纲纪，必先去其史；绝人之材，湮塞人之教，必先去其史；夷人之祖宗，必先去其史。”[②] 1939 年，学衡派代表人物梅光迪应竺可桢之聘出任国立浙江大学文学院院长，一大批学衡派成员相继进入浙大。学衡派认为中国传统文化精粹具有永恒的价值，是构成民族文化的基石；孔子是中国文化的集大成者和开创者，儒家文化是中国文化的主轴，具有浓郁的文化保守色彩。同时，他们也主张改良旧统、融通中西。在竺可桢校长的支持下，学衡派以浙大为中心，汇集同人达 100 多人，弘扬求实精神，精研传统文化，既提升了浙大在全国的人文学术文化影响，也凭借浙大在浙江的地位对整个浙江人文社科界重视传统文化研究的学术风气产生深刻影响。

浙江 2005 年提出的文化研究工程，是迄今为止国内最大的地方文化研究项目之一，其中与传统文化研究相关的“浙江历史文化专题研究”“浙江名人研究”“浙江历史文献整理”三大板块，共确立了“浙江历史文化

① 参见中共浙江省委宣传部编《与时俱进的浙江精神》，浙江人民出版社，2005，第 1 页。

② 龚自珍：《古史钩沉论二》，见《定庵全集》第十七卷，四部备要本。

专题史”“浙江文献集成”“浙江历史文化名人”“南宋史研究”“浙江地域文化研究”“良渚文化研究”“钱塘江流域开发史研究”“浙江古镇古村落经济社会变迁研究”“浙商文化研究系列”等多个研究系列。《浙江古村落研究》《浙江民国史研究》《宋画全集》《黄宗羲全集》《沈括全集》《陈望道全集》等已出版成果得到国内学术界的关注，《毛泽东在浙江的785个日日夜夜》等成果受到中央、省有关部门的肯定，多项学术精品获得各种奖励。

文化研究工程产生了强大的示范带动作用，省内各市（甚至县）都相应地组织开展本地历史文化的整理、挖掘和研究，温州、宁波、金华、义乌等地先后整理出版了地方历史文献。温州市大力推进区域历史文化研究，推出《永嘉学派研究》《叶适全集》《陈傅良文集》等系列历史文化研究项目。素有“东南文献之邦”和“小邹鲁”之称的金华，历时8年完成《阅读金华》、“重修金华丛书”的编纂发行。其他如《杭州通史》《宁波通史》、“西湖文献丛书”、“义乌丛书”、“龙游丛书”等，都是相关市县整理研究本地历史文脉的大型图书和丛书。

浙江学者对本地历史文化的不懈研究，特别是文化研究工程开展以来的多项专题梳理，比较全面、系统地探究了浙江文化传统及其重要领域的纵向脉络和内部结构，展现了浙江文化底蕴的厚重，梳理了可供当代传承的历史资源。

近年来，浙江学者积极为政府和民间的“美丽乡村”、农村文化礼堂、“浙江最美现象”、文化产业园区、文化特色村镇、名人故居、艺术馆等文化建设项目提供优秀传统文化资源，进行创意转化和设计，开展可行性分析评估等。在浙江当代社会主义核心价值体系、公共文化服务体系、文化产业体系和优秀传统文化传承体系建设中，发挥了学术研究助推实际工作的积极作用。

第三节　慎思精制、一以贯之的宏观谋划布局

自2003年浙江省委实施“八八战略”以来，浙江的优秀传统文化传承

与弘扬，进入了一个新的发展时期。省委、省政府在文化工作中，从战略思维、宏观布局到具体举措，始终贯穿“传承优秀文化，弘扬浙江精神”的主线，带领全省人民在省域层面的众多领域开展全面深刻、丰富生动、富有成效的创新探索和实践，形成了浙江特色。

一 系统谋划、全面布局，奠定继承弘扬优秀传统文化的大政方针和总体框架

“八八战略”中，“进一步发挥浙江的人文优势，积极推进科教兴省、人才强省，加快建设文化大省”是一个重要内容。优秀中华传统文化和浙江地域历史传统，是浙江人文优势的重要基础和内核，在加快建设文化大省中具有不可忽视的重要地位和作用。

在2005年出台的奠定浙江2005～2020年文化建设发展方向和路径的纲领性文件《中共浙江省委关于加快建设文化大省的决定》（以下简称《决定》）中，传承和弘扬优秀传统文化得到充分重视，在多个领域和方面得到体现，总体性地、细分化地落实了优秀传统文化传承和弘扬的总体框架和行动路线。

增强先进文化的凝聚力，是加快建设文化大省的重要着力点。作为其中的重要内容，《决定》要求“发扬浙江优秀历史文化传统，积极推进文化创新，大力发展先进文化，支持健康有益文化，努力改造落后文化，坚决抵制腐朽文化”，“大力弘扬以爱国主义为核心的民族精神和以改革创新为核心的时代精神，坚持和发展‘自强不息、坚韧不拔、勇于创新、讲求实效’的浙江精神，与时俱进地倡导和弘扬‘求真务实、诚信和谐、开放图强’的精神，为加快全面建设小康社会、提前基本实现现代化提供强大精神动力”。

在文明素质工程中，《决定》要求“加强爱国主义教育基地建设，发展红色旅游，充分发挥革命纪念地和历史文化遗址、博物馆、纪念馆等的重要作用”。在文化精品工程中，《决定》要求重点扶持“一批弘扬浙江优秀传统文化、具有传承和创新意义的文化艺术成果”。在文化研究工程中，《决定》要求开展浙江历史文化专题研究、浙江名人研究、浙江历史文献整理，

对浙江地域历史文化开展系统研究。在文化保护工程中,《决定》部署了历史文化遗产保护和利用的一系列工作,要求使丰富的历史文化遗产真正成为文化大省建设重要而独特的宝贵资源。深化文化体制改革是加快文化大省建设的必要前提和重要保障,《决定》把积极发挥传统文化、民族文化、革命文化、区域文化优势,为增强中华文化的竞争力和影响力做贡献,作为坚持改革的正确方向。

综上所述,《决定》将继承和弘扬优秀传统文化提到了为加快全面建设小康社会、提前基本实现现代化提供强大精神动力的高度,系统谋划、全面布局、细化落实,筑起了在浙江全面继承和弘扬优秀传统文化的广阔平台。

二 一张蓝图绘到底,一以贯之抓落实

系统梳理自2003年提出“八八战略”、2005年通过《中共浙江省委关于加快建设文化大省的决定》以来浙江省委、省政府的文件,从2008年的《浙江省推动文化大发展大繁荣纲要(2008~2012)》、2011年的《中共浙江省委关于认真贯彻党的十七届六中全会精神 大力推进文化强省建设的决定》、2014年的《中共浙江省委关于建设美丽浙江创造美好生活的决定》等报告和决议,到《中共浙江省委关于制定浙江省国民经济和社会发展第十二个五年规划的建议》《浙江省文化发展“十二五”规划》,都可以看出,自“八八战略”提出以来,浙江在继承弘扬优秀传统文化方面,始终贯穿着一条“一张蓝图绘到底、一以贯之抓落实”一脉相承的主线,同时也体现了根据浙江经济社会发展的阶段性特征,贴近浙江文化发展的实际需要,与时俱进地加以细分、深化和提升的不断探索和丰富实践。

下面,试择要举例说明。

(一)坚持弘扬中华文化是推动文化大发展大繁荣的重要基本原则

在2008年浙江省委通过的《浙江省推动文化大发展大繁荣纲要(2008~2012)》(以下简称《纲要》)中,继承和弘扬优秀传统文化得到进一步加强,“坚持弘扬中华文化”被单独列出,与“坚持先进文化的前进方向”“坚持以人为本”“坚持把社会效益放在首位”等一起,成为《纲要》

的六项基本原则之一，同时强调了“加强优秀传统文化教育”和“不断增强中华文化的国际影响力”两个方面。

在推进社会主义核心价值体系建设方面，《纲要》要求大力弘扬“浙江精神”，加强爱国主义教育，以重大纪念日、民族传统节日、重要节庆活动、重大事件等为契机，开展丰富多彩的爱国主义宣传教育活动；实施浙江省红色旅游发展规划，全面开展浙江省革命胜迹普查、保护和利用工作，充分发挥革命纪念地和历史文化遗址、博物馆、纪念馆等的重要作用。通过重点扶持一批具有重大创新意义、对弘扬和传承民族文化有重大作用、对经济社会发展有重要影响的研究项目，深化文化研究工程。

在公共文化服务方面，《纲要》要求深入实施文化保护工程，加强历史文物的保护和利用。加强非物质文化遗产的保护和传承得到重视和强调，推进非物质文化遗产的“活态”传承，成为一个新的亮点。

在推进文化产业发展方面，对传统资源的利用主要体现在旅游文化服务业，《纲要》从优秀历史文化资源与旅游业融合发展的角度，要求“发挥浙江旅游资源优势，努力建设红色旅游经典景区，做优做特民俗文化、水乡古镇、生态文化、海洋文化、畲族风情等文化旅游区块，打响‘诗画江南、山水浙江’的浙江旅游文化品牌。注重开发浙江历史名城名镇、名人故居、名山名园等文化旅游资源，打造一批精品旅游线路，加大文化旅游品牌在海内外的推介力度”。

（二）更加重视发挥优秀传统文化的当代价值

2011 年 8 月发布的《浙江省文化发展“十二五”规划》，从世界多极化和经济全球化逐步深入，文化多样性发展趋势进一步显现，各国发展和传播本国文化的意愿不断增强，越来越多的国家把提高文化软实力作为重要发展战略的国际背景出发，继续将“坚持继承和弘扬优秀民族文化，吸收和借鉴世界各国优秀文化成果”作为规划的基本原则之一。

在具体规划中，从“加快转变文化发展方式”“切实加强文化交流和文化贸易，推动浙江文化‘走出去’”上谋划继承和弘扬优秀传统文化，是两个亮点。前者要求“从重文化遗产保护向保护、利用并重转变”，通过“构建体系完备、保护有效、利用合理的文化遗产保护发展新格局，进一步弘扬中华民族优秀传统文化”，表明了政府对充分发挥优秀传统文化的当代价值的重视。后者则要求加强对国际文化消费市场的研究，充分发掘包装戏曲、民乐、杂技和文物展览等浙江优质历史资源，精心培育一批具有国际竞争优势的品牌文化企业和品牌文化产品，依托重大涉外活动，积极传播浙江优秀文化，构建友好关系，体现了积极运用优秀传统文化提高浙江文化国际竞争力的态度。

（三）本地优秀传统文化是文化强省之“强”的重要内在支撑

2011 年的《关于认真贯彻党的十七届六中全会精神　大力推进文化强省建设的决定》（以下简称《推进文化强省建设决定》），提出要“以更高层次、更宽视野、更大力度”，把浙江建设成为人文精神高尚、文化事业繁荣、文化产业发达、文化氛围浓郁、文化形象鲜明的文化强省。

与此三个“更”字要求相符合的是，《推进文化强省建设决定》对优秀传统文化的重视，融合在“现实基础和有利条件”“总体思路”“三大体系”“八项工程”等多个方面。文中，与传统文化相关的“传统”一词出现 9 次，其中 6 次为“优秀传统文化”，其余 3 次分别为“革命传统教育”“传统节日”“中华传统美德”；与传统文化相关的“历史”一词出现 4 次，分别是“历史题材”“历史文化名城”“历史文化记忆工程”“历史文化”。出现的频次之高，从一个侧面反映了浙江对优秀传统文化当代价值认识的持续提高和优秀传统文化在整个文化强省建设战略中的重要地位，也可以理解为浙江建设文化强省的“强”，在一定程度上依赖于对本地深厚传统文化和丰富历史资源的挖掘、转化和运用。

（四）优秀传统文化不仅是资源，也是文化治理的基础方式和重要手段

2014 年的《关于建设美丽浙江创造美好生活的决定》（以下简称《两美建设决定》），将继承和弘扬优秀传统文化与生态建设主旨紧密关联，要求“注重挖掘浙江传统文化中的生态理念和生态思想”。在具体举措上，也颇具新意，一是推出“生态人文小城市试点”，要求结合自然资源特点和人文特色，科学设计城镇人居环境、景观风貌和建筑色彩，加强城镇生态景观保护和建设，建设一批江南风情小镇，彰显“诗画江南”的独特魅力；二

是要求大力创建绿色城镇和生态示范村，保护乡土自然景观和特色文化村落，彰显江南乡村特色，精心建设一批“浙派民居”；三是重视传承乡愁记忆，延续历史文脉，要求提升“美丽乡村”建设水平，优化布局，强化特色，让广大人民群众望得见山，看得见水，记得住乡愁。

由此可见，《两美建设决定》突破了历史文化资源单项开发利用的传统做法，以生态人文小城市、绿色城镇、生态示范村建设为契机和平台，把优秀传统文化当作基础、核心和推动力，内在性地嵌入一地社会、经济、生态发展的总体框架之中，谋取融合发展。至此，在浙江，优秀传统文化已经超越仅仅作为可资利用资源的局限，被当成文化治理的基础方式和重要手段，在“建设美丽浙江，创造美好生活”的浙江发展新格局中，站到了一个新的历史高点。

综合以上浙江省委、省政府有关继承弘扬优秀传统文化的谋划布局和决策思路，可以归纳出几条始终贯穿其中的原则。

一是充分认识到用科学理论引领文化建设，要“始终贯穿中国化”。“文化是一种传承，如果离开了中国国情，就会失去其存在的土壤，成为无本之木、无源之水。因此，中国化既是文化建设的要求，也是文化发展的特色，更是文化发展的生命力所在。”故此，需要做到“立足中国国情，以马克思主义中国化的最新成果为指导，建设中国特色社会主义的核心价值体系”“大力弘扬中华文化”“积极借鉴世界各国的优秀文明成果”三者的统一，“使文化的发展符合中国文化传承的传统方式和民族的思维特点，做到科学性、先进性、民族性、时代性、实践性的统一”①。在具体工作上，以“与时俱进的浙江精神”为引领，坚持功成不必在我的理念，一脉相承、一以贯之地坚持不懈抓落实，与时俱进求创新。

二是始终坚持以爱国主义为核心的民族精神和以改革开放为核心的时代精神，以社会主义核心价值体系建设为根本，加强规划，统筹协调，弃糟

① 中共浙江省委宣传部课题组：《自觉用科学理论引领文化建设　推动社会主义文化大发展大繁荣》，载《2008年浙江发展报告（文化卷）》，杭州出版社，2008，第21页。

粕，取精华，规范引导基层民间社会自在自发的文化传承热情和活动，把握和提升优秀传统文化当代传承的路径导向和精神品质，为社会大众引领继承和弘扬优秀传统文化的正确方向。

三是注重优秀传统文化的保护、挖掘和利用，尤其注重结合当代浙江的社会需求，转化运用和创新发展历史资源的多种价值，以此体现传统文化的区域特色和时代特征。

四是充分尊重群众的主体地位和首创精神，维护文化传承的民间土壤，坚持全民参与，保护大众热情，最大限度地激发全社会继承弘扬优秀传统文化的创新意识和创造活力，在日常生活中“活态化”地促进文化传统的推陈出新。

第四节　务实笃行、特色鲜明的探索创新实践

优秀传统文化只有走进当下的生活、为今天的社会大众所接受、成为当代文化的组成部分，才是真正具有活力的传承。2006 年 3 月 27 日，习近平同志在中国越剧诞辰 100 周年纪念大会上指出：“中国越剧一百年的发展历程证明，正是秉承着一种与时俱进、开拓进取的创新精神和扎根民间、关注民生的大众情怀，不断学习和吸收各种优秀文化的艺术养分，中国越剧才得以不断超越地域和语言的局限，创造了一个世纪的灿烂辉煌。”① 这既是对传统越剧创新发展实质的揭示，也可以概括浙江继承和弘扬优秀传统文化所取得的成果。10 余年来，浙江人民正视现实，与其抱怨传统被损坏、叹息资源被破坏，不如以实际行动保护珍惜、传承弘扬现有优秀传统文化资源，凭借丰厚的历史资源禀赋，依靠党和政府与民间社会的充分合力，从本地历史文化传统中提炼“与时俱进的浙江精神”，以丰富生动、特色鲜明的创新实践，为探索具有浙江特色的发展道路、推进现代化浙江建设，提供了来自优秀文化传统的强大力量。

---

① 习近平：《干在实处　走在前列——推进浙江新发展的思考与实践》，中共中央党校出版社，2006，第 325 页。

一　优质历史文化资源“活起来”

20 世纪是中国文化传统和传统文化资源遭到重大冲击和损毁的时期。究其原委，20 世纪的前 50 年，主要因为连绵战火的破坏和欧风东渐的观念之变。后 50 年，一是毁于“文化大革命”的“破四旧”等政治活动，二是由于改革开放以后市场经济带来了社会体制和结构、文化观念和形态的变革以及城市化进程的快速推进等。据报道，过去 10 年中国总共消失了 90 万个自然村。[①] 村落消失的背后，正是传统文化赖以生存的基层乡土社会发生了结构性变化。

然而，就浙江而言，万年历史铸成的传统根深蒂固，人文渊薮、文物之邦的美誉也非虚言，现存历史资源堪称丰厚，浙地先辈们给我们留下了丰富的历史资源和文化财富。

2013 年 12 月 30 日，习近平总书记在中共中央政治局第十二次集体学习时指出：“要系统梳理传统文化资源，让收藏在禁宫里的文物、陈列在广阔大地上的遗产、书写在古籍里的文字都活起来。”在留存至今的浙江历史资源中，不乏内涵丰富、品质优良、独具特色而又具有当代传承价值和作用的优秀资源，堪称今天浙江建设文化强省的深厚资本；它们在当代生活中经过创造性转化和创新性发展，成为既继承优秀传统文化又弘扬时代精神、既立足本国又面向世界的当代中国文化创新成果。

（一）文化遗产资源

浙江的文化遗产资源丰富，保护工作走在全国前列。[②] 现有杭州、宁波等国家级历史名城 7 座，乌镇、南浔、安昌等中国历史文化名镇 16 个，俞源、郭洞、新叶等中国历史文化名村 14 个，上山遗址、天一阁等国家重点文物保护单位 231 处，名列全国第五；良渚古城考古项目获国家文物局田野

① 参见冯骥才《中国每天消失近百个村落》，中国新闻网，http：//www. chinanews. com/cul/2012/10－21/4263582. shtml。

② 有关浙江省非物质文化遗产保护和利用工作，请见本卷第七章“民间文化：文化归属与社会凝聚的动力源泉”之第一节“非物质文化遗产的活态传承”，此处不作记述，以免重复。

考古（2009～2010年）一等奖，2013年开展的浙江省管辖海域内文化遗产首次联合水下执法，为全国首次。浙江自然博物馆、中国丝绸博物馆、宁波博物馆先后被国家文物局评定为国家一级博物馆。

在保护的基础上，文化遗产的开发利用得到持续推进。自2003年杭州市所有博物馆向社会公众免费开放以来，浙江省博物馆、中国丝绸博物馆和全省范围内的20多家市、县博物馆相继免费开放，年接待观众人数稳居全国前列。全省文化文物系统自2006年以来，联动开展“文化遗产日”系列活动，其间，全省国有博物馆的所有陈列展览项目全部免费向观众开放，营造了文化遗产保护的良好社会氛围。历年来，建成镇海口海防遗址、南湖革命纪念馆等国家爱国主义教育示范基地12家，以国家和省级基地为骨干，以市、县两级基地为基础的全省爱国主义教育基地网络已粗具规模，为开展以爱国主义为核心的民族精神教育和以改革开放为核心的时代精神教育，推进社会主义核心价值体系建设提供了阵地保证。先后建成第一批省级考古遗址公园8处；以传统文化为人文景观要素的国家级重点风景名胜区19处；《“十二五”时期浙江旅游发展规划》记载的全省78处3A级景区以上的文化旅游景区中，超过70处景区均以传统文化为资源主体或景观主题。浙江省博物馆的“越地长歌——浙江历史文化陈列”等11项博物馆陈列展览获“全国博物馆十大陈列展览精品奖”，名列全国第一。

（二）山川人文资源

2005年8月24日，习近平同志在《浙江日报》“之江新语”专栏中写道：“我们追求人与自然的和谐，经济与社会的和谐，通俗地讲，就是既要绿水青山，又要金山银山。”① 浙江的绿水青山成为金山银山，不仅在于优越的自然环境适合人类居住，可以通过发展生态经济带来经济效益，而且在于其丰富的历史人文内涵。

浙江地处江南水乡，境内山环水绕，天目山、莫干山、四明山、雁荡山、普陀山，西湖、南湖、京杭大运河、钱塘江、富春江、楠溪江等，奇秀

① 习近平：《之江新语》，浙江人民出版社，2007，第153页。

清丽、意境空灵，引无数文人墨客尽折腰，为之吟诗作画，集聚成一座取之不尽、用之不竭的文化资源宝库。在中国人的思想意识里，山水寓情，可以澄怀观道，具有文化意蕴和文化精神，而江南山水、浙江山水就是其中的典型代表，并成为最具经典意义的中国文化符号，它既是自然的，也是艺术的，更是情感的，浸透了我们这方土地上的生命感悟、天地体验、自然情怀。

丰厚的山水与人文资源，在浙江的当代文化建设中得到充分运用。苏轼、白居易、杨孟瑛、阮元与杭州西湖的“三堤一墩”；山水诗鼻祖谢灵运与楠溪江山水文化旅游；鉴湖、剡溪、沃洲、天姥山、天台山与浙东唐诗之路的开发；嘉兴南湖的烟雨与红船精神；四明山敌后抗日根据地与红色旅游；和谐共生于自然山水间的民俗文化，所有这些，都向我们昭示着浙江山水与德性、哲思、智慧、情操、乡情、家园的紧密联系，也在当代文化建设中得以体现。大型交响音画《钱塘江》以钱塘江为题材，以音乐形式解读浙江人文历史，阐释浙江当代精神。黄公望《富春山居图》激发了艺术家的创作灵感，也以两岸合璧共展的形式推动了文化交流。2011 年 6 月 24 日，“杭州西湖文化景观”入选世界文化遗产名录；2014 年 6 月 22 日，中国大运河“申遗”成功，入选世界文化遗产名录。作为京杭大运河的最南端以及浙东运河的起点，杭州是中国大运河的一个重要节点，“申遗”点段数量在全国各个城市中位于前列。这些入选的世界文化遗产，彰显了浙江山川人文资源的优良品质和世界影响力，为浙江带来了殊荣。

（三）民间戏曲资源

浙江是我国戏曲的发源地，在中国戏曲发展史上，第一种成熟的戏曲形式，就是北宋时期产生于温州一带的南戏。中国十大戏剧之一的越剧，即发源于此，浙江素有“戏剧大省”的美誉。从目前调研统计数据看，浙江共有京剧、昆剧、越剧、婺剧、绍剧、甬剧等 17 个戏曲剧种①，历史上李渔、洪昇等戏曲名家辈出，优秀剧目不断涌现，为浙江当代演艺业发展夯实了文

① 参见王相华《浙江演艺业发展战略新思考——基于钻石模型研究视角》，《2014 年浙江发展报告（文化卷）》，浙江人民出版社，2014，第 163 页。

化资源基础。上述具有浓郁浙江地域特色的剧种，院团多、观众多、精品佳作多，对外交流持续不断。戏剧非遗项目保护得力、传承有序、传播广泛。目前，全省共有传统戏剧类国家级非物质文化遗产项目 24 项，省级非物质文化遗产项目 56 项；曲艺类国家级非物质文化遗产项目 26 项，省级非物质文化遗产项目 59 项。2013 年 7 月，浙江省濒危剧种守护行动正式启动，浙江省新生代企业家联谊会成立“浙江省非遗保护基金”，资助濒危戏剧项目的保护传承。2014 年，“浙江好腔调”传统戏剧“非遗”项目保护工作全面启动，温州、台州、绍兴、衢州、金华、杭州等地先后举行“浙江好腔调”10 个专场展演；召开“永嘉乱弹现象”“新昌调腔现象”“婺剧现象”以及“天下第一团”保护传承 4 个研讨会；公布了首批 22 个浙江省传统戏剧之乡；编撰出版了《浙江好腔调——56 个传统戏剧微记录》系列纪录片和《浙江好腔调——56 个传统戏剧集萃》普及读本，为全省传统戏剧振兴计划的出台和传统戏剧“非遗”项目的整体保护打下了良好基础。

（四）百工技艺资源

浙江历史上就有“百工之乡”的区域性产业传统和文化积淀，著名行业有东阳泥水木作和木雕、永康小五金、湖州缫丝织绸、萧山花边、龙泉瓷业等。百工技艺的区域特色，是浙江省非物质文化遗产的重要基础，孕育了越王剑、织锦、刺绣、扇艺、绸伞、青瓷、宝剑等传统工艺美术，以及都锦生、王星记等知名品牌。2009 年 9 月 30 日，浙江龙泉青瓷传统烧制技艺、蚕桑丝织技艺、篆刻、剪纸、传统木拱桥营造技艺 5 个项目入选联合国教科文组织人类非物质文化遗产名录，上榜数位居全国首位。同时，百工技艺也成为浙江当代文化产业发展的珍贵资源，形成了颇具特色的文化产业园区和基地。据《2012～2013 年浙江文化产业概论》所载，20 家文化产业园区中，有 12 家依托东阳木雕、青田石雕、龙泉青瓷、龙泉宝剑等传统技艺而设。

（五）书画艺术资源

浙江是一块洋溢着文学才情、艺术灵性的土地，王羲之、赵孟頫、黄公望、徐渭、吴昌硕、黄宾虹、林风眠等都在中国书画艺术史上熠熠生辉。中国艺术传统讲究“文以载道”，综合来看，这个“道”，既有美学思想层面的儒家讲求仁、爱、礼、义，“善美一体”的伦理德性之道，道家追求虚静简远的顺应自然之道，玄学任性率真的个性放逸之道，也有现实生活层面对时代潮流、社会变革、世道人心、国计民生的人文关切之道。浙江的书画艺术很好地体现了中国文艺独特之“道”的各个方面，展示了澄怀观道、观照现实、直面人生的特征。

文学艺术传统传承于今，形成了浙江浓郁的文艺氛围和创作、传播、欣赏、交流、收藏的习俗。“文学浙军”勃兴，电视剧、网络文学等当代新兴文艺形式丰富多彩。依托中国美术学院、西泠印社等国家级美术机构，浙江当代书画创作力量雄厚，名家云集，作品众多。艺术品交易兴旺，呈现出书画产业兴旺繁荣的景象。无论是拍卖业、画廊业，还是民间书画、古玩交易，几乎每年都保持大幅度增长的趋势。

在浙江的民间国学传承活动中，传统书画艺术是一个十分重要的内容，主要形式有书画创作、展览、捐赠、大众传播等，是优秀传统文化当代传承的重要方式。书画创作和鉴赏是民间国学传承机构浙江复兴国学院的主要特色和专长，该院先后开展了国学百句书法艺术创研会、书画名家雅集、书画艺术研讨会、中国画鉴赏与收藏讲座、书画公益等活动，积极以传统书画资源弘扬国学经典，推动国学深入基层。

（六）良风美俗资源

浙江民间文化积淀深厚，充溢着敬畏自然、礼敬生命、崇文重教、行善积德、扶危济困、爱国爱乡等良风美俗。在民间传说里被赋予感天动地之力的孝女曹娥；孝义传家、名满天下、被誉为“江南第一家”的郑氏义门；勤奋苦读、耕读传家的乡村传统；诚信经营、童叟无欺的经商理念；发达不忘乡情、尽心报效桑梓的浙江商人；遍布浙江的施茶会、存仁局、路会、水龙会等民间慈善组织；海外华侨的乡土之情和互助之谊；诗人艾青“为什么我的眼中常含泪水，因为我对这土地爱得深沉”的深情歌咏，都闪烁着仁义、孝德、互助、慈爱、奉献、赤诚等乡情民风的美德光辉。

历史上形成的良风美俗，是当代浙江建设社会主义核心价值体系、弘扬当代浙江人的共同价值观、培育社会正气、构建道德高地的珍贵资源。在“最美浙江人”的英雄群体里，在“最美现象”从“盆景”到“风景”再到“风尚”的过程中，在作为农民精神家园的农村文化礼堂建设中，良风美俗都得到继承弘扬，融入老百姓的日常生活中。

（七）学术思想资源

浙江是一块盛产具有创新精神的学术思想大师的土地，在我国历史发生突破性进展的前夜，浙江的学术思想创新都无数次地起到“导夫先路”的先锋作用。陈亮、叶适的事功之学，王阳明的心学，黄宗羲的政治学说，章学诚的“六经皆史”之论，龚自珍的变革启蒙思想，鲁迅的不屈风骨和批判精神等，都是浙江文化富于创新性的表现。被誉为“中国三大思想家”之一的黄宗羲，猛烈批判和否定整个封建君主专制制度，其大无畏的批判精神和创造性的思想贡献，启迪和影响了浙江的近代化进程。作为新文学运动的奠基人和“五四”新文化运动主将的鲁迅，以社会批评和文化批评为己任，其充满韧性的奋斗和努力，不仅为中国文化开新路，也为家乡人民留下了宝贵的思想财富。

浙江历史上形成的具有求真务实、经世致用、义利双行、达观通变、批判自觉、创新开拓等品质和特征的学术思想传统，犹如涌动的活水，表现出旺盛的生命力，与浙江人民的现实生活紧密相随。她凝聚在“与时俱进的浙江精神”中，激发了浙江人民敢为人先、创新创业的智慧和勇气，极大地促进了经济快速发展，成为能动的经济创造力；极大地促进了社会全面进步，成为巨大的社会凝聚力；极大地促进了文化大省建设，成为核心的文化竞争力。

二　用优秀传统文化充实和推进社会主义核心价值体系建设

构筑当代中国人的价值体系和核心价值观，必定要从中国人的历史来路中去探寻其底蕴和内涵，从中获取继承与扬弃的历史逻辑和依据。中国文化具有泛道德化的倾向，以德治、礼治代政治、法治是其显著特征。面对如此独具特色的伦理型文化传统和价值观念，如何在弃其糟粕的基础上取其精华、在继承精华的基础上创新推进，是我们建设社会主义核心价值体系时需要面对的历史性课题。因此，认清历史传统，扬弃腐朽糟粕，提炼优质精华，将优秀传统元素与新的社会生活、时代精神相融合，熔铸而成当代中国人的新型精神家园，是时代赋予我们的历史职责，也是浙江在社会主义核心价值体系建设中一直重视开展的工作。

（一）重视发挥红色资源的教育引导作用

中国共产党成立90多年来，发展并形成了体系完整、内涵丰富、特色鲜明、意义重大的党史文化，积累了丰富的红色资源。中国共产党领导全国人民进行革命、建设和改革发展的历史，是现当代中国绚烂辉煌的历史；红色资源既是中国共产党和中国人民共同创造的，也传承了中华民族优秀文化，发展了中华民族优秀文化，是全中国人民共有的文化财富和中华优秀文化的重要组成部分。因此，党史文化、红色资源都是培育和弘扬社会主义核心价值体系的重要精神财富。浙江十分重视运用多种方式深入发掘红色资源，广泛开展各具特色的爱国主义教育，弘扬民族精神和“与时俱进的浙江精神”。

近年来，浙江以各级爱国主义教育基地为平台，利用重大节庆活动和纪念日，广泛展示、宣传、弘扬党和人民的奋斗历史、革命先烈的英雄事迹，各地共举办展览135次、纪念活动368次，开展党史宣讲活动2399次。例如，为纪念建党85周年，依托嘉兴南湖革命纪念馆，中共浙江省委于2006年6月23日至7月3日，在中国国家博物馆举办“开天辟地——纪念中国共产党成立85周年图片展”，先后在杭州、哈尔滨、重庆和南京等地进行巡展。2006年10月，为纪念红军长征胜利70周年，大力宣扬伟大的长征精神，浙江省委宣传部联合全省11个市组织开展省市联动的“长征精神代代传——浙江省红色基地巡礼”活动。2011年6月，省委宣传部和省旅游局联合主办，开展“百城万人寻访红色印记”活动，设计了嘉兴南湖革命纪念馆，湖州长兴新四军苏浙军区纪念馆，宁波浙东抗日根据地旧址，绍兴鲁迅故居及纪念馆、周恩来祖居、秋瑾故居四条线路。10多年来，由省委宣传部牵头，在全省中小学生中连续开展爱国主义教育读书活动，一年一个主题，结合浙江实际，组织编写教育读本，得到全省广大中小学生热烈响应，每年都有100多万名中小学生踊跃参加。从2006年开始，浙江革命烈士纪念馆与杭州市联合组织开展“最深切的缅怀”主题教育活动，每年举办一届，重点介绍革命先贤在百年革命历史中的不懈努力和浙江优秀儿女发挥的突出作用。通过网上留言等形式，祭奠英烈，寄托哀思。至2011年，累计收到中小学生网站留言28万余条。

截至2010年9月，全省共普查登记新民主主义革命时期的重要遗址2443个，评选省级党史教育基地59个，市、县级党史教育基地340个，陆续新建或改扩建党史纪念场馆230多个。截至2014年10月，嘉兴南湖革命纪念馆、温州革命历史纪念馆、丽水浙西南革命根据地纪念馆等纪念场馆共接待参观群众1578万人次，成为党员干部接受党性教育、过组织生活的重要场所。2008年以来，省财政共下拨革命遗址专项普查和保护经费3050万元；截至2013年底，全省各地有关红色纪念设施建设配套资金总投入达1.99亿元，革命遗址保护工作走在全国前列。

在党史文化传播方面，全省共拍摄影视作品329部（集）。电视文献纪录片《先驱——浙江先进分子与中国共产党的创建》《壮别天涯》《省委书记》《激战一江山》等在中央和省市电视台播出，影响广泛。此外，还制作浙江《红色之旅地图》、推出浙江“红色在线地图”及各种党史书籍，赠送给全省农村文化礼堂和社会各界人士。

（二）积极开展“我们的节日”主题活动

传统节日是中华民族悠久深厚的历史文化在民间日常生活中的积淀和展现，她是中国人亲情的表达、人际的互动、规则的养成、心灵的倾诉和人生的伴随，蕴含着我们的民族个性和精神品格，具有极强的凝聚力。因此，积极开展“我们的节日”活动，是传承优秀传统文化的有效载体。浙江十分重视在春节、清明、端午、中秋、重阳等中华民族传统节日期间，挖掘各个节日的民俗文化和精神内涵，深入开展群众性经典诵读、节日民俗、文化娱乐和体育健身活动，让人民群众特别是广大青少年熟知经典、亲近经典、热爱经典，使得中华民族源远流长的文明礼仪和优秀民俗重新浸润城乡居民的心灵。

宁波市将“我们的节日”主题活动作为加强社会主义核心价值观宣传教育的有效载体，作为聚中国心、铸中国魂的有效手段，形成了特色和亮点。“我们的节日”被纳入政府“十二五”规划和文明城市创建、部门年度目标责任考核中，作为文化强市建设的重要内容。全市每年安排近100万元专项经费，并从文化产业发展、文化强市资金中统筹协调500余万元经费推进活动开展。在具体活动中，有序传承地方民俗民风，形成城隍庙春节庙会、月湖八月十六中秋赏、镇海正月十五花灯会、东钱湖传统端午龙舟竞渡等大型民俗聚会；重视传承爱国爱乡之情，结合传统节日活动，组织祭祀先烈和红色旅游，体验民俗生活，感受祖国山河之美、家乡发展之美，引导群众增进爱党、爱国、爱社会主义的情感；积极利用本地特色历史文化资源优势，打造了七夕“梁祝”、重阳“慈孝”等文化传承品牌。经过数年培育引导，“我们的节日”活动已渐渐融入宁波人民的日常生活，成为继承弘扬优秀传统文化、推进社会主义核心价值观教育的重要平台。

（三）在推进社会主义核心价值体系大众化中熔铸优秀传统文化

“我们的价值观”活动是推进社会主义核心价值体系建设和大众化的重要载体，传承弘扬优秀传统文化是其中的重要内容。中共杭州市委认为，开展“我们的价值观”主题实践活动是弘扬和传承中华民族优秀传统文化的必然要求，要“通过开展‘我们的价值观’主题实践活动，以礼敬自豪的态度对待中华优秀传统文化，让广大市民认真学习伦理经典、历史经典、文学经典、哲学经典等优秀传统文化书籍，大力弘扬忠、孝、仁、义、礼等中华传统美德，吸收前人在为人、处世、理政等方面的智慧和经验，增强对人与人、人与社会、人与自然关系的认识和把握能力，正确处理义与利、己与他、物质享受与精神享受等重要关系，在学习中陶冶情操、增加才情，在优秀文化中温润心灵、治心养心，在社会实践中开阔视野、开阔胸襟，养浩然之气，塑高尚人格，不断提高人文素养和精神境界，提高城市的文明程度”①。

① 《翁卫军在“我们的价值观”主题实践活动工作会议上的讲话》，载《走向精神高地》，杭州出版社，2012，第90页。

杭州市结合重要节庆日、重大历史事件纪念日和我国传统节日，提炼了民生（1月）、礼仪（2月）、诚信（3月）、感恩（4月）、奉献（5月）、关爱（6月）、信仰（7月）、责任（8月）、科学（9月）、爱国（10月）、创新（11月）、和谐（12月）12个月的主题实践活动关键词，成为颇具创新性的一大亮点，以求通过12个月的经年有序的活动，将社会主义核心价值观潜移默化地融入市民群众的工作、学习和生活中。

（四）借助国学经典推动社会主义核心价值体系大众化

国学经典是中华文明的精华结晶，凝聚着中国人的人生感悟和思想智慧，承载着中华民族的精神力量，是今天建设社会主义核心价值体系的重要底蕴和支撑。在省本级和市县建立各级各类国学传承点，普及优秀传统经典，是浙江推动社会主义核心价值体系大众化的一项重要内容，取得了较好的成效。杭州市培育和建立了市民大学堂、“国学一字堂”等百个国学传承基层点，开展系列国学弘扬活动，引导和形成好学、爱学、乐学优秀传统文化的学习氛围。推进“国学文化进社区”，向市民及来杭游客免费赠送国学文化读本，举办论坛、讲座、征文比赛等多种活动，通过国学文化培育社会形成良好的学习风气和道德风尚。杭州市教育局针对中小学生传统文化教育薄弱、国学根基浅薄的现状，结合西湖申遗成功后的西湖文化遗产保护教育和推进学习型城市创建工作要求，会同有关单位依托网络组织开展了以“诵读经典，传承国粹”为主题的全市中小学生国学知识网络大赛，每年寒假开展一届。组委会根据中小学生的阅读能力和传统国学体系，确定了大赛推荐的20本国学经典书目。全市共有761所中小学校、166848名中小学生参加第一届国学知识网络大赛，活动点击量逾300万人次。杭州市所属区县也都开展了相关活动，纷纷推出多种富有创意的国学传承活动。例如，上城区有“学国学精粹、塑经典上城”“国学之旅”“国学经典吟诵会”等活动。拱墅区于2011年在全区开办各类国学讲座300余次，听众40000余人，编印发放各类学习资料20000余册，招募志愿者200人次以上，覆盖全区10个街道。

此外，在推进学习型城市建设和基层乡镇、社区、街道、农村等日常文化工作中，浙江省的基层组织和群众，都在挖掘传统文化资源、弘扬民族传统、振兴民族精神、建设精神家园上，积极探索，大胆实践，取得了明显的成效。

三　传承优秀农耕文明，建设新型农村文化

中国历史上以农立国，中华文化传统筑基于农耕文明，乡村乡民是孕育传承文化传统的主力。直至今天，与城市相比，现代文明在广大农村地区的深入程度尚有较大差距，乡村保存了较为原生态的传统文化的物质样态、生活形制、风俗习惯、思想观念，具有更易认同、实践、传承优秀传统文化的基础。同时，与制度、技术、生产生活方式等看得见的变化相比，思想意识、文化观念的转变，是一个漫长的过程；基于传统社会土壤而形成的乡民们的思想观念，尚未发生彻底转变，传统文化中的一些糟粕，在乡民之中仍有留存。总体上乡民文化知识水平较低，也是实际存在于乡村社会的事实。所有这些，均有碍于社会主义新农村的建设，有碍于青年一代新型农民的成长。因此，在乡村地区继承优秀传统文化、接续乡村文脉、吸收现代文明、融合创新发展，成为浙江文化建设的重点。

浙江乡村，尤其是山区地带，至今仍然充溢着浓厚的乡土生活情谊，具有深厚的文化传承的社会基础。浙江省委、省政府在尊重群众的自发意愿和首创精神的同时，十分重视规范引导，在传承乡村文脉的基础上正本清源、移风易俗，在老百姓亲切熟悉的乡村生活氛围中，推进新型精神家园的建设。

探索利用农村旧祠堂改造成农民文化活动中心，是浙江省一直重视的农村文化工作。2004 年，浦江县在全县农村文化设施调研中了解到，一方面是村级文化设施严重不足，全县 430 个村仅 106 个村建有文化活动室；另一方面有 159 个旧祠堂闲置。于是，文化部门结合农民修祠堂、续宗谱的热情，引导当地在修缮后的祠堂里开展多种文化活动。到 2006 年，浦江先后有近百个旧祠堂得到改造，走出了一条“旧祠堂、新文化”的新路。

恢复传统庙会等民间习俗，也是引导村民凝聚人心、提升素质的有效途

径。2006年，萧山区党山镇恢复具有100多年历史的党山雷公庙会，以“丰富群众文化，打造农民节日，提升农村文明，推进科学发展”为主题，为群众提供集娱乐性、趣味性和思想性于一体的文化大餐，具有鲜明的地域性和广泛的群众性，成为深受农民欢迎的农村文化建设有效载体。金华永康方岩胡公庙会源于纪念宋代名臣胡则的朝拜活动，世代相沿，民众不论男女长幼争相参与，有“十岁上方岩”的习俗。方岩胡公庙会规模大，民众和香客有时可达二三十万人次；表演形式丰富，以武术表演“打罗汉”为主，有“十八蝴蝶”“十八狐狸”等几十个民间文艺项目。庙会影响及至浙江周边地区及日本、东南亚各国，堪称江南之最。2011年6月，方岩胡公庙会被列入第三批国家级非物质文化遗产名录，已成为民间文艺与体育活动的盛大节日和展示平台。

用村落特有的优秀历史文化资源，增强村民文化自信、提供经济发展资源、丰富精神生活世界，在历史文化资源深厚的浙江，比比皆是。桐庐环溪村是北宋文学家、《爱莲说》作者周敦颐后裔聚居地，环溪村充分发挥特色资源优势，修缮百年祠堂爱莲堂，创办全县唯一具有法人资格的农村书社——爱莲书社，建设爱莲文化广场和爱莲长廊，展示传统“爱莲文化”，组织开展《清莲颂》摄影展赛、《爱莲说》少年朗诵大赛、“农民讲坛”等各类群众性活动。

类似形式的多种农村文化活动的开展，发掘、复苏、弘扬了乡土文化，吸收、引进了城市现代文明，乡村陋习得以大量革除，新型农村文化得以建树，乡风文明程度不断提高，村民群众的认可度、参与度大大提升。

四　运用优秀传统文化提升领导干部综合素质和职业素养

古人言“治国先治吏”，中国共产党一直十分重视以优良党风凝聚党心民心、带动政风民风。优秀传统文化中有丰富多样的思想智慧，是干部教育的优质资源。正如习近平同志所言：“领导干部不管处在哪个层次和岗位，都应该读点历史，通过学习历史不断深化对人类社会发展规律、社会主义建设规律和共产党执政规律的认识，不断丰富自己的历史知识，这样才能使自己的眼界和胸襟大为开阔，认识能力和精神境界大为提高，使自己的领导工作水平不断得以提升。”① 他在《之江新语》中运用优秀传统文化加强党员干部教育的做法，在浙江起到了很好的表率作用。2003 年以来，浙江一直十分重视挖掘历史资源，开展领导干部廉政文化教育，以此提升领导干部的综合素质和职业素养。

（一）借鉴运用历史资源开展廉政文化教育

2005 年，浙江人民出版社出版“廉政镜鉴丛书”（6 册），包括《古今廉文注译》《中国廉政史话》等。《中国廉政史话》系统梳理从先秦至民国时期的中国廉政发展史，特设一章专述“中国共产党的廉政新风（1921 ~ 1949）”。《古今廉文注译》收录古今论述廉政之文，分为“勤政爱民”“公正廉洁”“礼贤纳谏”“修身治家”“中共领袖廉政”诸篇和附录“廉政名言警句集粹”。

（二）重视开展系统性的优秀传统文化普及学习

2010 年，为贯彻党的十七届四中全会精神，落实建设马克思主义学习型政党的任务，浙江古籍出版社出版了《领导干部国学读本》。第一部分为“资政荟要”，分为载道、明德、齐家、理政、民本、廉俭、法治、任贤、纳谏等 14 个门类，涵盖作为领导干部和管理者应当具备的德行修为等方面。第二部分为“艺文类聚”，重点介绍诗词曲赋、绘画书法、音乐戏曲等古代文化艺术精粹。第三部分为“国学津梁”，分“要籍举隅”“文明遗址”“历代都城”“古代称谓”等 10 部分，帮助读者了解古代社会历史文化，以备查检参照。

2013 年，为落实习近平同志“领导干部要读点历史”的指示，中共浙江省委宣传部、浙江省社会科学院主编出版了《浙江历史人文读本》，包括《长河绵延》《千秋镜鉴》《金声玉振》《岁时年景》《启智开物》《诗渊文薮》《五色影音》《江山风情》8 卷 644 篇，为广大读者揭示了浙江历史上的人文璀璨，旨在让领导干部学习“前贤先烈的品德情操、多难兴邦的执

---

① 习近平同志在中央党校 2011 年秋季学期开学典礼上的讲话。

着奋斗、治国理政的经验教训”，“爱历史、学历史、知历史、用历史，在共筑共圆‘中国梦’的征程中，留下我们无愧于先人、造福于后世的浓墨重彩”①。

（三）在党校培训、干部教育和相关活动中开展学习优秀传统文化活动

杭州市具有深厚的历史文化积淀和传承弘扬的良好氛围，这种氛围同样存在于干部教育学习中。一个有趣的事例是，2011 年，上城区深入挖掘中华传统文化资源，大力开展“学《弟子规》，做文明人”主题教育活动，以之作为落实“我们的价值观”主题实践活动的重要抓手、学习型城区建设的重要内容。在机关单位，《弟子规》学习活动通过丰富多彩的形式得以展开。上城区委宣传部依托“吴山大讲堂”平台举办“解析国学经典《弟子规》”专题讲座；区直机关党工委组织每个支部在民主生活会上学习《弟子规》，采用人人做“教授”的方法，轮流讲解《弟子规》；区工商联机关干部每周一上午抽出 1 小时时间集中学习交流，把《弟子规》学习与党风、作风、学风建设相结合；区总工会发动企业员工学习《弟子规》，将其优秀思想融入企业文化建设中。

《弟子规》是古代蒙学读物，成年干部学蒙学，是特殊历史条件下的时代产物。在当代，绝大多数人的生长环境、养成方式、教育经历、知识结构等都与传统文化泾渭分明，这种现象与社会成员个体的成长经历无关，而与我们社会近代以来的历史路径、文化观念、教育体系和社会氛围相关。因此，如何在全球化的时代大势中，既以开放的姿态、包容的胸怀向西方学习，又保住中华民族的根基、元气和自身特征；如何发掘揭示优秀传统文化的价值、清楚彰显优秀传统文化的智慧和魅力，以翔实史实、清晰学理、生动言说使人心服口服地接受、认同优秀传统文化，是历史赋予我们的使命。补上优秀传统文化这一课，就是十分重要的迫切之需。《弟子规》里的做人道理，既是个人修养素质的基本元素，又何尝不是为官之道的必要基础。上城区的做法，正是面对现实而做的有效安排，体现了实事求是的精神和务实的作风。

---

① 参见夏宝龙为《浙江历史人文读本》所作《序言》，浙江古籍出版社，2013。

浙江继承弘扬优秀传统文化的工作，体现在从乡村到城镇的日常生活的众多领域和各个方面，限于篇幅，难以一一详述，以上只是撷取了体现在重点领域和重点人群中的富有浙江特色的部分事例。一叶可知秋，小中能见大，浙江以务实笃行、特色鲜明的探索，将优秀传统文化活化在日常生活之中、渗透在日常工作之中、熔铸于精神世界之中，以充满活力的生动传承，走进了今天的生活，接轨了当下的时代，涵养了浙江人的精神品格，深化了浙江经济社会发展的内涵，提升了浙江现代化事业的文化品质，在实现优秀传统文化的当代价值方面，做出了富有实效的创新实践。

结　语

党的十八大以来，我们党对优秀传统文化的重视，得到更加鲜明的彰显。习近平同志对优秀传统文化的熟悉、重视和运用，特别是他对优秀传统文化在建设中国特色社会主义的全局大业中具有重要意义的多次表述和强调，成为其治国理政的一个鲜明独特的风格。2014 年 10 月 13 日，习近平同志在中共中央政治局第十八次集体学习时强调：“解决中国的问题只能在中国大地上探寻适合自己的道路和办法。数千年来，中华民族走着一条不同于其他国家和民族的文明发展道路。我们开辟了中国特色社会主义道路不是偶然的，是我国历史传承和文化传统决定的。”①

悠久深厚的优秀中华文化传统，是先人留给我们的宝贵财富，形塑着我们的思想和精神，涵育着我们的品格和力量，孕育着我们的根基和道路。她宛如一片广袤无垠的文化深海，藏珍纳宝，等待着我们以识珠慧眼去撷取可供今日国家建设、民族复兴取用的优质资源。今天的中国发展，根基是什么、力量在何处，要走什么路、要向哪里去，都需要我们潜入中华文化传统的深海，从文明基因、内部结构、价值认同、治理方式、道路选择、目标设

① 习近平同志在中共中央政治局第十八次集体学习时的讲话，新华网，http：//news. xinhuanet. com/politics/2014 - 10/13/c - 1112807354. htm，2014 年 10 月 13 日。

定等方面，分析研判，以翔实史实、清晰学理、生动言说使人心服口服地接受、认同优秀传统文化是孕育、生发中国之“中”、特色之“特”的沃土。这就要求我们对此沃土做出科学分析，合理培植，因势利导，悉心养护，从中培育出葱茏的参天大树。一个伟大的民族，必定需要，也一定会在不断的历史性的突破中，一次次地焕发出“日日新、又日新”的蓬勃生机。

因此，我们对优秀传统文化当代价值的认识，就不能只停留在丰富文化生活、构建精神家园这样的“文化”层面，还应认识到它与新形势下道路选择、经济发展、环境治理、社会管理、秩序规范构建等重大主题密切相关，在参与构建社会公理解释系统和规范体系、构建新的社会秩序和规则、重塑民间社会生活的习俗架构、建立具有中国特色的新型社会关系、增强国民的民族集体意识、提升民族文化认同感和凝聚力等众多方面，均有可资传承应用的资源。归根到底，中国人终究要走中国人的道路、要过中国人的生活。历史智慧、家国情怀、民族精神，是我们走向中华民族伟大复兴的强大精神力量。这不仅是维护中华文化传统的需要，而且是保持世界文化多样性的责任。特别是在全球化的背景下，各种文化之间的交流、融合、碰撞、挑战更趋激烈。世界局势风云变幻，各种思潮乱花迷眼，更需要我们立定自己的脚跟，看准自己的道路，明确自己的方向，实现自己的梦想。由此来看，优秀传统文化的当代传承弘扬，不但具有精神价值，更具有实践意义；不但是软实力，也是硬实力。

中华文化传统、历史命运、基本国情和发展道路的独特，就中国土地广袤、疆域辽阔的事实而言，很大程度上与各地区域历史传统的独特性有关。浙江近 10 年来在传承弘扬优秀传统文化上的理性思考、理论研究和丰富实践，顺应了 21 世纪中华民族伟大复兴的历史潮流，在省域层面为“在中国大地上探寻适合自己的道路和办法”，做出了具有鲜明地方特色的积极探索，提供了生动的经验和启示，具有内涵丰富、意蕴深长的实践价值和历史意义。

第三章
推进社会主义核心价值体系建设

浙江在改革开放过程中不仅注重创造物质财富、实现经济总量连续十几年保持全国前列，同时，浙江还非常重视精神财富的创造，创造性地推动社会主义核心价值体系建设，创造了“浙江精神”和“当代浙江人共同的价值观”等众多精神财富。

习近平同志在2004年曾对浙江发展有过准确预判，即浙江将处于“六个时期”：经济发展腾飞期、增长方式转变期、各项改革攻坚期、开放水平提升期、社会结构转型期、社会矛盾凸显期①。这一时期浙江的阶段性发展特征决定了浙江建设和谐社会的任务艰巨，迫切需要重视文化建设，特别需要重建新时期的主导价值观念、道德秩序、伦理规范。构建适合社会发展需要的社会主义核心价值体系是浙江近10年来十分重要的战略任务。为此，历届浙江省委高度重视精神文明建设，牢牢立足浙江快速发展的机遇期和矛盾凸显期的客观实际，大力构建社会主义核心价值体系，用发展着的马克思主义指导浙江实践，弘扬民族精神和时代精神，与时俱进地发展浙江精神，不断用社会主义核心价值观引领社会思潮、弘扬社会正气、培育文明风尚。社会主义核心价值体系建设，统一了浙江全省人民的思想、凝聚了人心，打牢了全省人民团结奋斗的共同思想基础，培育了文明道德新风尚，提高了人民思想道德素质，激活和释放了全社会的主动性和创造性，为浙江建设小康社会，率先实现现代化的战略目标提供了强大的精神动力、思想活力和道德支撑力。

---

① 习近平：《干在实处　走在前列——推进浙江新发展的思考与实践》，中共中央党校出版社，2006，第31~35页。

2004～2014年，浙江构建社会主义核心价值体系的历程，可以分为三个阶段。

第一阶段：2004～2007年，党的十七大之前。这个时期是中共中央酝酿并提出构建社会主义核心价值体系的时期，也是浙江从推进先进文化建设到贯彻落实中央构建社会主义核心价值体系战略部署的重要时期。

2004年9月，党的十六届四中全会通过的《中共中央关于加强党的执政能力建设的决定》提出，要坚持马克思主义在意识形态领域的指导地位，不断提高建设社会主义先进文化的能力，加强马克思主义理论研究和建设，牢牢把握舆论导向，加强和改进思想政治工作等。11月，浙江省出台《中共浙江省委关于认真贯彻党的十六届四中全会精神切实加强党的执政能力建设的意见》，明确提出了“致力于巩固党执政的文化基础，全面推进文化大省建设，不断增强建设社会主义先进文化的本领”的战略部署，并在巩固马克思主义指导地位、加强精神文明建设和思想道德建设等方面做出了具体部署。

2005年8月，浙江出台《中共浙江省委关于加快建设文化大省的决定》，把“增强先进文化的凝聚力”作为建设文化大省“三个着力点”中的首要之点提出，对坚持马克思主义的指导地位、把握正确舆论导向、弘扬民族精神和时代精神，与时俱进地发展“浙江精神”，以及加强思想道德建设和精神文明创建等方面做出具体部署。

2006年3月，中央提出“八荣八耻”为主要内容的社会主义荣辱观，深化了对社会主义思想道德建设和伦理价值准则的认识。同年10月，党的十六届六中全会通过的《中共中央关于构建社会主义和谐社会若干重大问题的决定》，第一次明确提出了“建设社会主义核心价值体系”重大命题和战略任务。2007年，党中央提出要大力建设社会主义核心价值体系，巩固全党全国人民团结奋斗的共同思想基础。社会主义核心价值体系包括四个方面的基本内容，即马克思主义指导思想、中国特色社会主义共同理想、以爱国主义为核心的民族精神和以改革创新为核心的时代精神、社会主义荣辱观。

2006年党的十六届六中全会之后，浙江省委通过了《关于认真贯彻六中全会精神构建社会主义和谐社会的意见》，其中对建设社会主义核心价值体系、弘扬社会主义荣辱观、营造积极健康的思想舆论氛围、不断增加构建社会主义和谐社会的思想道德力量等方面做出具体部署。这是浙江省紧紧围绕中央明确提出“建设社会主义核心价值体系”这个重大命题和战略任务展开具体工作，以构建社会主义核心价值体系为抓手，推进社会主义精神文明建设。

这一阶段，浙江省积极贯彻落实党的十六大，十六届三中全会、四中全会、五中全会、六中全会精神，围绕“八八战略”和“平安浙江”、“信用浙江”建设，实现了从以推进先进文化发展为主导的精神文明建设到构建社会主义核心价值体系的转变。在社会主义核心价值体系建设方面，深化了对马克思主义中国化的最新理论成果科学发展观和党的基本路线方针政策的宣传教育，学习实践社会主义荣辱观，积极弘扬民族精神、时代精神，并与时俱进地凝练出“求真务实、诚信和谐、开放图强”的“浙江精神”，重视未成年人思想道德建设，实施以“阵地工程、精品工程、绿网工程、净化工程、帮护工程”五大工程为抓手的未成年人道德建设工程，在城乡推进“双建设、双整治”工作，实施“双万结对共建文明”工程，启动“公民道德日”宣传活动，广泛开展公民文明素质和精神文明创建活动，出台了新时期加强新闻宣传舆论工作和新闻发布及网络宣传的具体制度，为浙江改革发展创造了良好的主流舆论和社会道德秩序。

第二阶段：2007 年党的十七大至 2012 年党的十八大。2007 年 10 月，党的十七大提出社会主义核心价值体系是社会主义意识形态的本质体现，对构建社会主义核心价值体系做出了新的战略部署。11 月，浙江省委通过了《中共浙江省委关于认真贯彻党的十七大精神扎实推进创业富民创新强省的决定》，明确提出坚持以社会主义核心价值体系引领社会思潮，坚持把建设先进文化作为创业富民、创新强省的重要支撑，推动文化大发展大繁荣，对浙江省构建社会主义核心价值体系做出具体战略部署。

2008 年 7 月，浙江省制定实施《浙江省推动文化大发展大繁荣纲要（2008 ~2012）》，全面谋划浙江文化发展工作。该纲要首次提出三大体系建设，即建设社会主义核心价值体系、创新公共文化服务体系建设、创新文化产业发展体系建设。建设社会主义核心价值体系作为“三个体系”之首被明确提出来加以具体部署，为浙江构建社会主义核心价值体系奠定了战略基础。

2011 年 10 月，党的十七届六中全会强调，社会主义核心价值体系是“兴国之魂”，建设社会主义核心价值体系是推动文化大发展大繁荣的根本任务。11 月，浙江省委通过了《中共浙江省委关于认真贯彻党的十七届六中全会精神　大力推进文化强省建设的决定》。该决定不仅把建设“文化大省”的战略目标升级为建设“文化强省”，而且专章部署大力建设社会主义核心价值体系工作，对推进马克思主义中国化、时代化、大众化，牢固树立中国特色社会主义共同理想，弘扬民族精神、时代精神和“浙江精神”，加强公民道德建设等方面进行具体部署。

这一阶段处于党的十七大与十八大之间，是浙江贯彻落实党的十七大精神，以及党的十七届三中全会、四中全会、五中全会、六中全会精神，结合浙江实际，推动社会主义核心价值体系建设的重要时期。在这一阶段，浙江形成了“三个体系”为主要内容的文化建设战略布局，开始系统性构建“以社会主义核心价值体系建设”统领的先进文化建设、精神文明建设、思想道德建设以及思想舆论工作。这一阶段，浙江省深化学习和宣传科学发展观以及党的十七大精神，用发展着的马克思主义最新成果指导浙江实践，坚持推进“八八战略”和“两创”总战略，大力弘扬民族精神和时代精神，与时俱进地发展“以创业创新为核心”的“浙江精神”，积极应对新媒体对新闻宣传工作带来的新挑战，创新新时期的意识形态工作，不断扩大更新宣传舆论阵地，不断引入现代传媒科技，宣传主流价值观，开展“我们的价值观”大讨论，凝练“当代浙江人共同的价值观”，巩固马克思主义的指导地位，加强公民道德建设，弘扬道德新风尚，推进精神文明创建工作，为浙江经济社会转型升级提供思想凝聚力和强大的精神动力。

第三阶段：2012 年至今。2012 年 11 月召开的党的十八大对建设社会主义核心价值体系提出新的要求，明确提出“三个倡导”，即倡导富强、民主、文明、和谐，倡导自由、平等、公正、法治，倡导爱国、敬业、诚信、友善，积极培育社会主义核心价值观，这是对社会主义核心价值观的最新概括。2013 年 12 月，中共中央办公厅印发《关于培育和践行社会主义核心价值观的意见》，明确提出以“三个倡导”为基本内容的社会主义核心价值观，与中国特色社会主义发展要求相契合，与中华优秀传统文化和人类文明优秀成果相承接，是我们党凝聚全党全社会价值共识做出的重要论断。

紧紧围绕中央战略部署，浙江省积极学习和宣传十八大精神，贯彻落实十八大以及十八届三中全会和四中全会精神，深入学习“中国梦”和习近平总书记系列讲话精神，用马克思主义中国化的最新成果和中央精神指导浙江改革实践。深入学习和贯彻习近平总书记对宣传文化等意识形态工作的战略部署，结合新的传媒变革创新思想舆论工作。积极使社会主义核心价值观建设在浙江落地生根，大力加强社会主义核心价值观的通俗化、大众化工作。2012 年、2013 年，浙江相继开展了“我们的价值观”和“当代浙江人共同的价值观”的主题宣传教育活动，极大地推动了社会主义核心价值观的时代化、通俗化、大众化。

这一时期是浙江省贯彻落实党的十八大，以及十八届二中全会、三中全会、四中全会精神和习近平总书记系列讲话精神，贯彻落实“八八战略”，继续坚持“一张蓝图绘到底”，深入推进社会主义核心价值体系建设的重要时期。这一时期，浙江省持续开展党的十八大，以及十八届三中全会、四中全会精神的学习宣传教育工作，用党的最新理论成果武装全党、指导浙江改革实践，弘扬民族精神、时代精神和浙江精神，用“中国梦”凝聚理想共识，不断创新党的宣传舆论工作，培育社会主义核心价值观，弘扬“最美现象”，凝练“当代浙江人共同的价值观”，不断为浙江全面深化改革、率先实现现代化提供强大的精神凝聚力和道德引导力。

近 10 年来，浙江紧紧围绕建设和谐社会和浙江经济社会转型升级遇到的价值观重建问题，积极推进先进文化和社会主义核心价值体系建设，不断增强全省人民创业创新的凝聚力和向心力，不断培育和提升全民的思想道德素质和全社会的文明素质，弘扬主旋律，树立社会新风尚，为浙江贯彻实施

“八八战略”和“两创”总战略，率先实现现代化提供了良好的价值引领、道德秩序、社会舆论和文明新风尚。

第一节　用发展着的马克思主义指导新的实践

构建社会主义核心价值体系之所以要把坚持和发展马克思主义作为重要内容，是因为对于社会主义核心价值体系来说，需要坚持马克思主义的基本立场、观点和方法，需要坚持马克思主义的世界观、人生观和价值观，需要用马克思主义中国化的最新理论指导中国改革实践、引领中国现代化建设的基本方向。

坚持和实现马克思主义在意识形态领域的指导地位，就必须根据新的实践发展，结合新的时代问题与时俱进地推动马克思主义的创新发展，不断实现马克思主义的中国化、时代化。对于中国改革开放而言，用发展着的马克思主义指导新的实践，就是要用马克思主义中国化的最新理论成果即中国特色社会主义理论体系指导当前实践。

对于浙江2004～2014年的改革发展实践而言，用“发展着的马克思主义”指导浙江实践，就是要用中国特色社会主义理论体系指导浙江实践。从时间节点上来说，加以具体化就是要用“三个代表”重要思想、“科学发展观”和“习近平总书记系列讲话精神”指导浙江改革实践。

同时，习近平同志在浙江乃至中央工作时多次提到，对于学习马克思主义的指导思想，学习马克思主义中国化的理论成果，必须在这些重要思想的“时代背景、实践基础、科学内涵、精神实质和历史地位认识上达到新的高度”，“努力在真学、真懂、真信、真用上下功夫，切实达到理论上弄通，思想上搞清，行动上落实，工作上创新”①。

① 习近平：《干在实处　走在前列——推进浙江新发展的思考与实践》，中共中央党校出版社，2006，第14页。

一　深入宣传学习“三个代表”重要思想

党的十六大将“三个代表”重要思想确定为党的指导思想，2003 年浙江省委根据中央部署，提出努力做到“学在深处、谋在新处、干在实处”，在真学、真懂、真信、真用上下功夫，扎实开展党的十六大精神主题教育，兴起学习贯彻“三个代表”重要思想的新高潮。

1. 加强学习

主要是以中心组学习为龙头，以研讨会、学习班、读书班等多种形式加强党的理论学习。2003 年，浙江省委理论学习中心组学习了 8 次，举办了“三个代表”重要思想理论研讨会、领导干部读书班，轮训县处级干部 2.4 万人；2004 年，浙江省委理论学习中心组组织了 10 次专题学习，开展了“弘扬求真务实精神、大兴求真务实之风”等专题学习活动，召开了“邓小平理论与浙江实践”理论研讨会、座谈会等；2005 年，中心组专题学习了 30 次。

2. 加强宣传

各级新闻单位加大宣传力度，推出高质量的理论文章和专题节目，如省级媒体开设了《钱江新潮》等专题专栏。组织宣讲团赴基层宣传党的最新理论，譬如 2005 年，据不完全统计，为宣传党的十六届五中全会精神，共组织 5000 场宣讲报告会。

3. 加强研究

浙江省通过编写专题教材、召开专题理论研讨会、组织相关研究课题的形式，加大对党的最新理论成果的研究。譬如 2005 年组织实施了“十六大以来‘三个代表’重要思想在浙江的实践”重大研究工程，系统总结党的十六大以来浙江贯彻落实“三个代表”重要思想、推动浙江发展的情况。

总之，通过加强学习、宣传和研究，浙江推动了“三个代表”重要思想转化为思想凝聚力、精神指引力。

二　深入学习宣传科学发展观和中国特色社会主义理论体系

自 2004 年中央提出科学发展观之后，浙江省积极开展树立落实科学发展观、学习党的最新理论创新成果宣传教育活动。2007 年党的十七大之后，中共中央提出了“中国特色社会主义理论体系”。2005 ~ 2012 年间，浙江省着力宣传普及科学发展观和中国特色社会主义理论体系，创造性地把科学发展观运用于解决浙江的发展问题，制定相应的发展战略和发展部署来引领浙江改革发展实践。

要想真正能用科学发展观指导浙江实践，必须要做到真学。历届浙江省委都重视对马克思主义基本理论和中国特色社会主义理论体系的学习、宣传和研究，带动全省干部群众扎扎实实“真学”理论，真正领会中央精神。浙江省各级党委都建立了学习制度，努力推进“学习型党组织”建设。2010 年，省委办公厅印发《关于推进学习型党组织建设的实施意见》，总结了以往的学习制度，并将学习型党组织建设制度化。

各级党组织学习的重点内容，就是中国特色社会主义理论体系、中央精神和工作部署、中国和浙江在改革发展中遇到的重大问题。围绕这些问题，浙江省委建立了学习理论的载体和平台。譬如：

（1）各级党委中心组学习制度。中共浙江省委带头坚持省委中心组学习，仅 2005 年省委中心组学习就达到 30 次，其中以举办“浙江论坛”，邀请相关领域专家做报告的方式就有 8 次。

（2）加大对科学发展观和中国特色社会主义理论的宣传教育。通过各级党委宣讲团，加大宣讲中央精神和马克思主义理论的力度，仅 2008 年浙江各级党委就组织宣讲团 4959 个，宣讲中国特色社会主义理论体系 10 万多场。同时，浙江省各级党校、干部学院也加大了对科学发展观和中国特色社会主义理论体系的专题培训，提高了浙江省干部群众学习和掌握科学发展观、中央精神的理论水平。

（3）持续加大对中国特色社会主义理论和科学发展观的专题研讨。浙江省委每年都举办学术研讨会，专题研讨中国特色社会主义理论体系的重大问题。譬如，2008 年纪念改革开放 30 周年，举办了“中国特色社会主义在浙江的实践”和“创业创新之路：浙江改革开放 30 周年”等大型理论研讨会，系统总结浙江改革发展之路和中国特色社会主义在浙江的具体实践经验。

（4）推出一批中国特色社会主义理论体系的研究成果。在学习科学发展观和中国特色社会主义理论体系过程中，浙江注重将研究成果转化为干部群众的学习材料。每年都推出马克思主义理论、中国特色社会主义理论体系、科学发展观的研究成果和宣讲教材。譬如2009年，浙江推出了电视政论片《检验：从浙江实践看“六个为什么”》以及图书《中国特色社会主义理论体系学习读本》《社会主义核心价值体系学习读本》《“六个为什么”学习读本》，编写了《浙江省推动当代中国马克思主义大众化百法百例》。这些研究成果和中国特色社会主义理论宣讲材料丰富了干部群众的理论学习内容，促进了科学发展观在浙江的传播。

总之，通过各级党委持续抓科学发展观和中国特色社会主义理论体系的宣传学习工作，浙江干部群众深刻领会了科学发展观的理论精髓，极大地提升了浙江干部群众运用科学发展观指导浙江实践的本领。

三　用习近平总书记系列讲话精神指导浙江实践

党的十八大之后至今，浙江继续加强对中国特色社会主义理论体系及其最新理论成果的学习，加强用发展着的马克思主义指导浙江实践。

党的十八大之后，中央的战略部署和理论创新体现在十八大报告、十八届三中全会精神、十八届四中全会精神以及相关中央文件精神中，其中最为集中的体现就是习近平总书记系列讲话精神。习近平总书记系列讲话精神是新一届中央领导集体结合新的时代问题而进行的理论创新，是指导当前全面深化改革的理论指南。

（一）深入学习十八大精神和习近平总书记系列讲话精神

党的十八大之后，浙江全省相继开展学习领会十八大精神、十八届三中全会精神、十八届四中全会精神，以及习近平总书记系列讲话精神的宣传教育活动。仅2012年，省委中心组就组织专题学习20次，开展对中国特色社会主义理论体系的宣讲达10万场次，听众超过1000万人次。同时，浙江创新中国特色社会主义理论学习宣传形式，开通了“浙江微言”的网络理论学习平台，在全国率先建立理论微博群。

浙江在宣传学习党的十八大精神、十八届三中全会精神、十八届四中全会精神和习近平总书记系列讲话精神的过程中，不断加强理论研究和研讨，相继举办了全省贯彻落实十八大精神、十八届三中全会精神和习近平总书记系列讲话精神的理论研讨会、座谈会，在党校、干部培训学院举办了相关理论培训班和专题培训班。以上宣讲推动了浙江干部群众对十八大之后马克思主义中国化最新理论成果的学习和理解。

浙江在学习马克思主义理论及其最新成果的过程中，编写了相关论著，推出了一批研究成果。譬如，浙江编写的《学习习近平总书记系列讲话精神干部读本》等宣传中央精神的图书，为浙江干部群众学习党的最新理论提供了参考。

浙江省组织开展的学习马克思主义理论和中国特色社会主义理论体系特别是其最新理论成果的系列活动，促进了浙江干部群众对中央战略部署的领会，特别是为浙江省运用十八大之后最重要的理论成果习近平总书记系列讲话精神指导浙江发展奠定了基础。

（二）用十八大精神和习近平总书记系列讲话精神指导浙江实践

在深入学习十八大精神和习近平总书记系列讲话精神的基础上，浙江省深入实施“八八战略”，坚持“一张蓝图绘到底”“一届接着一届干”，提出了“走好一三五、实现四个翻一番”目标，为继续推动法治浙江建设部署了“三改一拆”工作，为继续推进“美丽浙江”建设做出了“五水共治”的战略部署。这些具体部署和举措，都是浙江深入学习十八大精神和习近平总书记系列讲话精神，创造性地将中央全面深化改革部署与浙江发展遇到的突出问题相结合的重要成果，体现了浙江用发展着的马克思主义指导浙江实践的开拓创新精神。

综上所述，浙江通过深化党的十八大精神、十八届三中全会精神、十八届四中全会精神以及习近平总书记系列讲话精神的学习，坚持用发展着的马克思主义指导实践，丰富了马克思主义中国化的实践内容，是对马克思主义中国化的最新理论成果的实践诠释，并实现了富有浙江地域特色的理论转化。

综上所述，10 年来，浙江不断用发展着的马克思主义创造性地分析浙江现实问题、勾画浙江发展战略，将指导浙江发展的宏观战略、指导思想、理论创见一并转化为推动和指引浙江改革发展的精神财富。这些精神财富生动形象地展现了浙江在推进社会主义核心价值体系建设过程中，始终坚持用马克思主义指导实践的根本原则。

第二节　弘扬“与时俱进的浙江精神”

与时俱进地弘扬“浙江精神”，是浙江在构建社会主义核心价值体系中具有鲜明浙江特色的重要内容。

改革开放以来，浙江人民秉承深厚的传统文化，融合新的时代要求，形成了特色鲜明的“浙江精神”。在担任浙江省委书记期间，习近平同志提出了与时俱进地弘扬“浙江精神”，并在《哲学研究》《浙江日报》等国内重要报刊撰文阐释“浙江精神”的发展历程和本质内涵。“浙江精神”是以爱国主义为核心的民族精神和以改革创新为核心的时代精神在浙江的生动体现，是浙江人民在改革开放大潮中、在创业创新伟大实践中创造的宝贵精神财富。

一　“浙江精神”：民族精神和时代精神在浙江的集中体现

在社会主义核心价值体系建设中，民族精神和时代精神被置于非常重要的位置，这最起码可以说明两点。

（一）社会主义核心价值体系建设必须具备民族属性

社会主义核心价值体系必须融汇民族精神的精华，体现民族精神的精髓，并且要通过社会主义核心价值体系的建设将民族精神的精华和精髓传承下去并发扬光大。如果没有民族精神传承和重构的内在要求，社会主义核心价值体系建设便无法承继中国优秀传统文化命脉，也无法凝聚 13 亿中华儿女的精神力量，更无法引领中华民族伟大复兴，去实现“中国梦”。

（二）社会主义核心价值体系建设必须体现时代性

与时俱进地推进中国特色社会主义现代化要求其核心价值体系建设必须

内在地与时代精神相呼应，与整个世界的发展潮流相契合。时代精神的挖掘、整理和大力弘扬既有利于中国改革开放事业的发展，又有利于使中国的发展融入世界发展的潮流，更能使社会主义核心价值体系建设体现时代发展的精神要求。

党的十六大之后，中央提炼出来的民族精神是以爱国主义为核心的民族精神，提炼出来的时代精神是以改革创新为核心的时代精神。这两种表述采用的词语是"核心"，这就意味着在社会主义核心价值体系建设过程中弘扬民族精神以"爱国主义"为核心，但又不止于"爱国主义"，所有中华民族的优秀文化精髓、优秀的传统美德、能体现民族特色的优秀品格和精神风貌等所有方面都可以作为民族精神的内容加以继承和弘扬。同时，在社会主义核心价值体系建设中，要弘扬和发展以"改革创新"为核心的时代精神，但又不止于"改革创新"，还包括一切能体现时代发展进步要求、能体现当今世界发展趋势和当今人类追求美好生活内在要求的精神要素、道德标准、价值理念等。

民族精神和时代精神在浙江最为集中地体现在"浙江精神"中。"浙江精神"既是浙江地域历史文化发展的结晶，又是这些年来浙江人在改革开放中创造的"浙江现象""浙江经验""浙江奇迹"的内在文化成因和精神状态。"与时俱进的浙江精神"既具有鲜明的地域性、特殊性，又具有社会主义市场经济条件下的普遍性、普世性。它是民族精神和时代精神在浙江的集中呈现。正如习近平同志在2006年撰文指出的那样："浙江精神作为中华民族精神的重要组成部分，是以爱国主义为核心的民族精神、以改革创新为核心的时代精神在浙江的生动体现，是浙江人民在千百年来的奋斗发展中孕育出来的宝贵财富。"①

二　与时俱进是"浙江精神"的内在要求

在改革开放的伟大实践中，浙江经济社会发展等各方面均走在全国前列。"浙江现象""浙江经验""浙江模式"引起世人的广泛关注。从20世

① 习近平：《与时俱进的浙江精神》，《哲学研究》2006年第4期。

纪末至21世纪的前十年，浙江人民一直在总结和凝练浙江发展的文化基因、人文传统，不断挖掘并发展能引领浙江现代化发展的思想观念、价值取向、心理状态和社会道德标准。“浙江精神”在此背景下应运而生，成为激励浙江继续改革发展的精神力量。

“浙江精神”立足浙江深厚的文化底蕴，是源远流长的浙江地域文化传统和文化精神发展的结果，同时，也是浙江人在改革开放新时代所迸发出的一种创业创新的精神状态。正如习近平2006年所指出的那样：“与时俱进是马克思主义的理论品质，也是浙江精神的内在要求。”① 浙江省委带领浙江人民总结提炼“浙江精神”也经过了几个重要阶段，形成了“浙江精神”在新时期与时俱进发展的基本脉络。

进入新世纪以来，浙江省委对“浙江精神”的理论概括基本是按照两次提炼总结和两种表述展开：一种是在2000年7月举行的省委十届四次全体（扩大）会议上正式提出“浙江精神”，并确定“自强不息、坚韧不拔、勇于创新、讲求实效”十六字表述为“浙江精神”的基本内涵。另一种是2006年中共浙江省委提炼总结的“求真务实、诚信和谐、开放图强”十二字的“与时俱进的浙江精神”。这两个版本一脉相承，展现了浙江改革发展中迸发的精神力量，揭示了浙江模式的文化成因。

“浙江精神”的提出：20世纪末，浙江经过20多年的改革发展，经济总量、人均收入和社会发展水平均处于全国前列，国内外普遍关注“浙江现象”。浙江省委开始思考和提炼“浙江现象”背后的精神因素和文化成因。1999年12月21日，时任浙江省委书记张德江同志代表省委号召全省社科工作者提炼“浙江精神”，总结浙江经验，开拓浙江未来。在2000年7月24日举行的中共浙江省委十届四次全体（扩大）会议上，“浙江精神”被正式提出来，并确定为“自强不息、坚韧不拔、勇于创新、讲求实效”十六字表述。这是改革开放以来“浙江精神”的第一次提炼和表述。

---

① 习近平：《与时俱进的浙江精神》，《哲学研究》2006年第4期。

“与时俱进的浙江精神”：党的十六大之后，全球化发展的新挑战、浙江改革发展的新实践、中央对浙江走在前列的新要求，为新时期的“浙江精神”注入了新的思想观念、价值取向、心理状态和社会道德标准。浙江省委高度重视总结和提炼新时期的“浙江精神”。2006年，时任浙江省委书记习近平同志提出要“深入研究浙江现象、充实完善浙江经验、丰富发展浙江精神”。有关部门经过多次理论研讨和地市调研，广泛听取专家学者、基层干部和普通群众的意见，经过反复研究和讨论，最后确定了“与时俱进的浙江精神”的新的表述，即“求真务实、诚信和谐、开放图强”。

2007年，中共浙江省委第十二届二次全会上通过的《中共浙江省委关于认真贯彻党的十七大精神扎实推进创业富民创新强省的决定》强调：“浙江精神是民族精神和时代精神在浙江的生动体现，是浙江人民在创业创新伟大实践中创造的宝贵精神财富”，要“坚持用以创业创新为核心的浙江精神凝聚力量、激发活力、鼓舞斗志”。

对“浙江精神”的总结提炼，既一脉相承，又有所提炼、升华和发展，体现了“与时俱进的浙江精神”的内在要求就是根据时代的发展，不断丰富其内涵，赋予其新的时代含义，使“浙江精神”不断发挥引领浙江发展的精神原动力的作用。

三　从“浙江精神”衍生出来的“地方精神”版本

对“浙江精神”的讨论，衍生出一系列浙江各地市的“地方精神”版本。“浙江精神”的讨论和提炼，深化了从党政机关到社会各界对“浙江经验”“浙江模式”的精神反思和文化自觉。同时，“浙江精神”的研究讨论和提炼总结对全省的地域文化发展而言，具有非常强的“溢出效应”。它带动了各地市及县市区、各行业提炼和总结各地的地域精神、行业精神，促进了各地对具有本地特色的共同价值观的思考和提炼。

浙江各地均依据各地特色，提炼出城市精神或地域精神。譬如，杭州市在全国比较早地认识到城市发展过程中城市的人文精神是城市的灵魂和根脉，通过讨论，概括出“精致和谐、大气开放”的“杭州人文精神”。

宁波市经过讨论总结，概括出“诚信、务实、开放、创新”的“宁波精神”。创造“温州模式”和“温州奇迹”的温州通过新一轮人文精神大讨论，提出了“敢为人先、民本和谐”的“温州人文精神”。绍兴市结合越文化的历史传统，总结新时代绍兴人创业创新的实践，提炼出“卧薪尝胆、奋发图强、敢作敢为、创新创业”的新时期的“胆剑精神”。嘉兴市提出了“敢为人先、和衷共济、负重拼搏、敬业奉献、振兴嘉兴”的“嘉兴精神”。金华市提出了“自信自强、负重拼搏、创新创业、奋力争先”的“金华精神”。丽水市提出了“勤劳质朴、坚韧不拔、负重拼搏、务实创新”的“丽水精神”。

有的区、县根据自身的地域文化特色和改革开放以后形成的精神风貌，提炼总结出各具特色的区域人文精神。譬如杭州市萧山区提出了“奔竞不息、勇立潮头”的“萧山精神”，柯桥区杨汛镇提出了“永不停步、永不放弃、永不满足”的精神。

这些对地域人文精神的提炼既是对“与时俱进的浙江精神”不同版本的解释，又是对浙江各地市在改革发展中形成的创业创新精神的总结。说明“与时俱进的浙江精神”以呈现出来的各地市的地域精神为基础，具有各地市广泛的人文精神支撑，体现了社会主义改革开放和市场经济发展中带有普遍性的精神要素。

总之，“浙江精神”既是民族精神和时代精神在浙江的集中体现，又是对浙江这些年来所涌现出来的“浙江现象”“浙江经验”“浙江模式”的精神提炼和文化反思，体现了当代浙江人共同价值观的核心要素，是浙江社会主义核心价值体系建设的重要组成部分。

第三节　巩固壮大主流思想舆论

社会主义核心价值体系的培育离不开主流舆论的引导。通过主流舆论的营造，为人们凝聚、接受、传播、践行社会主义核心价值观提供了重要载体和形式。依据信息革命、新媒体革新等最新的发展形势，不断创新党的主流思想舆论工作，是党牢牢把握意识形态领域领导权的内在要求。浙江在思想舆论领域坚持以马克思主义为指导地位、积极传播和践行社会主义核心价值观，不断创新主流舆论引导体制机制，并结合互联网时代对主流舆论引导带来的新挑战，不断加强主流价值观宣传力度，为推进社会主义核心价值观建设提供了强大的舆论支撑和宣传保证。

在新媒体时代，巩固壮大主流思想舆论，需要不断创新主流舆论的传播渠道、不断更新宣传形式，才能与时俱进地使党保持对意识形态领域的领导权和话语权。同时，在体制机制创新中，要坚持新时期党的思想舆论工作的基本要求。

一　新时期党的思想舆论工作的基本要求

进入21世纪以来，中国现代化进程加快发展，信息化快速推进，传播媒介随信息革命不断深化发生了剧烈的变化。在这个时代，党的思想舆论工作是否要发生巨大改变？如何理解这个改变？思想舆论工作如何适应新媒体时代的来临？这些问题是新闻界、舆论界比较关注的问题。

早在2004年，时任浙江省委书记的习近平同志非常重视主流舆论宣传，他主持召开新闻宣传工作座谈会，对思想舆论工作提出了基本遵循原则。2013年，习近平总书记有关党的意识形态工作的“8・19讲话”发表之后，浙江省委结合习近平总书记对新闻舆论等意识形态工作提出的新要求，对思想舆论工作做了具体的部署。

习近平同志在主政浙江期间，对主流舆论工作就提出非常明确的要求，归结起来就是一句话，要“坚持政治家办新闻”，这是思想舆论工作最为核心的原则。除此之外，还包括要有大局意识、责任意识和创新意识。

（一）要“坚持政治家办新闻”

“坚持政治家办新闻”是习近平同志及历届浙江省委对思想舆论工作提出的最为核心的要求。为何把这一条作为浙江思想舆论和主流宣传引导工作的第一条，而且是最为核心的一条呢？根本原因还是在于“新闻舆论是上层建筑、意识形态的重要组成部分。新闻宣传一旦出了问题，舆论工具一旦不掌握在真正的马克思主义者手中，不按照党和人民的意志、利益进行舆论导向，就会带来严重的危害和巨大的损失”①。这就是为何要求浙江的思想舆论工作一定要“坚持政治家办新闻”的根本原因。

习近平同志提出，坚持政治家办新闻需要始终坚持中国特色社会主义理论体系为指导，切实增强贯彻党的基本理论、基本路线、基本纲领、基本经验的自觉性和坚定性。新闻宣传必须牢牢把握正确方向，弘扬主旋律，提倡多样化，大力宣传一切有利于爱国主义、集体主义和社会主义，有利于改革开放和现代化建设的思想和精神，为改革开放和现代化建设创造良好的氛围。批判新闻游离于意识形态之外的观点，反对“鼓吹所谓的新闻自由”，反对“取消新闻管理”，反对“否定新闻的党性原则”，增强识别和抵制西方自由主义新闻观的侵蚀，“旗帜鲜明地坚持马克思主义的新闻观和新闻的党性原则”②。对错误的观点和新闻报道，要敢于亮剑，抵制各种错误思潮的影响。要有政治敏锐性和政治鉴别力，在“事关政治方向和根本原则问题上要旗帜鲜明、立场坚定”。在新闻宣传中，“决不能出现政治性差错，决不能给错误的思想和观点提供传播渠道，决不能宣传同党的方针政策相悖的观点和做法，决不能片面地错误地宣传党的方针政策”③。新闻舆论一定要在政治上与党中央保持一致，“确保党的各级新闻机构的领导权牢牢掌握在忠于马克思主义、忠于党和人民的人手里”④。

这是习近平在新形势下对浙江思想舆论工作提出的最为重要的政治要求。

（二）要有“大局意识”和“责任意识”

习近平同志对思想舆论工作提出的第二个重要原则就是要有大局意识和

---

① 习近平：《干在实处　走在前列——推进浙江新发展的思考与实践》，中共中央党校出版社，2006，第307页。

② 习近平：《干在实处　走在前列——推进浙江新发展的思考与实践》，中共中央党校出版社，2006，第308页。

③ 习近平：《干在实处　走在前列——推进浙江新发展的思考与实践》，中共中央党校出版社，2006，第309页。

④ 习近平：《干在实处　走在前列——推进浙江新发展的思考与实践》，中共中央党校出版社，2006，第308页。

责任意识，这是政治家办新闻原则的延伸。对“大局意识和责任意识”的具体内涵，他做了详细阐述，要求浙江新闻媒体站在大局高度思考问题，“善于正确把握改革发展稳定三者关系，善于围绕全省工作大局部署任务，善于针对省委重点工作营造氛围”[①]。在细节上，在具体的新闻舆论宣传报道中，提出的明确要求就是：“报道什么、不报道什么，多宣传什么、少宣传什么，都要从大局出发，体现大局要求。”[②] 要求思想舆论工作重点应放在“多做解疑释惑、提高认识工作，多做宣传引导、耐心说服的工作，多做统一思想、凝聚力量的工作”，要把工作聚焦到“鼓劲而不泄气、帮忙而不添乱”[③] 上来。要求省属主要新闻媒体积极配合省委中心工作，搞好重要题材的宣传报道。新闻媒体决不能单纯追求经济效益和局部效益，要坚持把社会效益、全局效益放在首位。新闻舆论战线的领导要严格把关，提高规范化水平，体现中央的声音和浙江省委的声音，重点搞好中央和省委、省政府中心工作的宣传报道。

这是习近平同志对浙江全省思想舆论工作提出的要具备“大局意识”和“责任意识”的几点要求，对于全省思想舆论工作具有非常强的指导作用。

（三）要有“创新意识”

习近平同志对思想舆论工作提出的第三个要求是要有创新意识，要根据时代的发展，创造新闻媒体的载体和新闻宣传的形式。这主要体现在三个方面：一是要在理念上创新，更新原来纸媒时代的新闻理念，多结合新技术、新媒体革命的成果进行宣传平台和形式的创新。二是要在具体实践上创新，丰富传播手段，突出不同媒体的特色，提高各种媒介传播的吸引力、感召力和战斗力。三是多到浙江改革发展的第一线去，多去接触鲜活的社会生活，从人民群众和实践中发现宣传的素材，创新新闻宣传的内容。

---

① 习近平：《干在实处　走在前列——推进浙江新发展的思考与实践》，中共中央党校出版社，2006，第309页。

② 习近平：《干在实处　走在前列——推进浙江新发展的思考与实践》，中共中央党校出版社，2006，第309页。

③ 习近平：《干在实处　走在前列——推进浙江新发展的思考与实践》，中共中央党校出版社，2006，第309页。

以上几点是习近平同志对思想舆论工作要具备“创新意识”提出的要求，这些要求从理念、技术、实践等几个方面为思想舆论工作创新指明了方向。

面对思想舆论工作的新情况、新问题，习近平同志一直高度重视主流舆论等意识形态工作，并不断总结和提炼出指导浙江乃至全国思想舆论工作的基本原则，提出坚持用马克思主义新闻观和“政治家办新闻”的核心要求指导浙江乃至全国的思想舆论工作。这些思想为浙江思想舆论工作把握正确的政治方向奠定了基础，为浙江探索主流舆论引导的体制机制创新和应对互联网的快速发展提供了指导思想。

二　创新主流价值观宣传渠道和形式

新媒体时代的思想舆论工作，必须跟着信息革命不断深入，推进创新体制机制，才能巩固党在意识形态领域中的领导权，才能跟上时代的步伐，使党领导下的思想舆论真正发挥主流舆论的引导力和引领力。

近10年来，浙江不断创新主流舆论引导的体制机制，加大社会主义核心价值观的宣传力度，更新宣传形式，使浙江在思想舆论创新方面取得了许多宝贵的实践经验。

习近平同志主政浙江期间，以及之后的历届省委都重视新时期的思想舆论工作，积极应对新媒体给思想舆论工作带来的新情况、新问题。2004年5月26日，习近平同志专门撰文谈新时期的思想舆论监督问题。他提出，“要不断改进新闻宣传工作，围绕中心抓好重大主题报道，提高舆论监督水平，改进重大突发事件报道，健全这方面报道工作的快速反应和应急协调机制，认真落实和完善新闻发布制度，牢牢掌握新闻信息传播的主动权。新闻舆论要唱响团结稳定鼓劲的主旋律，及时准确地传播党的声音，积极有效地做好释疑解惑工作，形成有利于促进社会和谐稳定的良好氛围”①。

① 习近平：《之江新语》，浙江人民出版社，2007，第55页。

在这段表述中，习近平同志提出“改进重大突发事件”舆论危机应对机制，要“落实和完善新闻发布制度”，“唱响主旋律”，“及时准确地传播党的声音”等。这些均是对新媒体条件下思想舆论工作的新思考和新部署。浙江在创新思想舆论工作体制机制方面不断探索和创新，主要体现在如下几方面。

（一）创新舆论媒体的体制机制

浙江省委根据互联网时代的新形势，专门成立了互联网信息办公室。2005年，浙江省委互联网管理工作领导小组成立，制定《关于进一步加强互联网管理工作的实施意见》，建立健全网上监控、网上评阅、网上评论“三位一体”工作机制，并组建了专兼结合的网络评论员队伍。在主流舆论阵地建设方面，浙江不断创新体制机制，引导传统媒体走现代传媒发展之路。

（二）普遍建立新闻发言人制度

近10年，浙江普遍建立了新闻发言人制度，这是党委和政府在新闻舆论事件不断高发时期，加强信息公开透明的重要举措。2003年，浙江省制定并实施了《省委宣传部、省新闻办关于进一步做好新闻发布工作的意见》。2004年，浙江省就开始着手培养新闻发言人，启动新闻发言人制度建设，并举办了首届新闻发言人培训班，逐渐建立起从省到市县以及各个职能部门的新闻发言人制度。此外，还建立了定期的新闻通报会和媒体见面会制度，主动引导舆论，促进营造良好的主流舆论环境。

（三）建立舆论危机管理机制

浙江努力构建舆论危机管理处置体制机制。2003年，《进一步改进和加强省内突发事件新闻报道工作的实施办法》（浙委办〔2003〕59号）和《加强互联网站新闻短信息管理的实施办法》先后出台。2004年，省委宣传部制定下发了《关于加强和改进内参报道工作的意见》和《关于严格把关严肃宣传纪律确保正确舆论导向的通知》。2005年，浙江出台了《关于舆论监督制度的实施办法》《浙江省群体性事件对内对外引导工作预案》。2009年，浙江加大对舆论危机处置的研究和培训。这些举措使浙江建立了成体系的舆情危机处置机制，使浙江主流舆论阵地更加巩固。

（四）不断更新网络发布平台

习近平同志主政浙江时指出，舆论宣传工作“必须树立强烈的阵地意识，意识到任何一个阵地，我们不去占领，一些负面的东西和敌对势力就会乘虚而入；只有让马克思主义去占领，才能让负面的东西和敌对势力失去生存的土壤，从而真正做到守土有责”①。

浙江在近10年间，不断更新传播渠道，及时建立和更新网络发布平台，不断更新主流舆论的传播渠道和传播形式。譬如，2002年，浙江在线整合上线；2006年，浙江电视台国际频道开播；2008年，建立了浙江博客群，创办和开通浙江博客网；2009年，全省推出“整治互联网低俗之风”“整治手机媒体低俗之风”等专项活动；2010年，全省各地市、各部门相继推出官方微博；2012年，建立理论微博群，搭建“浙江政务微博”聚合平台；2014年，“浙江发布”官方微博、微信正式上线。

通过更新网络传播平台，主流舆论阵地不断扩大，增强了主流价值传播力和引导力，为传播和培育社会主义核心价值观提供了新平台。

三　加大主流价值观宣传力度

浙江不断结合新媒体革命，与时俱进地更新宣传渠道和途径，为弘扬主旋律，加大社会主义核心价值观宣传力度提供了重要条件。加大主流价值观宣传力度，是浙江思想舆论工作的基本职责，主要有三项重要内容：其一，每年的中央精神和浙江省委精神，以及中央和浙江省委重大战略部署的新闻宣传工作，即每年的重大主题宣传；其二，加大诚信教育、道德楷模的宣传；其三，对社会文明新风尚的宣传。

（一）积极宣传中央及省委重要精神和战略部署

每年的重大舆论宣传可以分为两类：其一是对中央及省委最新战略部署的宣传。重点宣传每年的中央精神和战略部署，以及省委的重要会议精神和

① 习近平：《干在实处　走在前列——推进浙江新发展的思考与实践》，中共中央党校出版社，2006，第312页。

战略部署。像每年全国“两会”的宣传报道，中央全会的宣传报道，省“两会”、省委全会的宣传报道。譬如，2004 年浙江省确定了以树立科学发展观，实施“八八战略”和建设“平安浙江”、加强党的执政能力建设为主要内容的宣传主题。2005 年实施了“走在前列、干在实处”主题宣传活动。2013 年，浙江省确立的年度宣传主题就是宣传党的十八大、十八届三中全会精神，弘扬中华民族伟大复兴的“中国梦”和深入学习宣传习近平总书记的重要讲话精神。这些年度宣传主题促进了中央和省委最新理论成果和战略部署的普及和深入人心，增强了改革发展的凝聚力和向心力。

其二围绕重大周年纪念活动展开宣传。譬如，2004 年围绕邓小平诞辰 100 周年和新中国成立 55 周年的宣传报道；2005 年围绕纪念长征 70 周年、抗日战争胜利 60 周年的宣传报道；2006 年纪念建党 85 周年；2008 年纪念改革开放 30 周年；2009 年庆祝新中国成立 60 周年；2011 年庆祝建党 90 周年；等等。这些重大年度纪念活动的主题宣传报道工作，加深了群众对历史事件的认识，弘扬了民族精神、时代精神和“浙江精神”。

（二）加强诚信教育和道德楷模宣传

浙江在主流价值观宣传方面，不断加强诚信教育，积极落实习近平同志主政浙江期间部署的“信用浙江”建设，在家庭、学校、社会倡导诚实守信的道德风尚，同时，对诚信企业、单位、个人进行重点典型报道，通过典型报道，树立诚信典型，引领社会道德风尚。例如，对每年推出的“时代先锋”“风云浙商”“创业新星”“浙江骄傲”等一批先进典型的主题宣传活动。再如，对道德楷模的宣传报道，对“最美妈妈”“最美司机”“最美浙江人”等典型人物的专题宣传。

对重大典型事件和典型道德楷模人物开展集中主题宣传活动，凝聚了精神力量，汇集了社会正气，加大了主流价值观宣传力度，社会主义核心价值观的内容通过新闻宣传实现了实实在在的传播，并汇集成推动浙江经济社会转型升级的强大正能量。

（三）进行学雷锋、树新风等社会文明新风尚宣传

通过对文明观念和文明行为的宣传，树立社会文明新风尚，是新闻舆论

工作的重要内容。浙江近10年不断弘扬社会新风尚，持续宣传新的文明行为，譬如推出“文明出行”“文明礼仪”“爱护斑马线”“做一个有道德的人”“学雷锋、树新风”以及广泛开展“讲文明、讲卫生、讲科学、树新风”等主题宣传活动，弘扬科学精神、革除社会陋习，倡导文明生活、普及科学知识、提高文明素质，弘扬积极的道德新风尚。

这些文明新风尚的主题宣传，有力地推动了浙江社会文明的发展和浙江人文明素质的提高，为社会主义核心价值体系建设创造了良好的社会环境和主流道德风气。通过对社会文明新风尚的舆论宣传，大力提升了人民群众的文明素质和修养，充分发挥了主流舆论对核心价值观和文明风尚的引导作用和传播作用。

创新舆论宣传体制和宣传渠道，通过重大主题宣传、重大典型事件和道德楷模人物的主题宣传活动以及对社会文明新风尚的宣传，浙江将社会主义核心价值体系建设的内容实实在在地融入新闻宣传工作之中，使马克思主义最新的理论成果、中央和省委的最新精神和战略部署，以及道德新风尚新坐标和社会主义核心价值观的具体内容真正得到有效传播，推动了社会主义主流价值观的宣传、普及和大众化。

总之，习近平同志主政浙江期间以及之后的历届浙江省委都非常重视主流舆论工作，坚持党对新时期意识形态工作和主流舆论工作的基本要求，不断创新主流价值观宣传渠道和形式，加大社会主义核心价值观宣传力度，充分发挥主流价值观对整个社会的价值导向和道德引领作用。通过巩固壮大主流思想舆论阵地，使浙江各级党委牢牢把握了意识形态工作的领导权，积极主动地创新社会主义核心价值观传播渠道和形式，营造了良好的主流舆论，极大地推动了社会主义核心价值体系在浙江的培育和传播。

第四节　“最美现象”与构建我们共同的价值观

习近平同志主政浙江期间非常重视价值观建设，倡导弘扬“与时俱进的浙江精神”，并把“诚信”写入“浙江精神”的提炼表述中，同时，亲自主持部署了“信用浙江”建设，倡导弘扬优秀传统文化，培育社会主义核心价值观。2004年以来，历届浙江省委都十分重视社会主义核心价值体系的培育，大力弘扬社会主义荣辱观，在“八八战略”“两创总战略”中对社会主义核心价值观建设、道德建设都做出了明确部署，结合浙江地域特色，创造性推动构建新时代的道德规范和价值观。“平安浙江”“信用浙江”“文化大省”“法治浙江”“两富浙江”等战略部署贯彻落实，均对浙江在全社会形成健康向上的文化道德氛围和营造与社会主义市场经济相适应的道德体系起到了强大的推动作用。

近10年来，浙江在思想道德建设方面积极贯彻落实中央颁布的《公民道德建设实施纲要》，并结合浙江实际出台了《浙江省公民道德规范》《浙江省公民道德建设纲要》。深入开展公民道德养成计划，坚持每年都开展“做一个文明有礼的浙江人”“做一个有道德的人”“学雷锋、树新风”等主题实践活动；在农村地区推行“春泥计划”，帮助农村未成年人成长，大力加强大学生思想政治工作；宣传文明出行，推进文明城市、文明乡镇街道、文明社区、文明村等评选创建活动，开展“双万结对、共建文明”活动，构建精神文明创建体系；通过全面提升公民的思想道德素质，浙江涌现出一批道德楷模和“最美现象”；通过社会主义核心价值观的地域化、大众化，在延续对“浙江精神”的总结和提炼基础上，凝练出了“当代浙江人的共同价值观”，为浙江改革发展提供了强大的思想凝聚力和道德引导力。

一　增强浙江转型发展的道德支撑力

近10年是浙江转型发展的关键时期。2004～2013年，浙江经济总量从11649亿元升至37568亿元，人均GDP从超4000美元到超10000美元，城镇化率从53%提升到64%。这一时期，浙江处于重要的“黄金发展期”和“社会矛盾凸显期”，同时也是加强与社会主义市场经济相适应的社会信用体系和道德伦理秩序建设的关键时期。社会信用体系、道德秩序、伦理规范培育和建设不仅可以为浙江转型发展提供强大的道德支撑力，同时，还为浙江下一步经济社会发展、建设“两富浙江”提供强大的精神动力和价值指引。

（一）全面提高公民的思想道德素质

浙江省按照中央和省委对公民道德建设的部署，深入贯彻落实《公民道德实施纲要》，并结合浙江实际，相继制定并实施了《浙江省公民道德规范》《浙江公民道德实施纲要》《浙江公民道德养成计划》，为浙江全面提升公民道德提供了制度保障。

浙江加强社会公德、职业道德和家庭美德的教育，坚持每年开展以“浙江好人、德行天下”为主题的“公民道德日”活动，在全民中普及公民道德宣传教育。坚持在全社会广泛深入开展学雷锋活动，采取切实措施，推动学雷锋活动常态化、机制化，促进公民道德建设不断向广度和深度发展。推进“讲文明、树新风”活动；组织道德主题读书活动；深化道德模范评选活动。坚持每年开展“浙江好人”“做一个文明有礼的浙江人”“做一个有道德的人”等主题道德实践活动。坚持发动群众评选“浙江好人”，寻找身边的好人好事，促进道德楷模不断涌现。坚持广泛动员群众参与各种形式的道德实践活动，譬如积极支持支援服务活动，促进道德建设进课堂、进企业、进机关、进社区、进军营，使公民道德建设全面渗透到人们生活的各个环节。

坚持深入持久地开展文明县（市、区）、文明城市（县城、城区）、文明街道、文明村镇、文明单位、文明机关、文明社区、文明风景旅游区、高速公路文明服务区、文明公路、文明家庭（户）、绿色社区、工人先锋号、青年文明号、巾帼文明示范岗等群众性精神文明创建活动，形成浙江省精神文明创建体系。在各类群众性精神文明创建活动中，突出思想内涵，强化道德要求，渗透文明修养，加大道德建设考核力度，真正把道德建设融入精神文明创建活动全过程，扩大精神文明建设辐射面，切实增强公民道德建设的吸引力和影响力，争取更多单位、更多公民参与公民道德建设实践，在全社会倡导健康文明的生活方式，不断提升全民的思想道德素质。

（二）系统构建未成年人和大学生思想道德建设工作体系

浙江省历来重视未成年人的思想道德建设。未成年人是国家的未来，必须从小就加强其道德观念和道德行为养成。习近平认为，“未成年人思想道德建设是一项系统工程，涉及方方面面，需要全社会参与，形成强大合力共同来做”①。

2004 年，浙江省委、省政府结合中央精神和浙江实际出台了《关于进一步加强和改进未成年人思想道德建设的实施意见》，专门对未成年人的思想道德建设做出明确的部署。围绕加强未成年人思想道德建设，浙江省逐步形成了面向全体未成年人的“3510”工作目标。其中，“3”是指健全和完善学校、家庭、社会三个环节的未成年人思想道德教育网络；“5”是指深入实施未成年人思想道德建设的阵地工程、精品工程、绿网工程、净化工程、帮护工程“五项工程”；“10”是指每年抓好文化产品创作生产传播、关爱农村及特殊群体未成年人等多方面的“十件实事”。未成年人思想道德建设的“3510”工作目标的确立，极大地推动了浙江未成年人思想道德素质的提升。

围绕大学生思想道德建设，浙江省积极推行大学生导师制，推动思想政治工作和大学生道德建设工作网络进公寓、进学生社团，完善大学生教育、管理、服务体系，并把学习和实践社会主义荣辱观和公民道德建设内容纳入高校思想道德修养、法律基础等课程。每年邀请省领导和省讲师团赴高校举办专题形势报告会和演讲会。强化学校道德教育，加强网上思想道德文化阵地建设，改进校园网络文化管理，采取各种形式提升大学生的思想道德修养和文明素质。

浙江省在近 10 年逐步形成了系统构建未成年人和大学生思想道德建设的工作体系，极大地推动了全省未成年人和大学生的思想道德水平和文明素养，为浙江未来发展提供了强大的道德力量。

（三）加大特殊群体的思想道德建设力度

浙江省历来重视特殊群众的思想道德建设，并针对浙江不同的群体开展

---

① 习近平：《干在实处　走在前列——推进浙江新发展的思考与实践》，中共中央党校出版社，2006，第 303 页。

不同的思想道德工作，使浙江全省不同行业、不同群体的人们的思想道德素质都得到了提升。例如，浙江针对农村未成年人的思想道德建设而实施的“春泥计划”，就是针对浙江一些地区流动人口多而专门对流动人口开展的思想道德建设。

为加强和推进农村未成年人的思想道德建设，切实为农村未成年人创造健康良好的成长环境，2008 年，浙江省文明办下发了《关于在全省农村开展“春泥计划”试点工作的通知》，并选取以浦江县、江山市为主的 71 个行政村进行“春泥计划”试点工作。各试点县和村结合当地实际，积极探索，充分调动和发挥相关部门和社会力量，开展多样的道德实践和社会体验活动，丰富了农村未成年人的课外生活，优化了农村未成年人的成长环境，促进了乡风民情改善，提升了农村未成年人的道德素质。

2009 年，浙江省文明办下发了《关于进一步做好“春泥计划”的实施工作的通知》，在全省实施“春泥计划”。“春泥计划”专门针对农村未成年人思想道德建设的特点，以村为单位，切实丰富了农村未成年人的课外生活，提升了农村未成年人的思想道德素质，成为浙江加强农村未成年人这一特殊群体的思想道德建设的一项重点工程。

同时，浙江省通过“双万结对共建文明”等专题道德实践活动，不断加强对特殊群体，如流动人口、农村留守人员的思想道德建设。这些针对特殊群体的思想道德建设极大地推进了浙江全省人民思想道德素质的提升，为浙江和谐稳定发展创造了良好的道德秩序和社会氛围。

通过推进思想道德建设和提升公民道德素质，浙江涌现出一批道德楷模和好人好事。浙江不仅在经济社会发展方面走在全国前列，而且在精神文明建设和道德建设方面也引起了全国的关注。浙江在思想道德建设领域引入创新的实践有很多，其中最为引人注目的有两项：其一，“最美现象”在浙江不断涌现，发挥了积极的道德引领力和感召力。其二，浙江积极开展构建“我们共同的价值观”活动，形成了“当代浙江人的共同价值观”，实现了弘扬社会主义核心价值观和当代浙江人共同价值观的有机结合，有力推动了浙江的现代化进程。这既是浙江省历来重视道德建设和价值观建设、全面提升公民道德素质的结果，也是浙江在新时期弘扬道德新风尚、构建社会主义核心价值观的重要表现。

二 “最美现象”在浙江不断涌现

在长期培育社会主义核心价值观的基础上，近年来，浙江人民的公民道德素质不断提升、道德新风尚不断涌现，社会正气、正能量得到了大力弘扬，涌现出大量的“最美现象”。这些“最美现象”从不同角度诠释了浙江道德建设取得的最新成就和最新道德风尚。这些“最美现象”是浙江适应社会转型发展需要，一贯重视培育核心价值体系和重建道德秩序所取得的成果，体现了浙江近10年在道德建设和价值观建设上的重大成就。

（一）“最美现象”在浙江涌现

“最美妈妈”“最美司机”“最美警察”、杭州“7·5公交纵火案”灭火救人的平民英雄群体等道德模范和感人事迹，近几年在浙江不断涌现，构成了影响全国的浙江“最美现象”。

“最美现象”在浙江不同地区、不同行业、不同部门不断涌现，展现了新时期浙江人的道德情操和精神风貌。如果我们用列清单的方式来列举的话，可以说是不胜枚举。

2011年，“最美妈妈”吴菊萍，她用双手托起了高空坠楼女孩。

2012年，“最美司机”吴斌，他在生命最后关头，首先考虑的是乘客的安全。

2013年，“最美消防警察”尹进良、陈伟、尹智慧，为了灭火挽救生命和财产损失，献出了年轻的生命。

2014年，杭州“7·5公交纵火案”现场，杭州市民、路人第一时间自发参与灭火救援，表现出危难之际伸援手的精神风范。随后烧伤人员在医院急需用血，血库告急，杭州市民连夜排队献血救援，感动杭城。

“最美现象”在浙江各地不断涌现，处处可见，已经渗透到人们的日常生活之中，这些老百姓身边的“平民英雄”“身边的好人”，根本无法用举例子的方式加以概括。“最美现象”在浙江各地又衍生出不同的称呼或形式，譬如，衢州的“最美衢州人”，杭州的“最美杭州人”，金华的“最美金华人”，德清推出的“最孝儿子”“最孝儿媳妇”等。这些“最美”表述的扩展和衍生，使浙江的“最美现象”具有多维立体的特点，同时又共同指向浙江不断涌现出来的道德新风尚和精神新坐标。

（二）立体和多维的“最美现象”

“最美现象”作为现象不是孤立的，而是具有丰满的立体性、多维性和可持续性。

1.“最美现象”的立体性

从不断涌现出来的“最美现象”中，我们可以发现其最大的一个特点就是立体性。所谓“立体性”，即“最美现象”所呈现出来的道德新风尚，可以说不分男女老少，不分地域、不分职业、不分岗位，处处涌现出一批“最美”好人好事。譬如，一家四代免费送凉茶的阮天杰家庭、替子还债的耄耋老人吴乃宜，等等。只要翻开介绍浙江“最美现象”的材料，在我们眼前就会呈现出一个立体多面的“最美现象群”和“最美人物群”。

2.“最美现象”的多维性

不断涌现的“最美现象”还有一个特点，就是多维性，既包括家庭美德，也包括职业道德、社会公德；既有身边发生的小事、平常事，也有体现大公无私的奉献精神和“社会主义道德新风尚”的壮举、义举。例如，“最孝顺的儿子、儿媳”评选活动弘扬了优秀的家庭美德；“最美司机”弘扬了高尚的职业道德；“最美妈妈”弘扬了舍身救人的大公无私的献身精神；杭州“7·5公交纵火案”现场自发参与救援的市民群体体现出见义勇为的道德风尚。如此等等，诠释了“最美现象”所包含的多重维度。

3.“最美现象”在时间上的可持续性

“最美现象”在浙江不断涌现，还有一个特点，这就是在时间上的可持续性。多年来，“最美现象”从未间断，犹如泉水一样不断涌出。每年或隔年，浙江省各地市、各乡镇、各街道等都能评选出众多的“最美人物”和“最美现象”，这就意味着“最美现象”在时间上的可持续性。

这些“最美现象”“最美人物”“最美事迹”彰显了浙江在现代化建

设中不断推进道德建设和精神文明建设的成效。同时，这些“最美现象”也为新时代浙江的发展注入了强大的道德力量和精神风范。浙江省第十三次党代会为浙江描绘的宏伟目标是“物质富裕、精神富有”，这些“最美现象”充实了“精神富有”的内容，成为浙江在改革开放中形成的重要精神财富。

“最美现象”“最美精神”的不断涌现，诠释了浙江在道德建设领域取得的显著成就。截至 2012 年底，全省共评选出各级各类典型人物 1000 多人，吴菊萍、毛陈冰、郭文标、李学生、刘霆 5 人获得“全国道德模范”称号，俞佳友、钟杏菊等 25 人获“全国道德模范”提名奖，100 余人入选“中国好人榜”；参与推荐和评选的群众达 1000 多万人次。此外，还推出了“浙江骄傲”“浙江孝贤”“风云浙商”“青春领袖”“先进志愿者”等系列道德建设先进典型，这充分证明了“最美现象”对浙江道德建设的引领作用。

三 构建“我们的价值观”

近年来，浙江省非常注重将社会主义核心价值体系建设融入思想道德建设和精神文明建设实践中，结合浙江历史文化传承和改革发展所激发出来的浙江人的精神特质，通过开展“我们的价值观”大讨论，在延续对与时俱进的“浙江精神”的总结提炼基础上，提炼出当代浙江人的共同价值观。

（一）“我们的价值观”大讨论

浙江为东部先发省份，经济发展迅速，城市化率高于全国水平，外来人口多，这意味着浙江在社会转型和文化转型方面遇到的问题比较多。浙江构建“我们的价值观”，就是针对此问题，做出实践上的积极回应。

随着市场经济的发展，不文明、不道德现象屡有发生：只重视物质，轻视精神；只重视金钱，轻视道德；只重视外在有形的东西，忽视道德风尚；为了获利不择手段；等等。同时，在从农村社会向城镇社会转型，从熟人社会向陌生人社会转型过程中，我国道德领域、价值观领域还存在着价值尺度和价值标准的缺失，人们缺乏新时期共同的价值标准和共同的价值追求。这些现象的存在，引发了浙江全省范围内“我们的价值观”大讨论、大反思。

这场“我们的价值观”大讨论，发轫于杭州，推广至全省，最后凝练出的重要成果，则是指引浙江未来社会主义核心价值观建设、具有浙江地域特色的“当代浙江人共同的价值观”。

1. 杭州市的“我们的价值观”主题实践活动

2011 年 7 月，杭州市围绕马克思主义指导思想、中国特色社会主义共同理想、以爱国主义为核心的民族精神和以改革创新为核心的时代精神、以“八荣八耻”为主要内容的社会主义荣辱观四个方面基本内容，在全市广泛开展提炼概括“我们的价值观”主题关键词的实践活动。

这次活动注重社会主义核心价值体系的大众化，提出“我们的价值观”的主题关键词一定要通俗易懂、便于传播、便于遵循。通过广泛宣传，利用传统媒体、电话、信件、电邮，还启用网络平台，活动期间网站访问量约 49 万人次，共征集 1330 余份作品，共有 26 件作品入围投票评选。最后，根据每个月重要节庆日的思想文化主题，确定了“民生、文明、诚信、感恩、敬业、友善、信仰、责任、崇学、爱国、务实、和谐”12 个月的主题词。

杭州开展的“我们的价值观”主题活动，广泛征集群众意见，以大众化、通俗化的方式概括和诠释了社会主义核心价值观，推动了在浙江全省范围内开展“我们的价值观”大讨论。

2. 在浙江全省开展“我们的价值观”大讨论

2012 年，浙江省在深入总结杭州市“我们的价值观”主题实践活动经验基础上，在全省部署开展“我们的价值观”大讨论。中共浙江省委专门成立了工作领导小组，通过传统媒体和网络平台征集“我们的价值观”核心词，全省干部群众广泛参与讨论。全省共举办 8000 余场座谈会、报告会和研讨会，超越 1000 万人次参与讨论。省委常委会认真研究论证，最终采纳了“务实”“守信”“崇学”“向善”四个核心词，并在随后召开的浙江省第十三次党代会提出“积极倡导以‘务实、守信、崇学、向善’为内涵的当代浙江人共同的价值观”。

“我们的价值观”大讨论通过群众广泛参与、学界研讨、网络征集、省委决定等环节，促进了全省对浙江发展的文化反思和价值观审视，创新了社会主义核心价值观的传播形式和活动载体。同时，“我们的价值观”大讨论又是一次全民参与的社会主义核心价值体系建设，凝练出共同遵循的道德规范、价值标准和行为准则，实现了社会主义核心价值观在浙江的本土化、大众化、通俗化。

（二）对“当代浙江人共同的价值观”的理论透视

浙江通过“我们的价值观”讨论，凝练出“当代浙江人共同的价值观”，对于构建社会主义核心价值观具有重要创新意义。

1. 凝练“当代浙江人共同的价值观”体现了浙江经济社会转型发展的迫切需要

浙江在构建社会主义核心价值观过程中，创造性地结合浙江实际，凝练出以“务实、守信、崇学、向善”为内涵的“当代浙江人共同的价值观”，既是对浙江发展的文化反思和价值观审视，同时又顺应了浙江经济社会发展转型的迫切需要。

2004～2014 年是浙江经济社会重要的发展转型时期，文化软实力中最为重要的价值观建设就显得十分迫切。早在 2005 年，习近平同志就非常重视文化作为软实力的作用，着手加强相应的价值观建设。在 2005 年的一次讲话中，他指出：“文化的力量，或者我们称之为构成综合竞争力的文化软实力，总是‘润物细无声’地融入经济力量、政治力量、社会力量之中，成为经济发展的‘助推器’、政治文明的‘导航灯’、社会和谐的‘黏合剂’”[①]。从与时俱进地发展“浙江精神”，提出坚持弘扬“求真务实、诚信和谐、开放图强”为内涵的“浙江精神”，到突出坚持和弘扬“以创业创新为核心”的浙江精神，再到凝练“当代浙江人共同的价值观”，这些创新实践，切实顺应了浙江经济社会转型的需要，使精神的力量和价值观的力量真

---

① 习近平：《干在实处　走在前列——推进浙江新发展的思考与实践》，中共中央党校出版社，2006，第 289 页。

正融入经济社会发展之中。

2. 探索了重构当代价值观的基本路径

“我们的价值观”和“当代浙江人共同的价值观”这两个词组，最为醒目的字眼是“我们”“共同”。这里的“我们”和“共同”，也正揭示了社会主义核心价值观建设需要立足“我们”和“共同”，才能实现其大众化、通俗化，才能在人民的生活中落地生根。

当代浙江人共同的价值观大讨论的基本路径，就是紧紧依靠发动群众，依靠“我们”，探讨“共同”的价值准则，使在浙江地域生活的本地人、外地人以及不同职业、不同群体的人民群众共同反思浙江发展、反思浙江文化发展脉络、反思浙江人的价值理念，然后再加以精选、凝练、提升，最后形成最为核心的价值理念标识词汇。通过这个过程，核心价值观的建设真正贴近了人民群众的生活。例如，杭州市把核心价值观宣传普及与 12 个月的节庆活动结合起来。

只有使核心价值观来自于民、取之于民，才能赋予核心价值观强大的内在生命力，这就是浙江探索出的一条重构当代价值观的基本路径。这一路径对于各省（自治区、直辖市）乃至全国都具有适用性，带有普遍性的色彩。

3. “当代浙江人共同的价值观”既是浙江的，又是中国的

“我们的价值观”大讨论产生于浙江，又凝练出“当代浙江人共同的价值观”，带有鲜明的浙江特色。但是，它必然包含着两层基本意蕴，即它既是社会主义核心价值观的“浙江化”，又是浙江人共同价值观的“中国化”。

说浙江提炼的“我们的价值观”是社会主义核心价值观的“浙江化”，是指它既体现了社会主义核心价值观的本质要求，又体现了浙江地域特色，是以浙江的方式呈现出来的价值观。说浙江提炼出“共同的价值观”具有“中国化”属性，是指这些指示“价值坐标”的核心词本身就具有适应中国社会主义现代化的内在意涵，本身就体现中国人普遍的价值追求。

综上所述，10 年来，浙江顺应经济社会转型发展对价值观建设提出的迫切要求，积极构建和培育社会主义核心价值体系，深化社会主义荣辱观的宣传教育，全面提高公民道德文明素质，弘扬“最美现象”和构建“我们

的价值观”，精神文明建设实践取得了丰硕成果，体现了浙江推进社会主义核心价值体系建设方面的创新成果，为浙江改革发展提供了强大的文化支撑、道德规范和价值观引领，以及源源不断的思想凝聚力和精神驱动力。

第五节　定位于“精神家园”的农村文化礼堂建设

农村文化礼堂是浙江省委、省政府根据浙江农民日益增长的精神文化需要和农村文化发展实际，立足于巩固和弘扬社会主义核心价值观，着力打造农村新时代的精神家园，为社会主义核心价值观在农村落地生根开辟的新平台、新载体、新阵地。截至 2014 年底，全省共建成文化礼堂 3447 个。文化礼堂得到领导的充分肯定、群众的热烈欢迎和媒体的密切关注。2014 年 5 月，中央政治局委员、中央书记处书记、中宣部部长刘奇葆同志在浙江考察期间，充分肯定文化礼堂工作。在全国农村精神文明建设工作经验交流会、全国培育和践行社会主义核心价值观工作经验交流会、全国基层公共文化服务工作经验交流会等会议上，浙江农村文化礼堂建设工作多次做了典型介绍。以文化礼堂为蓝本，浙江被文化部列为全国基层综合性文化服务中心建设工作试点省。《人民日报》、新华社、中央电视台、《光明日报》等中央新闻媒体对文化礼堂建设做了一系列宣传报道。

一　农村文化礼堂的兴起

浙江 5400 万常住人口中，有 2088 万农村人口，占 38%。一直以来，农村都是乡土中国的主体。即使在今天，农业、农村、农民（“三农”）问题也还是中国发展的核心。在社会转型的时代环境里，“三农”不断经受着新观念、新事物的冲击碰撞。生活中城镇化、工业化的浪潮不断影响着、改变着乡村，而观念上的隔膜、规则上的生疏、情感上的疏远，也一直困扰着村民。

改革开放以来，浙江作为市场经济的先发地区，比全国其他一些地区更早、更明显地感受到市场力量对“三农”的影响。经济体制上的家庭承包制，使农民以个体劳动者的身份独立从事生产活动；随着经济条件的改善[①]，居住条件渐次向独立楼房发展，电视、电话、手机、电脑、网络等现代交往方式进入普通农家，在个体生活日渐丰富的同时，也形成了相对封闭的生活形态，由此而像城市居民一样，出现原子化的社会联结状态，村民之间原本亲密互动的关系逐渐淡化，不关心公益事宜、集体观念淡漠、集体组织缺乏感召力、村民向心力和村庄凝聚力不足等现象时有出现。同时，农民群众在物质生活需求得到满足的同时，精神文化需求日益旺盛，却因乡村公共活动设施、空间和文化生活相对缺失而尚难得到满足，部分农村地区不同程度地出现道德失范、诚信缺失，人生观、价值观扭曲，封建迷信、黄赌毒等社会丑恶现象，外来宗教也在一些农村地区乘势蔓延。因此，农民群众的精神文化生活需求，特别是文化认同、价值观整合的精神家园建设，一直受到党和政府的关注重视。

多年来，浙江历届省委、省政府高度重视农村基本公共文化服务和社会主义核心价值观建设，在实施“文化惠民工程”“千村示范、万村整治”“美丽乡村”等建设中，注重融入社会主义核心价值观、丰富农民群众精神文化生活，推动了浙江农村精神文明建设的发展。

与此同时，我们也应看到乡村自在自发的新文化建设力量。新时代的农民，尤其是青年农民受现代文明浸润，具有较高的文化素养和较强的现代意识，有意愿、有能力参与乡村文化建设活动，是农村文化建设的主体。同时，优秀传统文化的长期熏陶，也在乡村积淀起深厚的民族文化认知和价值认同，涵养了村民较高的文化判断和认识能力。以杭州城西的骆家庄为例，一项有关村中龙舟活动的调查显示，认为划龙舟纯为娱乐活动的村民占3.7%，认为是节日活动的占30.3%，认为是村民生活中重大活动的占44.0%，认为是骆家庄集体精神象征的占21.9%，可见相当比例的骆家庄村民都能认识到龙舟的精神文化象征意义和在村庄公共生活中的重要性。这

① 2014年浙江农村常住居民人均可支配收入19373元，比全国平均水平的10489元高8884元，高0.5倍，居全国31个省（自治区、直辖市）第二位、省（自治区）第一位。

样的文化认同，是构筑共同精神家园的民族底色；这样的村民群体，是推动乡村文明现代化的基础力量。

2011 年，在浙江省临安市的一些乡村，民间自发地构建村庄公共文化空间、开展村落文化活动悄然兴起。村民们在创建“美丽乡村”精品村、“绿色家园、富丽山村”特色村等过程中，利用村庄原有礼堂、学堂、祠堂资源，积极开发公共活动空间，寻求文化生活的集体场合。岛石镇下许村村民在修缮许氏宗祠“一本堂”时，突破一姓一族之限，将其改建成全村人的活动场所。光辉村是临安最早利用“民间资本”兴办公共文化之地，在村里的公共文化设施和场所建设中，全村 493 户中有 300 余户捐了款，全部家庭参与了义务投工。这些活动的起因，源于村民对公共文化空间的需求，对乡村历史资源的珍视和发掘，对村庄集体活动的向往，对祠堂、孝慈等乡土历史文化的追忆和复兴，反映了村民对有根基、有品质的文化生活的需求。

临安市委、市政府及时发现并捕捉住了乡村文化生活中的这些新现象，加以提升、引领和推动。2012 年，临安市委、市政府在浙江省委宣传部的指导下，以打造“精神家园”为目标，以“两堂五廊”为内容，实施村级文化礼堂建设工程，赋予其精神家园、村务管理、文化传承、培训学习、教化熏陶等功能，倡导社会新风，凝聚基层民心，实现村民在文化建设中自我表现、自我教育、自我服务的目的。当年，文化礼堂被列入市政府十件实事之一，太湖源镇光辉村、板桥镇花戏村和上田村被立为首批试点。

顺应民间文化需求、尊重农民首创精神的文化礼堂建设一经推开，便受到广大村民的热情欢迎。以前，“虽然我们做了很多文化实事，但总觉得有些零散，也谈不上优雅”。光辉村村党委负责人表示，建文化礼堂让光辉村找到了基准点，“两堂五廊”如红线般串联起已有的众多文化果实：村民读书培训有学堂，开会演出有礼堂，励志廊、企业廊、文化廊、书画廊、村训廊则营造出村民日常生活中的文化环境和氛围。从此，村民大会、报告会、表彰活动、文艺活动、暑期培训、放电影、演戏等公共文化活动都有了场地，村民们在各种活动中如鱼得水般地自如穿梭，找到了集体大家庭的感觉。

临安初见成效的文化礼堂活动，引起浙江省委、省政府的关注。在充分调研、反复论证的基础上，浙江省委、省政府决定于2013年年初在全省行政村部署开展文化礼堂建设，连续三年将其列为省政府实事项目，提出到2020年实现全省50%以上行政村建有文化礼堂、中心村基本上建有文化礼堂、覆盖80%以上农村人口的目标。旨在通过“千村示范、万村达标”，使文化礼堂成为传承传统文化、弘扬先进文化的精神家园，浙江基层宣传文化工作的重要品牌和“美丽乡村”建设的重要阵地，让广大农民群众普遍享受文化礼堂建设成果。

二　农村文化礼堂的建设思路和运行管理

经过两年的试点探索和示范推进，浙江逐步理清农村文化礼堂的建设思路、制度保障体系和基本内容，形成了相应的组织保障体系和初步的制度框架，探索出一整套“建管用”一体化的运行管理模式。

1. 农村文化礼堂的建设思路和标准

浙江的农村文化礼堂建设，具有清晰的思路，这就是：紧紧围绕“兴起社会主义文化建设新高潮”和“增强农村发展活力、促进城乡共同繁荣”的总体要求，坚持规划先行、科学布局、分层推进，着力在全省农村打造一批以“文化礼堂、精神家园”为主题，以文化礼堂为标志的文化阵地综合体，完善以市县重点文化设施、乡镇文化综合站和文化礼堂为主体的新型公共文化服务体系，构建具有“引导人、教育人、鼓舞人、激励人”的农村新型文化体系，为农村科学发展、和谐稳定提供坚实的文化保证。

根据上述建设思路，省委宣传部作为文化礼堂建设主管部门，经反复论证和在实践中不断探索调整，精心设计了明确的规范化建设标准：按照有场所、有展示、有活动、有队伍和有机制以及学教型、礼仪型和娱乐型的“五有三型”标准，建设集思想道德建设、文体娱乐活动、知识技能普及于一体的农村文化综合体。实践中坚持因地制宜、分类推进、彰显特色，整合行政村现有文化设施，通过新建、改建、扩建等方式，建成集思想道德建设、文体娱乐活动、知识技能普及于一体的农村文化综合体，着力打造新时期农民群众的精神家园。

2. 农村文化礼堂的组织保障和制度体系

在组织保障体系上，省里专门成立了由省委宣传部、文化厅、农办、财政厅、建设厅等20个部门负责人组成的工作领导小组，各级成立了相应的领导小组，许多县（市、区）还建立了党政领导联系文化礼堂创建村制度。明确要求村党组织或村委会确定一名村干部负责文化礼堂工作，配备文化礼堂专（兼）职管理人员。

在制度体系上，2013年，浙江省委办公厅、省政府办公厅联合下发《关于推进农村文化礼堂建设的意见》，对文化礼堂的工作目标、基本原则、主要任务等做出具体规定。省委宣传部等部门先后下发《关于成立浙江省农村文化礼堂建设工作专家指导团的通知》和《关于加强农村文化礼堂工作指导员管理员志愿者队伍建设的通知》。为推进文化礼堂建设的规范化和标准化，省委宣传部组织专家学者和相关人员编写《文化礼堂操作手册》，重点明确文化礼堂设施建设、展陈设置等方面的标准和要求，特别是对礼仪活动提出了较为规范的流程。

为保障文化礼堂的建设经费，省委宣传部、省财政厅下发《浙江省农村文化礼堂建设先进县（市、区）评定奖补办法》，2013年省财政安排3000万元，2014年起增加到5000万元，通过以奖代补的形式扶持文化礼堂建设。省委宣传部每年划出3000万元对相对欠发达地区文化礼堂进行补助，省文化厅从工作经费中加大对文化礼堂的倾斜力度。各市、县（市、区）都落实几百万至上千万元的财政专项资金扶持文化礼堂建设，调动各行政村建设文化礼堂的积极性。

3. 农村文化礼堂的设施载体和内容载体

农村文化礼堂坚持以设施建设为基础、以内容建设为核心，其主要工作大致包括以下方面。

（1）统筹建好场所设施。场所设施包括：有一定规模的礼堂，配有舞台，满足农民群众举办文化节庆、文化仪式、文体活动以及村民议事集会等功能需求；有面向农民群众进行思想道德教育，形势政策宣讲，文明礼仪、科学和法律知识普及，生产技能和健身培训等的讲堂；按照国家、省里有关要求，有完备的文化活动室、农家书屋、广播室、“春泥计划”活动室、群众体育活动设施、文化信息资源共享工程基层网点等文体活动场所。鼓励有条件的县（市、区）同步建设网上文化礼堂。

（2）合理设置展示展览。以图片、文字、实物等展览展示村史村情、乡风民俗、崇德尚贤、时事政策等内容。村史村情主要展示历史沿革、文化遗存、先贤故事、物产特产、重大事件活动；乡风民俗主要展示村规民约和积极健康的家训、族训、家谱、族谱以及非物质文化遗产；崇德尚贤主要展示新中国成立以来历任村党组织、村民委员会负责人的业绩，本村各类最美人物、道德模范、优秀学子、成功人士及善行义举；在时事政策方面，宣传展示最新的形势政策，上级党委、政府重大决策部署和本村大事要事。

（3）精心组织文化礼仪活动。举办“我们的节日”等形式多样的文化礼仪活动，吸引农民群众广泛参与，增强农民群众对文化礼堂的亲近感、认同感和归属感。重点开展春节祈福迎新、儿童开蒙、重阳敬老、庆祝国庆活动、成人仪式等文化礼仪活动。定期开展以党的理论和形势政策、思想道德、科学知识、法律常识、健康生活等为主题的各类宣讲和文体娱乐活动。

（4）建立健全工作队伍。明确一名村干部分工负责文化礼堂工作，配备文化礼堂专（兼）职管理人员，落实宣讲人员，建立各种形式的业余文艺团队，组建文化志愿者队伍，发挥农村老年协会等各类组织在文化礼堂管理和服务中的作用。有的还探索建立文化礼堂理事会等加强管理。

三　农村文化礼堂建设的成效和意义

目前，浙江已经逐渐形成文化礼堂得民心、顺民意、暖人心的广泛共识，农民群众对文化礼堂的认可度越来越高，各地从“要我建”到“我要建”，村民从“要我来”到“我要来”，逐渐集聚起日常生活中的村庄归属感。

分析浙江农村文化礼堂建设的过程、做法和成效，我们从中观察到党和政府在工作理念、方法和路径上的许多新鲜元素，感受到这项工作所体现的具有示范价值的意义。

1. 切中时代之需

农村文化礼堂建设，就其根源而言，在很大程度上与中国传统农耕文明具有内在的深刻关联。源远流长、内涵丰富、特征鲜明的中国古代文明传统，筑基于农耕文化，执守宗法名教，依凭伦理亲情，遵循经验习得，注重礼制教化。乡村文化是其中的重要组成部分，形成了勤勉坚韧、吃苦耐劳、中庸平和、安分守己、重情讲义、敬畏自然等特征，维系了绵延不绝的中华文化传统。近代以来，社会变革对乡村文明产生巨大影响，宗法制和族长消亡、耕作技术改良促进生产方式改变、物质丰富带来生活方式变化、外力进入带来乡村社会形态和社会关系变革、人口流动打破村庄封闭格局形成多姓杂居等等，都不断打破、消解着乡村旧有的秩序和规则。置身于激变中的农民群众，深感以往的思想观念、老旧的经验方法、固守的社会秩序、熟悉的行为准则，都处于不断分崩离析之中，困惑与迷茫在所难免。物质层面的变化容易适应，而精神层面的困境往往难以打破。游荡的灵魂需要安家，情感的寄寓需要引导，村民们足可依凭、归属的新型精神世界亟待建立；而如何重建新规则、新秩序，更是乡村文明自我更新发展的内在诉求。

定位于农民“精神家园”、乡村“精神文化地标”的文化礼堂，正是切中了这样的时代之需、社会之需和农民群众的生活之需、精神之需，加之其观念的旗帜鲜明，内容的丰富生动，形式的活泼多样，风格的本土化、内在化和生活化，故而受到乡村群众的热烈欢迎和热情参与。

2. 构建精神家园

浙江农村文化礼堂的最大突破，是在以往文化阵地单纯的文化娱乐的基础上，以“精神家园”的定位做了性质、功能的提升。农村基层文化生活是接续中华文化文脉的根基所在，广大农民群众是中华民族共同精神家园中最为主要的成员，文化礼堂作为农村精神文化生活的综合性服务平台，义不容辞地担负着构建全体村民的有凝聚力、向心力、归属感的精神家园和乡村公共生活的精神文化地标的重任。

鉴于这样的定位，浙江从建设之初起，就不断思考探索农民“精神家园”的建设路径，又相继提出了“从文化礼堂到礼堂文化”的工作理念和目标，主要包括着力打造红色阵地，强化阵地意识，凸显红色主线；着力弘扬社会主义核心价值观，突出“最美”元素、文明元素、现代元素；传承优秀传统文化，重村落文化、乡贤文化、礼仪养成；着力突出群众主体地位，坚持走群众路线，让群众受益、创造、管理；着力强化品牌规范，体现“精神家园”定位的品牌文化，规范硬件设施、工作机制、运行管理。

建设精神家园，简单通俗地说，就是一个聚拢人心、构建共同价值观的工作，它十分具体地表现在对父母、对家庭、对家乡、对祖国的情感依恋、精神寄托，并在此基础上升华出民族情怀、文化认同和共同价值观。情感的凝聚、文化的积淀、价值观的形成，都是“时间的养成”，形成于长期的陶冶历练和潜移默化中。从文化礼堂到礼堂文化的理念，体现了建设者基于实践之上的认识深化，一方面更加坚持文化礼堂的精神家园定位，着力弘扬社会主义核心价值观，以“最美”元素、文明元素、现代元素引领村民的文化生活，充实他们的精神世界；另一方面则更加注重接续乡村传统文脉、尊重农民主体地位、对接实际工作、注重教化养成，将社会主义核心价值观落细落小落实于日常生活之中。因为建设精神家园，既是宏大的伟业，也是我们身边聚沙成塔的实际事务。

从实际进展来看，建设者们注重把握由表及里、由浅入深的渐进式推进节奏，从唱歌跳舞、观看表演的文娱活动，到涵养民间生活规范的礼仪活动，逐渐向更高层次的构建基层社会公序良俗、充实丰富村民精神世界推进。目前在文化礼堂蓬勃开展的各种健康向上的文娱、民俗、民艺、礼仪、“好家风”等活动，均体现了日常生活养成的理念和路径，日益紧密地将村民和文化、礼堂扭结在一起。

我们切不可小看这些民间日常活动的深刻意义。联合国教科文组织1989年出台的《保护民间创作建议案》认为：“民间创作（或传统的民间文化）是指来自某一文化社区的全部创作，这些创作以传统为依据、由某一群体或一些个体所表达并被认为是符合社会期望的作为其文化和社会特性的表达形式；其准则和价值通过模仿或其他方式口头相传。它的形式包括：语言、文学、音乐、舞蹈、游戏、神话、礼仪、习惯、手工艺、建筑术及其他艺术。”[①] 民间文化活动乃是一座饱含深情、期望、准则和价值的“深海”，积淀着民间大众牢固深厚的文化认同、价值判断和精神取向，形塑着我们的行为规范，是维系共同体精神家园的重要纽带。

3. 重建公共空间

太湖之滨的长兴县滨湖村，夏日里的文化礼堂华灯初上，为村民开启了文化夜生活：电影开播、排舞登场、村民登上舞台清唱越剧，引来阵阵喝彩。村支书史水良说，平时大家办厂经商各忙各的，自从建了文化礼堂，大家又有了聚在一起的机会和理由。这个机会和理由，就来自文化礼堂构建的公共空间。

公共空间的概念，可有多重理解。它是有规划地加以建设的城市室外公共空间，包括街道、广场、公园、场馆、场所；也是教堂、寺庙、宗祠、庙会等人们熟知和使用的传统公共空间；网络时代，网上论坛、博客、微博等等，则是新型的、更为开放的公共空间。在政府文化工作中，公共空间则容易使人理解成公共文化服务体系中的公共设施建设，比如美术馆、博物馆、图书馆等。

村庄是有机的社区聚落，集聚着各种人际关系和社会交往，由此构成村落公共空间。农村文化礼堂具有社会学意义上的“公共空间”性质，不仅为村民提供互助合作的平台，更重要的是塑造公共精神和共同价值观。“在广大农村，村民与村民之间、村民与干部之间，比较喜欢面对面的沟通交流。农村文化礼堂正是创造了这样一个公共空间，我们一定要利用好，持之以恒地开展宣传教育。”[②]

文化礼堂设置的“村史廊”“民风廊”和“孝悌榜”“寿星榜”“贡献

---

① 乌丙安：《非物质文化遗产的界定和认定的若干理论与实践问题》，《河南教育学院学报》（哲学社会科学版）2007 年第 1 期。

② 葛慧君：《在全省农村文化礼堂建设工作现场会上的讲话》，2014 年 3 月 21 日，http://whzt.zjcnt.com/201405_whlt/9160.htm。

榜”等，为村里的革命烈士、劳动模范、孝子贤媳、老寿星、贤能才俊等列名，将村庄以往的共同历史记忆和良风美俗作大众化的呈现，就是一种公共性的交流、互动，以此唤起村落共同体的情感归属和崇德向善的价值认同。再如文化礼堂开展的礼仪活动，重点不在个人的文明礼貌，而是新型公共礼仪的重建，强调的是公共生活规范的培育，旨在现代社会秩序的构建，为村民（特别是党员干部和普通群众之间）提供更多充分沟通、密切交往、紧密联系的空间和机会，建立起互相熟悉、互怀敬意和互感亲切的乡里情谊，打下构建共同精神家园的生活化基础。

4. 接续乡村文脉

优秀传统文化是文化礼堂的重要建设资源，文化礼堂则提供了大量开展优秀传统文化传承活动的平台和机会。浙江十分重视运用优秀传统文化充实礼堂内容、拉近与村民的情感距离。例如通过举办形式多样的富有传统色彩的文化节庆礼仪活动，吸引农民群众广泛参与，增强亲近感、认同感和归属感。

浙江省委宣传部多次邀请专家学者研讨论证如何运用优秀中华文化和浙江特色历史资源服务文化礼堂建设，先后举办“传统文化与文化礼堂建设”“传统礼仪民俗与文化礼堂礼仪活动”等讲座，立项“从中国传统文化变迁看农村文化礼堂建设”等课题开展理论研讨。浙江各地在建设文化礼堂时，充分利用农村传统文化资源，精心组织利用，重视特色个性，力求一村一品，多有创新之举。例如城郊结合的杭州市滨江区通过展示村庄传统文化，帮助即将成为城市居民的村民留住乡村记忆和文化根源；地处山区的淳安县通过文化礼堂制作“家训卡”和“祖训墙”，继承地方传统美德；舟山市定海区结合海洋文化特色，充分展示渔俗文化；嘉兴市嘉善县把文化礼堂建设与传承“善文化”地方基因相结合；金华市兰溪、浦江等地把文化礼堂建设与古村落保护有机结合；湖州市安吉县尚书干村已举行成人礼专场30余场，文化礼堂成为县内外30所学校的礼仪传承基地。

乡村是中华文化的发源地和重要的传承地，它孕育了乡土中国。来自乡村文脉的元素和信息，对中国人具有天然的亲近感和吸引力。文化礼堂以其优秀资源为建设资本，切中了农民群众的情感肯綮，也唤醒了城市居民的原乡意识，为文化礼堂带来持续发展的活力源泉。

5. 贴近农民需求

“怎么样才能把‘文明’的种子种进农民的心田里？一条成功的经验告诉我们：文明的引领，必定是一种基于对农村和农民的理解、尊重之上的引领，应该源于这块土地上的人和事，应该伴有浓浓的泥土芳香。只有在潜移默化的熏陶中，农村的文明程度才能一步步提升上来。”[①] 理解、尊重农村和农民，注重潜移默化的熏陶，是浙江建设文化礼堂方法和路径上的两大认知，体现了政府工作理念的平民化姿态和专业化水平。

在临安市委办公室、市政府办公室所发《临安市村级“文化礼堂”建设方案》提出的四条“建设原则”中，有两条与农民有关：一是要求“贴近农民，贴近生活”，一是要求“集聚民智，突出主体”。在文化礼堂建设中，临安各村也都能汲取民智、听取民意。例如锦城街道的横街村等 4 个村，公示文化礼堂建设方案，由村民投票决定。

礼仪活动是文化礼堂的重要内容和醒目亮点，它的成功开展，就在于村民的热情参与和积极创新。村民们不但创建了村干部集体就职、新兵入伍壮行等新礼，也传承了有如富阳龙门镇 30 岁成家立业、桐庐石阜村 50 岁同年人贺等传统礼仪。这些礼仪活动不是官方布置的任务、上级要求的工作、例行应付的公事，而是源自民间原有的礼仪传统、生发自村民的日常生活和精神需求，具有内生性的原发基础，体现了村民参与文化礼堂建设和活动的热情、自主创造的能力。这种热情和能力，一旦得到尊重、激发和激励，足以形成乡村生活的内在活力，孕育出一片绿意葱茏的精神天地。

① 葛慧君：《在全省农村文化礼堂建设工作现场会上的讲话》，2014 年 3 月 21 日，http://whzt.zjcnt.com/201405_whlt/9160.htm。

第四章
加快推进公共文化服务体系建设

党的十八大报告指出，要“加强重大公共文化工程和文化项目建设，完善公共文化服务体系，提高服务效能”。党的十八届三中全会《关于全面深化改革若干重大问题的决定》强调，要“建立公共文化服务体系建设协调机制，统筹服务设施网络建设，促进基本公共文化服务标准化、均等化。建立群众评价和反馈机制，推动文化惠民项目与群众文化需求有效对接”。在担任浙江省委书记期间，习近平同志从落实中央对浙江提出的“走在前列”总体要求出发，担负起了为发展中国特色社会主义文化先行探索的重大责任，在率领全省干部群众加快建设文化大省的实践过程中，对大力发展公益性文化事业问题进行了全面深入的探索和战略思考。自从实施“八八战略”以来，浙江省逐步加大公共文化服务投入，从整合资源、完善服务网络、创新服务机制、增加服务手段、丰富活动形式等方面入手，积极尝试创新公共文化服务内容和方式，满足人民群众文化需求。与此同时，全省各级党委、政府积极转变和创新投入方式、管理办法和运作机制，探索市场经济条件下公共文化服务体系建设规律，形成更优的公共文化服务治理结构，提高公共文化产品和服务的供给效率。浙江省的这些成功实践，不仅有效地改善了文化民生，而且也预示了市场经济大背景下中国公共文化服务发展的方向。

第一节　实施“八八战略”以来公共文化服务理论和实践的发展历程

实施“八八战略”以来，国内外大环境的深刻变化，迫切要求浙江省必须根据经济社会总体发展战略的变化，及时调整和更新文化发展战略。与此同时，浙江经济社会发展进入了一个新的历史阶段，社会主义市场经济由形成期走向成熟期，经济社会发展由自发追求以GDP增长为主发展到自觉践行科学发展观的历史时期。践行科学发展观，一方面必须切实提高人民的物质生活水平，同时另一方面必须有效满足人民群众的文化需求。这就要求浙江以“干在实处，走在前列”的精神来谋划公共文化服务体系建设，创新公共文化服务体系建设投入和运行机制，加强公共文化服务的有效供给，全面提升城乡人民群众的文化生活品质。

一　以文化体制改革释放公共文化服务发展活力

一个覆盖全社会的比较完备的公共文化服务体系的形成，总是与市场经济的孕育和发展、“优势”和“失灵”的显现相伴随的。在计划经济时期，我国文化产品和服务几乎全部被纳入传统“文化事业”发展模式之中，以政府“大包大揽”的方式提供，文化服务职能主要由“文化事业”单位承担，不区分“公益性文化事业”和“经营性文化产业”。市场取向的改革，必然对这种传统模式产生冲击。作为一个先发省份，浙江不仅先于全国多数省份遇到了市场经济条件下重构文化发展模式的重大挑战，而且也面临着领先于全国打破传统大包大揽式文化发展模式的特殊机遇。在世纪之交，随着建设文化大省战略的实施，浙江在全国率先把“公益性文化事业”和“文化产业”从传统的“文化事业”发展模式中剥离出来，并实行分类指导、分类发展的原则。然而，这仅仅意味着文化发展模式创新开始破题。传统公益性事业发展模式的主要弊端是：供给渠道单一，保障水平不高，项目范围狭窄，享有对象规模有限，资金缺口大且利用率低，供给效率低等。市场经济大背景下公共文化服务发展方式的创新和重构，迫切需要理论和指导思想上有更重大的突破。

在省委开始实施“八八战略”的同一年，即2003年的6月，浙江被确定为全国文化体制改革综合试点省。在领导文化体制改革综合试点工作的过程中，中共浙江省委书记习近平深入全面地阐述了关于抓好公益性文化事业改革和发展的战略思想。2003 年 7 月，在文化体制改革和文化大省建设座谈会上，习近平同志围绕“不断增强活力”这一目标，从“增加投入”“转换机制”“改善服务”三个方面阐述了公益性文化事业改革和发展的重点。“增加投入，就是以各级政府为主导，鼓励社会捐助，增加对博物馆、文化馆、图书馆、美术馆等文化基础设施的投入，增加对社区和居民小区配套文化设施建设的投入，增加对乡镇文化站和村文化室等农村文化阵地建设的投入。同时要重视重大文化设施建设的布局规划，注意不要过度超前、重复建设，造成资源浪费。”“转换机制，就是通过深化文化单位内部干部、人事和分配三项制度改革，抓紧形成人员能进能出、干部能上能下、收入能高能低的企业化管理模式，增强发展活力。”“改善服务，就是要引导和鼓励文化事业单位采取多种形式面向群众、面向市场，充分运用市场机制提高为广大人民群众服务的水平。”① 这就为公益性文化事业的改革和发展明确了方向、任务和途径。

2003 年 8 月，《浙江省文化体制改革综合试点总体方案》出台，以此为标志，综合试点工作全面铺开。这个方案不仅把“较强实力”“活力”“竞争力”等修饰词加之于文化产业主体，而且也将其加之于公益性文化事业主体，强调“要以改革的思路，加大政府投入，吸纳社会资金，加快建设西湖文化广场、浙江美术馆、浙江科技馆、浙江自然博物馆、杭州大剧院、宁波大剧院等一批投资规模较大、技术先进、功能完备的重点文化设施。创新文化设施经营模式，通过市场机制运作，使之成为具有面向市场自我发展能力的经营主体”。这一方面表明，解决浙江公益性文化事业发展效率问题，已经被异乎寻常地突显了出来；另一方面，文化体制改革试点工作的推进，也为创新公益性文化事业发展模式、提高发展效率，创造了重要机遇。

首先，市场经济条件下创新公益性文化事业发展模式，离不开党委和政府宏观文化管理模式的重构。长期以来，我国形成了中央政府按照各部门、系统分头管理，地方政府按照行政区域分级管理，即“条条、块块”的文

① 习近平：《干在实处　走在前列——推进浙江新发展的思考与实践》，中共中央党校出版社，2006，第 326 页。

化行政管理体制。过于细密的多头管理造成了职能交叉、政出多门以及“越位”“缺位”“错位”等现象，导致机构效能的低下，给文化发展造成了障碍。改革开放以来，尽管一再提出文化体制改革任务，也进行了不少相关的探索和实践，但无论是公益性文化事业还是经营性文化产业仍然存在垄断过度，市场经济对文化发展的作用发挥不足，社会力量办文化的渠道不畅等问题。

在2003年7月文化体制改革和文化大省建设座谈会上，习近平同志明确地指出，文化具有鲜明的意识形态属性。因此，“文化体制改革，必须充分考虑我国国情，着眼于管住方向，管活机制，管出效益，管好质量”。他强调，要把管理重心放在社会管理和市场监管上，管导向、管原则，管规划、管布局，管市场、管秩序，重点做好规划、协调、服务、监督和优化发展环境等方面的工作。他要求文化主管部门要切实转变职能，正确处理“有为”和“无为”的关系，不断改进、完善领导方法和管理方式，把更多的精力放到调动积极因素、调节利益关系、调整行为规范上来，“逐步实现由办文化向管文化转变，由管微观向管宏观转变，由主要面对直属单位转为面向全社会，实行政企分开、政事分开。要综合运用法律、经济和行政手段，发挥经济政策杠杆作用，改善宏观调控体系，加快建立党委领导、调控适度、运行有序、促进发展的宏观管理体制”①。这就明确了宏观文化管理体制改革的根本方向、基本思路和目标，即构建“党委领导、政府管理、行业自律、企事业单位依法运行”的新体制，也明确了市场经济大背景下文化管理体制改革的基本原则：市场能做的，让市场发挥资源配置的基础性作用；市场失灵的领域，则在党委领导下由政府发挥其应有的作用。

在综合试点过程中，浙江省把进一步解决政事不分、政企不分、事企不分等问题，作为一项十分重要的改革任务，力求探索出适应发展需要的新的管理体制和运行机制，逐步形成“党委领导、政府管理、行业自律、企事业单位依法运行”的宏观文化管理新模式。这就为探索构建市场经济条件下

---

① 习近平：《干在实处　走在前列——推进浙江新发展的思考与实践》，中共中央党校出版社，2006，第328页。

新型公益性文化事业发展模式，营造了有利的宏观体制机制环境。

同时，市场经济条件下创新公益性文化事业发展模式，也离不开微观文化主体的重塑。改革开放以来，尽管经历了多次的“调整”和“改革”，但文化事业单位依然存在着许多突出的问题。公益性文化事业单位内部管理体制、用人制度、分配制度等不完善，改革政策不配套，平均主义、“大锅饭”陋习根深蒂固，富余人员特别是“老人”安置困难等问题仍然突出。在改革过程中，一些部门和单位更多考虑的是解决财政与投资问题以及减少政府管理职能等，而对于改革后可能存在的公共责任空白考虑不足，导致改善文化民生责任缺位。正因如此，中央对综合试点地区微观层面的文化体制改革也提出了具体意见，明确改革的中心环节是改造作为微观主体的文化事业单位。与这一要求相一致，浙江省把所有的文化机构都视为市场主体，并以此为出发点，探索政府和市场相结合的文化产品生产和供给的多种方式，着力于打造“四个一批”主体，其中既有经营性文化单位，也有公益性文化事业单位。针对不同类型的文化主体实施“转企改制”“新闻媒体宣传业务和经营业务两分开、两加强”“深化文艺院团改革”“打造国有文化集团”，以及“引导民营文化产业”等改革措施。

浙江省以“创新体制、转换机制、面向市场、增强活力”十六字规定了经营性国有文化单位的改革方向，并要求按照分类分步和“单位性质要转变、劳动关系要转换、产权结构要转型”的原则，实现转企改制。与此相对，浙江省以“增加投入、转换机制、增强活力、改善服务”十六字规定了公益性国有文化单位的改革方向，在世纪之初已经开始的“劳动、人事、分配三项制度改革”基础上，继续深化用人、分配、激励等内部管理体制和运行机制改革，全面实行全员聘任制、干部聘任制，探索实行人事代理制、签约制、劳动合同制等多种用人方式，拓宽发展渠道，提高服务水平，更广泛、更有效地为公众服务。显然，经过改革以后的这种公益性微观文化主体，已经接近于“治理”理念下的公益性文化事业。

自从被确定为全国文化体制改革综合试点省以来，浙江文化体制改革在宏观和微观两个层面上都取得了突破性进展。同时，浙江省建立公益性文化事业领域政府、构建市场和社会力量之间的新型伙伴关系的内外条件逐步具备，以全新的理念创新和重构公益性文化事业的发展模式，已经成为一件水到渠成、瓜熟蒂落的事情。

二　加快提高公共文化服务能力

实施“八八战略”以来，浙江经济发展进入了一个新的历史阶段。2004 年，浙江成为全国第四个生产总值突破万亿元的省份。2005 年，全省城镇居民人均可支配收入和农民人均纯收入分别达到 16294 元和 6660 元，相当于全国平均水平的 1.55 倍和 2 倍。同年，浙江成为全国第一个人均 GDP 超过 3000 美元的省份，以这一指标衡量，浙江经济发展进程大约比全国超前 10 年或更长。经济社会的快速发展，必然要求浙江省先于全国加快形成城乡区域公共文化服务体系建设的一体化格局，创新公共文化服务体系投入和管理模式，丰富公共文化服务的内容和方式，加强公共文化服务的有效供给，实现基本公共文化服务均等化，全面改善城乡文化民生，实现“文化惠民”。

2004 年，国家发改委颁布《关于 2004 年经济体制改革的意见》，提出要“深化公益性文化事业单位劳动人事、收入分配和社会保障制度改革。建立健全公共文化服务体系”。其中，首次出现了“公共文化服务体系”这个新的概念。2005 年 10 月召开的党的十六届五中全会进一步提出了以“逐步形成覆盖全社会的”“比较完备的”为定语的有关“公共文化服务体系”的新理念，明确强调要“积极发展文化事业和文化产业，加大政府对文化事业的投入，逐步形成覆盖全社会的比较完备的公共文化服务体系”。正是在这一大背景下，2005 年 7 月，距离党的十六届五中全会召开还有 3 个月的时间，中共浙江省委十一届八次会议通过《中共浙江省委关于加快建设文化大省的决定》，第一次明确地用“社会公共服务”“公共文化服务体系”等新词语来构建有关“公益性文化事业”的表述框架。“提高社会公共服务能力”与“增强先进文化的凝聚力”、“解放和发展文化生产力”并举，被当作加快建设文化大省的三个着力点之一。加快建设公共文化服务体系问题，已经被提升到关乎加快建设文化大省全局的地位并受到了前所未有的重视。

有学者认为，2005 年出台的浙江省委第二个有关建设文化大省的纲领性文件，与 2000 年出台的浙江省委有关建设文化大省的第一个纲领性文件[①]相比，虽然在内容上都强调了经营性文化产业和公益性文化事业两个方面，但仔细分析可以看出，第二个纲领性文件，“在某种程度上意味着文化大省建设的重心从发展文化产业转向发展文化产业与建设公共文化服务体系并举。这说明，浙江省在文化体制改革的推动下，文化产业部门的改革已经得到了较好的实施，产业潜力已经得到了较大程度的释放，人民群众市场化的文化消费需求得到了较大程度的满足，开始向公共文化产品需求提升”[②]。显然，这一说法具有相当程度的合理性。在第一个有关建设文化大省的纲领性文件中，在十个部分中以两个部分的篇幅分别阐述了“繁荣文化事业”和“发展文化产业”，这是因为省委首次提出“建设文化大省”战略，就是与“发展文化产业”战略并举的（即“发展文化产业，建设文化大省”）。不仅如此，第一个纲领性文件，也是把“发展文化产业”作为建设文化大省的“突破口”和“重要标志”来进行布局和部署的。2002 年召开的全省文化工作会议则把“发展文化经济”作为主题，而文化产业作为文化经济化的产物，自然而然地成为其中两个方面（经济文化化、文化经济化）的内容之一。同时，紧随第一个纲领性文件之后出台的省委、省政府两个《意见》[③]，也体现了对发展文化产业的倚重。虽然前一个《意见》主要针对“公益性文化事业”和“文化产业”，但后一个《意见》则几乎是专门针对“文化产业”的。

再来看第二个纲领性文件《中共浙江省委关于加快建设文化大省的决

① 第一个有关建设文化大省的文件是指 2000 年出台的《浙江省建设文化大省纲要（2001 ~ 2020 年）》；第二个有关文化大省建设的文件是指 2005 年出台的《中共浙江省委关于加快建设文化大省的决定》。

② 张晓明：《文化体制改革：解放和发展文化生产力的关键》，载李景源、张晓明主编《浙江经验与中国发展（文化卷）》，社会科学文献出版社，2007，第 135 页。

③ 指 2001 年的《关于建设文化大省若干文化经济政策的意见》和 2002 年的《中共浙江省委浙江省人民政府关于深化文化体制改革　加快文化产业发展的若干意见》。

定》。这个文件关于加快建设文化大省战略任务的核心内容，可以被归纳为"三个着力点""八项工程"和"四个强省"[①]。在三个着力点中，"增强先进文化的凝聚力"和"提高社会公共服务能力"都与建设公共文化服务体系直接相关，而"解放和发展文化生产力"既包括解放和发展文化产业生产力，也包括解放和发展"公益性文化事业"生产力。如有学者说，"'解放和发展文化生产力'包含了两层内容：'解放文化生产力'是针对文化产业，'发展文化生产力'是针对文化事业。前者指向被原有体制束缚的国有经营性文化单位，后者则指向公益性文化事业单位"[②]。尤其值得一提的是，作为加快建设文化大省核心内容的"八项工程"，除了"文化产业促进工程"以外，其他七项工程都可以归入"公共文化服务体系"建设范畴。在这个纲领性文件中，浙江省"覆盖全社会的比较完备的公共文化服务体系"蓝图首次得到了比较清晰的呈现。

更值得关注的是，由于有了全省各地创新性实践的基础，以及逐步积累的丰富实践经验，因此，关于建设文化大省的第二个纲领性文件，也以更准确的文字表述了市场经济发展、政府职能转变、民间社会力量兴起背景下公共文化服务体系建设的新理念和新方式，即"充分发挥公共财政的支撑作用，探索形成政府主导、社会参与、市场运作的公共事业发展新格局"。

自第二个纲领性文件出台以来，加快建设公共文化服务体系的理念和战略，在浙江省文化管理部门以及杭州、宁波、温州、嘉兴、湖州、绍兴、台州、金华、舟山、衢州、丽水等市（地）党委和政府制定的相关文件以及实践中，被进一步明晰和具体化。其中，杭州市在加快公共文化服务体系建设实践方面走在了全省的前列，2007 年 11 月，杭州市出台了《杭州市公共文化服务体系建设规划（2008～2010 年）》，这是杭州市也是浙江省内出台

① 即"教育强省、科技强省、卫生强省、体育强省"，自从中央提出经济、政治、文化、社会"四位一体"建设总布局以来，"四个强省"中的相当一部分内容已经被纳入社会建设范围。

② 张晓明：《文化体制改革：解放和发展文化生产力的关键》，载李景源、张晓明主编《浙江经验与中国发展（文化卷）》，社会科学文献出版社，2007，第 135 页。

的第一个有关公共文化服务体系建设的专项规划。它的出台，不仅标志着杭州市已经产生了保障城乡居民基本文化权益、满足公众基本公共文化服务需求意识的自觉，也标志着以杭州市为代表的全省各级地方党委和政府已经从健全公共文化服务设施网络、提高公共文化产品供给能力、丰富公共文化服务内容、打造公共文化服务品牌等入手，开始有步骤地通盘考虑和布局公共文化服务体系建设。这个规划的突出亮点，具体体现在以下两个方面：一是描绘了与加快建设“一名城、四强市”和“生活品质之城”相适应的公共文化服务体系建设新蓝图，明确了今后几年杭州公共文化服务体系建设的主要任务。二是关于“基本原则”的表述，充分地体现了市场经济大背景下公共文化服务体系建设的新理念和新方式。比如，“政府主导，社会参与”“统筹发展，资源共享”“面向基层，服务群众”“重在普及，着眼提高”“保障权益，多元发展”等。

实施“八八战略”以来，浙江省各级财政对公益性文化事业的资金投入力度逐年加大，从2001年的5.93亿元、2002年的8.48亿元，到2003年的8.92亿元、2004年的12.4亿元、2005年的14.88亿元、2006年的17.26亿元，年均增速达23.82%。“十五”期间，浙江省文化投入总量位居全国第二位，人均文化经费7.8元，居全国各省（自治区、直辖市）首位。“十一五”时期，全省文化投入力度进一步加大。2006年、2007年、2008年三年全省文化、文物事业费（指财政投入部分，含专项经费，不包括基本建设投资）为65.3亿元，较“十五”期末增加30.06亿元，增长了1.85倍。尤其值得一提的是，实施“八八战略”以来，浙江省加大了对农村的文化投入。2006年省级专项资金对农村文化投入达到8200万元，比“十五”期间每年投入的1500万元增加了4.5倍。从2007年起，省级专项资金对全省农村文化投入增加到每年10900万元。其中，农村文化设施建设即“两馆一站”建设专项资金达到了每年3800万元，主要用于全省欠发达地区农村文化设施建设。正是由于不断加大投入力度，全省开始逐步形成省、市、县三级（公益性）文化设施网络体系。至2006年底，全省建有县级以上公共图书馆92个，建筑面积45.3万平方米；群艺馆12个，县级文化馆87个，建筑面积26.6万平方米。县级文化馆和图书馆覆盖率分别达97%和87%。全省1525个乡镇中，有文化站建制的达1493个，覆盖率为97.9%；其中837个建有站舍，占比56.1%。439个乡镇（街道）创建了省级“浙江东海文化明珠”，占全部乡镇（街道）的29.34%。全省35061个行政村，建有村文化活动室的有19072个，覆盖率达到54.4%。与此同时，浙江省公共文化服务网络逐步完善，服务内容不断丰富，服务方式不断创新，服务手段不断增加。浙江城乡的公共文化设施建设和公共文化服务水平已经跃居全国前列。

三　加快形成覆盖全社会的公共文化服务体系

2007年8月，中共中央办公厅、国务院办公厅下发《关于加强公共文化服务体系建设的若干意见》，明确了公共文化服务体系建设的指导思想、目标任务、工作抓手及工作要求。党的十七大提出，要建设“覆盖全社会的公共文化服务体系”。中央的政策导向，为浙江加快推动公共文化服务体系建设带来了新的战略机遇。

党的十七大以来，浙江经济社会发展进入了更高的发展阶段。2008年，全省国民生产总值（GDP）达到21487亿元，人均GDP达到42214元，超过6000美元，比全国平均水平（约22698元、3268美元）高出86%，位列上海、北京、天津之后，居全国第四位、各省（自治区）第一位。这意味着浙江省公共财政更加宽裕，居民更加富裕，文化消费能力普遍提高。在这样的背景下，加快构建浙江公共文化服务体系，自然而然地被提到了更加重要的议事日程。2008年6月，省委工作会议通过有关建设文化大省的第三个纲领性文件《浙江省推动文化大发展大繁荣纲要》，进一步提升公共文化服务体系的重要地位，将其与社会主义核心价值体系、文化产业发展体系一起，当作浙江文化建设的三大体系。《纲要》不仅明确了浙江公共文化服务体系建设总体目标，即“公共文化服务体系进一步完善。率先建成覆盖全社会的、较为完善的公共文化服务体系，城乡、区域文化协调发展，公益性文化单位的公共文化服务水平显著提高，基本公共文化服务均等化逐步实现，人民群众看电视、听广播、读书看报、进行公共文化鉴赏、参加大众文化体育活动等基本文化权益得到保障，社会文化生活更加丰富”；而且也明确地阐述了公共文化服务体系建设的主要任务，即“增强公共文化产品的生产供给能力”“完善公共文化服务网络”“加强文化遗产保护和利用”。

尤其值得一提的是，《纲要》以相当大的篇幅较为系统地阐述了“创新公共文化服务方式”的内涵和途径，提出要通过政府采购、项目补贴等方式，提高重要公共文化产品、重大公共文化服务项目和公益性文化活动的服务效益。加大向基层尤其是低收入和特殊群体提供免费公共文化服务的力度，扩大重点党报党刊免费配送农村的范围。发挥浙江民营经济优势，积极引导社会力量以兴办文化俱乐部、赞助活动、免费提供设施等多种形式参与公共文化服务。支持民办公益性文化机构的发展，鼓励民间开办博物馆、图书馆等，促进公共文化服务方式的多元化、社会化。可以说，在这份有关建设文化大省的纲领性文件中，“免费”“低收费”“政府主导”“社会参与”“市场化运作”等原则得到了比较充分的阐述，以全新理念和方式加快推动浙江公共文化服务体系建设的思路，得到了相当清晰的表述。

2011 年，浙江人均 GDP 突破了 9000 美元，经济结构、社会结构、城乡结构、消费结构变革步伐显著加快，人民群众精神文化需求迅速增长，呈现出多方面、多层次、多样性等特点，对公共文化服务提出了更高要求，为公共文化服务体系建设注入了新动力。也正是在这个时候，2011 年 10 月，党的十七届六中全会提出了深化文化体制改革，推动文化大发展大繁荣的战略任务，把建设公共文化服务体系纳入建设社会主义文化强国总体布局中，“必须坚持政府主导，按照公益性、基本性、均等性、便利性的要求，加强文化基础设施建设，完善公共文化服务网络，让群众广泛享有免费或优惠的基本公共文化服务”。同年 11 月，中共浙江省委第十二届十次全会通过《关于贯彻十七届六中全会精神推进文化强省建设的决定》，把“着力构建公共文化服务体系”作为推进浙江文化强省建设六个方面的主要任务之一，并从“完善公共文化设施网络”“增强公共文化服务能力”“创新公共文化服务机制”“加强现代传播能力建设”“加强文化遗产传承和利用”五个方面，对建设文化强省背景下公共文化服务体系建设进行了新的部署。

这个有关建设文化强省的纲领性文件，再次以相当大的篇幅阐述了市场经济大背景下以全新理念和方式建设公共文化服务体系的思路。不仅强调“公益性文化事业单位、专业艺术团体、广播影视机构、出版企业和文联、社科联、作协等文化团体要充分发挥主体作用，为群众提供更多更好的公共文化产品”，“把主要公共文化产品和服务项目、公益性文化活动纳入公共财政经常性支出预算”，而且强调“要采取政府购买、项目补贴、贷款贴息、税收减免等政策措施，鼓励文化企业参与公共文化服务”；不仅强调“各级财政要确保足额经费投入，完善各级公共图书馆、博物馆、美术馆、文化馆、纪念馆等公共文化场馆的免费开放，逐步推进展览馆、科技馆、工人文化宫、青少年宫等免费开放”，而且强调要“发挥浙江民营经济优势，鼓励社会力量积极参与公益性文化建设，支持民办博物馆、艺术馆等民间文化机构的发展”。这些表述的关键点，就是要把政府权威与市场优势有机地组合在一起，实现公共文化服务从传统的单中心提供模式向多中心、多层次、协同合作的提供模式转变，形成供给项目多、对象广、模式优、效率高的治理结构，更好地满足公众的公共文化需求。

2013 年 10 月，党的十八届三中全会通过《关于全面深化改革若干重大问题的决定》，提出要“建立公共文化服务体系建设协调机制，统筹服务设施网络建设，促进基本公共文化服务标准化、均等化。建立群众评价和反馈机制，推动文化惠民项目与群众文化需求有效对接。整合基层宣传文化、党员教育、科学普及、体育健身等设施，建设综合性文化服务中心”。“明确不同文化事业单位功能定位，建立法人治理结构，完善绩效考核机制。推动公共图书馆、博物馆、文化馆、科技馆等组建理事会，吸纳有关方面代表、专业人士、各界群众参与管理。”“引入竞争机制，推动公共文化服务社会化发展。鼓励社会力量、社会资本参与公共文化服务体系建设，培育文化非营利组织。”这进一步明确了构建现代公共文化服务体系、创新公共文化服务发展体制机制的目标和任务。2013 年 11 月，中共浙江省委第十三届四次全会通过《关于认真学习贯彻党的十八届三中全会精神全面深化改革再创体制机制新优势的决定》，提出“建立公共文化服务体系建设协调机制，统筹服务设施网络建设，促进基本公共文化服务标准化、均等化”，“完善文化设施网络建管用机制，分类分层推进覆盖城乡的文化设施网络建设。实施基本公共文化服务提升计划，以农村和欠发达地区为重点继续推进重大文化惠民工程，推进群众性文化活动广泛开展。深入推进农村文化礼堂建设，着力打造农村精神家园”。更值得一提的是，《决定》再次明确了“鼓励社会力量、社会资本参与公共文化服务体系建设，培育文化非营利组织，推动公共文化服务社会化发展”，“创新公共文化服务机制，探索公共文化设施共建共享模式”。

《决定》不仅进一步明确了浙江省公共文化服务体系的方向和任务，而且也进一步阐明了从传统模式下政府对文化事业大包大揽的单一负责制，转向以政府保障为主，政府、企业、第三方、个人等多方参与的多元格局，是市场经济条件下公共文化服务体系建设的一个必然趋势。在市场经济大背景下，政府已经不再是垄断公共文化事务的唯一机构，政府有必要把大量公共文化事务让渡给各类社会主体，由各类社会主体承担大量政府“不该做”或“做不好”的事情，从而实现公共文化产品和服务从传统的单中心提供模式向多中心、多层次、协同合作的提供模式转变，提高公共文化服务体系建设效率，更好地满足公众的公共文化需求。

第二节 加大公共文化服务体系建设投入

21 世纪以来，尤其是实施“八八战略”以来，伴随着加快建设文化大省工作的推进，全省各级政府不仅逐步加大了对公共文化事业的投入，为建设一个能够覆盖全社会的比较完备的公共文化服务体系提供了坚实的物质基础，而且也逐步优化了公共文化服务投入结构，从而把政府有限的财力投入人民群众最迫切需要的公共文化服务上。

一 资金保障体系：公共文化服务的血脉

作为一种公共物品，公共文化服务具有明显的外部性特征，难以完全通过市场机制进行生产和供给，政府有必要运用财政手段弥补市场功能的不足。改革开放以来，中国政府公共财政中，用于公共服务的经费比例明显偏低；在公共服务支出中，以政府投资为主的经济性支出、以行政管理等支出为主的维护性支出所占比重过大，而以教育、文化、医疗卫生和社会保障为主的社会性支出却未得到较快增长。在中国社会性公共服务领域中，公共文化服务无疑是欠账更多的领域。此外，长期以来本应面向市场的经营性文化产业也依赖政府投入，不仅造成一些经营性国有文化单位长期游离于市场经济之外，竞争力薄弱，而且摊薄了原本就有限的公共财政资源，使公益性文化建设经费更加捉襟见肘。

像全国其他地区一样，公共文化事业一直是浙江经济社会发展中欠账较多的领域。虽然浙江经济增长迅猛，但在相当长的一段时期，文化投入并未随着经济快速发展而增加，浙江的公共文化事业建设曾一度大大落伍。据《1998～1999浙江经济社会发展蓝皮书》描述，“‘八五’期末，全省市级公共图书馆馆舍面积达到文化部标准的只有5个，占总数的45.5%；县级的只有30个，占总数的43.5%，其中‘有馆无舍’的5个，占总数的6.2%。全省文化馆馆舍面积达到文化部标准的只有8个。建筑面积在800平方米以下的有30个，其中有馆无舍的6个，占总数的7.2%。全省1939个文化站，建筑面积500平方米以上的仅363个，占总数的18.72%；另外还有1576个文化站面积不到500平方米，占总数的82.28%，它们基本上是在乡镇政府里与其他人员合用一间办公室。全省还有相当部分专业剧场是危房，一些剧团无房、‘宗教房’、‘祖宗房’也比较严重”[①]。这段时期内，一些地方和部门也曾不加区分地把所有文化单位推向市场，试图通过“以

① 杨建华、葛立成主编《1998～1999浙江经济社会发展蓝皮书》，中国国际广播出版社，1999，第200～201页。

文补文”“多业助文”等途径，开展“生产自救”。这些做法虽然减轻了财政负担，也为那些具有经营性质的国有文化机构面向市场、发展文化产业提供了机遇，但也带来了一些问题。尤其是，由于不加区分地鼓励所有文化机构实行有偿服务，使不少公益性文化事业单位很大程度上脱离了公益和公共性质，从而难以有效地把为人民服务、为社会主义服务真正落到实处。

2003 年 7 月，习近平同志在文化体制改革和文化大省建设座谈会上指出，“繁荣社会主义文化离不开国家的财政投入。文化体制改革是为了更好地发展文化，绝不是简单地理解为政府‘卸包袱’和经济上‘断奶’。总的原则是，政府要继续加大投入力度”①。这就明确了在市场经济大背景下，不能把公益性文化机构推向市场，“一推了之”，政府必须承担责任，加大对公益性文化事业的投入。2005 年 11 月，在浙江省文学艺术界联合会第六次代表大会上的讲话中，习近平强调，“要加大政府对文化事业的投入，逐步形成覆盖全社会的比较完备的公共文化服务体系”②。这就表明，政府的财政投入是公共文化服务体系建设的血脉。满足公共需要是公共财政“公共性”的基本要求，是公共财政的出发点和归宿。从历史来看，公共财政产生和发展的过程，本身就是公共财政不断满足社会公共需要的过程。在市场经济大背景下，公共财政是服务型政府矫正市场失衡、弥补市场功能不足的重要手段，因此政府更有必要加大对公共文化事业的投入。

二　加大政府对公共文化事业的投入

21 世纪以来，特别是实施“八八战略”以来，浙江省干部群众的文化意识逐渐觉醒，加大投入以改变公益性文化发展滞后于经济建设和经营性文化发展的现状，逐步建设一个能够覆盖浙江区域社会的公共文化服务体系，日渐成为浙江各级党委、政府的共识。与此同时，全省各地财政总收入进一

① 习近平：《干在实处　走在前列——推进浙江新发展的思考与实践》，中共中央党校出版社，2006，第 329 页。

② 习近平：《干在实处　走在前列——推进浙江新发展的思考与实践》，中共中央党校出版社，2006，第 336 页。

步提高，经济实力迅速增强，也为加大公共文化服务投入创造了条件。正是在这一背景下，浙江省对文化投入逐年增加，浙江经济发展优势开始逐步转化为文化发展的优势。

“十五”期间，浙江省各级财政对文化的投入总额以年均24.57%的速度增长，快于财政预算总支出的年增长速度，增长趋势明显，文化投入总额（不包括基本建设投资）达49.52亿元，较“九五”期间增加33.93亿元，增长了2.2倍。其中，仅2005年一年，文化投入总额就达14.28亿元，与“九五”期间5年文化投入总量基本持平。“十五”期间，浙江省各级财政对文化的投入总额占全省财政预算总支出的比重为1.08%，较“九五”时期也有稳步提高，上升了0.06个百分点；其中，2005年各级财政对文化的投入总额占全省财政预算总支出的比重为11.2%，较“九五”期末上升了0.11个百分点。2005年，全省各级财政对公共图书馆、群众文化馆、博物馆等公益性文化单位的投入总额达6.23亿元，占对文化投入总额的43.6%，较2004年增加1.07亿元，增加了2个百分点。2001~2005年，省财政还安排专项资金5亿元，用于浙江美术馆、科技馆和自然博物馆建设；每年安排文化事业专项补助经费5000万元，用于基层文化建设、民族民间艺术保护和扶持文化产业发展等；2001年文物保护专项补助经费为490万元，2004年增加到1500万元；广播电视“村村通”累计安排专项经费3400万元，全省共投入3.2亿元，消灭广播电视盲点自然村13030个。“十五”期间，浙江省文化投入的主要指标已经位居全国前列。与全国发达省份相比，浙江各级财政对文化事业的投入总量高于江苏、山东，位于广东之后，稳居全国第二；占财政预算总支出的比重以及人均文化事业费均高于江苏、山东、广东三省。其中，农村文化事业费投入总量以及占文化事业费的比重虽低于广东，但高于江苏、山东；按农村人口计算的农村人均文化事业费则为四省中最高。正是由于明显加大了投入，“十五”期间浙江公共文化设施建设得以稳步推进，“全省建有县级以上公共图书馆92个，建筑面积45.3万平方米；群艺馆12个、县级文化馆87个，建筑面积26.6万平方米；县级文化馆和图书馆覆盖率分别达97%和87%。全省1525个乡镇中，有文化站建制的达1493个，覆盖率为

97.9%；其中837个建有站舍，占有文化站建制的56%，439个乡镇（街道）创建了省级‘浙江东海文化明珠’，占全部乡镇（街道）的29.34%。全省35061个行政村，建有村文化活动室的有19072个，覆盖率达到56%”①。

进入“十一五”时期以来，浙江省各级财政文化投入总量较“十五”同期又有显著提高。据统计，2006～2008年全省文化、文物事业费（指财政投入部分，含专项经费，不包括基本建设投资）为65.3亿元，较“十五”期末增加30.06亿元，增长了85.3%；“十一五”前三年年均递增速度为23.04%，高于同期财政预算总支出年均递增速度0.37个百分点，占全省财政预算总支出比重也由2006年的1.17个百分点提升至2008年的1.18个百分点，基本与财政支出增速持平。2008～2011年，全省各级财政对文化（主要为狭义文化口径）投入经费共计135.16亿元，其中，文化事业费拨款97.62亿元，文物事业费拨款23.82亿元，其他拨款13.72亿元。全省各级财政文化经费投入分别为：2008年28.57亿元、2009年30.06亿元、2010年36.44亿元、2011年40.08亿元。浙江文化事业费占财政支出比重连续9年位居全国首位。同时，“十一五”时期，全省公共文化设施建筑面积总量相应得到稳步提高。全省建成县级以上文化广场、文化中心300余个，浙江自然博物馆新馆、浙江美术馆、浙江省博物馆武林馆区（浙江革命历史纪念馆）等省级大型设施先后建成，温州大剧院、湖州大剧院、杭州图书馆、宁波博物馆、丽水文化艺术中心、良渚博物院等一批上规模、上档次的现代化大型文化设施相继建成，初步构建了公共文化设施的主体框架。目前，全省城市中每10万人拥有公共文化服务机构数达0.95个。全省共有全国文化先进县27个，省级文化先进县42个，“浙江东海文化明珠”乡镇545个，省级文化示范村（社区）431个。全省共有艺术表演团体70个，群艺（文化）馆、文化站1612个，公共图书馆97个，博物馆100个，综合档案馆98个。2014年，浙江共出版报纸98种（报纸67种、教辅类报纸1种、高校校报30种），总印数33.74亿份，总印张147.95亿印张，定

① 王锋：《浙江乡村文化事业的发展及其启示》，《西安社会科学》2009年12月15日。

价总金额27.78亿元，总印数、总印张、总金额均居全国第二位；共出版期刊225种（其中社科类期刊47种，自然科学类期刊109种，高校学报类期刊32种，文学类、少儿类等其他期刊37种），总印数7765.12万册，总印张3.77亿印张，定价总金额5.60亿元，期刊平均期印数居全国第五位，其中少儿期刊平均期印数居第四位。2014年，浙江省78家广播电视播出机构共办有111套广播节目、117套电视节目，其中付费电视节目2套。共制作广播节目50万小时，播出广播节目74.97小时；制作电视节目15.63万小时，播出电视节目75.56万小时。2014年，浙江省共有影视节目制作机构1100多家，生产电影38部，已建成数字影院325家、1879多个放映厅，生产电视剧62部2717集，产量居全国第三位；共制作动画片51部25388分钟，其中获得发行许可的41部19020分钟，产量居全国第二位。浙江省共有有线电视用户1499.71万户，其中数字电视用户1442.62万户，全省城区已全面完成数字化发展任务，数字电视整体转换率、有线网络双向化改造率达到99%以上。建成“职工电子书屋”6000余家，拥有教学辅导、组织管理和技术服务三支骨干队伍5万余人。

进入21世纪以来，特别是实施“八八战略”以来，全省各级政府不断加大文化投入，使长期以来形成的文化建设滞后于经济发展的现象有了较大改变，公共文化服务体系建设的欠债问题从根本上得到了解决，主要指标开始跃居全国前列。2013年3月发布的《浙江省文化经费投入情况专项审计调查结果》得出结论：“十一五”期末浙江省“文化发展主要指标和综合实力在全国名列前茅”。这个结论也得到了2013年5月发布的教育部重点研究基地上海师范大学都市文化研究中心、上海高校都市文化E－研究院《2012年中国公共文化服务发展报告》的印证和支持。该报告显示，中国公共文化服务综合指数排在前三位的分别为广东、江苏、浙江，人均公共文化服务综合指数排在前三位的分别为上海、北京、浙江。

三　优化公共文化服务投入结构

长期以来，我国许多地方在公共投入上存在着不合理的现象：结构不科学，各种类投入的比例不合理；没有经过科学论证，由长官意志决定；公共投入的顺序有时发生颠倒错位，公共财政增长偏向大型基本建设，奢华性公共投入造成铺张浪费，一般性公共消费品则投入过少；公共服务建设存在较严重的城乡地区不平衡现象，对弱势社会群体和农村关注度不够，投入不足；政府行政成本过高，公务财政支出过大等。显然，解决公共投入不合理问题的一个关键点，就是如何明确投入重点、把政府的有限财政投入群众最迫切需要的公共服务上。另外，尽管改革开放以来我国经济发展迅猛，财政收入逐年提高，但由于公共服务永远是受预算制约的，而预算永远不可能充裕，所以从原则上说，合理的公共服务投入同样存在某种选择性，存在如何进行特定的优先排序问题。政府及其公共文化机构不可能大包大揽一切事务，只可能优先提供公共财政可以支持的基本公共文化服务。

中国县级、乡村和社区基层文化机构，本应是提供基本公共文化服务的基础，但长期以来由于投入不足，普遍存在基础设施条件差、服务能力弱等问题，一直是公共文化服务的短板。按照公平性原则，公共文化服务必须惠及全体人民，既要惠及城市和中心发达地区，也要惠及农村和边远落后地区，不应存在任何种族、身份以及区域、城乡等的歧视。这就意味着公共文化服务投入的重心必须下移，把更多财政资金投向薄弱领域，加大对重点支出项目的保障力度，向农村和经济落后地区倾斜，向困难地区、困难基层、困难群众倾斜，不断改善人民群众特别是弱势群体的文化生活条件，最终让全体人民共享文化发展成果。

实施“八八战略”以来，如何在加大公共文化投入的同时优化投入结构，逐步实现公共财政政策的转型，把更多资金投向公共文化服务的薄弱领域，也是一个摆在全省各级党委、政府面前的重大问题。改革开放以来，相当一段时期，浙江省不仅文化投入少，而且投入结构也存在严重的不平衡现象。在担任浙江省委书记期间，习近平同志指出：“我省城乡文化发展还不平衡，多数文化活动场所集中在县级以上城市，不少农村文化阵地存在缺设施、缺经费、缺人才、缺内容的情况，一些偏远农村至今无法收听收看广播电视节目，文化产品供给的有效性不高，农民群众的精神文化生活还比较贫乏。”[①] 从总体上看，经济相对发达的地区，文化基础设施建设相对较好；经济发展相对落后的地区，文化基础设施相对落后。浙东北好于浙西南，中心城市好于中小城镇，中小城镇好于农村，平原好于山区、海岛。特别是一些贫困县和边远山区、海岛，由于经济落后，基础设施又比较差，文化设施破旧简陋问题十分突出。

实施“八八战略”以来，特别是实施加快建设文化大省战略以来，优化文化投入结构被摆到了更加重要的议事日程。在担任浙江省委书记期间，习近平同志强调，“提高公共文化服务能力，着力点要放在公益性文化事业的发展上，放在基层特别是农村文化事业的发展上”[②]。“我们要充分体现城乡统筹、协调发展的要求，更多地考虑城乡文化的协调发展，无论是在文化设施布局、文化经费投向，还是文化生活安排、文化产品生产等方面，都要更多地向农村倾斜，努力使农村的文化环境有较大改善。”[③] 这就明确了浙江公益性文化事业发展的重点和着力点。2005 年颁布的《中共浙江省委关于加快建设文化大省的决定》强调，要“改革现有财政投入机制，调整优化投入结构，有效整合和优化配置各类文化资源，避免重复建设和浪费现象”。要求“各级文化行政部门和文化单位要相应制定各自领域的文化事业和文化产业发展专项规划，列出一批重点发展项目，引导投资方向，形成发展亮点”；“加大对欠发达地区和农村、社区等基层文化建设的投入。”2008 年 6 月出台的《浙江省推动文化大发展大繁荣纲要（2008～2012）》再次强调，要优化公共文化服务体系的投入结构，提高投入效率，“进一步加大财政投入向基层、农村特别是欠发达地区的倾斜力度，促进城乡和区域文化统筹协调发展”。

“十五”期间，全省各级财政投入农村文化建设 11.23 亿元，仅次于广

---

① 习近平：《干在实处　走在前列——推进浙江新发展的思考与实践》，中共中央党校出版社，2006，第 331 页。

② 习近平：《干在实处　走在前列——推进浙江新发展的思考与实践》，中共中央党校出版社，2006，第 330～331 页。

③ 习近平：《干在实处　走在前列——推进浙江新发展的思考与实践》，中共中央党校出版社，2006，第 331 页。

东的14.16亿元，居全国各省（自治区、直辖市）第二位；农村人均文化经费7.8元，居全国各省（自治区、直辖市）首位。全省对农村文化事业的投入逐年增长，2001年为1.44亿元，2005年达到2.96亿元，年均增长19.74%。“十五”期间，省财政累计安排用于基层文化设施建设的专项资金达6500万元，全省各地用于基层文化设施的配套资金达10.05亿元。

进入“十一五”时期以来，浙江省对农村和欠发达地区文化投入的力度进一步加大。2006年，省级专项资金对农村文化投入达到8200万元，比“十五”期间每年对农村文化投入的1500万元增加了4.5倍。从2007年起，省级专项资金对全省农村文化建设的投入进一步增加到每年10900万元，其中农村文化设施建设即“两馆一站”建设专项资金每年3800万元，主要用于全省欠发达地区农村文化设施建设。2008年，浙江省开始实施《基本公共服务均等化行动计划（2008～2012）》。“城乡公共文化服务网络更趋完备。全面实现‘县县建有文化馆、图书馆，乡乡建有综合文化站，85%以上的行政村建有文化活动场所’的目标；加大‘万场演出进农村、百万图书送农村、万场电影下农村’（以下简称‘三万工程’）实施力度；有线广播农户覆盖率达到80%，行政村有线电视网络联网率达95%以上，20户以上自然村达50%以上，农村广播电视的综合人口覆盖率提高到98%以上。”① 显然，这个计划的实施，对于推动全省公共文化服务均等化具有重要的作用。

正是由于明显加大了文化投入尤其是对农村和基层等薄弱环节的投入，“十一五”期末全省县级图书馆、县级文化馆、乡镇综合文化站基本实现全覆盖，村级文化活动室的覆盖率达到85%，平均面积分别达到4420平方米、3222平方米、1084平方米、206平方米，比“十五”末分别增加1339平方米、829平方米、541平方米、37平方米。2011年末，全省农村有线电视入户用户数为721.57万户。“文化信息资源共享工程”覆盖农村、基层服务站点达4万余个，其中乡镇覆盖率达100%，村覆盖率达98.5%。到

① 《基本公共服务均等化行动计划（2008～2012）》，《浙江经济》2008年第19期。

2012年底，“三馆一站”和农家书屋已经实现了全覆盖，原来一直落后的村级文化活动室的覆盖率已达到89%。2014年底，25个省级中心镇、小城市培育试点镇完成数字影院建设。已完成41.68万户农村低保户免费收看有线电视或卫星电视任务，完成率达到98.9%。全省新建城乡阅报栏（屏）1200个，总数达9925个（其中，电子阅报屏3716个、传统阅报栏6209个）；各报刊社公益广告刊发总计达4222版，社会公益捐赠达8247万元。农村出版物发行小连锁网点新增70家，总数达367家，从业人员726人，营业面积达3.7万平方米，实现销售码洋9520万元。各种流动大舞台、流动播出、图书馆总分馆制等把原本集中于城市的文化资源，输送到基层和农村。

进入“十二五”时期以来，浙江省进一步加大投入，加强和完善农村、社区及市辖区的文化设施建设，坚持文化地标建设与基层设施网络覆盖相结合，建设了一批具有标志性意义的农村和基层公共文化设施；着力推进经济欠发达地区的“文化扶贫”，坚持公共文化产品供给向基层、偏远地区、弱势群体倾斜，从而进一步有效地缩小了公共文化设施的城乡差距。特别值得一提的是，2013年初，建设1000个农村文化礼堂被写入《浙江政府工作报告》。2013年和2014年，省政府连续两年将文化礼堂建设列为十件民生实事之一；省农村文化礼堂建设工作领导小组组织协调给力，各成员单位配合积极；投入有保障，省财政、省委宣传部、省农办、省文化厅等部门加大专项投入，浙报集团等企事业单位也纷纷出资支援文化礼堂建设。截至2014年底，3447个文化礼堂已遍及浙江乡村。这些事实都充分表明，浙江省委、省政府提出的“进一步加大财政投入向基层、农村特别是欠发达地区的倾斜力度，促进城乡和区域文化统筹协调发展”政策，已经在实践过程中得到了稳步落实。

第三节　加强公共文化服务惠民力度

在担任浙江省委书记期间，习近平同志明确地指出，“我们的文化是社会主义文化，文化建设的根本目的是满足群众文化需求，实现人民群众文化权利。在打造文化精品的同时，要更加重视面向基层、面向群众的精神文化产品的创作生产和传播服务，努力建立健全公益性文化事业服务体系，提高公共文化服务能力，把为人民服务、为社会主义服务真正落到实处”①。这就明确了加快发展公益性文化事业，必须着力于保障人民群众充分享受参与文化创造、享受文化成果、表达文化主张的权利，实现文化惠民。实施“八八战略”以来，浙江省各地在显著加大文化投入的同时，积极面向基层、面向群众，从整合公共文化服务资源、创新服务机制、增加服务手段、完善服务网络等入手，着力于建立以公众需求为导向的、优质高效的、普遍均等化的新型城乡公共文化服务机制，形成城乡公共文化产品和服务“超市式”供给、“菜单化”服务的模式，有效地推动了公共文化服务均等化，满足了人民群众的精神文化需求。

一　创新农村公共文化服务内容和方式

中国农村公共文化服务体系建设面临着两个突出的问题：一方面是投入不足而导致“供不应求”；另一方面，是供给单一化而导致“供不适求”。实施“八八战略”以来，浙江省各地在显著加大农村公共文化服务投入解决“供不应求”问题的同时，积极创新服务内容和方式以解决“供不适求”问题。这些做法不仅体现了公平性、便利性等宗旨，而且也体现了以结果为导向、以公众需求为导向的新公共文化服务理念。

（一）创新“送文化”下乡的内容和方式

“送文化”下乡，目前已经成为全国各地普遍实施的农村公共文化服务供给工程。浙江省各级党委和政府也一直把“送文化”（“送书、送戏、送电影”）作为为民办实事的一项重要内容，大力实施文化下乡“三万工程”，即“万场演出进农村”“万场电影下农村”“百万册图书送农村”。实施

① 习近平：《干在实处　走在前列——推进浙江新发展的思考与实践》，中共中央党校出版社，2006，第330页。

“八八战略”以来，尤其是实施加快建设文化大省战略以来，浙江省加大了每年“送文化”下乡的力度，有效缓解了农民“看书难、看电影难、看戏难”的问题，极大地丰富了广大农民群众的精神文化生活。2006 年，全省共向广大农村送电影 11.7 万场，送演出 1.6 万场，送图书 306 万册；2007 年，全省共向广大农村送演出 1.56 万场，送电影 21.35 万场次，送图书 194 万多册；2008 年，全省共向广大农村送演出 2.5 万场，送图书 184 万余册；2009 年，全省共向广大农村送演出 1.9 万场，送电影 25 万场，送图书 166 万册；2010 年，全省共向广大农村送演出 1.5 万场，送电影 20 万场，送图书 100 万册；2011 年，全省共向广大农村送戏 2.1 万场，送图书 181 万册；2012 年，全省共计送戏下乡 2.15 万场，送书 195 万余册，送电影 30.5 万场；2013 年，全省共送戏下乡 1.93 万场，送书 242 万册，送讲座、展览 4941 场，开展“文化走亲”1100 场。2014 年，全省农村应急广播体系建设已有 15299 个行政村完成建设任务，完成比例达 55.4%，超额完成省政府下达的 30% 的目标任务。全省农村电影放映统一供片，累计订购各类影片 26 万场，其中商业片比例达到 46.8%；全省共送公益电影下乡 28.86 万场，完成年度放映任务的 102%；向农民群众捐送出版物 4.35 万册、62 万元码洋。实施服务“三农”重点出版工程，组织重点选题 111 种。2013～2014 年，浙江成年居民综合阅读率达 86.4%，位居全国前列。浙江省“送文化”下乡过程中的亮点，不仅仅在于其一直保持了每年较大的“送演出、送电影、送图书”数量，更体现在创新“送文化”下乡的组织和活动方式上。

在“送文化”下乡过程中，浙江省推出了“钱江浪花”艺术团下乡巡演、“雏鹰计划”优秀儿童剧巡演和“唱响文明赞歌”声乐专家辅导团、优秀歌手展演团文化下乡等一批有特色、群众喜闻乐见的示范性文化下乡活动。这些活动不仅在内容和形式上有诸多的创新，而且在组织方式、运作机制上也突破了传统的政府大包大揽公共文化服务的框架，在一定程度上把政府与市场的功能优势有机地结合在一起，为实现公共文化服务从传统的单中心提供向多中心、多层次、协同合作提供的模式转变，提供了有益的经验。

其中，最具有典型性的，是浙江钱江浪花艺术团“文化直通车”开创的文化下乡模式。这是一种以多功能流动舞台车为平台，以专业艺术院团为演出队伍，直接为基层群众提供文化服务的新形式。

目前，“钱江浪花艺术团模式”已经成为浙江省具有全国性影响的农村公共文化服务著名品牌。自2005年成立以来至2012年，钱江浪花艺术团每年向全省乡镇、社区、学校等基层农村群众提供文艺演出200场以上，走遍了浙江11个市地，90多个县（市、区），1000多个乡镇（街道），行程近7万公里，演出1200多场，观众人数达300多万。钱江浪花艺术团模式凝聚了浙江文化体制改革、文化创新、文化科技等多项成果。其典型性突出地体现在文化服务的内容和形式、运作机制的创新性做法上。

第一，采用了“文化直通车”与艺术团相结合的中介整合模式。钱江浪花艺术团由浙江省委宣传部、省文化厅、浙江广厦控股创业投资有限公司、浙江日报报业集团有限公司和浙江广播电视集团四家股东单位共同出资组建，实行“党委政府主导、社会力量参与、艺术团公司化运作”模式，整合艺术资源和演出市场资源。与一团一院为主体的传统模式形成对照，钱江浪花艺术团是一个股份制形式的文化服务中介机构，既不是国有资产机构，也不是纯粹的民营资产机构，而是两者的组合；既是一种文化直通车与艺术团相结合的中介整合模式，也是一种满足基层农村文化需求，具有较强流动性和机动性，又能综合各种资源的新的公共文化服务形态。钱江浪花艺术团这种新的组织方式、整合模式，体现了原先由政府内部承担的活动向外部开放，是公共文化服务体制机制创新的一种积极尝试，是对构筑混合、高效和公平的公共文化服务输送模式的一种有益探索。

第二，通过创新投入方式实现“零费用纯公益”的公共文化服务目标。作为一个公共文化服务团体，钱江浪花艺术团的公益性特征，尤其集中地体现于“五个坚持”（即零费用纯公益、寓宣传于娱乐、零距离双互动、常下乡全覆盖、人多才队精干）中“零费用纯公益”这一条上。艺术团下乡演出，不收任何费用，演职员的吃、住、行等经费全部由艺术团自筹解决。钱江浪花艺术团的活动经费来源主要是两个渠道：一是由政府以演出津贴的方式进行节目采购；二是艺术团自身得到的社会赞助。显然，与传统的政府包办制不同，这两种经费来源方式，都能够对艺术团保障服务质量、全面提升服务水平产生激励作用。这种尝试和探索不仅较好地坚持了公平性、公益性原则，而且鲜明地体现了市场经济条件下公共文化服务生产和供给的新内涵，即在确定政府承担提供公共文化服务责任的前提下，把民营企业的管理手段和市场激励结构引入公共文化服务领域之中，以增强生产和供给的有效性。

第三，实行“定餐制”和“加餐制”，更好地满足了农村多样化的文化需求。“定餐制”打破以往一团一院为主体的传统模式，以省属院团为主、省内外其他院团为辅进行节目采购，建立了一个由戏曲、曲艺、歌舞、杂技四大类280余个节目组成的节目库，在演出前供基层农村选择预订。这样，每年就为村民提供由数十个文艺团体、千余名演职人员包括几十位“梅花奖”“文华奖”得主参加的各类精品演出。“加餐制”是根据各乡镇文化活动的特殊需求，通过提前预约，编排特别节目。显然，“定餐制”和“加餐制”是引入现代配送理念而创建的文化服务样式。我国公共文化服务体系建设面临的一个突出问题，就是公共文化需求表达不足、表达机制不健全、文化服务选择的公共决策程序不够完善等，由此导致公共文化服务供给与公众多样化文化诉求目标错位、需求结构不对称等问题。而类似于像“定餐制”和“加餐制”这样的机制，则是一种能够显示公众文化需求偏好的有效机制，有助于解决上述问题。

第四，建立以绩效为导向的考核制度。为了激励演员的积极性，以深化文艺院团管理体制改革为契机，浙江文化管理部门专门制定了激励办法，把院团参演场次量化与绩效考核目标挂钩，把演职员个人参演与职称评定、业务考核挂钩；明确了演出场次、观众人数和津贴额度相挂钩。这是把企业管理方法（绩效评估、全面质量管理、成本核算等）和市场竞争机制等引入公共文化服务领域，有助于促使院团和演职员的艺术服务重心下移、积极参与文化下乡。

服务质量与公众满意是现代政府公共管理的两大主题。然而，传统公共部门往往是“机构驱使的政府”，其主旨是方便政府管理人员和公共服务提供机构，而不是公众。不少公共部门甚至不清楚服务对象是谁，服务水平低、服务态度差。钱江浪花艺术团在服务体制机制、形式和内容上的一系列创新，不仅体现了公众取向这种公共文化服务的新理念，而且体现了公共文化治理主体由单一政府权威主体向多元治理主体转化的新的发展趋势。钱江浪花艺术团的实践，为政府从公共文化服务“直接提供者”转变为“促进者”和“发包人”，实现公共文化服务从传统单中心供给向多中心、多层次、协同合作供给转变，提供了有益的经验。

钱江浪花艺术团从诞生以来，对浙江全省各地产生了广泛的示范效应。目前，类似的“文化大篷车”“送文化”活动在全省各地已经相当活跃。至2012年底，全省已开出了遍布广大农村的70多辆“文化大篷车”（文化直通车）。这些“文化大篷车”也都把创新服务方式，形成以公众需求为导向的文化服务机制，作为一种重要的理念和目标，并取得了明显的成效。文化下乡活动不是单纯以让农民得到娱乐为目的，提升农民素质和文明程度也是其中一项重要内容。“文化大篷车”“送文化”下乡活动中都包含了这一项内容，实现了娱乐与教育的叠加效应。不少艺术团每次演出前都要向农民群众宣讲政策、科技致富知识、农业经济信息等，还与相关部门合作，送政策、法律、科技、交通安全等知识下乡，送种植、养殖等书籍下乡。当然，在浙江各地，寓教于乐的“送文化”下乡和农村公共文化活动不限于“文化大篷车”这一种手段和形式。

“送文化”下乡活动不仅有助于丰富基层农村文化生活，而且也有助于提升农民的科学文化素质。2013年，浙江省已经进入了人均GDP 1万美元这一现代化的关键发展阶段。显然，作为社会现代化重要方面的农村现代化或新农村建设，更加离不开人的现代化即农民的现代化。从这样的角度出发，寓教于乐的“送文化”下乡活动就凸显了重大意义。如果农民缺乏一种能赋予新居住环境、新技术环境、新体制环境、新分工环境以真实生命力的广泛的现代心理基础，如果农民还没有从心理、思想、态度和行为方式上都经历一个从传统向现代的转变，在缺乏居民主体的情况下，即使是最完善的新农村建设蓝图也会变成一堆废纸。改革开放以来，农村的精神风貌发生了极大的变化，然而，在农村中与“乡风文明”的要求格格不入的陈规陋习依然存在，农民的精神素质与新农村建设仍然不相匹配。新型农民的培育无疑是一项涉及方方面面的综合系统工程。而实践已经显示，“送文化”下乡是其中的一条重要途径。

（二）从“送文化”下乡到农民“种文化”

农民“种文化”，体现了农民的文化主动性和创造力。“种文化”，表明农民不是文化的被动消费者，而是文化的生产者和创造者。改革开放以来，在浙江经济发展领域的诸多方面，如个体私营经济、专业市场、股份合作制、区域经济的兴起等，都呈现为一种市场解决模式、自发自生模式和自组织模式，也就是说，民间自主创业力量起着主要的作用。然而，在过去农村文化活动领域，农民自主性却未得到充分的体现。农民以看戏、看电影为主，演员在台上、在银幕中，农民是观众，主动性不强、互动性不够。多数时候，农民无节目选择权，仅仅作为观众被动地接受，“农村文化活动”似乎就是单方面地向农民“喂食”。问题是，随着农民参与意识、主体意识的逐渐觉醒，他们参与文化活动的愿望更强烈了，希望对文化产品、服务等有选择权，希望能自主地参与农村文化活动，在农村文化大舞台上登台亮相，从文化的旁观者变成参与者，从观众变成演员。

正是在这一背景下，浙江省文化管理部门和地方政府开始着力于突出农民在农村文化活动中的自主权和主体性，并把“送文化”活动和“种文化”活动结合起来，就像种庄稼一样，让文化的种子在农村生根、开花、结果。具体做法是：

第一，改善“送文化”活动，在“送文化”活动中借铁打铁，突出农民对节目的选择权和主体性。钱江浪花艺术团“定餐制”和“加餐制”的做法，已经体现了这一点。而2005年开始的宁波市“万场电影千场戏”进农村活动，则是这方面的一个更典型的范例。[①] 以往的免费送戏下乡，剧

① 李建新、罗颖杰：《把文化消费选择权交给百姓：宁波“万场电影千场戏”进农村的启示》，《浙江日报》2005年4月25日。

团、剧目多由上级部门指定，农民无发言权和选择权，演出效果打了折扣。而“万场电影千场戏”采取了全新的“菜单式”供给模式：农民可以自主选择剧（片）目，选择剧团（演、放映团队），补助政策和操作程序完全公开。按照这一原则，宁波市把几十台越剧、甬剧、姚剧、滑稽戏剧目和3000多部中外影片、数十个放映队编成详尽的目录手册，下发到各个村，供农民“随便挑、随便选”。这样，农民既是消费的对象，又有了选择权和主动性。目前，突出农民群众对“送文化”节目的选择权和主体性，已经成为全省各地较普遍的做法。

第二，在“送文化”下乡活动中，一些艺术团体的做法也体现了“输血”与“造血”、“送文化”与“种文化”的结合。比如，在钱江浪花艺术团的下乡演出中，已经在“送下乡”中添加了“请上台”的节目，即把乡间文艺骨干自编自演、具有鲜明地方特色和浓烈乡土气息的节目请上舞台，营造专业与业余相结合、剧团演员与农村文艺骨干同台表演的氛围，从而扶持和培育了农村特色文艺团队，增强了农村文化的造血功能。此外，艺术团的专业文艺工作者还深入生活，收集资料，挖掘了一批真正属于民间原生态的艺术作品。如宁海的“长街渔歌”，常山的民俗舞“跳竹马”“钢叉舞”等经过挖掘和加工，重新展现出优秀民间文艺的光芒。

第三，扶持农民自办公共文化或“种文化”活动。21世纪以来特别是实施“八八战略”以来，在各级党委、政府的倡导下，浙江基层农村自办公益性文化活动日趋活跃。据统计，早在2005年，全省村级业余文体队伍共开展各类活动已达316717场次，平均每村9.03场次。当前浙江省各地基层农村群众文化活动生产和供给形式，主要分为政府直接供给型、政府采购并供给型、民众自发生产并供给型、非营利组织生产并供给型、企业生产并供给型。目前，全省农村活跃着1300多支电影放映队、1万多支业余文保队伍，500多家民间剧团、近2.5万支业余文体队，集聚了5.2万名业余文体骨干。这些队伍门类齐全，有腰鼓队、舞龙舞狮队、乒乓球队、象棋队、老年健身队及大量的地方戏曲团队等，覆盖老、中、青各个年龄层次。

值得一提的是，农民“种文化”活动，是农民自己组织的。相对于政府大包大揽的传统模式，也体现了公共文化服务发展模式的创新。在“种文化”活动中涌现的各种农民文艺队伍、农村文化协会等组织构建具有较强的志愿性，其运作并不遵循行政指令机制，而是扎根于农村社区，具有“非营利性”“自治性”等非营利性组织的特征。农民“种文化”实践表明，在许多公共文化服务领域，依靠民间社会组织，能达到比行政手段更好的效果。因此，在政府不能或不愿意做的公共文化服务领域，民间社会组织承担相应职能，具有拾遗补阙的作用；而在行政手段或社会自治方式都能完成的公共文化领域，应尽可能发挥民间社会组织的作用，由政府承担更多宏观调控责任，而由民间社会组织承担具体微观层面的公共文化事务责任。

显然，浙江各地农民广泛的“种文化”活动，是“民间诱致”的结果，具有鲜明的“自治性”等特征，也得到了全省各级党委、政府的扶持和“增进”。比如，2011 年全年，浙江省文明办根据当地农村对于文化的实际需求，奔赴全省 20 个县（市、区）开展农村“种文化”培训辅导示范活动，直接培训群众 3000 余人。浙江省文明办还会同省文化厅、体育局等部门开展了 5 场农村“种文化”片区赛，受到当地百姓欢迎。与此同时，一些市县党委和政府也通过各种渠道，扶持农民“种文化”活动。比如，从 2008 年开始，天台县通过“六个一”，即各乡镇配备一名党委宣传委员、一名专职宣传干事、一名专职文化干事，各乡镇文化站聘用一名文艺教师、一名懂文艺的退休人员、一名民间文艺骨干为基层文化指导员，为农村“种文化”活动提供了有效的组织和人才队伍支持；推动“村企文化结对”，组织了 100 家企业与贫困村文化结对，联办文化活动，并要求每家企业每年为这些村提供不少于 2 万元的资金，以帮助解决这些村“种文化”活动资金紧缺的困难；鼓励“村校文化共建”，组织了 83 所学校与附近的行政村结对，发挥学校文化艺术人才优势，参与农村的“种文化”活动，并规定学校每年参与活动不少于 2 次，促进区域文化资源的整合共享，提高农村文化活动质量。这些做法也体现了广泛调动政府、企业、农民、文艺工作者、民间组织等多方力量参与农村文化建设这种公共文化服务建设的“新理念”和“新方式”，同时也表明，一个“善治”的政府不仅必须与发达的市场经济相联系，而且也必须与活跃的民间社会组织相联系。

“送文化”以前是城市对乡村的专利，而随着浙江农村“种文化”活动的深入，也有农民开始向城市“送文化”了。宁波市鄞州区坚持面向农村基层，以普惠共享为原则，推进区、镇、村“三联建”，送文化、创文化、种文化“三联动”，政府主导、社会参与、市场运作“三强化”，其公共文化服务综合评估指标位居浙江省第一。2011 年，鄞州区进入了文化部、财政部公布的全国首批 28 个“创建国家公共文化服务体系示范区”名单。鄞州区不仅建成了较为完善的农村公共文化服务体系，而且农民“种文化”活动也相当活跃，呈现出了普及化、多样化趋势。对于这些自办文化活动的农民，鄞州区党委和政府的做法，是为他们“搭建平台”，这也体现了一种“民间诱致，政府增进”的特征。比如，2007 年区政府组织了“星光大舞台”演出活动，打造基层群众文艺演出品牌。在不到一年的时间里，有 28 支乡村业余文艺演出队依次登上了曾经站过许多明星、举办过多场大型文艺演出的舞台。活跃的农村自办文化活动，加上政府的扶持，使乡村业余演出团体的水平不断提高，演出人才也脱颖而出。结果是，农民也开始能够向城市“送文化”了。同年 7 月，鄞州古林镇张家潭村业余文艺队登上了宁波市“逸夫剧院”的舞台，成为改革开放以来第一个登上宁波一流专业演出场所的农民演出团体。因此，一些农民深有感触地说：“以前是‘文化送百村’，现在是‘百村送文化’。”

二　创新城市公共文化服务内容和方式

在增强农村公共文化服务供给的同时，浙江省各地积极从创新服务机制、增加服务手段、完善服务网络等方面入手，增强城市公共文化服务供给，丰富公众文化生活，保障公众尤其是基层弱势社会群体的文化权益。

（一）整合城乡文化资源　构建公共文化服务网络

我国公共文化服务体系建设的一个突出问题，就是多头管理、条块分割。在现行管理体制中，许多公共文化机构至少被10多个政府机构所管辖，综合管理部门就有人事部门、机构编制部门、财政部门、国有资产管理部门等，相关行业主管部门就有文化、教育、劳动、公安、社会保障、旅游等。而且各行业主管部门之间往往各自为政，综合管理部门的管理则存在既有分工又有交叉的状态，造成政出多门、缺乏统一的管理目标、不同层级政府间的责任划分不合理等现象。这种条块分割公共文化管理体制的直接结果，就是管理上的低效，统一组织协调严重不足，错位、越位、缺位现象并存，许多同一领域的文化事业分属不同层级的政府和不同部门，造成了管理上低水平的重复和相互掣肘等弊端，并不可避免地助长了部门或地方无视或放弃对公共文化利益的追求转而追求自身利益的最大化。条块分割的管理体制，也使本来就捉襟见肘的公共财政资金投向难以集中，有限的公共文化资源因为管理权分离而得不到有效的利用，因为缺乏统筹和整合，难以发挥整体效益，重复建设和资源浪费现象严重。

同时，落实公共文化服务的公平性、均等性、基本性、便利性等原则，本身就意味着必须统筹文化发展，实现城乡、区域、群体等平衡，重点关注人民群众最直接、最现实和最薄弱的文化需要，在盘活、优化存量文化资源的同时，保证增量文化资源向基层和弱势社会群体倾斜。而实现这些目标的前提条件，就是必须消除行政壁垒，突破体制障碍，加大跨区域、跨部门、跨领域、跨系统的文化项目的交流和合作，建立城乡公共文化服务发展联动机制，统筹和整合公共文化资源，凝聚各方力量，发挥各方面优势，提高公共文化服务的体系化水平和公共文化资源的利用率，推动公共文化资源在城乡之间、区域之间、群体之间均衡布局、合理配置。

整合区域、城乡公共文化资源，关键在城市。现代城市具有“集聚性”和“扩散性”的特征，意味着统筹和整合公共文化资源，必须通过发挥城市的“集聚”功能来实现；推动公共文化服务资源在城乡区域群体之间均衡布局、合理配置，必须以发挥城市的“扩散”或“辐射”功能为渠道。

近年来，浙江省一些地方政府在统筹和整合公共文化资源，发挥城市公共文化资源集聚和公共文化服务扩散的功能，提高公共文化服务体系化水平和公共文化资源的利用率，推动公共文化资源在城乡之间、区域之间、群体之间均衡布局、合理配置等方面进行了有益的尝试和探索。其中，比较典型的是慈溪市。

2013 年初，慈溪市公共文化服务中心正式成立。服务中心以“供需群众化、产品市场化、服务网络化”为基本运作思路，整合全市公共文化服务产品供给资源，包括整合现有各级各类文体设施、器材设备等硬件资源和民间艺术、文艺队伍（节目）、文化辅导人才等软件资源，以供需对接、菜单式配送的方式供基层单位和群众选择。公共文化服务中心成立后，慈溪还将积极探索“群众认可配产品、政府扶持送服务、市场运作强管理”的公共文化服务运作模式，结合“四百”（百姓课堂、百姓展厅、百姓舞台、百姓书场）惠民工程以及“百场戏剧千场电影进农村”“百场文艺百万图书送基层”“文化爱心卡”发放等众多文化惠民项目，全方位打造该市公共文化产品供给服务网络。显然，不同于多头管理、条块分割下的传统文化事业体系，慈溪市公共文化服务中心不仅是一个区域城乡一体化的公共文化服务网络，而且也是一种全新的公共文化服务运作机制。“整合盘活”“连锁配送”“双轮驱动”是这一全新运作机制的三个关键词①：“整合盘活”，即分级分类梳理盘点并统筹和整合全市公共文化服务资源；“连锁配送”，即设置了“中心—站（所、点）”机构框架；“双轮驱动”，即建立健全公益性机制与市场机制并行的高效运作机制。

显然，构建这种“整合盘活”“连锁配送”“双轮驱动”的全新公共文化服务机制，首先需要消除行政壁垒，突破体制障碍。唯有如此，才能“整合盘活”，统筹公共文化服务资源，凝聚各方力量，发挥各方面优势，提高公共文化服务的体系化水平和公共文化资源的利用率，实现“连锁配送”和“双轮驱动”，推动公共文化资源在城乡区域群体之间均衡布局、合

① 参见刘婵《连锁配送　整合盘活　双轮驱动》，《中国文化报》2013 年 5 月 22 日。

理配置。

“整合盘活”“连锁配送”“双轮驱动”的全新公共文化服务机制，体现了一种整体性治理理念，意味着政府、企业、社会组织、公民等多元主体协作共治，形成跨部门协作的整合系统结构，再造以协同为特征的业务流程。“整合盘活”有助于化解公共文化服务的碎片化困境，实现整体运作，提供更优质的公共文化服务；“连锁配送”“双轮驱动”则是多元主体协作共治功能有效发挥作用的基本特征。

（二）实施城市公共文化设施免费和低收费开放

图书馆、博物馆等公共文化服务机构通过直接服务个人，提升公民文明素质，从而间接地服务于整个社会，具有公有、共享、公用等公益性事业的一般特征。公共文化机构遵循公益性原则，既是政府在文化服务上弥补市场失灵的应有举措，也是公共部门回报纳税人，为全体公众创造文化福利的必要举措。正因如此，包括公共文化服务在内的公共服务理应确立“免费是原则，收费是例外”的理念。

在计划经济时期，中国城市的文化产品和服务，几乎全部是以免费或低收费的方式向社会公众提供的。计划体制下的免费和低收费虽然也体现了“公益性”原则，但与此相伴随的是“低水平”和“低效率”，不仅公共文化服务品种少，而且文化机构的服务水平也低。改革开放以来，随着经济体制转轨，在财政捉襟见肘的情况下，一些公益性文化部门开始面向市场开展“生产自救”。一些原先免费、低收费的城市公益性文化场所逐渐收费并一步步提高了价格。这种做法虽然缓解了经费不足的问题，也在一定程度上提高了职工的收入，却违背了保障人民群众基本文化权益的宗旨和公平性原则。收费尤其是过高的收费对低收入弱势社会群体产生了“排他”的作用，使这些社会群体因缺乏支付能力而无法参与文化活动，从而在客观上导致了公民在文化权利享受上的不公平。毋庸讳言，上述现象也曾出现于浙江省。有所不同的是，作为一个在全国具有先发优势的省份，浙江较早地意识到了以前做法的不足。21 世纪以来尤其是实施“八八战略”以来，随着公共财政的逐渐宽裕、文化意识的逐步觉醒，浙江率先开始对原先收费的城市公共文化服务设施实施免费和低收费策略。

浙江是全国实行博物馆免费开放的首个省份。2003 年 5 月 18 日，即当年的“国际博物馆日”，杭州西湖周边的中国茶叶博物馆、南宋官窑博物馆、杭州历史博物馆、章太炎纪念馆、苏东坡纪念馆，加上之前已经免费开放的于谦祠、俞曲园纪念馆、林风眠故居纪念馆、浙江辛亥革命纪念馆等，宣布全部免费对外开放。2004 年，浙江省博物馆、中国丝绸博物馆分别在全国省级博物馆和国字头博物馆中率先实行常年免费开放。2007 年，浙江图书馆在国家和省级公共图书馆中率先免费开放，率先开通网络图书馆，构建城乡一体化的公共图书馆系统“一卡通”工程。杭州图书馆新馆 2008 年 9 月开馆即在全国图书馆中第一家实现免证、免押金、免服务费。2008 年，绍兴市宣布包括鲁迅纪念馆在内的鲁迅故里所有景区实行免费开放，所有经费由政府承担。浙江美术馆自 2009 年 8 月开放后即在全国美术馆中率先实行免费开放，而隶属于浙江省博物馆的西湖美术馆也早在 2004 年就免费开放了。2012 年，浙江省文化厅与财政厅联合颁发《关于进一步推进美术馆、公共图书馆、文化馆（站）免费开放工作的实施意见》，全省文化行政主管部门归口管理的各级美术馆、图书馆、文化馆（站）全面实现了无障碍、零门槛进入，公共空间设施场地全部免费开放，所提供的基本服务项目全部免费。

这些做法，无疑再次体现了浙江作为“走在全国前列”省份的文化自觉。免费开放带来了门票收入的损失，但使博物馆、图书馆、美术馆等公共文化机构的“公益性”“公平性”得以回归，恢复了公共文化机构公有、共享、公用等公益性特征。免费开放使这些公共文化机构更好地融入了社会，也使更多的观众走进了博物馆、图书馆、美术馆等，有更多机会了解历史、体验文明。免费开放后，浙江省博物馆、中国丝绸博物馆及杭州市的大部分博物馆观众量增幅一直处于稳定状态。免费开放前，浙江省博物馆每年参观人数为 40 万～50 万人次，2004 年免费开放以来，平均年参观人数超过 140 万人次；中国丝绸博物馆免费开放后年观众量在 40 万人次左右，是免费开放前的 2 倍。

当然，公共文化机构的免费和低收费，并不是简单地向计划经济时期的做法“回归”，而是建立在改革开放成果和经验基础上的一种更高级别的“回归”。

第一，在完善公共文化设施基础上“回归”。免费开放后，既打开了博物馆、图书馆、美术馆等真正面向社会的大门，同时也对馆藏保护和管理带来了巨大挑战。由于观众量大增，馆舍拥挤、硬件设施落后的问题更为突出，影响了公众参与的效果。免费开放以来，浙江省财政不断加大投入，完善配套设施，加快了免费开放公共文化设施的改造和建设。免费开放后，文物安全和观众安全的隐患随参观人数的增加急剧上升，安全保卫压力很重。针对这些问题，相关部门增设或更换了观众参观导览和禁令标志等；印制了陈列展览的参观介绍，供观众免费取阅。同时加强专业讲解员队伍的培养，组建志愿者讲解员队伍，配置电子讲解器，开发制作文物仿制品和有特色的纪念品，不断充实文化服务内容。

第二，在深化公共文化服务机构内部改革、提高管理水平和服务效率、改善服务态度基础上“回归”。免费开放后，公众对公共文化机构提供服务的质量要求并没有降低。在计划经济时期，公共文化服务机构管理水平落后、效率低、服务态度差；随着改革开放的深入，这些公共文化服务机构的公共服务意识显著增强，充分积累了市场化改革的经验，向这些传统的“顽疾”开刀就“水到渠成”了。博物馆、图书馆、美术馆不断深化改革，增强活力、改善服务、谋求发展，以向广大公众提供更加优质的服务为目标，规范各项工作，提升服务质量，满足观众的需求。

第三，在创新服务机制、增加服务手段、完善服务网络基础上“回归”。在计划经济体制下，公共文化服务机制僵化、服务手段单一、服务网络不健全。随着浙江省各级政府管理职能的转变，创新公共文化服务机制、增加服务手段、完善服务网络具备了比较充分的条件。嘉兴市以面向城乡居民提供均等、免费、无障碍公共文化服务为目标，建立以“政府主导、集中管理、资源共享”为主要特点的城乡一体化公共图书馆服务体系模式。嘉兴市从2007年开始探索城乡一体化公共图书馆服务体系“总分馆制”模式，至2013年建成1个中心馆（含2个区分馆）、6个总馆、57个镇（街道）分馆、72 个村（社区）分馆、400 多个流通站，不少重要指标位居全国前列。投入 3 亿多元的杭州图书馆新馆不仅取消了公共图书馆图书借阅的所有收费，而且在国内大型公共图书馆中率先推出取消借书证、取消押金等举措，市民可凭借市民卡及第二代身份证自助借还。杭州图书馆新馆还以“一证通”将城区 20 余个分馆和 100 余个图书流通点，区、县（市）8 家图书馆和 600 余家图书流通点整合在一起，实行通借通还，方便了大杭州范围内包括外来务工人员在内的全体读者。上述创新性做法，集中反映了公共文化服务“杭图模式”的理念：平等、免费、无障碍，即向所有人群敞开大门，不因身份、地位、受教育程度或者户籍所在地而区别对待，平等地传播知识与文化，确保全体市民都有免费使用图书馆的权利。

（三）创新城市公共文化活动和服务形式

显然，对原先收费的城市公共文化服务设施实施免费和低收费策略，主要体现了“存量”改革，以“回归”这些设施和机构的“公益”特性，保证公众的基本权益。与此同时，浙江省也通过“增量”方式，创新服务机制、增加服务手段，以丰富城市公共活动形式，满足公众文化需求。浙江各地举办城市节庆活动，就属于丰富城市公共文化活动形式的“增量”方式。

21 世纪以来，尤其是实施“八八战略”以来，浙江省城市节庆活动一直十分活跃。作为历史文化名城，杭州市节庆文化活动一直丰富多彩，每年推出开茶节、女装节、啤酒节、旅游购物节、工艺美术节等。杭州市也一直试图突破其他城市节庆活动的框框，突出自身城市的人文特色，并体现人民群众共办共享的特征。从 2005 年以来，宁波市已连续多年被评为“中国十大节庆城市”。宁波的主要节庆活动有宁波文化节、小百花艺术节、海曙区商贸艺术节、鄞州东钱湖文化艺术节、镇海区文化艺术节、大剧院艺术节、农民文化艺术节、社区家庭文化艺术节、鄞州区群众文化艺术节、外来建设者文化艺术节、社区家庭文化艺术节、鄞州区群众文化艺术节、北仑区大港文化节等。舟山市则有中国・舟山海鲜美食文化节、普陀山南海观音文化节、朱家尖国际沙雕艺术节三大主要文化节日活动，这三大节庆活动集中体现了舟山群岛最著名的滨海休闲渔业、海天佛国观音文化和天然优良的沙滩群三大特征。此外，嵊泗列岛每年举办嵊泗贻贝文化节，舟山群岛也曾举办渔市文化旅游节、观音文化研讨会、休渔节、徐福东渡节等。这些多种多样的文化艺术节，大大地丰富了群众的文化生活，同时也展现了地方文化特色。

除了举办节庆文化活动以外，浙江省各级党委和政府也通过文明创建活动以及建设企业文化、校园文化、楼道文化、墙门文化、家庭文化、庭园文化等多种渠道，创新服务机制、增加服务手段，以丰富城市公共文化活动形式，满足公众文化需求、提升公众精神素质。这些由政府主导的城市文化活动之所以得到了市民的欢迎，是因为其使市民找到了生产和流通“意义”、“快乐”与“社会认同”等的有效载体，“共享”一种文化活动，就是共享一种意义和快乐。“共享”是公共文化活动的本质特征之一。20 世纪中期以来，尤其是 70 年代以来，文化活动、文化符号等的共享性，以及在公众之间生产和流通意义的功能，不断地得到了学者的关注。福德・格尔茨强调文化是意义的生产和解释，由此特别注重语言和符号在文化中的中心地位。文化不是一种引致社会事件、行为、制度或过程的力量，而是一种风俗的情景。对文化的分析不是一种探寻规律的实验科学，而是一种探求意义的解释科学。“文化的概念本质上是一个符号学的概念。由于韦伯，人们相信人是一个悬浮在他自己编织的意义之网中的动物。因此，意义的分析就不是探讨规律的实证科学，而是一门探讨意义的解释性的科学。”① 格尔茨认为，“象征符号”是意义和概念的载体，是固化在可感觉的形式中的经验抽象，是思想、态度、判断、渴望或信仰的具体体现；符号的有序排列就构成了“文化模式”，正如遗传基因是生物体的内在信息源一样，文化模式是人的外在信息源，它为组织社会和心理过程提供了一个复制模板或程序，据此便可以塑造公众的模式化行为；“文化”就是此类模式积累起来的总体。符号学文化概念强调文化的符号化和公共性，其核心就是由符号系统所表达的为社会群体所共享的概念和意义。

正是在参与节庆文化、企业文化、校园文化、楼道文化、墙门文化、庭

① Geetz, C., *The Interpretation of Cultures*, New York: Basic Book, 1973, p. 5.

园文化等文化活动过程中，市民大众分享了共同的“意义”、“快乐”和“社会认同”。因此，从某种角度看，这些城市文化活动既是医治“城市精神贫乏症”的一剂良药，也是城市社会团结、社会和谐的有效黏合剂。

三　创新保障外来务工人员文化权益方式

外来务工人员群体，是一个庞大的社会群体。据《2013 年我国农民工调查监测报告》，2013 年中国农民工总量达到 26894 万人。在外出农民工中，7739 万人跨省流动，8871 万人省内流动，分别占外出农民工的 46.6% 和 53.4% 。外来务工人员的文化需求问题，是公共文化服务最薄弱的环节之一。全国农民工文化生活状况调查课题组认为，二元经济结构下农民工群体的边缘化特性，对农民工文化消费产生了实质性的影响与制约。此外，不少地方政府公共文化服务职能的“缺位”、文化服务供给渠道不畅，也是导致农民工文化边缘化的一个重要原因。因此，要解决当前农民工群体文化生活总体上有效供给不足、文化消费意愿不强、供需不对称的现状，必须实现综合治理。[①] 农民工群体这个庞大而且仍在不断扩大的社会群体文化生活的边缘化，不仅会制约中国社会整体文化生活水平的提升，而且也会影响社会的稳定与和谐。保障与实现农民工文化权利，为农民工群体有效地提供基本公共文化服务，着力改善其文化生活状况，不仅是落实作为公民的农民工权利的内在要求，而且也有助于逐步积累作为整个社会公共价值与社会团结基础的人力资本和社会资本，提升整个社会文化水平，促进社会的和谐。

浙江是外来务工人员大省，伴随着改革开放以来经济的迅猛发展，不仅吸纳了 1000 余万名本省农村劳动力转移到第二产业、第三产业，而且还吸纳了大量外来务工人员。截至 2011 年 6 月 30 日，全省登记在册的流动人口总数达 2215.1 万人，连续 12 年位居全国第二位；与 10 年前相比增长了 239% 。其中，跨省流动占九成以上。来自安徽、江西等 6 个省份的农民工

---

① 参见傅才武等《当前农民工群体文化生活状况调查及对策研究》，载章建刚、尹昌龙、张晓明主编《中国公共文化服务发展报告（2007）》，社会科学文献出版社，2007。

占到七成多。近年来，浙江省流动人口数量进一步增加。至2013年1月，全省流动人口总数达到2403万。外来务工人员为浙江经济的发展和居民收入的提高付出了辛勤的劳动。外来务工人员的规模流动，优化组合了浙江区域生产要素，提高了资源利用率，降低了工业化的成本，促进了国民经济的增长。同时，农民工的规模流动，也有效地控制了劳动力的成本，从而增强了浙江本土产品在国际市场上的竞争力。

显然，像浙江这样一个外来务工人员集聚较多的省份，能否推动科学发展与社会和谐，在很大程度上取决于能否有效地改善外来务工人员的民生状况，能否处理好新、老浙江人的关系，能否建立责任机制、长效机制及服务体系，为外来务工人员提供就业、维权方面的帮助，增强其认同感和归属感。在这个背景下，让外来务工人员共享城市文化发展成果，就具有一种特殊的意义。向外来务工人员提供基本公共文化服务，是形成外来务工人员对城市文化认同感、归属感的一条重要途径。外来务工人员也是广义的纳税人，他们有权利、有资格享受当地政府提供的公共服务，当然也包括公共文化服务。

10多年以来，全国多个研究机构对农民工文化生活状况的调查结果都表明：农民工的文化消费水平低、文化生活匮乏单调是一种普遍现象，农民工群体即使有一些文化活动，也基本上属于娱乐消遣方面的内容。与此同时，农民工对精神文化生活又有相当程度的期待和需求。据2010年浙江省文化馆对浙江新生代农民工文化生活实地访谈和问卷调查①，其结果显示，新生代农民工最迫切的文化需求依次为：看电影（48.38%）、上网（45.53%）、看文艺演出（40.65%）、读书看报（33.78%）、唱卡拉OK（29.75%）、玩扑克麻将（18.86%）、下棋（18.47%）。2011年，共青团浙江省委课题组对1980年后出生的2175位新生代农民工的问卷调查结果也显示②，与背着编织袋进城的老一代农民工打工挣钱的单一性目标相比，拖着拉杆箱进城的新生代农民工的务工目的已发生巨大变化，求发展、开眼界

① 参见王全吉、周航《浙江新生代农民工文化生活调查》，浙江文艺出版社，2012。

② 参见董碧水《新生代农民工精神文化生活孤岛化》，《中国青年报》2012年1月18日。

成为主流，由以往进城挣钱回乡发展开始向精神层面拓展，由单纯谋生向追求归属感延伸，由承担家庭经济责任向实现人生价值延伸。针对“下班后主要做什么”这个问题，仅有1.3%的人选择回答“做第二份工作”。这一比例相对于老一代农民工要低得多。在访谈中，不少新生代农民工也认为，与其挣眼前那点工资，还不如参加学习或培训，提高自身素质，谋求将来发展。调查结果也显示，新生代农民工更重视职业发展性、人际关系和谐度等，更关注企业内部文娱活动、企业地理位置、企业工作和住宿环境、企业的发展前景、企业为员工提供的发展机会以及为此提供的培训等。

21世纪以来，特别是实施“八八战略”以来，全省各级党委和政府越来越意识到，外来务工人员有权利享受公共文化服务，这种享受反过来也会让他们产生融入感、认同感，从而使整个社会具有更高的凝聚力和向心力。2005年《中共浙江省委关于加快建设文化大省的决定》已经提出，要“面向基层、面向群众，广泛开展群众性文化体育活动，大力推进企业文化、校园文化、社区文化、村落文化、广场文化、军营文化的发展，不断丰富广大群众的精神文化生活。兼顾不同社会群体多层次、多样化的文化需求，使全社会共享文明成果”。虽然其中未特别提到外来务工人员，但“面向基层、面向群众，广泛开展群众性文化体育活动”，“兼顾不同社会群体多层次、多样化的文化需求”等提法，事实上已经涵盖了外来务工人员及其文化需求。2008年《浙江省推动文化大发展大繁荣纲要》提出，要“关注农村和特殊未成年人群体，切实保障孤残儿童、农村‘留守’儿童、外来务工人员子女、城市困难家庭未成年人的权益”；“大力推进‘文化低保’工程，加大向基层特别是低收入和特殊群体提供免费文化服务的力度”。这是“外来务工人员”一词首次出现在省委有关文化建设的纲领性文件之中。2011年《关于贯彻十七届六中全会精神推进文化强省建设的决定》进一步明确，要“扩大政府采购公益文化产品和服务的范围，确保经济困难家庭、农民工和残疾人等群体享受公共文化服务”。这些表述都意味着，浙江省已经开始关注外来务工人员的精神文化生活。在实践中，浙江省委、省政府以及全省一些地方党委、政府也开始探索增加外来务工人员公共文化服务供给、创新外来务工人员公共文化服务内容和形式、丰富外来务工人员文化生活、保障外来务工人员基本文化权益的途径和方式。

“十一五”期间，浙江省实施了“文化低保”工程，对外来务工人员文化活动中心予以补助。浙江省总工会、省文化厅等部门也开始把保障农民工精神文化权益作为自身的一种职责，探索改善和丰富外来务工人员精神文化生活的形式和方法。2006 年，浙江省总工会启动了“向农民工送文化”行动，以丰富外来务工人员精神文化生活为目的，开辟了送电影、送演出、送书报、送培训、送广播、送彩电、送健康 7 种形式。同一年，浙江省总工会又启动了“一千双万大培训”活动，即每年向农民工送演出 1000 场，送电影 1000 场，送报纸 1 万份，采取各种形式培训农民工 100 万人次，不仅为外来务工人员提供一个文化娱乐平台，而且也为他们了解社会、学习知识、提高素质提供一个重要渠道。2007 年 5 月 30 日，省总工会宣教部和浙江电台新闻台为民工打造的“民工在线”专题节目正式开播，节目采用新闻资讯、热线访谈等形式，倾听广大农民工的心声，为他们提供咨询维权服务等。2008 年初，因大雪封道，交通阻隔，很多外来务工人员滞留浙江。省文化厅专门下发通知，要求各地在做好春节文化活动安排的同时，特别要为不能返乡留在城里的务工人员组织开展丰富多彩的文化活动。随后，浙江时代电影院线推出外来务工者专场，在其下属的五家电影大世界推出为滞留杭州的外来务工者和过路返乡群众放映新年专场电影的活动；时代电影院线还针对一部分被雪天困住的暂被集中安置的外乡群众，安排旗下数字电影流动放映队，免费送电影到有关安置点。

与此同时，外来务工人员的精神文化生活需求，也越来越受到浙江省各级地方党委和政府的重视。一些地方在丰富外来务工人员精神文化生活中，也比较充分地考虑到他们工作生活的特点和消费能力，采取便捷的方式和渠道为外来务工人员提供尽可能多的公益性文化服务，把文化设施建在外来务工人员相对集中的地方，方便外来务工人员参加；在形式上，根据小型分散、简便易行的原则，组织和开展形式多样的文化活动。

早在 2005 年，嵊州市不仅把丰富外来务工人员精神文化生活纳入全市精神文明建设纲要中予以布局，还重点启动了针对外来务工人员的“一卡三队五中心”工程建设。“一卡”即“文化绿卡”，用于免费借阅市图书馆图书，参观体育馆、越剧博物馆、越剧艺术中心等场馆，参加各项文化体育培训以及各种公益性文化活动；“三队”即组建民乐演奏队、越剧演唱队、体育运动队，搭建外来务工人员展示自我的平台；“五中心”即建立外来务工人员生活居住中心、教育培训中心、文体活动中心、管理服务中心和信息网络中心。嵊州市还创办了外来职工培训中心、外来人口越剧俱乐部、外来务工人员文化活动点（室），在企业中组织文艺活动队伍，开展企业内部本市职工与外来职工的联谊文化活动。这些做法，不仅提高了外来务工人员的素质，也使他们尽快地融入了当地社会。

类似嵊州市这样向外来务工人员发放“文化卡”的做法，也出现在余姚市。2008 年，余姚市出资 400 万元为“新余姚人”和低保户这两个特殊群体分别量身定做了 4 万张“阳光文化共享卡”和“阳光文化爱心卡”。凭“阳光文化爱心卡”，低保户每月可以免费在影城观看一场电影、每季度在剧院观看一场戏，免费借阅图书，参观爱国主义教育基地等。凭“阳光文化共享卡”，“新余姚人”可以每个月免费观看 2 场电影，在市图书馆免费借阅图书，还能在参观爱国主义教育基地和科普展览等方面享受与“老余姚人”同等的待遇。[①] 在图书馆、博物馆、文化站、美术馆等已经实行免费的今天来看，发放“阳光文化共享卡”和“阳光文化爱心卡”的做法，似乎只是一种“小恩小惠”，在当时却具有相当重大的意义。像发放“文化绿卡”的做法一样，发放“阳光文化爱心卡”的做法，意味着外地人口在本地生活的权利已经开始得到承认和保障。这张小小的卡，就是外来务工人员获得公共文化服务权利的凭证，也体现了一种文化关爱意识和平等意识。

近年来，浙江省一些地方出现的“农民工文化活动中心”“农民工文化家园”是一种更能使农民工体会“家园”归属感的场所。东阳市有外来人

① 参见张品方、张伟、吕芳《外来务工人员和低保户刷卡消费文化》，《浙江日报》2008 年 10 月 4 日。

口50万，占总人口比重近40%。2006年，东阳市白云街道杨家村、五马塘村和南市街道大田头村3个农民工聚集村率先建立了“农民工文化活动中心”。截至2012年底，东阳市已先后投入2000余万元，在10个农民工聚居地建立了集文化娱乐、体育锻炼、学习培训等功能于一身的“农民工文化活动中心”。东阳市计划到2015年底建成20个左右的“农民工文化活动中心”。2012年5月，文化部对浙江东阳“农民工文化中心”、北京市“民工影院”、甘肃省“工地图书流通站”等40个“农民工文化服务示范项目”进行了表彰，希望这些项目能发挥示范效应，加快引导全国各地把农民工文化服务纳入当地公共文化服务体系。东阳市在创新“农民工文化活动中心”建设机制和运作机制上也进行了积极的探索，创建过程本身就体现了“政府主导、企业共建、社会参与”的新理念。绍兴县16000多家企业汇聚了近50万外来建设者，2013年底，全县已经创建20个村（社区）级“农民工文化家园”。截至2013年底，浙江省已经建成243个省级“农民工文化家园”。省总工会为每个省级“农民工文化家园”赠书600册，同时重点扶持60个建在开发区、乡镇、社区等农民工聚居地、经济相对困难的“农民工文化家园”，每家补助创建经费4万元。

义乌是一个十分特殊的城市，是一个外来建设者超过本地人口的多民族居住的“移民”城市。2013年底，义乌市有户籍人口70多万，而登记在册的外来人口则有133.17万。目前，义乌市聚集了47个少数民族，少数民族人口达到6万多人。针对外来务工人员文化生活需求，义乌市建设了一批“外来建设者之家”“安心工程”，创办了外来人员文化俱乐部(科技图书馆)，组建了外来人员文化活动点等，让外来务工人员享受到了“文化套餐”，提高了对义乌的认同感和归属感。义乌的不少企业在丰富外来务工人员文化生活中起到了主力军作用，许多企业为员工提供了健身娱乐场所，并组织开展丰富多彩的企业文化活动。街道、社区和乡村也为外来建设者构建生活家园做了不少工作。比如，北苑街道有10万多名外来建设者，为改善辖区文化基础设施，投资3000万元建起了北苑文化中心；苏溪湖宅村村干部自掏腰包，花费近6万元购买功放、音响设备，在休闲健身场地上铺设花岗岩，周边还配备灯光，供新老村民免费使用。

还有一些地方不仅向外来务工人员提供公共文化服务，而且也吸引他们共同参与公共文化建设。比如，宁波市鄞州区在文明创建、“和美家园”创建中就广泛地吸引新老鄞州人共同参与。全区针对各个创建村外来人员多的特点，在“老村民”与“新村民”之间搭建了一个沟通的平台——381 个“和美家园”共建会，协助“和美家园”创建工作领导小组开展创建活动。在共建会这个群众性的自治组织下，新老村民争当主人翁，大力倡导和谐、文明的社会新风。杭州市成立了“会员之家”“外来人员之家”等组织，以实现外来务工人员自我管理、自我服务、自我教育的愿望。杭州市拱墅区共有 200 支活跃在基层的各类群众文体团队，外来务工人员占比近 40%，其中，蒲公英艺术创作团等群众文艺团体由清一色的外来务工人员组成并深受当地群众喜爱。温州市则举办了以关爱外来务工人员为主题的“尊重劳动、共创明天”和“共享一片蓝天”等晚会和歌手大奖赛系列活动，展示外来务工人员的艺术风采。在外来务工人员中开展“外来务工青年大家乐”“把文明带回家”等丰富多彩的文化活动。显然，丰富外来务工人员的文化生活，不能采取强制喂食的方式。浙江各地的实践表明，如果没有外来务工人员自发、自愿、自主、互动的参与，没有对外来务工人员的平等态度，没有对外来务工人员的组织能力和创造能力的尊重，所谓“外来务工人员公共文化活动”就可能流于形式，成为一种好看的“摆设”或“文化秀”。

文化娱乐是浙江省各地外来务工人员公共文化服务供给的重要内容。对于外来务工人员而言，文化娱乐不仅有助于愉悦身心，而且也“传达了特定的意义和价值”。文化娱乐不仅是新的生活方式、新的“工业”、新的经济社会发展的反映，而且也涉及普通大众的日常生活经验、各种新的人际关系和社会关系。通过参与城市和企业的文化娱乐活动，外来务工人员能够认识到他自己属于特定的城市，同时也认识到城市成员的身份带给他的情感和价值意义，从而强化了对于所生活城市、工作企业、居住社区的认同感和归属感。正是在参与城市和企业组织的公共文化娱乐生活过程中，重构了新居民与老居民、外来务工人员和本地务工人员共同的文化认同，形成了新的心理群体。

除了文化娱乐以外，全省各地也把以提升外来务工人员科学文化素质为目标的专业技能培训作为公共文化服务供给的重要内容。目前，外来务工人员受教育程度普遍不高，不仅已经成为其选择职业、提高自身收入、改善生活、融入城市的瓶颈，而且也已经成为浙江这个外来务工人员大省经济结构调整和转型升级的制约性因素。浙江省率先在全国把外来务工人员的科普经费列入财政预算，同时，省委、省政府还把针对外来务工人员的法律法规、就业技能等培训活动纳入“千万农民素质培训工程”之中。省文化厅也安排专项经费，实施了公益性培训“星光计划”。从 2009 年 6 月份启动至 2012 年 4 月，不到 3 年时间就已开办吉他班、排舞班、小魔术班、心理健康教育班、“钱塘杂谈”民生大讲堂等多种培训班 1000 多次。与此同时，不少市（地）、县（市、区）也将外来人员教育纳入现代市民培育工程，专门编写《外来务工人员教育读本》等读物，向外来务工人员提供计划生育、社会治安、劳动保障、职工权益等法规政策信息以及地方风土人情、人文环境以及文明礼仪、文明市民、健康娱乐、科学普及等思想文化知识。免费为农民工办班，也是浙江省不少地方政府多年坚持的做法。比如，宁波市群众艺术馆以打造“群星”系列公共文化服务品牌为抓手，服务农民工群体，从 2007 年开始，推出了“群星课堂”这一免费文艺培训项目。针对农民工生活和工作的特点，宁波市群艺馆把课堂办到了企业、社区、外来务工人员聚居地、民工子弟学校等场所，让农民工就近就能免费享受到文艺培训服务。长兴县每年专门从财政拿出 500 万元作为农村劳动力的培训资金，并制定了“农村劳动力技能培训券”等制度，建立了 17 个免费培训基地。

第四节　创新公共文化服务体系建设体制机制

在担任浙江省委书记期间，习近平同志已经充分意识到，今天公益性文化事业的发展不能背离市场经济大背景。市场经济条件下公益性文化事业发展模式已不同于计划经济下政府大包大揽的“文化事业”模式，必须引入市场机制、社会力量，尽量借助一些被实践证明是灵验的市场手段，实现政府与市场、社会的互动互补，以提高公共文化产品和服务的供给效率。习近平同志指出，在公益性文化事业投入上，虽然政府必须加大投入力度，但“要用改革的思路和办法，运用市场机制，强化资本运作，充分发挥财政投入的导向和带动作用，推行扶持文化项目的财政转移支付制度和文化产品、服务的政府采购制度，逐步从对文化单位及其从业人员的一般性投入转为对文化项目的投入，实现由‘养人头’向‘干事业’转变”①。这种市场经济条件下公益性文化事业建设的“全新理念”，在习近平同志担任浙江省委书记期间制定的《中共浙江省委关于加快建设文化大省的决定》中得到了充分的体现。《决定》指出，要“充分发挥公共财政的支撑作用，探索形成政府主导、社会参与、市场运作的公共事业发展新格局”。21 世纪以来，尤其是实施“八八战略”以来，浙江省各地在优化公共文化服务治理结构，尤其是在促进公共文化发展过程中借助市场机制、引入社会力量，实现政府与市场、社会的多元合作、互动互补等方面，进行了积极的尝试和探索，积累了不少符合市场经济要求的创新公共文化服务领域投入方式、创新管理和运作机制的经验。

一　创新公共文化服务体系建设投入机制

如前所述，21 世纪以来尤其是实施“八八战略”以来，在财政逐步宽裕的条件下，浙江省逐年加大了对文化的公共财政投入力度。更值得关注的是，全省各地在公共文化服务投入和供给方式上的创新、建设理念上的重大转变，尤其是浙江省不少地方在提供公共文化服务上建立政府、市场、社会合作伙伴关系，强化财政投入的有效性、激励性和引导性功能方面的尝试。浙江各地创新公共文化投入方式的实践表明，从传统模式下政府在文化投入上大包大揽的单一负责制转向以政府保障为主，政府、企业、第三方、个人

① 习近平：《干在实处　走在前列——推进浙江新发展的思考与实践》，中共中央党校出版社，2006，第 329 ~ 330 页。

等多方投入的多元格局，是市场经济条件下公共文化服务体系建设的一个必然趋势。

（一）从“直接拨款”到“以奖代拨”

长期以来，我国对“文化事业”的投入，基本上采取了直接“拨款”的方式，即按单位在编人员拨给人头费，再由这些人员提供公共文化产品和服务。计划经济时期我国文化事业单位规模小，财政支出有限，行政支配方式曾经在一定程度上是有效的。然而，这种方式导致的一个结果，就是“以钱养人”“以钱养单位”，财政支出按人付费，但具体需要多少人，这些人又干了多少事，是否应该支付这些费用，往往是一笔糊涂账。实践表明，“以钱养人”“以钱养单位”的“直接拨款”投入方式，往往会导致人浮于事、办事效率低等弊端。

21 世纪以来尤其是实施“八八战略”以来，浙江一些地方和部门开始了从“养人”“养机构”向“养事”转变。“养事”是根据公众需要事业单位提供的服务量来衡量服务费用，即“以事定费”，其结果将促使事业单位“定人”并解决机构臃肿、办事效率低等“老大难”问题，从而对计划经济体制下文化事业单一由政府直接拨款的方式形成了有效突破。为了实现从“以钱养人”“以钱养单位”向“以钱养事”“以钱养项目”转化，强化财政投入对公共文化服务项目建设的有效性、激励性和引导性功能，加大公共文化服务体系建设资金的投入，浙江省一些地方政府采用了“以奖代拨”“补贴”“项目申报”等方式。比如，台州市“以奖代拨”机制的形成，始于 2004 年。从这一年开始，市财政每年下拨 200 万 ~ 300 万元资金奖励文化俱乐部建设。验收合格的俱乐部，可获得 8 万元现金或实物补贴。“奖”和“拨”虽然仅仅有一字之变，却对基层建设文化俱乐部形成了有效的激励，带动了县、乡财政和村级集体配套资金的投入。嘉兴市则制定了市、县两级财政对农村新建、改建和扩建的文化阵地达标项目给予奖励性资助的政策措施，形成了以政府投入为主、社会多渠道投入为辅的新的投入机制和奖励机制。从 2007 年到 2010 年，嘉兴市还设立了总额为 2000 万元的嘉兴市农村文化建设专项资金，对外来务工人员文化活动、文化信息资源共享工程、图书馆乡镇分馆等建设进行奖励和补助。2008 年，诸暨市委、市政府出台了《关于推进文化惠民的实施意见》，对获省“东海文化明珠”“绍兴市文化示范镇乡”称号的镇乡街道，“省级文化示范村”的行政村，在上级奖励的基础上，再给予奖励。开展诸暨市“文化强镇”和“文化特色村”创建活动，每创建一个“文化强镇”奖励 30 万元，每创建一个“文化特色村”奖励 5000 元。开展规范化文化站建设活动，对年度考核优秀的文化站给予 3000 ~ 6000 元的奖励。富阳市也通过“以奖代拨”等文化投入方式，推动公共文化服务体系建设。2012 年底，市财政下达创建浙江省杭州市、富阳市文化示范乡镇、街道、村、社区、户以奖代补资金 1000 余万元；创建综合文化站达标站“以奖代补”资金 5000 余万元；建设“农家书屋”工程资金 700 余万元。各创建乡镇、街道投入文化设施配套资金 8000 余万元。这种变“拨”为“奖”的做法，有效地激励了文化设施建设主体的积极性，提高了文化投入的效率。

除了“以奖代拨”以外，“补贴”也是市场经济大背景下政府对公共文化服务领域的一种投入方式，但这种方式已经与过去“大包大揽”的公共财政投入模式截然不同。在古代汉语中，“补贴”亦作“补帖”，谓因不足而有所增益。从本义上看，“补贴”是给予特定的消费群体一定的资金补助。“补贴”可以降低特定物品的价格，使特定消费者不必过多担心经济上的问题而有能力购买其需要的服务。在当代社会，“补贴”是世界上众多国家政府普遍运用的一项经济政策，既是政府调控经济运行、协调社会各方面利益分配关系的重要经济杠杆，也是发挥公共财政激励功能的重要手段。在公共文化服务发展模式转型过程中，“补贴”是一种有价值的经济措施。如有学者说，“政府投入建设文化设施并对商业运作给予一定的补贴具有培育文化消费市场的性质，政府补贴导致的低票价也鼓励了部分公众的文化消费”①。

“十二五”时期，中央将补助 70 亿元用于地市级公共图书馆、文化馆

① 章建刚：《公共文化服务体系：市场经济条件下的重构》，载李景源、张晓明主编《浙江经验与中国发展（文化卷）》，社会科学文献出版社，2007，第 231 页。

和博物馆建设。对公共文化建设进行“补贴”，目前已经成为全国各级政府比较普遍的做法，而浙江省则是较早实行这种做法的省份之一。早在2001～2005年，省财政已经每年安排文化事业专项补助经费5000万元，用于基层文化建设、民族民间艺术保护和扶持文化产业发展等；文物保护专项补助经费则从2001年的490万元增加到了2005年的1500万元。实施“八八战略”以来，浙江省不少市（地）、县（市）也纷纷实行“补贴”的做法。长兴县从2003年起，每年从财政拨出80万元用于“东海明珠工程”达标补助。从2005年开始，湖州市文广新局每年拿出100万元用于两个区的文化设施建设的补助。从2005年开始，嘉兴下属的海宁市对辖区内每个创建成为“东海文化明珠”的乡镇（街道）予以30万～50万元的补助，对每个市级村文化活动中心、文化活动室分别予以4万～7万元和2万～4万元的资助，并要求镇（街道）的配套资金不得低于市级标准。嘉兴市南湖区在文化共享工程建设中，采取了“区财政补贴一块，镇里出一点，村（社区）凑一点”的模式进行，使全区文化共享工程服务点覆盖率达到100%。从2007年开始，绍兴的诸暨市对各级各类基层群众文化活动给予补助。送戏下乡每场补助5000～10000元，镇乡文艺活动每场补助1000～5000元，文艺骨干培训每人每天补助50元，每建成并开通一个文化信息资源共享点补助5000～10000元等。宁波市对宁波大剧院、宁波剧场等文化单位，每演出一场，根据演出规模，进行资金补助。从2005年开始，宁波的慈溪市、余姚市等地都建立了乡镇文化设施建设评比标准，年底给予不同的资金补助，个别有条件的乡镇对村级文体设施建设也制定了补助方案，形成了公共文化服务体系的资金补助网络。宁波市鄞州区则不仅形成了有利于公共文化服务发展的较为完善的奖励制度，而且也形成了相对完善的财政补助机制。从2006年开始，区委、区政府对全区镇乡（街道）实行农村群众文体工作目标管理考核。为确保考核工作的有效落实，区政府按户籍人口每人每年2元的标准设立专项补助资金，各镇乡（街道）要在本级财政中按人均4元的标准落实专项资金，用于对文体队伍和文体活动的补助，以保证农村群众文体工作补助经费的落实。此后，在创建“星光工程”“公共文化明珠镇”过程中，区政府也设立了专项补助资金。显然，这些“补贴”“补助”的做法，与过去“以钱养人”“以钱养单位”的做法形成了鲜明对照，体现了“以钱养事”“以钱养项目”的原则，发挥了财政投入的有效性、激励性和引导性功能。

世纪之交以来，“项目申报”这种文化投入方式也越来越多地被浙江各地所采纳。从 2006 年开始，杭州市对“文化产业扶持项目”（从 2008 年开始更名为市“文化创意产业专项资金”。需要说明的是，虽然这些项目被称为“文化产业扶持项目”，但实际上其中既包括了“文化产业扶持”项目，也包括了“公共文化设施扶持”项目）实行专家评审与行政决策相结合的立项审批制度。从 2006 年到 2014 年，杭州市已经连续 9 年实行了这种制度，通过评审立项，一大批质量较高的重点、潜力项目得到扶持，有力地促进了杭州市文化创意产业发展和公共文化设施建设。

浙江省一些地方政府“以奖代拨”“项目申报”等实践，是“创新财政投入方式”的积极尝试，对计划经济体制下文化事业政府直接拨款的方式形成了有效的突破。“以奖代拨”“补贴”“项目申报”这些做法的意义，就在于其打破了文化投入上上级政府大包大揽的传统格局。正是通过这些新的做法，上级政府与下级政府的财政投入、政府的财政投入与文化单位和民间资金等得到了较好的结合，从而既激励了多方力量参与公共文化服务体系建设的积极性，又提高了政府资金的使用效率。

（二）公共文化产品：从政府直接生产到采购

政府采购公益性文化产品和服务，是市场经济大背景下政府投入方式的重要创新。在传统“文化事业”体制下，多数公共文化产品和服务都倾向于由支出单位内部提供。这种提供方式往往缺乏实践依据和战略性考虑，造成重复建设、设施闲置，增加了公共财政性资金的浪费和负担。同时，由于财政性资金使用过于分散，缺乏透明度，也容易产生“寻租”现象。政府采购是克服这些公共财政投入弊端的重要方法。“政府采购”不仅意味着各级政府及相关部门以提供公共产品和服务为目的，使用公共资金，以法定方式、方法和程序从国内外市场上购买货物、工程和服务的活动，而且也意味着具体的采购过程、采购政策、采购程序及采购管理等。政府采购通常是政府根据所采购产品的不同特性，通过公开招标、邀请招标、竞争性采购等方式进行的。这种做法将公共文化产品和服务的提供与生产分离，政府出资作为公共产品的提供者，但是在公共文化产品和服务的生产者（包括公共文化机构和私营文化机构）之间引入了市场竞争机制。因此，政府采购公益性文化产品和服务，不仅有助于完善公共支出方式，使政府掌握了选取产品、服务工程的主动权，保证采购质量，提高政府财政投入的效率，而且通过法制化、规范化、程序化的操作手段，有助于实现公共文化产品和服务的公平、有效分配，也使得公共支出能够更好地满足社会公众对公益性文化产品和服务的整体需求。

在全国，杭州市最早试行“公益性文化产品政府采购制度”。2004 年 4 月，杭州市出台了政府采购公益性文化产品政策，规定凡在杭州市辖范围内正式注册的文化单位和文艺团体，其所生产的图书、戏剧、影视剧、音乐会以及其他文艺演出等文化产品，均属政府采购范围。与以往拨“专项资金”的扶持方式不同，这是杭州市第一次以“政府采购”的形式对文化产品试行扶持与监督，从而使财政政策的杠杆作用突显了出来。首次被政府采购的，是杭州滑稽艺术剧院的“双百场进社区”活动和杭州红星文化大厦的“开启音乐之门”系列音乐会，这两家文化机构从政府文化事业建设费中各获得了 20 万元采购基金。在总结经验的基础上，2005 年《杭州市政府采购公益文化产品服务试行办法》出台，不仅明确了采购的原则、范围、重点等，而且也明确了采购的方法。同年，政府加大力度，采购了杭州歌舞团的百场音乐会进广场、杭州越剧院的童话音乐剧《寒号鸟》进学校，以及余杭区的文艺大篷车进乡镇等公益性文艺演出项目。2006 年，政府对“星期六音乐会”等一批公益文化产品和服务项目进行采购。[①] 同年，杭州市西湖区在购置文化大篷车以后，尝试以市场化运作方式，与浙江至诚文化投资有

① 参见杭州市文化体制改革领导小组办公室《杭州市试行公益性文化产品政府采购制度》，载杭州市文化体制改革工作领导小组办公室编《杭州市文化体制改革回眸》，杭州出版社，2007。

限公司合作，由政府提供文化设施，企业受政府委托运作公益文化项目。根据双方约定，浙江至诚文化投资有限公司每年要完成60场左右的送戏下乡任务，而西湖区以政府采购方式给予企业适当资助。从2007年开始，杭州市文化广电新闻出版局以“万场文化活动下基层”工程为抓手，由市、县（市）两级政府采购公益性文化产品。杭州市群众艺术馆等文艺团体和各区、县（市）文化馆、民间剧团、群众表演团队每年都会下社区、进祠堂、上戏台，在老百姓家门口送上滑稽戏、戏曲杂技、民乐歌舞等丰富多彩的文化演出，每年送戏下乡上万场，有效缓解了广大群众文化需求“供给不足”的问题。

与杭州一样，浙江其他一些城市也实行了政府对公共文化产品的采购制度。早在2004年11月颁布的《关于支持国有文化单位改革试点的若干政策意见》中，宁波市已经提出，“对政府安排的公益性文化活动项目，要进一步引入竞争机制，原则上实行政府采购制度”。2005年，宁波首次实行公益性文化产品政府采购，政府成为“万场电影千场戏剧进农村”项目采购商，公开向社会招标演出剧团、电影放映队和剧目、影片，由群众自主选择剧团和放映队，自主选择所需的剧目和影片。像杭州市一样，宁波市的这一做法也对传统的文化投入方式形成了冲击。正如宁波市财政局政府采购办一位负责人所说，按照过去的做法，对于这类公益性文化项目的扶持，通常是把一笔专项资金划拨给文化部门，然后逐一分配给直属的剧团和电影放映队，由这些机构到农村完成演出和放映任务。“这样的拨款形式，很难与演出质量挂钩，演得好与差，在资金补贴上往往没有明显区别。”“更重要的是，群众没有选择的余地，只能观看剧团和放映队排定的戏剧、影片。”① 而实行政府采购公益性文化产品这种做法，文艺院团要想得到政府专项补助资金，就必须提高文艺作品质量，用政府投资引导文艺院团出好作品。这种做法不仅能够使政府有限的资金发挥激励和引导作用，而且也有助于更好地满足群

① 邓少华：《宁波实行公益性文化产品政府采购农民自己点单》，《宁波日报》2005年8月3日。

众对公益性文化产品多样化的需求，更重要的是还推动了公共财政投入从“养人不养事”向“养人为养事”转变。此后，宁波市各级宣传部门也相应地减少了过去对文化服务进行补助的力度，变“补”为“购”，从而进一步提高了资金的使用效率。

目前，政府每年向社会购买一批重点项目，低价或免费向群众提供，已经成为全省各地一种较为普遍的做法。实践表明，公共文化产品采购制度以竞争性采购为主，通过公开招标或竞争询价、竞争邀请的方式，吸引供应商前来竞标，形成有利于政府的买方市场，使政府获得比较优惠的价格和更优质的公共文化产品或服务，从而提高公共支出的效率。这就表明政府采购公益性文化产品有效地发挥了引导作用。由于政府采购的公益性文化项目往往具有较高的艺术质量，从而能吸引企业和其他社会力量共同来参与投资，产生了多方受益的多赢效应。显然，政府采购公共文化产品的做法，引入了市场竞争机制，有助于提高公共文化投入的效率和供给的质量。

（三）公共文化服务：从单一到多元的投入

公共文化服务体系建设资金单一来源于财政税收往往会导致两种弊端：一是有限的政府单一投入难以满足日益增长的公共文化服务需求；二是政府单一投入效率和效果难以监控。为了弥补单一投资模式的缺陷，21 世纪以来特别是实施“八八战略”以来，浙江省一些地方尝试多种融资渠道和融资方式，着力探索公共文化事业“政府和民间协力发展的新型合作模式”新路子。宁波市新建宁海十里红妆博物馆、慈溪金轮艺术馆、紫林文房作坊、象山张德和竹根雕艺术馆等一批民间博物馆、艺术馆，免费或低价向公众开放，都采用了这种“国助民办”与个人投资相结合的多元投入方式。

更值得一提的是，21 世纪以来尤其是实施“八八战略”以来，全省各地积极引导和激励社会力量对公共文化事业的资助，从而在实现公共文化服务从单一投入向多元投入转变方面取得了显著的成效。在欧美各国，政府常常通过在社会上广开财源以寻求社会对公益性文化的支持和捐助。据统计，美国的个人、公司和基金会对公益性文化事业的资助达到政府直接投资的 4 倍，英国企业的资助占政府投入的 40%，德国和法国也高于 30%。在这些国家，社会对文化的参与极其广泛，各种文化艺术基金会非常之多，有些大公司还订有资助规划。作为全国民营经济大省，浙江发动社会力量资助公益性文化事业具有充分的条件。自21世纪以来尤其是实施“八八战略”以来，浙江在鼓励社会力量对公共文化事业的赞助方面，取得了突破性的进展。在这方面，慈溪市、富阳市、绍兴县、海宁市等都具有代表性。[①]

慈溪市民营经济发达，但城市建设起步较晚，改革开放以来相当一段时期公共文化设施建设相对滞后，与经济发展水平和群众文化需求不相匹配。2006年初，慈溪市宗汉街道联兴村39位企业主共同出资21万元，在全省建立首个村级文化建设基金会——“创新者之约”文化基金会，开创了农村文化基金建设之先河。据统计，从2004年初到2007年初，慈溪市就有2000多家民营企业以各种形式赞助农村公共文化事业。全市建成的140多个村落文化宫、270多条农村体育健身路径、100多个村级公园，企业赞助就占了总投入的1/4；全市每年300余场新春社戏，所需的近百万元费用全部由当地企业家赞助。绍兴县民营经济发达，民间资金充裕，初步形成了文化投资主体多元化的格局。如齐贤镇阳嘉龙等6个村，由10多位企业家出资320万元建造村文化中心，所有权归个人，由村集体管理，村民可以无偿使用。平水镇文化中心由政府出土地，中厦集团出资200万元建造，所有权共享，但不参与使用权和收益分配。海宁市许村镇永福村采取“上面补一点、集体挤一点、企业助一点、村民捐一点”的办法筹措资金，共筹集资金195万元，建成了村文化活动中心，建筑面积678平方米，内设图书室、多功能厅、录像室、电脑室等。2005年12月31日，台州市开始在全市范围内实施“百分之一文化计划”活动，即在项目建设投资总额中提取1%的资金用于公共文化艺术设施建设。这既是一种公共文化共建机制，也是一种多元化的新的公共文化设施投入方式。该投入方式获第三届文化部创新奖，并因成效显著而被其他一些城市仿效。

① 参见骆威《浙江农村公共文化服务体系建设》，载陈立旭、潘捷军等著《乡风文明：新农村文化建设——基于浙江实践的研究》，科学出版社，2009。

二　创新公共文化设施和服务运作机制

公共文化事业必须体现免费或低收费的“公益性”原则，但其“运转费用”是一个难以回避的问题。在我国，有不少地方走进了“建设一座设施，背一个包袱”的怪圈。显然，破解这个难题，需要探索公共文化设施在市场机制下建设运营管理的新模式，增强公共文化设施的自我造血功能，提升运作效率。21 世纪以来特别是实施“八八战略”以来，浙江省一些地方在这些方面也进行了有意义的尝试。

（一）国有民营和国助民办：公共文化设施运作机制创新

作为一个市场经济先发省份，浙江省一些政府部门较早地意识到了传统公共文化设施运作机制的弊端，提出了一些符合市场经济规律的公共文化设施建设和运作机制的改革思路。21 世纪以来特别是实施“八八战略”以来，浙江省越来越多的地方政府开始采取一些市场化、社会化的手段，创新公共文化设施运行机制，逐步尝试走出“建设一座设施，背一个包袱”的“怪圈”。显然，这些探索为全国各地破解公共文化设施和服务的运作与管理难题，提供了有益的经验和启示。

1. 由文化设施所有者自身实行企业化运作

例如，红星剧院改制组建杭州红星文化有限公司，宁波大剧院按照“企业化管理，市场化运作”目标组建经营有限公司，大力开拓演艺市场，都属于对“由文化设施的所有者自己实行企业化运作”这种模式的尝试和探索。在这方面，杭州红星文化有限公司的探索具有相当程度的代表性。这是一家按照现代企业制度组建的公司，其主体建筑是杭州红星文化大厦，由市政府投资 1. 3 亿元、市文化局自筹 0. 4 亿元建成。红星文化公司努力培育“红星”品牌，做大做强文化市场，走出了一条国有文体场馆市场化运作的新路子。

杭州红星文化有限公司的具体做法是：其一，建立完善员工考核、激励、分配机制，用四星级酒店的管理标准来打造服务品牌。自开业之初，“红星”就实行全员合同制。“红星”全面启动业绩考核制度和目标考核责任制，从知识、技能、业绩等多方面对员工进行绩效考核。作为一家剧院，全年的演出场次与演出收入首先成为两项重要的考核内容。同时，为培养各部门的团队合作精神，管理层将考核内容分成个人考核与团队考核两部分，团队表现的好坏直接影响个人的收入。这就把培养优秀的个人与优秀的团队有机地结合了起来，在相当程度上激发了员工的主动性和创造性。此外，建立完善员工培训制度、制定员工手册、规范工作程序。其二，立足于培育市场。“红星”将“做演出”和“做市场”区分开来，视前者为短期行为，视后者为长期行为。剧院用系列演出安排、规模宣传等来提升市场的关注程度，坚持“做市场”、打造品牌、多元化发展来保证和扩大自身的市场份额，保持业绩持续发展。比如，“红星”推出的“开启音乐之门”和“越剧大舞台”，在内容和价格的定位上采取了顺应市场、平价和普及的路线。其三，以更新和更细的管理手段吸引观众、赢得市场。包括用合作分成、打包签约、“加演”概念等方式降低费用，为降低票价打下了基础；在每一种活动中，首先考虑“平价”，在做票房预算时基本按实估算，把票价定到最低；采用独特的分类、分阶段售票方式；推出会员俱乐部制，引入“音乐季”概念，建立营销网络等创新营销方式。其四，实施多元经营。“红星”在经营上采用灵活机动的形式，利用酒店与剧院结合的优势，充分盘活各类资源。在演出的操作上，将自营、合办及租场相结合，除演出外，同时承接各类会议、歌（影）迷见面会、大型公开课程等活动。“红星”还最大限度地开发利用产业资源，将剧场观众休息区开辟为画廊，并成功地推出了多项活动。这些举措不仅实现了公司经营的多元化，创造了更多的利润空间，而且营造了酒店高雅的文化氛围，促进了酒店和剧院的共同发展。

2. 委托专业公司管理或民营企业经营

在计划经济体制下，国内大型文化体育场馆基本由政府投资，以文化体育部门附属单位的方式运营。这种“办文化”和“管文化”合一的模式往往会导致资金短缺、经营不善、维持困难等难题。21 世纪以来特别是实施“八八战略”以来，浙江一些地方政府按照“所有权和经营权相分离”原则，尝试把公益性文化设施委托给专业公司管理或者民营企业经营，从而较成功地破解了上述难题。委托经营和管理意味着公共文化服务的生产和供给可以委托给私人部门，政府不再是直接生产者和提供者，而是购买者、委托人和监管人；意味着政府的“掌舵”职能和“划桨”职能可以分离，政府可以从公共文化产品和服务的直接生产者和提供者角色中摆脱出来。

宁波市鄞州区体育馆和区文化艺术中心、萧山剧院、义乌梅湖体育场等公共文化设施委托经营和管理的做法，在浙江全省乃至全国不仅具有“早发性”，而且也具有典型性。目前，公共文化设施委托经营和管理这种做法，不仅较为普遍地被全省各地仿效和采用，而且已经不限于像体育馆和文化艺术中心这样的公共文化设施，也扩展到了其他重大的公共文化活动和服务项目。比如，在鄞州区，采取“政府采购、公司运作、全民享受”的服务外包、委托经营运行方式，已经成为提高公共文化设施和服务的专业化程度和组织效率的有效途径。尤其值得一提的是鄞州区“天天演”文化惠民工程。

2009 年，通过公开招标的方式，鄞州区政府与宁波和盛文化演艺发展公司合作开展“天天演”文化惠民工程，由政府负责采购和监督，外包公司统筹安排演出计划，负责具体配送和组织实施，开展面向公众的免费巡演。截至 2012 年底，共配送演出 3483 场，惠及观众 380 万余人次，推动了公共文化服务的均等化，提高了公众的受惠度和满意度。“天天演”已经成为政府公共文化服务外包的一种典型模式。①

（1）政府主导。在“天天演”运行过程中，政府是公共文化服务的责任主体这一理念得到了鲜明的体现。鄞州区委宣传部、区文化局始终承担着责任主体的角色，既是外包服务平台的搭建者，又是外包服务的出资人，同时还承担外包服务的监管、考核和评价等职能。不同于政府“大包大揽”的传统做法，通过公共文化服务外包，政府管理部门有可能从以往因“办文化”而产生的大量繁杂事务中摆脱出来，从而有更多的精力从事公共文

① 参见洪贤兴、胡华宏《鄞州“天天演”公共文化服务外包的调查与思考》，《政策瞭望》2010 年第 11 期。

化服务平台的搭建以及规划、管理和引导等工作，逐步实现从“管办不分”向“管办分离”、从“办文化”向“管文化”的转变。

（2）公司运作。“天天演”模式最大的创新，就是引进外包承接商和盛公司。和盛公司是一家股份制公司，注册资金500万元，其中民营企业雷孟德文化体育发展有限公司出资51%，区政府所属鄞州城投公司出资30%，海曙和美文化公司出资10%，个人出资9%。公司接受鄞州区政府的服务外包，负责供需对接、产品采购、配送及全程监督等工作。作为一个独立的市场主体，获取利润是其天性，和盛公司也不例外。和盛公司在确保“天天演”政府采购合同完成的前提下，尽量降低采购和运行成本，获取了一定的经营利润，基本保证了公司的日常运转。在此基础上，公司积极拓展市场，在商业性演出、培训等方面实现了经济效益的突破，公司自身也得到了发展壮大。

（3）专业生产。专业化生产是“天天演”运行机制的又一大特色。“天天演”面向全国进行采购，改变了过去更多依靠国有文化单位和本地文化团队提供产品的现状，让群众享受到更多专业水平高的演艺服务。通过“天天演”，大量优质演艺资源被引进，其中大部分都是地市级以上剧团，往常少见的省级、国家级剧团现在也很平常，这从根本上改变了农村演出市场以民间剧团演出为主的状况，受到了基层群众的普遍欢迎和广泛赞同。通过“天天演”，群众看到了多层次、多样化的优质文化演出，像重庆的川剧、上海的沪剧都首次被引进，许多群众表示这在以前是不可想象的，大开了眼界、大饱了眼福。对于演艺团队，集中采购使它们减少了营销方面的精力和成本，可以更加专注于演艺水平的提升。

（4）公众参与。从一开始对采购团队、剧目乃至演员的选择，到最后对演出质量优劣的评论，公众的意见都得到了重视，他们的参与度更大、归属感更强了。在公共文化服务短缺时代，群众对文化产品和服务基本没有什么选择余地。政府包办公共文化服务，群众参与度低，供需对接不充分，即使花了很多钱，群众也不一定满意。“天天演”模式则有效地保障了公众对公共文化服务的参与权、享受权、选择权和评价权。

如前所述，长期以来，如何有效合理地利用公共文化设施和资源是一个严重困扰我国公共文化事业的问题。在传统的地方和行业条块分割体制下，文化事业管理组织众多，投资规模狭小，公共文化设施重复建设现象严重，工作任务和具体利益的不同，使有限的文化资源得不到合理充分的利用。同时，在传统的政府“大包大揽”模式下，公共文化设施和资源往往缺乏自身造血功能，服务功能低下，社会效益较差，一方面导致公众的文化需求无法有效地得到满足，另一方面则造成一些公共文化设施和资源长期被闲置和浪费。而浙江的实践表明，引入市场经济方式，可以有效地提高公共文化设施和资源的利用水平，增强公共文化设施和资源的自身造血功能，提升公共文化设施和资源的运转效率。

（二）市场营销：增强公共文化设施运作效率

文化产业必须采取市场营销战略，因为文化产业由生产与经营文化产品和文化服务并追求利润最大化的企业群所组成。在市场经济大环境下，公共文化服务是否也应当采取市场营销战略？对此，弗朗索瓦 · 科尔伯特予以肯定的回答：“像博物馆、音乐厅、公共图书馆或者大学这样的文化机构生产了文化商品或文化产品。所有这些机构现在都意识到，它们不得不在吸引消费者的注意力和它们自己所共享的国家资源这两方面展开竞争。换句话说，它们同样都面临着市场营销的问题。”① 长期以来，在我国的一些公共文化部门，“皇帝女儿不愁嫁”的观念根深蒂固，因而往往不注重市场营销。事实上，在市场经济大背景下，不仅文化产业发展必须运用市场营销战略，而且公共文化服务体系也不可能完全独立于市场体系之外而完全自足，也必须运用市场营销手段。

在这方面，作为市场经济的先发省份，浙江省在许多地方也进行了有益的尝试，从而提高了公共文化设施的运营效率。比如，杭州市萧山区提出，作为全区标志性公益性文化场馆的萧山剧院，在运营过程中要牢固树立

---

① 〔加〕弗朗索瓦 · 科尔伯特：《文化产业营销与管理》，高福进等译，上海人民出版社，2002，第 18 页。

“让更多的老百姓走进剧院，把更加丰富的精神食粮汇集到剧院”的理念。剧院采用灵活多样的形式，积极组织策划各类营销活动，在演出层面的操作上，把租场、自营与合办相结合，高雅精品艺术与群众文化相结合，实行多条腿走路；主动为一些大型企业组织策划产品推介、企业庆典、节庆联欢等活动，积极承办各类大型会议、专题讲座、学术报告和大型公开课等。同时，剧院努力推动室内活动与室外广场活动的有机结合，以凝聚人气，营造氛围。这些举措的实施，一方面推动了剧院经营的多样化，创造了更大的利润空间，另一方面吸引了更多市民群众的注意，使萧山剧院逐步成为市民休闲娱乐、享受精神文化生活不可或缺的重要场所，有力地促进了萧山新区文化氛围的形成和文化品位的提升。①

“企业冠名”赞助是企业推广的一种手段，也是浙江一些公共文化设施用以增强自我造血功能的一种方法。企业冠名可以使企业的名称获得高度关注，极大增加了企业的曝光率，对企业来说，这既是一个很好的推广途径，也有助于其在社会公众中树立良好的形象。因此，“企业冠名”的方式可以有效地激励企业参与公共文化事业建设。比如，宁波逸夫剧院、宁波音乐厅、萧山剧院等都在引进高品位、高档次文艺演出过程中，主动出击，采用企业冠名或企业赞助的形式，使企业参与文艺演出。萧山剧院等还发挥场外大型电子屏幕的广告传媒作用扩大了企业的知名度，为文艺演出提供了资金保障。目前，全省各地节庆活动、音乐会、下乡演出、文体赛事等各种公共文化活动领域均采用了冠名资助的方式，从而既为公共文化活动的顺利开展提供了坚强的资金保障，也使企业较好地扩大了品牌效应。

（三）社会复合主体：公共文化设施建设和运作机制创新

21 世纪以来，杭州市对西湖进行了大规模的综合保护治理，占西湖 70% 的公园景点陆续向游人免费开放。这一举措首先体现了把社会效益放在首位的原则，使杭州市委、市政府兑现了“还湖于民、还绿于民”的诺言，

① 参见萧山区委宣传部《萧山剧院探索国办民营新路子》，载杭州市文化体制改革工作领导小组办公室编《杭州市文化体制改革回眸》，杭州出版社，2007。

使西湖真正地变成了惠及杭州人民、外来游客的公共文化设施。更重要的是，西湖免费开放体现了对弱势群体的改革倾斜，使杭州的外来务工人员、低收入家庭在闲暇时间都有可能免费游览西湖的大部分景点。同时，西湖免费开放又不是一个传统意义上的非经济性的公益行为，它使西湖成为本地和周边地区民众首选的休闲和旅游之地，由此吸引而来的逐年剧增的游客使杭州总体旅游收入远远大于维持西湖免费开放的成本支出。此外，过去西湖若干公园被围墙分割为不同的区块，让游人难以完整地感受西湖的魅力，不断地购买门票也让人难以产生“人间天堂”的感受。经过大规模综合保护治理后的西湖，以整体的、免费的形式呈现在人们的面前，这就大大地提升了杭州的城市形象，由此带来的间接经济效益更是难以估算。[①] 21世纪以来，杭州还实施了运河综合保护工程、西溪湿地综合保护工程等重大工程，也取得了显著的社会效益和经济效益。

在一定意义上，可以把西湖综合保护工程以及运河综合保护工程、西溪湿地综合保护工程等视为大型的公共文化设施建设和管理工程。这些工程的成功，可以归结为“政府主导、市场化运作、社会参与”的公共文化设施建设和管理全新运作机制形成的结果。在杭州，“政府主导、市场化运作、社会参与”的运作机制，已经被总结、提炼、归纳并表述为党政界、知识界、行业界、媒体界“四界联动”的“社会复合主体”运作机制。这种“社会复合主体”具有以下五个特征[②]：第一，架构多层复合、成分多元参与。在成分上有党政界、行业界、知识界和媒体界等多元参与，联动运行，你中有我，我中有你，彼此关联，互为支撑。第二，功能特色互补、职能衔接融合。既具有引导、协调、管理职能，又具有创业、开发、经营职能；既具有研究、策划、设计功能，又具有宣传、推广、展示功能，各种功能既彼此分工，又互补衔接。第三，人员专兼结合、角色身份多样。既有专职人员，又有兼职人员，形成既立

① 章建刚：《公共文化服务体系：市场经济条件下的重构》，载李景源、张晓明主编《浙江经验与中国发展（文化卷）》，社会科学文献出版社，2007，第202～213页。

② 参见王国平《培育社会复合主体研究与实践》，杭州出版社，2009，第8～11页。

足岗位、履行职能，又相互平等、协商合作的社会关系。第四，事业项目带动、机制灵活规范。针对文化型、知识型产业或项目的弹性、柔性、开放性等特性，以及项目建设的阶段性特点，形成灵活的组织结构和运作模式。第五，社会公益主导、持续经营运行。以推进事业发展、社会性项目建设、知识创业为己任，具有事业发展性质，突出公益性，同时又能实行经营运作，不是依靠权力或行政审批权延伸来运作，而是采用企业化、社会化运作方式，具有自我“造血”功能，实现可持续发展。

社会复合主体是一种既基于社会多元分层现实，又具有互渗融合功能；既能最大限度地激发个体创造活力，又能集中力量办大事的创业主体。在这一意义上，社会复合主体可以被理解为一个事业共同体。与传统单位组织因人设事、因人废事的等级制结构形成鲜明对照，社会复合主体是以做事、成事为目标，以推进社会性项目建设、知识创业、事业发展为目的，以“工程”“项目”等为核心安排工作与人事。就此意义而言，社会复合主体可以被称作“事本主义”的共同体。诚然，在社会复合主体内部，不同社会主体或单位行动者都有不同的利益诉求，但同时又存在高度的利益关联性或共同利益。这两个方面既构成了社会复合主体的基本利益关系，也是协调不同社会主体利益关系的立足点和出发点。在实践过程中，不同社会主体或单位行动者的不同利益诉求与社会复合主体的共同利益之间往往会发生矛盾和冲突。但是，从推进社会性项目建设、知识创业、事业发展大局出发，也是为了最终实现不同行为主体的利益，就需要暂时搁置不同的利益诉求，否则也就没有共同利益放大和不同法人主体利益实现的帕累托改进（即共享）。从这个意义上说，协同共建机制是社会复合主体孕育和发展的实质性基础。

作为公共文化设施建设和运作机制的创新模式，“社会复合主体”的组织优势在西湖综合保护工程实施过程中得到了充分的体现。杭州市委、市政府在西湖综合保护工程方案决策、资源整合、工程监管、宣传引导、社会动员等方面起到了主导作用。自工程实施以来，市委主要领导每年实地考察西湖综合保护工程均达到10余次，各类批示数十件；西湖风景名胜区管委会（园文局）的全体干部夜以继日地奋战在工程第一线；市发改委、市建委、市规划局、市国土局、市房管局等职能部门都派出分管领导和业务骨干长驻西湖风景名胜区，现场办公，极大地提高了办事效率。各行各业专家学者积极参与工程实施的决策，参与工程项目实施方案的评审和论证，在推进工程科学民主决策中发挥了举足轻重的作用。2003 年北山街保护工程开展之际，市领导与专家一起进行了关于《杭州北山街历史文化街区保护规划设计方案征集文件》和《北山街道路系统整治改造工作方案》的专题论证。除了直接参与课题研究外，所有重大工程项目的规划设计方案、可行性研究论证等，均通过公开招标请国内外专业机构承担，方案的选择均通过专家学者评审，择优录用。参与西湖综合保护工程的各家企业在建设中发挥了主体作用。西湖综合保护工程推行市场化运作，在工程建设上建立准入制度，对企业资质和业绩进行严格审查。各个项目严格遵循招投标程序，公开、公平、公正竞争，并加强工程项目监理、验收和财务审计。按照“谁投资、谁所有、谁受益、谁承担风险”的原则，广泛吸纳企业和社会资金进行市场化运作。媒体也在西湖综合保护工程实施过程中发挥了重要作用。比如，2007 年，杭州以“和谐西湖、品质杭州”为主题开展了“三评‘西湖十景’——我最喜爱的西湖新景点”评选活动。这一活动引起了国内众多媒体的高度关注。杭州本地媒体在活动各阶段积极参与、全力报道，使三评“西湖十景”活动赢得市民的广泛关注与认同。媒体介入评选活动打破了以往单纯由官员和文人评景的做法，使全民参与的开放式评景成为可能，从而提高了评选活动的影响力和市民的认同率。

上述实践表明：在市场经济条件下，公共文化服务建设模式已完全不同于计划经济下“大包大揽”的文化事业发展模式。当市场经济已经成为一种基本经济制度时，不仅文化产业必须围绕市场的优势和缺陷发挥自身的功能，而且具有公益性质的公共文化事业也要围绕市场的优势和缺陷发挥自身的作用。在市场经济条件下，为了更好地保障人民群众的基本文化权益，在坚持公共文化服务公益性原则的前提下，有必要通过引入市场机制和民间资本，优化公共文化服务的微观主体，推动国有文化事业单位的改革和机制转换，以解决政府在公共文化领域投入不足、经营不善、效益低下、资源浪费等问题。引入经济机制和社会力量的目的，不是要放弃政府在公共文化事业发展中的责任，而是为了让政府更好地承担这种责任。在新的机制下，政府的责任是遵循和利用市场经济规律来发展公共文化事业，政府的任务是组织协调各方力量共同去办，也即从公共文化产品和服务的经营者转变为组织管理者。这样，不仅可以解决公共文化事业发展中“统得过死”的问题，而且也使政府有更多的精力集中于公共文化事业的管理，从而提高工作效率，更好地履行在公共文化服务体系建设中的职责。

第五章
深化文化体制改革，推动文化产业大发展

20 世纪末，随着世界经济全球化进程的加快，知识经济的地位日益突出。文化产业作为新经济的重要组成部分，逐渐成为一些发达国家的支柱性产业。在 21 世纪的国际竞争中，文化产业日益成为各国意识形态竞争和经济竞争的重要手段。

进入 21 世纪以来，中国文化产业受到空前重视。2000 年发布的《中共中央关于制定国民经济和社会发展第十个五年计划的建议》和 2001 年发布的《中华人民共和国国民经济和社会发展第十个五年计划纲要》都明确提出“要完善文化产业政策，加强文化市场建设和管理，推动有关文化产业发展”，这是“文化产业”首次写入中央文件，文化产业成为中国进一步解决经济发展的结构性矛盾和体制性障碍的一个突破口。党的十六大报告区分了“文化事业”和“文化产业”两个不同的概念，为大力发展文化产业提供了必要的理论支持。

在此背景下，浙江敏锐地认识到发展文化产业对经济社会发展的巨大作用，把“发展文化产业，建设文化大省”作为“八八战略”的重要内容。2003 年 7 月 18 日，习近平同志参加了浙江省文化体制改革和文化大省建设座谈会，为浙江的文化体制改革和文化产业发展把定了方向。他明确提出，“文化具有鲜明的意识形态属性。文化管理体制改革，必须充分考虑我国国情，着眼于管住方向，管活机制，管出效益，管好质量”。在对浙江的文化产业发展提出要求时，他把文化市场主体和文化市场体系放在同样重要的位置，强调“培育文化市场主体，要深化国有文化单位改革，重塑一批国有

或国有控股的文化企业；发挥我省的民营经济优势，发展一批民营文化企业；充分利用我国加入世贸组织的有利条件，引进一批外资或合资文化企业，形成以公有制为主体、多种所有制共同发展的文化产业格局。从我省实际情况看，培育文化市场主体，难点和突破点在于国有文化单位改革，亮点在于民营文化企业的发展”。①

10 多年来，浙江积极探索和推进文化体制机制改革创新之路，解放和发展文化生产力，建立能调动千百万人积极性、创造力的文化体制，发挥浙江的人文优势，发挥浙江民营文化企业的优势，把文化产业作为培育核心价值、凝聚改革共识，促进经济转型升级的重要引擎，有力地促进了浙江从经济大省向文化大省迈进。

第一节　浙江文化体制改革的理论与实践

在 2003 年实施“八八战略”之初，时任浙江省委书记的习近平同志就提出了“率先建立能够调动千百万人积极性的体制机制”的任务，指出“没有市场的文化，肯定不是先进文化”②。积极推进文化体制改革，是浙江文化产业又快又好发展的重要驱动力。

中国的文化体制是以新民主主义革命时期解放区的文化体制为基础建立的，其中主要参考了苏联的文化管理模式。这种体制是与当时的社会主义计划经济体制相适应的，在历史上发挥了积极作用，产生了许多优秀作品和优秀人才。但随着中国文化、经济、社会的不断发展和改革开放的不断深入，这种体制弊端也开始凸显：文化总体布局与行政管理体制相对应，层层建立专业文艺团体，重复设置，人、财、物浪费严重；单一公有制，全部文艺团体由国家财政包起来；分配上的平均主义“大锅饭”；人事制度上没有正常

① 习近平：《干在实处　走在前列——推进浙江新发展的思考与实践》，中共中央党校出版社，2006，第 328、326～327 页。

② 习近平：《干在实处　走在前列——推进浙江新发展的思考与实践》，中共中央党校出版社，2006，第 332 页。

的人员流动和淘汰机制，机构臃肿，冗员过多，行政化，机关化，文化工作者的积极性很难发挥。这样的文化体制，束缚了文化生产力，既难以充分实现文化产品的经济效益，也难以充分实现文化产品的社会效益。

改革开放以来，尤其是实施建设文化大省战略以来，浙江省积极探索、稳妥地推进文化体制改革，取得了一系列成功的经验。党的十六大以来，浙江省被列为推进文化体制改革综合试点省，扩大了改革范围，增加了改革试点，拓展了改革内容，在全省新闻出版、广播影视、文化演艺领域，由点到面、分期分批全面推进文化体制改革，取得了显著的成效。

一　浙江文化体制改革理论的形成与发展

（一）浙江文化体制改革思路的形成

1992 年邓小平南方谈话以来，与经济体制改革相伴随，浙江的文化体制改革也在探索和推进。2000 年以前，浙江已经开始探索转变文化主管部门职能，实现从“办”文化为主向“管”文化为主转变，推进以艺术表演团体改革为重点的文艺体制改革，建立既符合精神文明建设要求和艺术创作生产规律又适应市场需求的新机制，增强文化事业自身发展的活力，拓展多种经营渠道等多项内容的改革。

不过，浙江省委、省政府也清醒地认识到，相对于经济体制等其他领域的改革，浙江的文化体制改革还相对滞后。“由于受到社会保障机制、资金投入机制、文化经济政策不够完善等制约，已进行的文化体制改革只是局部的改革，某些方面的突破还未达到全面推进，与社会主义市场经济体制相适应的浙江省宏观文化管理体制和运行机制尚未完全建立，队伍臃肿、国家包袱太重的状况依然存在。文化投资渠道不够顺畅，以政府投入为主、广泛吸引社会资金的良性投入机制还未真正形成。文化经济等方面的政策措施也有待于进一步完善落实，文化产业化有待于加速进行”。①

① “浙江社会发展现状与对策研究”课题组：《1992～1996 浙江社会发展状况》，浙江人民出版社，1997，第 111 页。

2000 年出台的《浙江省建设文化大省纲要（2001～2020 年）》第一次对浙江省文化体制改革方向、目标和办法进行了比较完整的阐述。其中的一些内容，如“大力推进文化体制创新，建立科学合理、灵活高效的管理体制和文化产品生产经营机制；进一步转变政府职能，理顺关系，真正实行政企分开、企事分开、管办分离，充分发挥市场在资源配置中的基础性作用，促使各种文化资源和文化要素的合理流动；积极推进经营性文化事业单位的企业化改造”等，已经有了后来全国文化体制改革的雏形。

2002 年 5 月，浙江省委、省政府召开全省文化工作会议，进一步明确建设文化大省的战略意义，率先在全国提出了“文化经济”新命题，标志着浙江省对于文化经济发展与文化体制改革认识的进一步深化。会议出台的《关于深化文化体制改革　加快文化产业发展的若干意见》提出了加快文化产业集团化建设，提高文化产业竞争力；转企改制，深化国有文化单位改革，培育面向市场的经营主体；放开放活，大力发展民办文化产业，形成多种社会力量办文化的大格局等具体政策，从而为文化大省建设创造了更为宽松的政策环境。这一系列文化体制改革举措，标志着浙江省文化体制改革思路已经基本形成。

（二）浙江文化体制改革思想的深化

2003 年上半年，浙江和广东一起，被确定为全国文化体制改革综合试点省，进一步明确了浙江在全国先行探索文化体制改革的意义。时任浙江省委书记的习近平同志在 2004 年全省宣传思想工作会议上指出：“深化文化体制改革，是贯彻党的十六届三中全会《决定》以及省委十一届五次全会《决定》的重要内容，是完善社会主义市场经济体制的重要组成部分，也是加快建设文化大省的当务之急。”

2003 年 7 月 18 日，习近平同志在浙江省深化文化体制改革、推进文化大省建设座谈会上发表长篇重要讲话，详细阐述了浙江省文化体制改革的指导思想、主要目标、基本原则和基本方针，对浙江省文化体制改革工作进行了具体部署。在讲话中，习近平同志着重阐述了“文化体制改革的着力点就是围绕面向群众、面向市场进行体制和机制创新，逐步建立有利于调动文化工作者积极性，推动文化创新，多出精品、多出人才的文化管理体制和运行机制”①。他还详细部署了抓好公益文化事业的发展，抓好经营性文化产业的改革、发展和培育文化市场主体，深化国有文化企业单位改革、发展民营文化企业三项重点工作。

2003 年 8 月，《浙江省文化体制改革综合试点总体方案》得到中央批复同意后，浙江省文化体制改革领导小组迅速批复了省文化厅、省新闻出版局、省广播电视局、浙江日报报业集团、浙江出版联合集团、浙江广播电视集团 6 个省级试点部门和杭州、宁波两市的试点方案，浙江省的文化体制改革试点工作全面展开。2005 年，浙江文化体制改革试点由省本级和杭州、宁波两市扩大到全省 11 个市，省级试点从 30 个单位扩大到 80 ~ 100 个重点单位。

在推进文化体制改革的过程中，中共浙江省委提出必须重点把握好 6 个方面的问题：第一，注重两种属性，即文化的意识形态属性与产业属性。既要防止过分强调文化的意识形态属性而完全排斥文化产业属性的倾向，又要防止无视文化产品的意识形态属性，主张完全市场化的倾向。要树立面向市场的理念，强化资源意识、商品意识、市场意识和效益意识，努力实现面向市场与面向群众的一致。要通过体制和机制的创新，改进文化产品的组织结构和生产方式，努力打造经得起时间和市场检验，思想性、艺术性、观赏性俱佳，社会效益和经济效益并重的精品力作，努力实现占领市场与占领阵地的一致。第二，实现两个目的，即增强控制力与提高竞争力。文化体制改革既要从增强文化企事业单位的活力和竞争力、壮大宣传文化事业实力出发，面向市场创新体制机制，又要从增强党对文化领域的控制力出发，通过改革提高党对宣传文化工作的领导水平，牢固确立马克思主义在意识形态领域的指导地位，确保“四权”“四不变”，把增强控制力与提高竞争力有机统一起来。第三，区分两种类型，即公益性文化事业和经营性文化产业。坚持一手抓公益性文化事业，一手抓经营性文化产业，做到“两手抓、两加强”。

① 习近平：《干在实处　走在前列——推进浙江新发展的思考与实践》，中共中央党校出版社，2006，第 326 页。

公益性文化事业的改革，重点是增加投入、转换机制、增强活力、改善服务，培育形成一批文化事业主体。经营性文化产业的改革，重点是遵循市场运行规律，通过公司制、股份制改造，加快形成一批真正意义上的文化企业，塑造一批文化产业主体。第四，抓好两个层面，即宏观管理体制改革和微观运行机制改革。在宏观层面上，要探索建立新形势下党委领导有力、政府管理有效，调控适度、运行有序，管人、管事、管资产相结合的宏观管理体制。要转变政府职能，把管理重心放在社会管理和市场监管上，管导向、管原则，管规划、管布局，管市场、管秩序，管住方向，管活机制，管好质量，管出效益。在微观层面上，要着力于搞活内部机制，深化干部、人事、劳动、分配等内部制度的改革，建立舆论导向正确、经营活力充沛、竞争优势明显的微观运行机制。第五，运用两股力量，即国办文化和民办文化。深化国有文化单位改革，稳步推进集团化建设，形成一批有社会影响力和经济竞争力的文化企事业单位，充分发挥国办文化在文化市场中的主导作用。同时，要充分发挥浙江民营经济发达的优势，加强国有文化企业与民营企业的合作，在国家政策允许的范围内，进一步放开准入领域，制定扶持政策，大力发展民营文化企业，促进民营文化企业成为浙江文化产业发展的一个亮点。第六，健全两个体系，即政策法规体系和文化市场体系。完善改革的配套政策和文化事业、文化产业发展的经济政策，保障改革的顺利进行。加快文化法规建设，为文化发展提供必要的法律保障。同时，要健全文化市场体系，推进文化市场综合执法，改革文化市场监管的手段和方式，大力培育文化商品专业市场和文化产业要素市场，大力培育市场主体，发展中介组织，推动文化市场的繁荣。

2005 年 7 月，浙江省委十一届八次全会通过了《中共浙江省委关于加快建设文化大省的决定》，在文化体制改革思路上进一步深化和完善 5 年前发布的《浙江省建设文化大省纲要（2001 ~ 2020 年）》，标志着浙江文化体制改革思想的成形。该决定将文化体制改革作为“解放和发展文化生产力”这一建设目标的主要内容，提出“进一步深化文化体制改革，积极推进文化理念创新、内容创新、制度创新、科技创新，坚决冲破妨碍发展的思想观念，坚决改变束缚发展的做法和规定，坚决革除影响发展的体制弊端，尊重群众的首创精神，充分调动文化工作者积极性，营造文化发展的良好环境”。要通过文化体制改革，“加快文化事业发展，多出精品，多出人才，多出效益，满足人民群众日益增长的精神文化需求。加快文化产业发展，增强文化产业的整体实力和竞争力，促进文化产业成为新的经济增长点和支柱产业”。

2006 年 7 月，浙江省委宣传部组织党报、电视台、电台、新闻网站等省级主要新闻媒体，集中开展主题宣传，重点推荐了 50 个各地改革和发展的典型，进行集中宣传报道，继续鼓励各级宣传文化主管部门深入基层、深入实践，到改革发展第一线去总结发掘一批典型案例，为推进面上改革提供典型示范。

2011 年，浙江又根据新的形势，在《中共浙江省委关于认真贯彻党的十七届六中全会精神大力推进文化强省建设的决定》中提出了“推进文化体制机制改革创新”的新任务，重点做好深化国有文化单位改革、推进文化管理体制改革和创新文化“走出去”模式三个方面的工作。

在深化国有文化单位改革方面，主要是加快推进全省经营性文化单位改革，着力建立现代企业制度，培育合格文化市场主体，打造一批有实力和竞争力的国有文化企业。组建电影、演艺等大型国有文化集团。拓展出版、发行、影视企业改革领域，加快公司制、股份制改造，完善法人治理结构，形成符合现代企业制度要求的文化企业经营管理模式。按照区别对待、分类指导、循序渐进、逐步推开的要求，推进一般国有文艺院团、非时政类报刊社、新闻网站转企改制，推进党报发行体制和影视剧制播分离改革，深化广电有线网络“一省一网”整合发展。着眼于突出公益属性、强化服务功能、增强发展活力，全面推进文化事业单位劳动人事、收入分配和社会保障制度改革，明确服务规范，加强绩效评估考核，探索建立事业单位法人治理结构。进一步完善党报党刊、电台电视台管理和运行机制。推动一般时政类报刊社、保留事业体制的文艺院团实行企业化管理。

在推进文化管理体制改革方面，主要是加快推进政府职能转变，理顺政府与文化企事业单位关系，实现政企分开、政事分开、管办分离，履行好政策调节、市场监管、社会管理、公共服务职能。扩大文化市场综合执法改革成果，继续深化市、县文广新局运行机制改革，创新文化市场综合执法方式和监管模式。按照管人、管事、管资产、管导向相结合的要求，完善国有文化集团绩效考核等管理制度，切实加强国有文化资产管理。制定公共文化服务保障、文化产业振兴、文化市场管理等方面的政策措施，综合运用法律、行政、经济、科技等手段，提高文化建设科学化、法制化水平。

在创新文化“走出去”模式方面，主要是实施对外文化拓展计划，开展多渠道、多形式、多层次的对外文化交流，加大文化产品和服务出口力度，推动浙江文化走向世界。进一步打造“连线浙江”“浙江文化周（节）”等对外文化交流品牌。积极推进浙江省主流媒体的海外阵地建设，鼓励开展与海外媒体的合作交流，继续办好浙江电视台国际频道和《浙江新闻周刊》。组织对外翻译优秀学术成果和文化精品。充分发挥学术组织、艺术机构在对外文化交流方面的资源优势。设立省级对外文化交流基金，扶持浙江省对外重点文化交流活动，鼓励民间对外文化交流。抓好影视动漫、出版物、文艺演出等国际营销网络建设，拓展与国际演艺、展览、出版中介机构和经纪人的合作，支持各种所有制的内容生产和服务类文化企业到海外开办分支、分销机构。制定出台扶持文化出口政策，建立《浙江文化出口重点企业和项目目录》，重点培育一批外向型文化出口企业和产业基地，鼓励文化企业以参股、并购等多种形式拓展国际市场，打造一批国际知名文化企业品牌。加强同香港、澳门的文化交流合作，加强同台湾的文化交流。

2011 年以来，浙江省委多次召开常委会、专题会议，研究部署文化改革发展的重点工作。浙江省文化体制改革领导小组分别召开会议，对全省广电网络“一省一网”、省属文艺院团改革、非时政类报刊出版单位体制改革等进行部署，协调制定推进改革的方案和有关配套政策。

二　浙江文化体制改革的举措

（一）理顺文化管理体制改革

2006 年 4 月，浙江出台了《浙江省文化体制改革综合试点工作情况汇报》，与《中共中央　国务院关于深化文化体制改革的若干意见》衔接，浙江省形成了“党委领导、政府管理、行业自律、企事业单位依法运营”的宏观管理体制目标，实行文化领域宏观管理，推进政事分开、管办分离，加快转变政府职能。

文化领域宏观管理的重点工作是“加强规划引导、政策保障、资产管理”。按照“规划引导”的思路，浙江省制定了以文化产业发展为主的《浙江省文化建设“四个一批”规划》，首次以规划的形式为建设一批重点文化设施、发展一批重点文化产业、培育一批重点产业区块、壮大一批重点文化企业这“四个一批”提出发展思路，做出布局规划；编制了文化产业项目投资指南；在2005年出台的加快文化大省建设规划中，还制定了文化建设的八项工程。按照“政策保障”思路，为了落实中央有关文化体制改革政策，浙江省颁布了一系列支持文化体制改革和文化发展的政策，以“提供体制改革的政策保障”。

推进政事分开、管办分离的工作重点是实行政事分开、政企分开，管办分离，由“办文化”向“管文化”、“管微观”向“管宏观”转变。在全国广电系统未管办分开、绝大多数省市也未管办分开的格局下，浙江省广电局开始了管办分开、机构分设的探索。浙江省广电局党组提出了行政管理“进足退够”的指导思想和“抓管理，促发展”的工作方针，该管的坚决管起来、管到位，不断探索新的管理方式，不该管的坚决退出、退到底，努力做到不错位、不越位、不缺位，着眼于加快全省广播影视业的协调、可持续发展，全面、公正地履行广播影视行政管理工作。2004年10月以后，浙江省广电局根据中办24号文件精神，稳妥推进市、县文化市场综合执法和广电局台分设，文化、广电、新闻出版三局合一的体制改革试点工作，逐步理顺了新体制下省广电局与市县局、台的工作关系，初步建立管与办、管与管等方面新的工作机制和方式。

在加快转变政府职能方面，重点是以文化市场综合执法为契机，实现“建、并、分”。浙江省在2004年10月中下旬就制定出台了《关于建立文化市场综合执法机构的实施意见》，提出了“建、并、分”三方面工作，要求全省所有市县，包括中央未作要求的杭州和宁波两个副省级城市，都调整归并为“文化、广电、新闻出版等行政管理机构”；要求全省所有市县都建立起集中统一的文化市场综合执法机构；要求全省所有市县广播电台、电视台，都要按照政事分开、管办分离的原则，从广电局等行政机构中分离出来。

（二）培育文化市场主体

自实施建设文化大省战略尤其是被确定为全国文化体制改革试点省以来，浙江省按照“转出一批主体”“改出一批主体”“放出一批主体”“扶持一批主体”的总体思路，积极打造和培育新型市场主体。

上述“四个一批”的具体内容如下。

一是着力于转出一批主体。国有文化事业单位通过深化内部干部人事制度和分配制度改革，转换机制，增强活力，形成适应发展要求的企业化管理模式。

二是着力改出一批主体。通过明晰产权，改制改造，对一部分国有文化单位实行“事改企”，有条件的单位改制为规范的现代企业。

三是着力于放出一批主体。在政策允许的范围内，通过完善产业政策，优化服务环境，让民间资本进入文化领域，形成一批民营文化企业。

四是着力于扶持一批主体。扶持龙头文化产业集团和重点文化公益单位。在上述“四个一批”主体中，既有公益性文化事业单位，也有营利性文化产业机构。①

2006 年 4 月出台的《浙江省文化体制改革综合试点工作情况汇报》进一步明确了针对不同类型市场主体实施“转企改制”“新闻媒体宣传业务和经营业务两分开两加强”“深化文艺院团改革”“打造国有文化集团”，以及“引导民营文化产业”等内容。

（三）推进国有文化单位改革

在国有文化单位改革方面，浙江省公益性文化事业单位以“增加投入、

---

① 参见《浙江省文化体制改革综合试点工作情况汇报》（2005）。

转换机制、增强活力、改善服务”为目标，重点深化内部管理体制和运行机制的改革，在用人、分配、激励等方面进行了一系列改革。全面实行全员聘任制、干部聘任制，拓宽发展渠道，提高服务水平，更广泛有效地为公众服务。浙江省经营性文化产业机构以“创新体制、转换机制、面向市场、增强活力”为基本方向，按照分类分步和“单位性质要转变、劳动关系要转换、产权结构要转型”的要求，一批经营性国有文化试点单位已经实现转企改制。

2002 年至今，浙江省共组建了 8 家国有文化企业集团。浙江广电集团是较早成功实行集团化改制的单位之一。根据“统筹规划、独立编排、各具特色、资源共享”的原则，集团对所属频道资源实行全面重组，形成了以浙江卫视为龙头，广播新闻、综合两个主频道和广电 13 个专业频道为两翼，既有整体统一形象又具合理分工的多功能、立体型、系列化的新型广电频道体系。构建“两级管理、分频道经营”的运营体系，将宏观管理功能集中到集团层面，对所有频道实行总监负责制。在内容上，频道拥有节目选题权、节目微调权、节目购置权、节目评估权、大型活动组织权等；在经营上，频道拥有广告（活动）价格制定权、广告播出安排权等；在人事上，拥有聘用人员选择权、临时用工决定权、人员内部调配权等；在分配上，拥有奖金二次分配权、创优嘉奖权等。集团根据频道常态的运营状况和要求增长的幅度，对频道实行“核定收支、超支不补、结余留用”的经济目标管理，对频道实行全成本核算。集团每年对频道下达宣传创优和经济创收两项指标，按月统计，年度考核。年度以宣传创优、经济创收、队伍建设三项指标进行综合考核。

浙江还积极探索新闻宣传业务和经营业务“两分开”，确定了广播电视等 9 家单位作为“两分开”试点，将经营业务剥离出来组建相对独立的经营公司，同时吸收社会资本进入公司。比如，浙江报业集团将属于产业经营的发行、广告、印刷、技术服务、投资、物业等经营实体和经营业务分离出来，按照现代企业制度组建国有独资的浙江日报报业集团有限公司，主要负责报业集团的资产管理、产业经营、资本运作，主要经营报刊出版发行、广告经营、印刷加工、物业管理、会展咨询、投资等业务，确保集团资产保值增值，促进集团产业做大做强。按照现代企业制度要求，真正面向市场，实行企业化运作。集团公司组建后，实行“大集团、小核算”，着力塑造面向市场的微观主体，激发微观动力和活力，优化配置内部资源。各经营实体积极进行企业化改造和劳动用工制度改革。《钱江晚报》和《今日早报》经营业务与宣传业务相对独立，分别组建了钱江晚报有限责任公司和今日早报有限责任公司。各报刊实行企业财务一本账，逐步由过去的“编报纸”向“经营报纸”转变。

（四）引导民间投资，培育民营文化企业主体

在积极推进国有文化单位改革的同时，浙江省积极完善产业政策，优化服务环境，发动民间资本进入文化领域，初步形成了多种社会力量办文化的格局，有效引导了民营文化企业主体的发展。以民营企业为经济活动的主体是浙江发展的优势和特色。经过改革开放以来 30 多年的发展，浙江积聚了雄厚的民间资本，全省 70% 以上的生产总值、60% 左右的财政收入和 80% 以上的就业岗位是由民营经济创造和提供的。与此同时，浙江民营文化产业发展也相当迅速。浙江广厦文化传媒集团、横店集团、宋城集团等一批龙头民营文化企业在影视、印刷、演艺、旅游、休闲、文化传播、教育等不同领域取得了各自的成绩，形成了不同的特色。而借助于民营文化产业的增量动力，将改革目标直指体制内存量资源，转变政府职能，打造市场主体，壮大国有文化经济的控制力，则是浙江文化体制改革的一个突出特点。

习近平同志 2003 年 7 月在文化体制改革和文化大省建设座谈会上提出，“发展民营文化企业，是浙江文化产业发展的必由之路，也是浙江文化改革与发展的特色与优势所在，有利于形成与我省多种所有制经济发展格局相适应的文化发展格局”；“必须像支持发展民营经济那样，进一步放开放活，突破文化产业发展的体制瓶颈，打开文化产业发展的闸门，抢占文化产业发展的先机，大力发展民营文化企业”①。在文化体制改革试点过程中，浙江

① 习近平：《干在实处 走在前列——推进浙江新发展的思考与实践》，中共中央党校出版社，2006，第 327 页。

始终注重利用民营资本这个现实优势，提出“一个亮点、两个坚持、三项任务”的工作思路，即把发展民营文化产业作为浙江文化体制改革试点工作的亮点，把坚持正确的政治方向、坚持积极的改革取向作为重要指导思想，把培育一批重点民营文化企业、鼓励参与国有文化单位改革、优化民营文化产业发展环境作为三项主要任务。鼓励民营资本进入经营性文化产业，积极引导和鼓励民营文化企业参与国有文化单位改革和发展，扶持重点产业基地，发展特色产业。

在文化体制改革试点中，浙江省始终注重民营经济参与国有文化单位改革和发展，注重国有文化企业集团做大做强，而不是简单地搞“国退民进”。

第二节 “八八战略”与浙江文化产业总体布局

2000 年以后，浙江经济社会的发展要素与市场环境发生了很大变化，经济进入工业化发达阶段，在全国率先进入经济转型期。上一轮制造业发展形成的增长效应基本释放，新一轮战略新兴产业和文化产业、现代服务业、高端制造业的发展尚待培育，浙江经济增长动力需要由要素投入驱动转向科技与文化创新驱动。2003 年 7 月，在中共浙江省委第十一届四次全会上，时任浙江省委书记的习近平同志代表省委完整地、系统地提出了“八八战略”，在总结概括浙江经验的基础上，就如何面对新问题、解决新矛盾、迎接新挑战，给出了答案，既为浙江的经济、社会发展勾画了路径，也为浙江文化大省建设和文化产业发展指明了方向。

一 浙江文化产业发展现状与三个增长高峰

2003 ~ 2012 年的 10 年中，浙江的文化产业增长速度平均达到 17.9%，不仅领先于全国平均水平，而且远远超过浙江省国民经济增长的平均速度，文化产业成为带动浙江经济社会发展的重要引擎。目前，浙江省文化产业呈现加快发展的良好态势，呈现出如下五个特点。

（一）总量规模显著提升

2013年，全省文化产业实现增加值1880.4亿元，同比增长18.9%，占GDP比重为5.0%，已成为国民经济支柱性产业（见表1）。据统计，全省共有85683家文化企业，“三上”（规模以上工业、限额以上贸易业和限额以上服务业）骨干企业3690家，“三下”单位81993家。上海交通大学国家文化产业创新与发展研究基地、中国文化发展指数研究中心发布的《2013中国文化产业发展指数报告》显示，浙江省文化发展指标位居全国第三，仅次于北京、广东。

表1　2003～2013年文化产业增加值情况

单位：亿元，%

	2003年	2004年	2005年	2006年	2007年	2008年
文化产业增加值	312	377.61	442.24	501.72	595.93	735.40
文化产品制造业		213.35	247.29	276.00	331.82	385.59
文化产品批零业		61.59	71.52	79.52	92.73	85.20
文化服务业		102.67	123.43	146.21	171.38	264.65
占GDP比重	3.3	3.2	3.3	3.2	3.2	3.4

	2009年	2010年	2011年	2012年	2013年
文化产业增加值	807.96	1056.09	1290.01	1581.72	1880.40
文化产品制造业	406.23	524.98	638.79	706.30	768.30
文化产品批零业	100.42	133.06	150.01	160.73	203.20
文化服务业	301.31	398.05	501.21	714.69	908.80
占GDP比重	3.5	3.8	4.0	4.6	5.0

注：2003年包括体育，2012年数据按国家新的文化及相关产业行业分类统计。

（二）优势产业加快发展

浙江省新闻出版、影视动漫、文化旅游等产业在全国的优势地位进一步确立。2014年，浙江日报报业集团实现营业收入35亿元，实现利润5.2亿元，增长30%以上；浙江广播电视集团实现主营业务收入85.2亿元、利润20.7亿元，均保持20%增速。浙江出版联合集团总销售、主营业务收入和总资产均已超过百亿，跨入全国“三个百亿”出版集团行列。

2014 年，全省新闻出版业营业收入达 1503. 92 亿元、总产出 1529. 52 亿元、增加值 408. 08 亿元，分别同比增长 7%、6%和 10%；全省广播影视业经营收入超 340 亿元，同比增长 10%以上，其中电影票房收入超 23 亿元，同比增长约 28%。

2014 年，全省广播影视经营收入为 403. 88 亿元，同比增长 30. 86%。其中广告收入 113. 43 亿元、有线电视网络收入 62. 9 亿元、广播电视节目销售收入 81. 8 亿元。2014 年广告收入、有线电视网络收入、广播电视节目销售收入分别居全国第 2 位、第 2 位和第 1 位。

2014 年，浙江省共生产电视剧 62 部 2717 集，产量居全国第 3 位；生产动画片 51 部共 25388 分钟，其中获得发行许可的有 41 部 19020 分钟，产量居全国第 2 位。

（三）新兴业态快速崛起

2014 年，浙江共有获得互联网出版资质企业 48 家、网络视听节目单位 45 家，数量居全国第 3 位。杭州国家数字出版产业基地营业收入达 84. 25 亿元，同比增长 12. 0%，其中中国移动手机阅读基地营业收入 62. 08 亿元、中国电信天翼阅读基地营业收入 2. 35 亿元。2013 年杭州国家数字出版产业基地营业收入、资产总额、利润总额分列全国数字出版基地第 5 位、第 6 位和第 2 位。

目前浙江共有有线电视用户 1499. 71 万户，其中数字电视用户 1442. 62 万户。2014 年，全省城区已全面完成数字化发展任务，数字电视整体转换率、有线网络双向化改造率达到 99%以上。

（四）集约化、专业化水平提升较快

文化产业园区进入快速发展阶段，至 2012 年，全省拥有各种类型的文化产业园区（基地）115 个，其中国家有关部门授牌的就有 16 个，占比 13. 91%。中国国际动漫节、义乌文博会等文化展会品牌的综合效应进一步提高，2014 年，第 10 届中国国际动漫节成交金额总计 148. 46 亿元，第 11 届深圳文博会浙江馆的现场现金交易额和订单额为 2. 15 亿元，项目合作投资额为 2. 3 亿元。2015 年，义乌文交会实现洽谈交易额 50. 67 亿元，温州

时尚文化创意产业博览会成交额 2.53 亿元。

（五）各地文化产业发展普遍加快

杭州、宁波、金华等区域中心城市的文化产业发展优势凸显，至 2012 年，3 个市的文化产业增加值达 920.41 亿元，约占全省文化产业增加值总和的 58%。杭州、金华两市已实现文化产业增加值占 GDP 比重 6% 以上，离打造重要支柱性产业的目标更进一步；宁波文化产业实现了跨越式发展，2012 年文化产业增加值增速达 16.2%，占 GDP 比重达 4.16%。湖州、绍兴、丽水、舟山的文化产业发展速度较快，增速超过 20%，丽水市文化产业增加值增速甚至达到 51.8%；全省 11 个市文化产业增加值占 GDP 比重都在 3.5% 以上，略高于全国平均水平的 3.48%。

纵观 10 余年浙江文化产业发展，可以看出，从 2003 年浙江实施“八八战略”以来，浙江的文化产业增长明显出现了三个高峰：一个是 2003 ~ 2004 年，增速为 21.03%，这是浙江文化大省建设系列举措和“八八战略”观念提升的实效显现；第二个出现在 2007 ~ 2008 年国际金融危机期间，增速为 23.40%，当时正逢国内经济调整期，文化产业却逆势上行，显示出勃勃生机；第三个出现在 2009 ~ 2010 年文化产业战略调整之后，其增速高达 30.71%，至 2013 年文化产业增加值占 GDP 比重达到 5%，成为国民经济支柱性产业（见图 1）。这是浙江深化文化体制改革、进一步落实文化产业相关政策的效果显现。三个发展高峰，与浙江省在实施“八八战略”过程中文化观念的转变和文化产业战略的升级、文化体制改革的深化相对应，这说明观念的改变、战略的提升和体制的改革，是浙江文化产业发展的三大加速器。

二　观念提升和浙江文化产业发展战略的三次调整

早在 1999 年，位于全国改革开放前沿和经济发展前列的浙江就提出了建设文化大省的战略目标。2000 年，浙江制定并颁布了《浙江省建设文化大省纲要（2001 ~ 2020 年）》，2001 年出台了《浙江省人民政府关于建设文化大省若干文化经济政策的意见》，2002 年召开了全省文化工作会议，制定了《关于深化文化体制改革加快文化产业发展的若干意见》。2003 年，浙江被中央确定

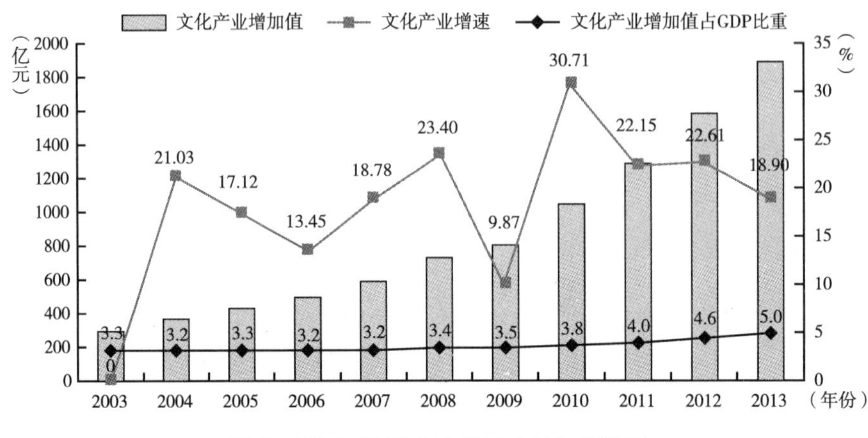

图 1　2003～2013 年文化产业增加值情况

为文化体制改革综合试点省。2005 年，中共浙江省委召开第十一届八次全会专题部署文化大省建设，做出《中共浙江省委关于加快建设文化大省的决定》，全面实施包括文化产业促进工程在内的文化建设“八项工程”。2006 年，省政府编制并公开发布《浙江省文化建设“四个一批”规划（2005～2010）》，提出了浙江此后 5 年文化建设的具体目标、发展重点；省委宣传部、省发改委编制了文化产业项目投资指南，为社会各界投资文化产业提供指导。2007 年，省政府召开全省农村文化工作会议，出台了《关于进一步加强农村文化建设的实施意见》，浙江省第十二次党代会提出了“创业富民、创新强省”总战略，把文化建设作为创业创新的重要支撑和重要内容，周密部署、狠抓落实。为推进文化体制改革、促进文化产业发展，省政府办公厅出台了《关于支持省级国有文化单位改革试点和文化产业发展的若干意见》。在此基础上，省财政厅、省国税局、省地税局联合印发了《关于文化体制改革中若干税收政策问题的通知》，对落实税收优惠政策做了明确规定。

综合这一系列战略决策，可以看出，浙江的文化产业发展有如下三次明显的观念升级和战略调整。

（一）发展纲要：提升文化产业实力成为文化大省建设的重要内容

建设文化大省是浙江面向 21 世纪，全面推进社会主义现代化建设的一项宏大系统工程，大力发展文化产业，是浙江文化大省建设的重要内容。

2000 年制定的《浙江省建设文化大省纲要（2001～2020 年）》明确提出，“文化产业是国民经济的有机组成部分，文化产品具有商品属性，必须在坚持社会效益的前提下，十分重视文化产品的经济效益，努力实现两者的最佳结合”。

《浙江省建设文化大省纲要（2001～2020 年）》提出了要把浙江建设成为全民素质优良、社会文明进步、科技教育发达、文化发展主要指标全国领先、文化事业整体水平和文化产业发展实力走在全国前列的文化大省的目标，明确把提升文化产业实力作为文化大省建设的重要内容。2001 年出台的《关于建设文化大省的若干文化经济政策的意见》，以及 2002 年全省文化工作会议制定的《关于深化文化体制改革加快文化产业发展的若干意见》是对这一目标的具体落实，同时也使这一战略目标丰满化、具体化。

《浙江省建设文化大省纲要（2001～2020 年）》提出了“以发展科技教育为基础，以发展文化产业为突破口，做到整体推进和重点突破相结合，全面繁荣社会主义文化”的基本原则，把“加快形成与现代化进程相适应的文化产业发展格局”作为文化产业发展的重要任务，要求积极调整文化产业结构，加快形成以音像出版、电子光盘、工艺美术、旅游观光、体育健身为重点的新兴文化产业群。加大文化科技创新力度，大力引进先进的技术装备、管理经验和人才智力资源，提升全省文化产业的科技含量和文化产品档次，增强文化主导产业在全国的竞争优势。推进制度创新、管理创新和技术创新，实现由产业扩张向产业升级转变，促进资源优势转变为产业经济优势。

（二）“八八战略”：充分发挥浙江经济和人文资源优势推进文化产业发展

2003 年“八八战略”的提出，把浙江文化发展战略升级为进一步发挥浙江优势，打造文化产业的浙江特色，使浙江立足经济发展和人文资源两大优势，进一步深化了浙江文化产业观念，描画出浙江文化产业特色发展的重要路径。

习近平同志指出：“发展文化产业，首先是文化本身发展的必然要求，当代文化竞争在很大程度上取决于文化产业的竞争，软实力、文化力必然要通过文化产业的竞争力来加以体现。同时，这也具有促进经济结构调整和增长方式转变的意义。”① 浙江丰富的文化积淀和人文资源，是浙江文化建设的不竭原料矿藏，更重要的是在浙江人的血液中，始终流淌着文化基因，传承着与时俱进的浙江精神，构成了浙江特有的人文优势。深厚的文化底蕴，为文化产业的发展提供了丰富的资源优势。

浙江影视产业的快速崛起，在很大程度上就是充分挖掘浙江丰富而特色鲜明的文化资源，实现文化资源向文化资本转化的成功范例。由宁波广播电视艺术中心出品的电视连续剧《向东是大海》，以清末、民国两个时期“宁波帮”的传奇故事为背景，讲述了从清末金融危机爆发、胡雪岩的阜康钱庄倒闭波及宁波，引发江厦街众多钱庄面临挤兑风潮，到“宁波帮”人士打破洋人垄断创办中国第一家华资银行，再到“宁波帮”团结一心，抗击外辱的“四明公所血案”等历史事件。由浙江广播电视集团、浙江影视集团、温州广播电视传媒集团、中央电视台等联手打造的电视连续剧《温州一家人》，通过温州一户普通人家的草根创业史，贯穿起改革开放 30 年的壮阔历史，浓缩了温州人创业奋斗的历程，反映了 30 年间的时代变迁。

丰厚的文化资源不仅为浙江文化产业的发展提供了主题和题材，而且为浙江文化产业的振兴提供了重要的精神动力。如，东阳木雕产业和横店影视产业的繁荣，正是浙江人充分发掘东阳传统木工工艺文化和敢于“走天下”的结果。“带着本子来，拿着片子走”的经营模式探索，横店影视精益求精的道具制作和置景工艺，都离不开东阳作为“木雕之乡”“状元之乡”的传统文化资源，是东阳人千百年“勤耕苦读”、制作细节上追求完美的文化精神在当代文化产业中的体现。杭州对“硅谷天堂、动漫之都”的成功打造，闻名中外的“杭派女装”成为杭州文化创意产业的重要组成部分，在某种程度上也是对西子湖畔孕育的文化创新精神的激活。

（三）建设文化强省决定：文化产业成为文化强省建设的重要保障

2011 年 11 月，《中共浙江省委关于认真贯彻党的十七届六中全会精神

---

① 习近平：《干在实处　走在前列——推进浙江新发展的思考与实践》，中共中央党校出版社，2006，第 331 页。

大力推进文化强省建设的决定》（以下简称《决定》）对浙江文化产业的发展战略又有了新的调整和升级。

《决定》指出，党的十七届六中全会做出坚持中国特色社会主义文化发展道路，努力建设社会主义文化强国的重大战略部署，为浙江的文化改革发展指明了方向。《决定》要求切实解决浙江文化产业还存在的规模较小、结构不合理、实力和竞争力还有待提升等问题，切实推动文化大发展大繁荣，既要让人民过上殷实富足的物质生活，又要让人民过上健康丰富的文化生活。

《决定》明确了浙江文化产业在建设文化强省中的地位，在继续深入推进文化产业发展体系建设和文化产业促进工程的同时，重点实施网络文化和现代媒体建设计划、文化产业倍增计划；提出到2015年，浙江的文化产业增加值力争比2010年翻一番，占全省GDP比重达7%的目标，并根据这一目标对浙江文化产业进行了优化布局，重点在实施文化产业发展“122工程”，即培育100家重点文化企业、20个重点文化产业园区基地，助推20家文化企业上市，打造一批特色文化产业，提升文化产业层次，加强现代文化市场建设，提高文化产业规模化、集约化、专业化水平，积极培育全国一流的文化产业中心。

三 立足区位优势的浙江文化产业“十二五”布局

在“八八战略”的整体思路中，包含了文化与经济、社会发展的有机整体观念，把文化建设作为与经济、社会、生态文明和法治建设相互联系、互为支持的有机组成部分，是党的十八届三中全会关于中国特色社会主义事业经济建设、政治建设、文化建设、社会建设、生态文明建设五位一体总体布局出台之前的重要理论探索和先行先试的实践基础。“八八战略”中关于发挥区位优势和块状特色优势，重视海洋经济和陆海互动的思想，为浙江文化产业发展的总体布局奠定了基础。

根据“八八战略”进一步发挥浙江的区位优势、块状特色产业优势和山海资源优势，大力发展海洋经济的方针，《浙江省文化产业发展规划

(2010～2015)》规划了浙江文化产业“一核三极七心四带”总体布局。根据文化产业初步形成的集聚态势和地域特色，把杭州建设成为全省文化产业发展核心，推动形成宁波、温州和浙中城市群三大文化产业增长极，建设湖州、嘉兴、绍兴、衢州、舟山、台州、丽水七大特色文化产业集聚中心，构筑浙北、浙中、浙东、浙西南四大文化产业发展带，从整体上引导形成“一核三极七心四带”的文化产业发展总体布局。

（一）一核：杭州

立足省会城市独特的政治、文化中心地位，依托杭州近年来快速崛起的文创产业规模，利用杭州“动漫之都、休闲之都、创意之都”等品牌效应，挖掘省属大型文化产业集团和文化产业高端人才高度集聚的资源优势，引导发展文化创意、新闻出版、影视服务、数字内容与动漫、文体休闲娱乐等优势产业，将杭州打造成为全省综合性的文化产业发展核心及全国一流的文化创意产业中心。

（二）三极：宁波、温州和金华、义乌、东阳浙中城市群

发挥宁波副省级城市、计划单列市的制度优势，依托其全省重要工业中心和国际化港口城市的地位，加快文化产业对传统制造业的渗透影响，重点培育发展文化创意、动漫游戏、文化会展等行业，力争把宁波建设成为全省重要的文化产业增长极及全国重要的文化产业基地。依托温州现有的印刷业、文化产品制造业、创意设计业及文化旅游业等优势基础，鼓励发展促进制造业转型升级的文化创意产业，逐步提升制造业文化含量，引导发展数字动漫等新兴文化产业，巩固提升印刷业集群优势，扶持形成全省重要的文化产业增长极和国内外知名的印刷产业基地。以金华、义乌、东阳为主体的浙中城市群要利用既有的商贸影视文化基础，进一步发展影视制作、网络游戏、文化旅游、品牌会展、文化产品流通等产业，进一步巩固在全国行业发展中的领先优势，形成全省重要的文化产业增长极。

（三）七心：湖州、嘉兴、绍兴、衢州、舟山、台州、丽水

按照特色优势发展的原则，引导形成全省七大特色文化产业集聚中心，即：湖州太湖文化创意特色中心，重点引导文化创意、数字内容与动漫等行

业；嘉兴江南文化创意特色中心，重点引导文化创意、文化会展、艺术创作等行业；绍兴轻纺珍珠文化特色中心，重点引导工业设计、文化休闲等行业；衢州“两子”文化创意特色中心，重点引导文化旅游、文体制造等行业；舟山海洋文化创意特色中心，重点引导文化创意、文化旅游、沙滩运动、影视服务等行业；台州工业产品设计特色中心，重点引导工业设计、文体制造等行业；丽水生态工艺文化特色中心，重点引导发展生态文化旅游、工艺品制造、艺术设计等行业。

（四）四带：浙北、浙中、浙东、浙西南

依托浙江已经形成的块状经济格局，从各区域原有的文化产业发展资源和共性特征出发，引导形成基本覆盖全省的四大文化产业发展带。

一是浙北创意文化产业带。以沪杭甬高速公路为总体轴线，依托杭州东部、宁波北部、嘉兴、湖州、绍兴北部等浙北环杭州湾区域较为深厚的平原水乡文化积淀，以及该区域紧邻上海等文化创新资源集聚中心的优势，引导发展文化创意、数字内容与动漫、艺术创作等优势产业，推动新兴文化业态发展，强化文化对其他产业的提升带动作用，构筑具有浓郁现代文化气息的浙北创意文化产业带。

二是浙中影视与流通文化产业带。以杭金衢高速公路为总体轴线，依托金华、绍兴南部、衢州中部、丽水北部等区域的文化产品商贸流通基础以及东阳横店影视的知名品牌，引导发展文化会展业、文化产品流通业、影视服务业等优势产业，构筑具有浓郁传统文化气息的浙中影视与流通文化产业带。

三是浙东海洋文化产业带。以甬台温高速公路为总体轴线，依托温州、台州、宁波东部、舟山等滨海、海岛地区较为独特的海洋文化，以及发达的日用轻工、文体用品等制造基础，利用全省推进海洋经济发展的有利时机，发挥海洋文化大气的底蕴，引导发展海洋旅游、海洋文化会展、工业设计、演艺娱乐、文体制造等优势行业，构筑具有浓郁海洋文化气息的浙东海洋文化产业带。

四是浙西南生态文化产业带。以浙西南山地延展线为总体轴线，依托杭州西部、衢州、丽水南部、温州南部等区域的生态休闲旅游资源和传统特色

文化优势，引导发展生态文化旅游、艺术创作、传统工艺品制造等优势行业，构筑具有浓郁山水文化气息的浙西南生态文化产业带。

四　文化产业是经济转型升级的引擎

2003 年，习近平同志明确地阐述了文化产业发展所具有的“促进经济结构调整和增长方式转变的意义”，提出“必须把文化产业发展作为文化大省建设的重要突破口，努力使文化产业成为文化大省建设的重要支撑，成为浙江经济发展的重要增长点”①。浙江发展文化产业的经验表明，实现经济发展的转型升级，文化产业的确具有促进增长方式转变、开拓新的增长空间和提高人民创新能力的引擎作用。浙江人十分清楚地意识到，在加快经济发展方式转变中，文化具有举足轻重的作用，是经济转型的“引擎”，可以满足人民群众多样化、多层次精神文化需求，提升消费对经济增长的拉动作用；可以促进产业结构优化升级，通过大力发展文化产业，增加第三产业的比重，进一步优化经济结构和产业结构；可以促进传统产业改造提升，推动经济产品向“研发设计”和“品牌推广”两端发展，把“浙江制造”逐步提升为“浙江创造”；可以提高产业的科技含量，充分发挥文化产业对经济创新的驱动作用，加快产业自主创新步伐。

杭州的“之江文化创意园”，就是一个以文化实现经济转型、以创意改变地区面貌的生动例证，十分生动地说明了文化产业在经济转型过程中的引擎作用。之江文化创意园是杭州十大文创产业园之一，也是著名的杭州国际动漫节的一个重要分会场。然而在过去，这里一度是水泥产业兴旺的地方。努力致富的郊区农民大办水泥厂，大力开挖水泥矿，取得了较好的经济效益，却造成了环境的破坏。当省、市相关部门发现这一情况时，郁郁葱葱的山峦已经挖开了一个个白色伤口般的缺口，难看得像“老太婆的门牙”。这里是杭州市民战略储备水所在地，却新建了大型机械化养猪场。

---

① 习近平：《干在实处　走在前列——推进浙江新发展的思考与实践》，中共中央党校出版社，2006，第 331 页。

为了保护杭州的青山绿水，省、市政府果断叫停了这种不可持续的经济发展方式。当时，乡镇领导面临的最大难题是乡镇企业叫停后当地群众的生存和发展问题。既然不能发展，唯一的办法似乎只能是当地人口外迁。是文化和创意留住了之江的人民，保护了之江的山水，增加了之江的灵气。随着中国美术学院新校区的建成，随着依山傍水、小镇风情和艺术气氛浓厚的"之江文化创意园"的创建，原先的水泥厂已经变成了以新媒体业、动漫游戏业、现代设计业和艺术品业四大特色产业为重点的文化创意园区，为杭州增添了又一座文化地标。

目前，之江文化创意园新注册企业117家，入驻企业68家，注册资金超2亿元，实现产值1.22亿元，漫画家蔡志忠、日本著名设计师六角鬼丈等都在园区设立了工作室。同时，园区发展也有效带动了周边社区、院校的共同发展，解决了周边部分失地农民和高校毕业生的就业问题。

10年后，中共浙江省委第十三届四次全会对"八八战略"作了进一步的具体对接和发展，又一次为浙江全面深化改革制定了具体清晰的路线图。会议提出了"八个着眼于"，即使市场在资源配置中起决定性作用，推动结构调整和产业升级，培育开放型经济新优势，推进城乡发展一体化，推进海洋强省建设，开拓文化发展新境界，促进社会公平正义，建设美丽浙江。要求进一步发挥优势、深化改革、创新举措，从而使文化产业的发展与经济、社会、政治、生态五位一体的发展协调一致，使文化强省建设与"中国梦"的实现成为一个整体。

第三节　"122"工程：文化产业"浙江模式"的三大特征

《中共浙江省委关于认真贯彻党的十七届六中全会精神大力推进文化强省建设的决定》提出的文化产业"122"工程，主要包括三个方面的内容：一是"百强振兴计划"，即在全省范围内，遴选并重点培育100家的文化企业，扶持这些文化企业做强做优，成为引领浙江文化产业发展的"领头雁”；二是“重点园区拓展计划”，即遴选和培育20个的重点文化产业园区，促进这些园区拓展空间，做大做强；三是“上市助推计划”，即通过三年时间的培育扶持，促成20家成长性好、发展潜力大的文化企业上市或进入上市辅导期。

“122”工程是在“十二五”这个国民经济和社会发展的关键时期，审度全球发展态势，着眼国家战略，探索文化产业“浙江模式”的重大举措，反映了浙江文化产业在定位、布局、品牌三个方面的战略思维特征。

一 定位：“灵魂”与“引擎”

列入浙江“122”工程“百强振兴计划”的文化企业，都是从事文化产品创意设计、生产销售和提供文化服务的经营性企业，意在落实浙江省文化产业发展规划导向和国家有关产业政策导向，坚持发展先进文化，坚持经济效益和社会效益统一。这样的政策思路，使文化产业的“灵魂”与“引擎”的双重定位作用更加鲜明突出。所谓灵魂，是指文化产业首先是文化，其精神价值是它的灵魂。所谓引擎，是指文化产业不仅对增加GDP总量发挥了重要作用，更是带动经济升级转型的引擎。

文化产业并不简单地等同于文化商品化。中国文化产业的发展壮大，将是中国改革开放，解放物质生产力之后，对精神生产力的一次极大解放，它将作为先进文化的助推器，对中国文化软实力的提升，对中华文化的伟大复兴发挥重要作用。

二 布局：超级城市群的战略构想

在“122”工程中，“重点园区拓展计划”里的“园区”，是指集聚了一定数量的文化企业和相关行业，进行文化产业资源研发、生产和销售，创造一定经济效益和社会效益的特定空间区域。列入计划的园区，除在整体规划方面符合国家土地、消防、安全、节能、环保、卫生等硬件标准外，更要求企业发展主要定位在浙江重点发展的文化产业八大门类范围内，有明确的文化产业特色，已经集聚了一定数量的文化企业，经济效益和社会效益显著。

这是“122”工程落实浙江文化产业发展“十二五”规划的一大亮点，即基于浙江块状经济的特点，以超级城市群战略思维，根据浙江在全球经济文化中的区域功能，推动形成文化产业的集聚态势和地域特色。

浙江文化产业发展“十二五”规划明确提出了构筑“一核三极七心四带”文化产业发展的总体布局，这是一个突破早期以行政区划为界的发展模式的文化产业升级布局，具有鲜明的超级城市群战略思维特征。

文化产业的集聚有它自身的规律，这种规律是超越行政区划的。随着中国城市化高潮的到来，产业的集聚和集群式发展现象在未来 10 年将表现得更加突出。文化产业将依据文化资源分布、文化创意人才集聚、经济发展基础以及地区创意指数形成不同的集聚中心。在此情况下，政府、文化企业、文化投资人和文化创意人要具有一种超大城市群的战略眼光，才能更好地推动文化产业的有效增长和持续发展。

超级城市群概念代表了一种更为宏观的战略新思维，这是英国古典经济学家李嘉图提出的比较优势理论在今天以新的形式在起作用。在城际高铁发达的今天，上海作为中国东部、太平洋西岸的经济引擎和产业集聚地的地位越来越明显，杭州到上海只需要 40 多分钟。在此情况下，如果我们在产业发展上还停留在直辖市与省会城市之间的行政界线上，在战略思维上就会犯下画地为牢的错误。美国创意产业之父弗洛里达等学者探寻文化创意产业的集聚现象和财富集聚的规律，发现了大量证据反驳“世界是平的”的流行观点。弗洛里达的研究团队根据卫星数据和各国的人口、经济数据，绘制了不同产业和人才聚集的“超级城市群”世界地图。在中国，弗洛里达标出的超级城市群是：北京（含天津和现在的环渤海经济区）、上海（含杭州、宁波、南京、温州等长三角城市和山东部分地区）、台北（含台北、台南、高雄等整个西海岸线地区）和港深（含香港、深圳、珠海、广州等珠三角城市）。①

截至 2008 年底，浙江省已形成以杭州、宁波两地为主要集聚区的各种

① 参见〔美〕理查德·弗洛里达《你属哪座城》，侯鲲译，北京大学出版社，2009，第 220 ~ 222 页。

类型的文化产业集聚区70多个，示范和带动效应不断扩大。其中，影视制作、动漫游戏、出版印刷、文具生产、艺术品业等成为产业集聚效应最为明显的行业。

三　品牌：文化产业做强的一大关键

“122”工程中的“上市助推计划”，主要是扶持以文化创意设计、影视服务、现代传媒、数字内容与动漫、文化旅游、广告会展、演艺娱乐、艺术品、文化产品制造与流通等为主营业务，经营管理规划、信用情况良好的文化企业。这是浙江加快实施文化产业的品牌战略，充分调动了民间文化资本的力量和社会办文化的积极性和创造力，也是从根本上做大做强文化产业的战略思维的重要组成部分。

中国要从文化资源的大国变成文化产业的强国，加快推进文化产业品牌战略是一种必然的选择。浙江省充分发挥民营企业和民间资本的作用，培养民营企业家的品牌竞争意识，为中国推进文化产业品牌战略找到了一条特色鲜明的道路。

到目前为止，浙江民营文化产业异军突起，共有规模以上民营文化企业①4万余家，投资总规模达到1300亿元以上。其中，有7家企业上市。演艺业的知名品牌、被称为“中国演艺第一股”的宋城集团，电视剧制作知名品牌、“中国电视剧第一股”的华策影视，电影知名品牌，被称为“中国电影第一股”的华谊兄弟，都是近年来浙江创造的重要文化品牌，正在成为中国文化产业品牌战略中崛起的生力军。

随着文化产业的快速发展，浙江省一大批文化企事业单位逐步认识到文化品牌在激烈市场竞争中的重要作用，注重文化品牌的锻造。陶瓷、丝绸、石雕、刺绣、宝剑、湖笔、书画、古玩等一大批具有浙江特色的民间工艺美

① “规模以上企业”是一个统计术语。国家对不同行业的企业制定了不同的规模要求，通常以年产量作为企业规模的标准，达到规模要求的企业就称为规模以上企业，规模以上企业也分若干类，如特大型企业、大型企业、中型企业、小型企业等。国家统计时，一般只对规模以上企业做出统计。

术品，工艺精湛，品牌优势明显，在国内外市场享有很高声誉。这些传统文化名品，是在新的历史条件下发展文化产业的良好基础。浙江除拥有西泠印社、中国美术学院等著名文化机构外，近年还涌现出越剧小百花、浙版图书等一批新兴的文化品牌，为创建文化名牌，探索文化产业的发展积累了有益的经验。目前，全省各地广播、电视、报纸纷纷推出独具影响力的品牌栏目、节目，以产业化的姿态发展文化品牌；出版社着力打造品牌图书，参与图书市场的激烈竞争；影视、戏剧方面，涌现了电视剧《天下粮仓》《至高利益》《海之门》《大工匠》《红日》，电影《村支书郑九万》，越剧《陆游与唐琬》，甬剧《典妻》，音乐剧《五姑娘》，昆剧《公孙子都》，新编越剧《梁祝》等一大批具有较高创作水准和较大社会影响的精品，此外，还有反映浙商创业创新的电视剧《十万人家》、反映浙江人民抗击台风的电影《超强台风》。浙江教育科技频道提出了“以专业化为立足点，构建频道核心竞争力；以市场化为核心要素，锻造频道专业特色；以品牌建设为突破口，培育频道的长期竞争优势”的理念，强调“以品牌节目为核心竞争力、以T形扩张为拓展目标、强化中层团队建设”，大力发展名牌栏目《走进今天》《小强热线》《纪实》《不可能的任务》《大侦探西门》等，产生了广泛的影响，销售收入也大幅跃升。

近年来，在全国各地景点门票的一片涨声中，杭州市坚定不移地对西湖沿线八大公园、市属博物馆等实行免票，每年门票收入少了2600万元，加之维护管理费的投入，每年总计减收5200万元左右。然而，按照“经营西湖就是经营城市品牌”的理论，杭州人心中另有一本“大账”。杭州市委、市政府坚持“还湖于民”，打造杭州旅游品牌，凸显旅游业对经营城市的综合带动效应。在取消西湖沿线八大公园门票的次年，杭州宾馆、饭店房价比上年增长11.4%，出租率增长5.8%，星级宾馆、酒店入住率达90%以上，游客在杭州平均逗留时间延长至2天。杭州市旅游业全线飘红，旅游总收入实现410.73亿元，比上年足足多赚了80亿元。

总结浙江的文化品牌建设工作，我们发现，尽管发展道路各不相同，创业过程各具艰辛，各有苦乐，但是也有一些共同的地方。“民间探索、定位明确、做大市场、规范管理、上市融资、形成品牌、构筑强势”，是浙江文化企业品牌建设和发展的七大乐章。“浙江模式”的密码，就是民间智慧的力量。从初始的创业到拓荒者的探索，再到在政府的引导和规范下做大做强，规范上市是一个关键的环节。通过上市，民营文化企业不仅解决了规模小、融资难的痼疾，而且顺利转入规范化、品牌发展的大道。通过上市规范和上市融资，宋城集团的资产增值80多倍，华策影视的经营规模则从千万元级别跃升为亿元级别。

第四节　现代新闻传媒集团的浙江方阵

在全球经济文化与数字技术发展的双重压力下，新闻的内容生产与传播方式正在发生深刻变化，创新谋变已经成为传统报业传媒下一步发展的必然选择。其中，传统新闻传媒业向文化产业的跃迁，是当代新闻传播界发生的一次重大历史性演变，这一演变将深刻改变中国的传媒生态和传媒发展走向。

浙江的新闻出版业与广播影视业的综合实力居全国前列。2014年，全省新闻出版业营业收入达1503.92亿元、总产出1529.52亿元、增加值408.08亿元，分别同比增长7%、6%和10%；全省广播影视业经营收入超340亿元，同比增长10%以上，其中电影票房收入超23亿元，同比增长约28%。

浙江出版联合集团、浙江日报报业集团、杭州日报报业集团、浙江新华书店集团和浙江印刷集团有限公司分别跻身全国同类“集团总体经济规模综合评价”前十名，浙江教育出版社列“全国地方图书出版社总体经济规模综合评价”第3位。浙江出版联合集团实现总资产和销售“双百亿元”目标。

然而，浙江新闻传媒业的最重要特点还不是经济规模的领先，而是转型、创新、谋变的内涵式发展。2003年以来，浙江报业传媒在这场创新谋变的竞争中，以“八八战略”思想为指导，以敢为人先的勇气和求真务实的作风，经过多年探索与努力，在报业转型升级、创新发展方面取得了可喜的成绩，形成了以现代传媒集团为特色的浙江传媒方阵，实现了报业核心竞争力与信息网络传播技术的深度融合。

一　依托资本平台，挺进“双百”目标

“新闻媒体具有鲜明的意识形态性质，要确保党和人民喉舌的性质不能变，党管媒体不能变，党管干部不能变，正确的舆论导向不能变。要在此前提下，建立宣传业务与经营业务相对独立的组织结构，把经营部分分离出来，组成独立的企业，并加快改制成为规范的现代企业。”①

浙江日报报业集团（即浙报传媒）自 2010 年以来，依托资本平台，向挺进“双百”目标迈出了具有决定意义的“三大步”。

一是打造资本运作平台。在确保党管媒体的大前提下，浙报传媒践行“传媒控制资本，资本壮大传媒”的理念，在上海证券交易所成功上市，推动文化体制改革，成为浙江第一家上市的国有文化企业集团和全国首家媒体经营性资产整体上市的报业集团，这是浙报传媒在省委、省政府和省委宣传部的支持下，多年来在深化文化体制改革方面取得的重大成果。通过上市，经营性单位成为完全的市场主体，集团竞争力、综合实力大大增强。更重要的是，有了这一资本运作平台，浙报传媒在资本市场和互联网领域争取到资源整合的主动权，构建了媒体融合发展的生态圈。

二是打造技术研发平台。浙报传媒成立集团新媒体中心，并创办了国内首个新媒体创业孵化基地——浙报“传媒梦工场”。浙报“传媒梦工场”是传统报业向现代新媒体产业跃进的一个案例。该项目利用传统媒体与互联网结合的基因，以新媒体内容与技术应用等运营模式，开启报业转型与互联网整合的创新之路，在文化资本运作模式、互联网式传媒产业项目孵化模式和新媒体品牌创建、推广方面创新性强，示范性和影响力明显，成为中国新媒

① 习近平：《干在实处　走在前列——推进浙江新发展的思考与实践》，中共中央党校出版社，2006，第 327 页。

体产业的一个标志性品牌。

三是打造用户集聚平台。利用上市资本平台，浙报传媒以31.9亿元并购盛大网络旗下的边锋与浩方网络平台，获得了3亿注册用户与2000万活跃用户，构建起首个国有资本控制的大型自主性互联网用户平台，为传统主流媒体与新兴媒体的融合提供了成功典范。通过并购，浙报传媒以稀释不到15%股份的代价，再造了一个“浙报传媒”，在资本市场上再创新高，市值从上市当日的52.6亿元上升到289亿元，排名也从传媒出版板块的第12位上升到第2位。

浙江日报报业集团“依托资本平台，挺进‘双百’目标”的创新之举，不仅使这个以数家传统报社为基础组成的浙报传媒集团股份有限公司迅速成为资本市场看好的热点，成为上交所当年涨幅最高的十大股票之一，更重要的是它展示了浙报集团的体制机制创新与管理创新的精神。浙报集团成功入选2013“世界媒体500强”，体现了中国报业向文化产业跃进的“浙报速度”：集团经营性资产整体上市后，营收和利润连续几年稳步增长并创历史新高，超额完成了“三年利润承诺指标”。浙报传媒的成功上市，其意义不仅在于实现了与资本市场的对接，更在于通过上市形成了与市场对接，推动体制机制改革创新的“倒逼机制”，使浙报传媒借势完成了市场化改革，形成了新闻传媒、娱乐互动和影视制作三大产业加上文化产业战略投资平台的“3+1”发展格局。

除了浙报传媒以外，杭州日报报业集团（即杭报集团）也正式提出了“从报业集团走向现代传媒集团，成为文化产业战略投资者”的发展目标，构筑了依托于《杭州日报》等报刊体系，涵盖互联网、电视、广播、移动媒体、户外媒体和数字出版的“1+6”传媒产业体系。

二　数媒革命：传统媒体向现代文化产业跃迁

注重科技与文化的结合，是现代文化产业的基本品质。在传媒创新的全球竞争中，赢家往往是那些从科技与文化的结合中实现从传统媒体向文化产业转型跃迁的人。浙江报人对互联网时代文化产业的数字革命有超乎寻常的敏锐度，对数字新技术在传媒领域的应用有极大的热情。

当前，国际上对印刷业节能、降耗、减排、绿色、安全的要求日渐提高。“绿色印刷”既是欧美发达国家科技水平的体现，也是产业竞争中绿色观念和绿色壁垒的重要工具。发展绿色印刷已经成为中国印刷业“十二五”发展的主攻方向。在此背景下，杭报集团盛元印务公司通过绿色印刷国家认证就显示出了特别的意义。这一绿色革命，使杭报盛元成为中国报业唯一、浙江首家通过国家绿色认证的印刷企业，标志着浙江报业印刷质量进入了与国际同步的新时代，打开了与世界500强企业合作的通道。

传统的纸媒与动态的数媒之间难以实现无缝对接，长期制约了报业的新媒体转型。目前，通过二维码技术的运用，这一问题可望得到一定程度的解决。杭报集团旗下的《每日商报》采用BOBOcode二维码技术，在系统兼容性和视频连接技术上获得突破，实现了纸媒与数媒之间的流畅对接，以技术的革命性变化提高了报纸的竞争力。温州日报报业集团（即温报集团）也运用二维码技术构建了一套网络与终端相结合的移动票务管理系统，形成了各影院售票平台、第三方支付平台和二维码应用平台的电子票务业务链融合，是报业应用数字技术开展增值业务的一个成功案例。此外，温报集团在数字媒体革命中成立了温州网络电视项目，利用音视频直播设备、IP卫星、3G网络、4G网络、微波技术实现快速音视频直播。温报集团追踪数字传播技术前沿，社会效益和经济效益明显，报业网络卫星视频直播加移动新闻终端的突破具有示范性和影响力。

三　全媒体联动：互联网时代的报网融合

从技术上讲，报业转型升级的重要内容之一，就是发布渠道由单一的纸媒向多元的全媒体方向转变；通过传统媒体与新媒体的融合，实施全媒体战略，实现一次生成、多次发布，最终实现多媒体、多渠道、多终端发布。因此，报业转型离不开技术软硬件的建设，离不开在新技术平台基础上的资源整合。

浙报传媒通过加快建设基础技术设施平台和一体化体制机制，为媒体融合发展提供了强大支撑。一是创新融合发展组织架构。浙报传媒专门组建了集团数字采编中心，以《浙江日报》、浙江在线采编人员为主体，统筹集团新闻资源，牵引集团新闻采编、技术支撑进行跨平台融合传播。二是构建全媒体新闻生产流程。以集团数字采编中心为核心，建立统一指挥调度的多媒体采编平台。建立适应全媒体发布的内容生产流程，形成媒体间紧密协同、互动沟通机制。三是探索支撑新闻传播可持续的商业模式。浙报集团在积极探索新闻传播与互联网信息和文化服务融合发展的模式，推动新闻和文化服务一体化发展中，取得显著成效。四是建设国内领先的信息集成平台。立足于利用大数据和云计算技术进行新闻生产，在深入研究论证的基础上，浙报集团正在加快建设“全媒体融合智能信息服务平台”，通过大数据挖掘分析，优化内容制作、存储、分发流程，使新闻传播实现一站式生产、全媒体发布、智能化分析、精确化服务，在媒体与读者之间建立良好的对话和互动关系，大大提升了新闻报道的引导水平和服务能力。

温报集团通过建立温都全媒体中央控制室，在全媒体战略的硬件和软件建设方面取得了创新性成果。温都全媒体中央控制室是温报集团《温州都市报》在全媒体转型中实施的一个标志性项目，形成了以《温州都市报》为旗舰，包括《温州都市报》《温都周刊》、温都网、《温州都市报》官方微博、《温州都市报》微信和掌上温州客户端六大传播平台的温都全媒体集群。温都全媒体中央控制室从硬件、软件建设和新闻传播模式上较好地落实了“全媒体”理念，创造了报网融合的成功范例。此外，在国际传播中，温报集团的温州海外手机报项目解决了国外电信运营在软硬件系统上不匹配的问题，可根据海外读者的阅读习惯随时调整和升级手机报系统。把手机报这一新业态发展到海外市场，在中国文化“走出去”战略中独树一帜，受到业界和专家的肯定。

显然，硬件建设只是全媒体战略的基础性工程，更重要的还是报业观念和运营模式的全媒体化。在这方面，浙江报业的商业模式与平台创新最引人注目。其中，浙报传媒与阿里巴巴合作推出的《淘宝天下》云媒体模式，以及浙报传媒的旅游全媒体整合营销创新是两个成功的报网融合创新项目典范。

在加快发展文化产业背景下，报业的产业属性开始得到重视。浙报传媒与阿里巴巴进行跨产业合作，共同创办《淘宝天下》，瞄准电子商务人群这个传媒市场的空白点，通过线上、线下的并行渠道，实现了纸媒电子商务的盈利模式，在发行、内容、广告三个领域形成云媒体创新模式，一举成为全国实际发行量最大的中文周刊，2 个月实现广告销售过亿元，被《新周刊》《媒体》等评为年度最佳杂志。在这个云家庭中，还有覆盖淘宝网 800 万卖家群体的《淘宝天下・卖家》刊，以及《淘宝天下》香港刊，拓展了内地传媒的业务空间。《淘宝天下》还锁定淘宝 30 万优质买家，对消费数据进行挖掘，反射定制时尚内容，力争成为独特的用数据定制时尚的杂志。这一系列创新举措，使《淘宝天下》的云媒体模式闪烁着创新精神与创新智慧的光芒。

旅游全媒体整合营销是浙报传媒 2013 年实行全媒体战略的一大尝试，通过报纸、网络、杂志、户外、手机终端的整合推广方式，与全国数十个旅游部门开展“全媒体、全服务”的旅游营销战略合作，在旅游品牌宣传与景区集客推广等方面，实现了重大突破。尤其是与浙江省旅游局共同推出的“看晚报・游浙江”主题推广活动，由《钱江晚报》牵头，联合全国 10 省共 15 家晚报共同开展声势浩大的浙江旅游整合营销活动，以多元化的报道、立体式的活动、多媒体的整合、接地气的效果，引起旅游界与媒体界的广泛关注，荣获由中国广告协会报刊分会评选的“金推手”经典安全年度特别大奖、中国旅游协会评选的年度十大营销创新奖等。旅游全媒体整合营销带来了营销业绩的快速增长。旅游全媒体中心 2013 年总体营收近 7000 万元，比上年增长 192%，核心板块《钱江晚报》的旅游广告收入（代理除外）和同城主要媒体相比，市场占有率达 61% 以上，钱江报系旅游板块的利润同比增长 119% 以上。

四　传媒社区：创新城市社区网络建设

城市作为文化活动和经济活动的中心在文化传播与关系建构过程中扮演着重要的角色。在传统媒体向新媒体转型的过程中也伴随着城市社会网络关系的变化，如何在互联网时代创新城市传媒体系，构建新型城市社区关系成为城市传媒转型发展的重要问题。在这一方面，杭报集团的 19 楼传媒给我们提供了成功的案例。

杭报集团的 19 楼传媒创新城市社区网站商业模式，成就了浙江省在城市社区网站的领跑者地位。19 楼传媒立足浙江，布局全国，通过全新商业模式的城际复制、SBS 平台开发应用、C2B 商业模式创建、战略投资与资源整合，在实现“五年建成 100 座活跃城市社区”的目标道路上取得了一个又一个里程碑式的成就。此外，杭报集团利用发行网络，开展同城配送服务，则是深度挖掘了报业发行在现代物流微观层次上的最大优势，把产业链延伸到电子商务落地的最后环节。该项目整合报纸投递队伍、自有电子商务平台和实体连锁的资源，为客户提供提货券制作、商品采购、客户下单、送货上门、回收提货券等一整套服务，不仅落实了多元化发展战略，也提升了同城配送的服务层次。

此外，宁波日报报业集团旗下的《东南商报》，通过构筑社区全媒体平台，创造了活动的盈利模式同样引人注目。《东南商报》以报道社区新闻为主，打造了报纸、广播、电子杂志、网站、网络视频、户外屏流媒体、微博、社区 QQ 群、企业 QQ 群等全媒体传播平台，逐步建立了“大社会、大社区、大新闻”的品牌个性。

第五节　影视与新媒体：依托数字技术的浙江文化产业

2003 年 7 月 18 日召开的浙江文化体制改革和文化大省建设座谈会，明确提出文化产业的发展要以市场为导向，以科技为支撑，以现有的相关产业为关联，使文化产业成为浙江省经济的重要支柱产业的发展方略。时任省委书记的习近平同志在会上指出，“要适应市场的需求，不断推进文化产业的创新。特别是面向高新技术，积极推动信息产业与文化产业的融合，不断提高技术含量，促进文化产业从劳动密集型向技术密集型转变，从低附加值向高附加值转变，从粗放型向质量型转变”①。

在这样的指导思想下，浙江文化产业依托现代高新技术，发展的是一条“文化 + N”的特色之路。以华数数字电视传媒集团为例，“N”是数字技术，即走的是“文化 + 科技”的发展路径；以落户于杭州西湖区的（浙江）国家数字娱乐产业园区为例，“N”是信息技术，发展的也是“文化 + 科技”的新型文化产业。

一　“文化 + 科技”的文化产业集团军

按照浙江省委“八八战略”的部署要求，华数集团以高新技术为支持，整合市场发展主体，充分发挥浙江的体制机制优势，创新实践“科技和文化融合”的理念，形成“文化媒体和信息服务相结合”，“协同发展、良性共赢”的创新发展模式，通过“新媒体、新网络、文化科技支撑”产业发展，深入推进信息服务产业发展进程。经过十多年的发展，华数已成为由浙江广电集团、杭州文广集团、宁波广电集团等投资设立的大型国有文化传媒产业集团，是全国最大的互动电视、3G 手机电视和互联网电视综合数字化内容的运营商和提供商，成为浙江有线数字电视发展的省级平台及主体，获得了中宣部、科技部、国家新闻出版广电总局、浙江省和杭州市的多次表彰和奖励。

长期以来，浙江广电有线网络处于“三国四方”的割据状态，无法适应新媒体发展和三网融合的要求。按照中央要求，在浙江省委、省政府的正确领导下，华数作为全省有线数字电视发展的省级平台及有线网络整合的市场主体，积极探索创新，推进全省广电网络“一省一网”整合。2011 年 10 月，浙江华数广电网络股份有限公司正式组建成立。2012 年 6 月，全省各级有线网络全部与浙江华数公司签订合作框架协议。浙江省“一省一网”整合进入以浙江华数公司为主体进行实质性资本整合的阶段。又经过近两年的努力，截至 2014 年 6 月底，全省 11 个市和所有县的广电有线网络都加入了浙江华

---

① 习近平：《干在实处　走在前列——推进浙江新发展的思考与实践》，中共中央党校出版社，2006，第 331 页。

数，真正实现了资本和业务内容的联合，浙江华数成为有线网络市场发展主体，积极参与到三网融合的竞争之中。浙江广电“一省一网”实施统一规划建设、统一技术标准、统一集控平台、统一品牌形象、统一运行管理的一体化运营，大力推进“跨代网、云服务”发展战略，构建1200G省级骨干网和有线无线高速接入网，提供基于“媒体云、融合通信云、宽带云、服务云”的全省统一的包括“云城市、云家庭、云电视、云通信”在内的云服务，推进“智慧浙江”和“数字家庭”的发展。目前，华数集团拥有IPTV、3G手机电视、互联网电视的全国集成运行牌照，位居全国新媒体和三网融合的第一阵营，也是目前我国规模最大的跨地域经营的有线网络运营商，拥有2000多万户有线电视家庭用户，旗下“华数传媒”是我国广电行业市值最高的上市公司。华数集团已建立了“数字内容及新媒体、数字电视网络、有线与无线宽带通信、移动多媒体、新业态电视、网络文化服务业、信息服务业”等相关产业板块。华数集团实施“产业+资本”双轮驱动，将自身打造成为最具创新能力的、可持续发展的全国大型文化传媒科技集团。

浙江的整合方式在全国独树一帜，政府既没有花一分钱，也没用行政命令“拉郎配”，主要是依靠市场、企业、资本的力量和利益的导向来推进整合，充分调动了全省各级广电部门的主动性和积极性，这种整合模式的优点和长处必将在后续的发展中不断显现出来。届时，全省有线电视用户都将享受到“一省一网”浙江新模式带来的高速便捷。

在动漫、游戏、数字音乐、数字阅读等领域，浙江的文化企业和文化园区积极探索“文化+科技”的模式，通过政、产、学、研协同创新的方式，努力探索基于新兴科技的文化新业态。（浙江）国家数字娱乐产业园区积极推进“区域数字娱乐技术共享服务平台”的建设，搭建技术服务平台，实现文化产业与高新技术的联姻。这个技术服务平台在“区域数字娱乐技术共享服务平台”项目领导小组的指导下，完成了平台建设前期方案论证、企业调研、场地规划、设备选型、运行机制建设等基础工作后，在促进园区企业产学研合作方面已发挥了一定的作用。例如，帮助杭州辉煌时代动画制作有限公司成功研发了业内领先的“模型与动作局部重用的三维动画创作技术研究与系统开发”项目；搭建了园区企业与高校进行人才对口培养、实习、交流的平台，为企业提供后备人才的支持等。

二　拓展模式：文化创新与技术输出

浙江文化产业的发展之路，就是一条不断探索、深化改革和创新之路。华数于2001年采用当时先进的以太IP网络技术，依托杭州有线电视网络资源，在当时创造了“速度最快、技术最新、规模最大、应用最广、带宽最宽”的五个网络建设之最，开创了广电有线网络“三网融合”发展的先河。2004年，在成功地首创“互动电视”的数字电视新模式后，华数不断致力于数字化“跨网络、跨应用、跨终端、跨媒体”的创新发展，造就了一个面向全国“互动电视、3G手机电视、互联网电视”发展的新媒体产业板块。2005年起，华数以资本为纽带，在浙江嘉兴、金华、湖州、丽水、新昌等地建立有线电视网络运营及数字化发展的实施主体，成为当地数字化和信息化发展的主平台，积极推进浙江全省广电网络联合发展。2008年，华数在杭州市大规模开展无线数字城市建设，并与有线宽带网络结合，实现杭州宽带网络“天地一体化”覆盖。2010年，依托华数集团和淘宝网各自的资源优势，建设文化商品的网络交易平台，实现文化商品的网上交易和发行，以及相关文化著作权的网上交易，实施产业化运作。结合数字电视支付平台，在交互电视上发展电子商务。2011年，推进超光网和媒体云建设，2012年，推进跨代网和云服务建设。

华数在推动有线电视数字化发展的过程中，创新数字电视的发展模式，在全国首创了交互数字电视，以及交互数字电视的信息化应用，将数字电视拓展到“新网络、新通信、新传媒、新信息应用”的数字化产业发展领域，形成了在技术创新、应用创新、商业模式创新等多方面的综合优势，在业内创立了数字电视发展的“杭州模式”，并快速推进杭州有线电视数字化整体转换，整体转换用户数量早在2006年底就在全国率先突破百万户大关，取得了良好的社会效益和经济效益。华数交互数字电视除提供国内频道直播服务、数字广播节目以及付费频道服务外，还紧密结合百姓需求，对视频服务实施产品化包装和专业化消费引导，构建了涵盖影视、新闻、娱乐、体育、人文等个性化节目内容的大型视频自主点播服务平台，还在全国首家推出了高清影视点播，彻底改变了传统有线电视被动收看的收视方式，为广大群众提供了包含海量内容、支持自主点播的全新数字电视平台。华数建立开放的面向全社会的合作机制，广泛建立起关于生活、教育、财经、游戏、政务、社区等深入社会政治、经济、生活方方面面的城市信息化服务平台，向市民与社会提供财经、教育、游戏、娱乐等应用服务以及96345城市信息服务、家银通在线支付平台、电子商务应用、党员远程教育、行业视窗、农村信息化等各类信息服务以及数字家庭综合服务，使传统的“看电视”转变为“用电视”，极大地提升了百姓信息化生活的品质。

区域数字娱乐技术共享服务，是（浙江）国家数字娱乐产业园区的首要特色。园区和浙江大学传媒与国际文化学院神经传播学团队合作，培育和推广“基于神经科学的动漫游戏产品优化技术开发”项目，与浙江工业大学计算机科学与技术学院共建区域数字娱乐技术共享服务平台暨浙江省可视媒体智能处理技术研究重点实验室，为来自全国的文化企业提供高端设备服务、高新技术服务和创新人才培养服务，以促进科技成果转化和创新创业人才培育。

三　资本和模式的输出

按照“立足浙江，面向全国”的发展战略，华数输出自己的经营模式，推进跨区域业务拓展。目前，华数的新媒体服务覆盖国内30个省、150余个城市的广电网络以及全国数千万台互联网电视终端，全面接入中国移动、中国电信、中国联通三大电信运营商，拥有超过65%的互联网电视市场份额；并打造了拥有浙江全省以及全国近2000万有线电视用户，全国规模最大、运行服务水平最高、最具成长性的有线网络，成为提供“跨代网、云平台、多终端、全业务”立体化服务的新媒体综合信息服务提供商。华数在新媒体产业构建了全国最大的数字化内容库，拥有上百万小时的数字媒体内容资源，具备有线电视、互动电视、手机电视、互联网电视等全业务资质。华数立足于杭州，并积极向国内其他城市拓展，构建了覆盖国内20多个省份的内容分发网络和服务体系，目前正在构建基于互联网的数字媒体内容分发体系，从而形成“全业务资质、全网络覆盖、全终端深入”的全新新媒体发展模式。

（浙江）国家数字娱乐产业园区通过拓展数字娱乐产业的服务平台，强化商会和产业服务平台的商务交流功能。西湖区数字娱乐（动漫游戏）产业商会及国家数字娱乐产业服务平台成立以来，在促进行业交流、园区企业“走出去”等方面成效显著，如2008年在东京动漫节、日本新媒体动漫艺术作品展、中韩数字内容产业未来发展论坛上把园区企业动漫作品推荐给日本、韩国同业，举办了第二届中日韩产官学动漫交流会和2008动漫产业发展（杭州）高峰论坛等。商会围绕“搭建公共平台，调动社会资源，运用市场机制，构建核心竞争力，促进产业发展”的战略发展思路，主要为数字娱乐产业链中的初创型企业提供发展空间、政策扶持和公共服务，吸引全国的数字娱乐类初创型企业进驻园区发展。

四　打造影视全产业链，推进全媒体融合

（浙江）国家数字娱乐产业园区目前已形成一园多点的发展格局，是省内最大的数字娱乐产业集聚地之一，主要为数字娱乐产业链上的企业提供创业孵化、政策扶持和技术支撑等服务，促进科技成果转化，培育高新技术企业和研发机构，围绕“搭建公共平台、调动社会资源、运用市场机制、提升核心竞争力、促进产业发展”的战略思路，吸引省内外数字娱乐类企业进驻园区发展。园区企业涵盖了数字娱乐人才培养、动漫游戏软件开发、动漫产品制作、娱乐网站经营、衍生产品及服务经营、网络游戏、手机游戏、手机动漫、彩铃彩信等数字娱乐增值服务，形成了较为完备的产业链结构。

华数围绕数字媒体内容的制作、发布、流通和消费等各个环节，在产业链条上起到了带动和整合的作用，相关合作伙伴等都已经发展成为国内数字媒体服务领域的佼佼者，形成了由点到面，由面到线的完整产业链条。目

前，华数集团共有九大基地和开放平台，主要包括视屏基地、游戏基地、出版基地、购物基地、信息基地、音乐基地、支付基地、通信基地和原创基地。每一基地都有丰富的内容作为支撑，如视频基地，就与全球360多家版权商进行合作，拥有上百万小时的节目内容、200多条生产线，还有600多人的策划包装团队。华数统一运营平台支持跨屏幕业务的融合发展，运营商通过开展服务、拉动用户基数，实现交叉联合、跨域发展，并最终实现"多屏合一"。华数构建了海量的数字媒体内容库和互联网抓取信息库两大数据库，这些音视频内容和文字、图片等信息通过数字电视网、交互电视网、互联网、手机网到达用户的终端，真正实现统一的内容支撑平台，服务不同类型的屏幕，满足家庭、个人、车载等的娱乐和信息化需求。下一步，华数将推进跨屏、跨网、跨终端的内容基地建设。以华数开展的新媒体服务为依托，杭州将打造成为全国互动电视的中心枢纽，全国3G手机电视和互联网电视的主要服务平台，成为数字电影、电视、内容出版、增值业务内容聚合和分发的加工基地。

在推进全媒体融合方面，华数积极追踪超宽带、云计算、物联网等技术热点，结合广电自身的业务发展需求和技术优势，推进全媒体融合和新媒体发展，抢占舆论宣传新阵地，充分利用信息技术，打造集"互动电视、手机电视、互联网电视"为一体的新媒体，引领三网融合服务的新潮流，成为全国新媒体产业的领军企业。华数具有有线与无线"天地合一"的传输网络优势，构建了由"有线宽带网、无线宽带网、有线数字电视网和移动数字电视网"等组成的融合支撑网络，建设了数字电视交互门户平台、内容管理平台、应用管理平台、认证平台、计费和运营支撑系统等一系列业务支撑平台。华数开创了我国数字电视的"杭州模式"，采用了可支持交互电视的双网融合方案，业务依托有线电视网和宽带IP城域网，支持直播数字电视业务、全交互业务和融合业务，包括视频直播、音频广播、视频点播、市政信息化、互动娱乐、财经、健康、电视邮箱、电视投票等业务。华数还构建了全媒体平台，即以电视为载体，以文字、图片、视频、音频方式传达信息的综合信息平台。全媒体平台整合了华数视频及音频业务、信息化业务、通信业务，使数字电视成为集合当今互联网、IT 多种应用的综合应用平台。同时，电视机成为市民上网最为普及和便捷的终端，实现了互联网、数字电视的跨媒体发展。另外，全媒体平台也实现了用户与用户之间的互动，比如将投票、消息传递、贺卡赠送、影片赠送等功能带到了电视机上。未来全媒体平台会将内容展现的载体由电视机外延至电脑、手机等不同的展示终端。

第六节　四大文化创意平台推动四大文化产业

文化创意平台是整合相关资源，实现协同创新的重要支撑，是带动文化产业集约化、规模化、专业化发展的重要突破口。花大力气做好文化创意大平台，是浙江相关职能部门的一个工作重心，也是浙江文化创意产业的一大亮点。以杭州“中国国际动漫节”为代表的动漫文化传播与交易平台，以横店影视产业实验区为代表的影视创意产业平台，以宋城集团为代表的文化旅游平台以及以阿里巴巴集团为代表的创意媒体平台，是四个比较有特色的文化创意平台，显示了浙江文化产业在创意平台搭建上的四个不同的探索方向。

一　国际动漫节推动动漫产业快速发展

动漫游戏，是浙江文化产业发展的重点门类。2003 年，浙江的动漫产业几乎为零。经过近 10 年发展，浙江已经成为国内具有重要影响力的动漫游戏产业中心。2012 年，浙江省共创作生产动画片 46 部 26375 分钟，产量居全国第三位。宁波水木动画设计有限公司、浙江中南卡通影视有限公司，分别位居全国原创动画片制作生产十大机构第四位和第六位。杭州市、宁波市分别位居国产动画片创作生产数量十大城市的第五位和第九位。而作为“动漫之都”的杭州，更是以已经连续举办了 11 年的国际动漫节享誉中外动漫界，推动了浙江乃至中国动漫产业的发展。

浙江动漫产业的快速发展，得益于其良好的产业技术、人才和环境等基础条件，得益于其独具优势的人文资源和创新精神，以及政府的产业引导、政策扶持，更得益于其依托当地的政治、经济、文化、地理位置等综合优势打造的“中国国际动漫节”这个文化创意交流的大平台。

中国国际动漫节（China International Cartoon & Animation Festival）由国家广电总局和浙江省人民政府主办，杭州市人民政府、浙江省广播电影电视局和浙江广播电视集团承办，是目前唯一的国家级动漫专业节展，也是目前国内规模最大、人气最旺、影响最广的动漫专业盛会，被《国家“十二五”文化改革发展规划纲要》列为重点扶持的文化会展项目、“中华文化走出去”的重要平台。

自2005年以来，中国国际动漫节每年春天固定在杭州举行，以“动漫的盛会、人民的节日”为宗旨，以“专业化、国际化、产业化、品牌化”为目标，以“动漫我的城市，动漫我的生活”为主题，内容包括会展、论坛、大赛、活动四大板块的20多个品牌项目。随着每年一度的中国国际动漫节在杭州举行，“动漫”这个词开始进入主流视野，走进浙江人的日常生活。2008年，中国国际动漫节出现在世界动画协会的官方网站上。2010年，中国国际动漫节被评为“中国最具影响力的动漫节展”；2011年，中国国际动漫节以1.794亿元的品牌价值入围中国文化品牌价值排行榜前十强，成为中国动漫游戏品牌中唯一的专业节展品牌；2012年，中国国际动漫节荣登“2012年中国文化创意产业最具影响力的十大文化节”之首。

2014年第十届动漫节吸引了74个国家和地区参与，602家中外企业、机构参展参会，参会范围覆盖五大洲。美国迪士尼、皮克斯、尼克儿童频道，日本集英社和世界动画协会，俄罗斯动画电影联盟等国外知名企业、权威机构参与了杭州滨江区白马湖主会场和10个分会场的会展、论坛、商务、赛事、活动五大板块53项活动。国内20个国家级动漫产业基地、10余个城市组团和奥飞文化、乐视、中南卡通、深圳华强、完美时空等动漫游戏龙头企业均来设展。西藏自治区还首次组团来杭，第一次实现全国所有省区市的全覆盖。

来自法国戛纳电视节、加拿大渥太华国际动画节、阿根廷科尔多瓦国际动画节、新西兰 Animation Revelations 动画节、韩国首尔国际动画节等12个国际知名动画节的负责人与中国国际动漫节执委会共同签署了《国际动画节展合作杭州议定书》和《合作备忘录》。俄罗斯首次组织12家企业机构和33位业界人士来杭考察、寻求合作，达成签约交易、意向合作项目285个，涉及金额112.4亿元，现场实际成交和消费涉及金额26.38亿元，总计138.78亿元。

动漫节还顺应动漫和游戏融合发展的新趋势，首次举办动漫游戏（ACG）展、动漫游戏论坛、中国动漫游戏版权竞标大会，积极推动动漫产业多元化、游戏产业正版化，吸引了国内200多家动漫游戏企业参展参会。

中国国际动漫节以“动漫的盛会，人民的节日”为宗旨，10年间，共计有1000多万人次参与动漫节。在2014年举办的第十届动漫节上，仅“中国COSPLAY超级盛典”活动就有境内外700多支团队参赛，参与人数达4万多人。“中国COSPLAY超级盛典”还在美国、荷兰、日本等7个国家设立了境外分赛区，并由杭州发起成立了“世界COSPLAY联盟”。

为了让更多的普通群众参与，动漫节还推出了动漫交响音乐会、动漫声优大赛、“动漫十年·杭州故事”市民摄影展和动漫名家签售等活动，活动现场遍及杭州、桐庐、建德等地共10个分会场，营造了全民动漫狂欢的浓厚氛围。

十年光阴，中国国际动漫节伴随着一代代动漫爱好者的成长，动漫节也成为了每年春夏时节动漫与这座天堂城市的盛大而浪漫的约会。十年奋斗，中国国际动漫节见证了浙江动漫产业从无到有、从小到大、从弱到强的成长。

动漫十年路，杭州再出发。目前，杭州中国国际动漫节执委会正在认真总结经验，进一步解放思想、创新理念，努力把动漫节办成“国际领先、亚洲一流、全国第一”的动漫专业会展，为推动动漫产业发展作出更大贡献。

二　“横莱坞”影视实验区促进影视产业大发展

成立于2004年的横店影视产业实验区，是全国首个集影视创作、拍摄、制作、发行、交易于一体的国家级民营影视产业实验区，有“中国好莱坞”的美誉。横店从最初“带着本子来，带着片子走”的影视平台经营模式，发展到现在对打造“带着本子来，带着票子走”的全媒体、大平台的追求，生动体现了浙江文化企业对全域化文化产业、一体化影视创意服务平台的追求。

1996 年，谢晋导演为拍摄香港回归献礼片之一的《鸦片战争》，在全国辛苦寻觅外景拍摄基地半年无果，经一位浙江东阳籍领导的介绍，找到横店人徐文荣。双方一拍即合，由横店出资筹建了横店第一个影视拍摄基地——南粤广州街。徐文荣敏锐地意识到影视文化产业的美好发展前景，在几乎所有人都不理解、不支持的情况下，陆续建成了秦王宫、清明上河图、明清宫苑、明清民居博览城等 28 个影视实景拍摄基地，横店一跃成为全球最大的影视实景拍摄基地。

2004 年，横店获批成为首个影视文化产业实验区。经过十年的培育，实验区从无到有，从小到大，取得长足发展。在基地运营、体制机制、管理模式、政策引导、企业集聚、企业融资等方面都取得了长足进步，积累了丰富经验，成功创造了全国影视产业基地的横店模式，集聚了华谊兄弟、光线传媒、新丽传媒、欢瑞世纪等一批国内外有实力的企业投资主体及合作伙伴。

时任浙江省委书记的习近平同志曾两次到横店考察，指导影视文化产业发展，有力地推动了横店影视文化产业的快速发展和壮大。针对浙江经济发展中的问题，习近平同志提出用“两只鸟”策略，即“凤凰涅槃”和“腾笼换鸟”来解说经济结构调整，倡导“培育吃得少、产蛋高、长得俊的好鸟”，以此要求浙江企业在产业升级中有所作为。横店用实践证明，横店影视文化产业便是这只“好鸟”。

横店影视文化产业发展至今，无论是基地规模、产业链建设，还是政策建设、服务体系建设都处于全国前列，成为全国最大的影视产业服务平台。

三 文化旅游平台拉动文化消费

2010年12月9日，杭州宋城旅游发展股份有限公司（“宋城集团”）在深圳证券交易所上市，成为“中国文化演艺第一股”。10多年来，宋城集团依托浙江得天独厚的文化底蕴和旅游资源优势打造文化旅游消费平台，以主题公园、文化演艺为主营模式，成功打造了“宋城”和“千古情”品牌，被评为“全国文化体制改革工作先进单位”和“中国十大最具影响力文化产业示范基地”，是全国唯一连续4次荣获“中国文化企业30强”称号的企业。

在宋城集团的文化旅游平台上，拥有宋城景区、杭州乐园、水公园、烂苹果乐园四大主题公园和《宋城千古情》《吴越千古情》《森林奇遇》《穿越快闪》等一系列招牌演艺秀。其中，《宋城千古情》是宋城集团打磨10多年的一张浙江文化产业“金名片”，是全国唯一获得国家“五个一工程”奖的旅游演艺类作品，也是中国舞蹈“荷花奖”的获得者，至今已经累计演出15000多场，接待观众4500万人次，不仅成为杭州文化消费的一张金名片，也成为中国旅游演艺市场的一朵奇葩。2012年，观看《宋城千古情》演出的游客超过640万人次，不到100亩的土地创造了一年3.12亿元的毛利润，年纳税总额1.12亿元，拉动周边消费数十亿元，成为世界单亩土地效益最高的文化项目。

杭州是世界著名的旅游城市，文化旅游一直是杭州的重要支柱产业。目前，杭州有近20个大型演出场馆，每年音乐、歌舞、相声、小品等各类演出在1000场以上。据统计，2012年杭州人均GDP为1.14万美元，常住人口为880.2万人，接待游客8568万人次，常年观看各类演出的人数约为500万人。顺应杭州文化休闲消费升级的大趋势，宋城集团打造了以演艺文化为主题、以新生活方式为内涵的文化旅游消费平台——宋城·中国演艺谷。

宋城·中国演艺谷采用类似于美国百老汇演艺集群的商业模式，有各种形态的剧院13个，总座位数上万个。以“千古情系列演出”为带领品牌，以话剧、音乐剧、戏曲、杂技和其他表演形式为主要内容，以影视创作和电影院线为辅助，以流行音乐会、街头表演、舞蹈舞剧、国际文化交流等为亮点，以宋城景区主题公园、艺术小镇、1500 间千古情主题酒店集群为配套，形成了一个巨大的文化旅游消费平台，带动相关文化创意产业的发展。

宋城集团还依托杭州创立的品牌优势、团队优势，推动在全国一线旅游目的地城市的战略布局，复制推广其“主题公园+文化演艺”的经典模式，完成了三亚、丽江、九寨沟、石林、武夷山、泰山等地的产业布局。

宋城集团在杭州的成功孕育和发展，与浙江注重培育文化创意环境的政策和措施密不可分。自 2008 年起，杭州在推出一系列促进文化创意产业发展政策基础上，又推出“创意市集”，培养大众的文化消费习惯。其中“西湖创意市集”和“西泠艺苑假日市集——溜达街”，都是其中的代表项目。

“西湖创意市集”是由杭州市文创办主办，杭州酷迪创意策划工场承办的创意设计交流平台，吸引了众多青年设计师和大学生创意爱好者参加。截至 2013 年 12 月，共举办了 68 场广场活动和 17 场大师交流活动，吸引了北京、上海、广州等 17 个省市的原创设计团队近 400 家，展示创意产品 7000 多种，参加集市活动的总人数超过 200 万人，扶持大学生团队 150 多个。目前，这个平台的创意产品现场成交额累计超过 1900 万元，后期活动产生的合作项目交易金额达到 1500 万元。

“西泠艺苑假日市集——溜达街”是西泠集团打造的一个文化创意互动平台，以大学生和青年设计师的创意设计交流、产品展示和销售活动为主要内容，强调户外活动与户内活动互动，并结合相关的文化表演，增加市集的趣味性。“西泠艺苑假日市集——溜达街”注重发挥西泠印社的品牌优势、西湖文化广场的地理优势和杭州文化产业信息、技术、市场、融资等公共平台优势，目前已经成为杭州西湖文化广场的一道风景线。

四　互联网平台促进文化新业态

浙江文化创意产业平台利用互联网将组织的能量从企业这个孤立点上释放出来，将其置于所在的生态网络之中，形成商业生态系统。文化企业与其社会生态网络的一体化，促进社会责任内化为企业内在动力，使商业生态扩展到整个社会生态。

创立于1999年的阿里巴巴集团，是目前中国最大的电子商务集团，也是数字媒体时代文化创意平台与新型文化业态的代表。如今的阿里巴巴，旗下拥有中国最大的网络零售平台及最大的第三方支付工具。近年来，通过数十起横向收购，阿里巴巴的业务范围延伸至文化、娱乐、金融、生活服务、医疗等多个与消费者息息相关的领域。2014年9月，阿里巴巴在纽约证券交易所成功上市。在短短的15年中，阿里巴巴把握住机遇，创造了商业与文化对接的电商服务平台，实现了阿里巴巴式创意媒体革命。

（一）让天下没有难做的生意："世界上最伟大的集市"

阿里巴巴搭建的商业平台成功沟通了消费者、商家和其他参与者。阿里构筑的开放、协同和繁荣的商业生态链，使各个相关部门充分参与到商业活动的不同环节并从中受益。阿里旗下的淘宝网和天猫商城在2012年销售额达到1.1万亿元人民币，超过亚马逊公司和eBay销售额之和。英国《经济学人》杂志称其为"世界上最伟大的集市"。

阿里巴巴这个集市的伟大之处，就在于它打造的平台充分发挥了现代传播技术的优势，实现了普通人对一切人的传播和交易，使商业、日常生活和大众文化交汇成为一种新的商业形态和日常生活形态。

（二）泛媒体：价值交换的文化服务场

阿里巴巴的电子商务平台，既是货物交易的商业平台，也是信息交流的传播平台，以其区别于传统大众媒体的"泛媒体"特点，开创了文化服务的新市场，创造了文化产业的新业态。

作为一家链接最广泛社会要素的互联网公司，阿里巴巴自然就拥有了媒体的属性。除电商领域外，阿里巴巴在物流（海尔日日顺）、金融（余额宝、众安保险）、团购（美团、聚划算）、游戏（阿里手机游戏平台）、教育（淘宝同学）、旅游（淘宝旅行）、医疗（中信21世纪）、体育（恒大俱乐部）、数字电视（华数）、云计算（阿里云）、社交（来往）、文化（文化中国）等领域都有布局。以阿里巴巴为代表的泛媒体平台，以其"四个打通"的传播特性，在一定程度上反映出未来文化创意和传播的某些特征。

一是打通线上线下交易，打通卖家与买家，成为商业传播的媒介。淘宝网上每一个店铺都是自媒体。国务院总理李克强曾在与淘宝网创始人马云的经济形势座谈会中，透露出自己曾有过上淘宝的经历，并且被店主的留言感动。他鼓励年轻人创业，在保质保量、公平竞争的基础上进一步发展电子商务。①

二是打通金融产品与投资者，成为金融流通的媒介。阿里与天弘基金合作推出以“余额宝”为代表的金融产品，得到市场的热烈反应，吸纳大量民间闲置资本。一时间令众多银行巨头如临大敌，大有倒逼银行业改革之势。余额宝之后，众多互联网理财产品如雨后春笋般涌现。

三是打通文化与消费，创造购物节成为消费时点。11 月 11 日，原本是一个平常的日子，自 2009 年至今却成了众人皆知的“双十一购物节”。“双十一购物节”已成为一种符号，一个由互联网公司所倡导的“节日”，正在对人们的生活产生潜移默化的影响。

四是打通社交媒体与商业，将商业植根于日常生活。在微信几乎已经占据所有智能手机桌面时，阿里巴巴抛出了移动互联的社交应用“来往”。阿里做“来往”挑战“微信”是要“把不可能变成可能”。② 主推“来往”背后的动力来自对移动互联网业务的布局，以及对移动电商将成为移动互联网时代最重要的领域的预判。2013 年，阿里巴巴入股拥有 5 亿多用户的新浪微博。一个是颇具影响力的社交媒体平台，另一个是影响力巨大的电子商务平台。在新浪微博上注册用户有 5 亿之多，淘宝和天猫平台注册用户也有 5 亿多，双方的用户重合度超过 40%。阿里巴巴入股新浪微博后，根据战略合作协议中“数据交换”的约定，新浪微博上的 5 亿注册用户在新

---

① 参见冯悦《李克强对话马云畅谈电商发展　曾上淘宝被店主留言感动》，央广网，2013 年 11 月 9 日，http://china.cnr.cn/xwwgf/201311/t20131109_514084368.shtml，最后访问时间：2014 年 9 月 28 日。

② 参见李斌《“来往”满月马云放豪言，挑战微信就是变不可能为可能》，《京华时报》2013 年 11 月 22 日，第 44 版。

浪微博上的“足迹”，都将被阿里巴巴通过大数据技术挖掘出背后的商业价值。①

五 “培育企业家，也培育思想家”：文化释放民营企业创造活力

早在2003年，习近平同志就明确地提出，“发展民营文化企业，是浙江文化产业发展的必由之路，也是浙江文化改革与发展的特色与优势所在”②。浙江省的文化产业发展实践中，涌现出一批引领时代之风气，敢于改造时代精神的文化企业与商界文化人。继鲁冠球、宗庆后之后，马云这一新商业文明的倡导者成为新的浙商标杆。马云，被称为“中国电商教父”，从一个草根成长为影响中国商业文明的时代人物。以马云为代表的浙商群体创新之路，是中国互联网公司20年来追赶美国硅谷的缩影。以阿里巴巴为代表的中国互联网企业的崛起，既源于中国改革开放30多年的伟大实践，又扎根于浙江这片深厚的文化土壤。

（一）寻求共赢与敢于担当的企业文化

以阿里巴巴为代表的新型文化企业的价值观有着鲜明的浙江民企风格。“阿里巴巴”这个名字取“芝麻开门”之意，意即打开世界市场的大门。关注商业生态协作和小企业利益是阿里文化的首要信条。“阿里的价值观总结为六个方面：客户第一，客户是衣食父母；团队合作，共享共担，平凡人做非凡事；拥抱变化，迎接变化，勇于创新；诚信，诚实正直，言行坦荡；激情，乐观向上，永不言弃；敬业，专业执着，精益求精。”③

阿里巴巴十分重视企业的社会责任。马云强调，阿里是一家“理想主义的公司”，社会责任是阿里“不可分割的内在基因”，阿里人始终对这个

① 参见余丰慧《阿里新浪微博联姻意在“数据”》，《新京报》2013年5月2日第B02版。

② 习近平：《干在实处 走在前列——推进浙江新发展的思考与实践》，中共中央党校出版社，2006，第327页。

③ http：//www. alibabagroup. com/cn/about/culture，最后访问日期：2014年9月28日。

国家和时代充满了“由衷的自豪感，更充满了真诚的感恩之心”①。

（二）商业文化对日常话语的渗透

基于数字媒体的新型商业形态，既改变着人们的商业习惯、日常生活习惯和交往习惯，同时也影响着人们的日常语言习惯和大众心理。随着淘宝的盛行，本用于买家与卖家之间的亲切用语“亲”等迅速走红，如2011年南京理工大学的录取通知书、2011年外交部的一则招聘微博、交通安全宣传、联合国催债、城管执法、驾车卡等都使用了“亲”。公权部门使用“淘宝体”，使原本正统而刻板的机构形象变得生动活泼，更被大众视为一种低姿态、亲民的积极表现。可以说，以阿里为代表的互联网文化给传统的交流方式带来耳目一新的变化，是典型的商业文化向社会文化的渗透，足可成为当今一扇观察大众文化变迁的窗口。

① 《CEO致辞》，http：//view.1688.com/cms/shichang/csr/ceo.html？spm=b26101.29865.0.0，最后访问日期：2014年9月28日。

第六章
优秀文化产品：鼓舞时代精神

2005 年 6 月 1 日，习近平同志在浙江省宣传文化系统调研座谈会上说："文化精品是一个国家、一个地区、一个时代文化发展水平的重要标志，是书写文化史最重要、最基本的要素"。"浙江文化要再现辉煌，就必须创作和生产出一批思想性和艺术性完美统一的文化精品，一批经得起历史检验的传世之作，一批反映时代特征、代表国家水平、体现浙江特色的精品力作，并使之成为浙江作为文化大省的重要'名片'。"①

"名片"是竞争力的象征，文化竞争力的终极载体是文化作品，特别是文化精品。这张精品"名片"的价值标准首先来自人民，而开创浙江文化艺术创作日益活跃、精品力作不断涌现的局面则需要政府的引领、规划、培育和扶持，这是一项长期而系统的工程。

第一节　面向人民　文化精品书写浙江名片

2004 年 9 月 10 日，由文化部主办，浙江省人民政府承办的第七届中国艺术节（简称"七艺节"）在杭州开幕。在浙江黄龙体育馆举行的开幕式上，时任浙江省委书记、省人大常委会主任的习近平同志特别邀请一位九旬老人和一个五岁的孩子敲响了开幕的铜锣，身体力行地诠释了"艺术的盛会，人民的节日"的宗旨。

---

① 习近平：《干在实处　走在前列——推进浙江新发展的思考与实践》，中共中央党校出版社，2006，第 330 页。

一　2001～2005年：重大文艺奖项带动文化精品脱颖而出

在“七艺节”上，浙江提出文化大省建设后的第一批文化精品成果接受了检阅，这是浙江省有史以来承办的规格最高、规模最大的国家级艺术盛会，也是浙江文化精品不断涌现的新起点。

浙江文艺精品的竞争实力在“七艺节”上充分显现出来。在第十一届文华奖评选中，浙江有7部优秀戏剧作品入选。宁波市艺术剧院的甬剧《典妻》、嘉兴市文化局和浙江艺术职业学院联袂创作的音乐剧《五姑娘》获得文华大奖，在12台获奖剧目中独占两席；浙江绍剧团的《真假孙悟空》获得文华大奖特别奖；杭州越剧院的越剧《流花溪》、浙江小百花越剧团的《藏书之家》获得文华新剧目奖，充分反映了浙江提出建设文化大省目标之后，文化传世之作、获奖之作和标志之作不断涌现的繁荣局面。

“七艺节”是浙江文艺创作环境率先转向开放的一个标志。浙江的文艺精品创作走出了一条“引进一批专家，开放一个世界”的创新之路，起点就是2004年的“七艺节”带动起的一批舞台精品的创演。7台获奖好戏几乎全是由国内最优秀的艺术家共同创作而成的。在创作过程中，浙江为艺术家们提供了宽松的实验环境和良好的创作条件。甬剧《典妻》在入选评奖时已累计演出71场，观众达7万人次，并相继获得了第八届中国戏剧节曹禺戏剧奖、2004年中国戏曲学会奖等多项大奖。就像当年一出《十五贯》救活了昆曲一样，甬剧这一有近200年历史的地方剧种借由这一出精彩剧目重现生机。

“七艺节”为“专家戏”“评奖戏”赢得更多观众尤其是年轻观众掌声的努力，十分契合浙江群众办文艺的特色。“七艺节”首次将“中国艺术节奖”“文华奖”“群星奖”“蒲公英奖”四奖整合，指明了当今中国艺术创作的鲜明走向：创作要展示中华文化底蕴，要贴近百姓生活，要紧扣时代主题，要通过各种载体与更多的老百姓见面。“七艺节”期间，全国各省的舞台精品力作在杭州、宁波、温州、嘉兴、绍兴等地同城较量，51台全国第十一届“文华奖”参评剧目共演出102场，41台省内外、港澳台地区和外国祝贺展演剧目演出近130场。

借着“七艺节”的东风，2001～2005年，浙江省获得中宣部、文化部、广电总局、中国文联及各文艺家协会颁发的国家级奖项共449个。浙江作家先后发表、出版长篇小说、报告文学专著400余部，其他各种体裁文学作品专著1600余部，文学理论专著70余部。长篇小说《日出东方》获中宣部“五个一工程”奖，儿童文学作品《美食家狩猎》获第五届全国儿童文学优秀作品奖，《追日》和《阿笨猫全传》获第六届全国儿童文学优秀作品奖。

2001～2005年，浙江电视艺术家创作、拍摄、制作电视剧100余部2000多集，其他电视艺术节目18000余集。其中，电视剧《至高利益》和《我亲爱的祖国》、戏曲电视剧《红楼梦》获中宣部“五个一工程”奖，15部电视剧获全国电视剧飞天奖；41个作品（栏目）获全国电视文艺星光奖；48部作品获中国电视金鹰奖；电视剧《天下粮仓》《鲁迅与许广平》《大明王朝》等都是这一时期较为优秀的作品。音乐舞蹈影片《寒号鸟》获第十二届中国电影童牛奖优秀故事片奖，剧本《彩练当空舞》《邓小平·1928》拍成影片后分别获中宣部“五个一工程”奖和中国电影华表奖。

“面向人民的文化传播”在浙江哲学社会科学普及工作中树立起品牌。2005年4月，浙江省社会科学界联合会与《钱江晚报》联合推出了“浙江人文大讲堂”，以“大众、大家、大学”为号召，围绕历史文化传统、人生哲理和社会热点，采取“场媒联动”的传播方式，每周六开讲，周一在《钱江晚报》整版刊发演讲精粹。大讲堂先后邀请到何振梁、吴建民、余秋雨、韩美林、魏杰、敬一丹、于丹、刘心武、胡鞍钢、周国平、余华等一大批著名学者和社会名流，产生了巨大的社会影响。新华社两次发文盛赞“浙江人文大讲堂开辟了普及人文科学新渠道”。2006年度“人文大讲堂”被杭州市民投票评为“杭州市提高生活品质十大事件”之一。

在文艺精品获奖方面，在第十届全国美展中，浙江获金奖3件、银奖7件、铜奖20件、优秀奖21件，奖牌数和作品入选数继续保持全国之首。中国画《物华》，年画《女儿红》，服装设计作品《寻凤行凤循凤》《紫原戊彩》《观点——2001 看东方》等获国家级展览金奖或一等奖。浙江书法家共提交624 件作品参加全国性书法篆刻大展，共有49 人获奖，有10 件作品获金奖或一等奖，入选作品数屡次名列全国第一，书法总体成绩处于全国领先行列。在第二十届、第二十一届全国摄影艺术展览中，浙江入选作品 106幅，共获奖牌7 枚，总分列全国第二。在第九届、第十届国际摄影艺术展览中，浙江共入选作品 85 幅，获银奖 4 枚、铜奖 7 枚。在第四届、第五届、第六届中国摄影金像奖评选中，浙江共有5 位摄影家获奖。

在戏剧、音乐、舞蹈、曲艺等表演艺术门类方面，浙江获得创作剧目奖和其他单项奖56 个。除了“七艺节”上获得文华大奖的甬剧《典妻》、音乐剧《五姑娘》和获得特别奖的绍剧《真假悟空》外，越剧《陆游与唐琬》入选2002 ~2003 年度国家舞台艺术精品剧目；越剧《荆钗记》《流花溪》以及昆剧《张协状元》获中国戏剧奖·曹禺剧本奖；人偶剧《神奇的雀翎》获全国木偶大赛金狮奖；越剧《玉蜻蜓》《皇帝告状》《江姐》获第七届全国映山红越剧节金奖。歌曲《海乡的秋天》《香香花为媒》获中宣部“五个一工程”奖，歌曲《美丽如梦》《你是中国人民的儿子》分别在文化部、中国音乐家协会举办的大赛中获奖。浙江歌唱家、演奏家以及艺术表演团体在国家级和国际声乐器乐表演比赛中共获得金奖8 枚、银奖4 枚、铜奖6 枚。在舞蹈创作表演方面，共有 40 余个舞蹈作品参加国家级舞蹈比赛。双人舞《水墨游》获中国舞协荷花奖铜奖，现代舞《太阳不是黑色》、群舞《吴侬软语》和《花映月色》、三人舞《山旮里的男人》获第六届全国舞蹈比赛创作和表演奖。少儿舞蹈《我们都是小蜜蜂》获全国首届少儿舞蹈节金奖。曲艺作品《上岗》《望海潮》分别获中国曲艺牡丹奖文学奖和音乐奖，《大禹祭》《新琵琶行》《救爹》《青春情节》等也都在国家级大赛中获奖。①

---

① 文中浙江省历年文艺精品创作数据材料根据《浙江省文学艺术界联合会第六次代表大会上的报告（2005）》《浙江省文学艺术界联合会第七次代表大会上的报告（2010）》摘编。

二　2006～2010年：影视、动漫成为精品创作的主阵地

文化精品创作必然紧跟观念、载体和传播方式的革新。进入 21 世纪后，文化消费越来越成为文化竞争力的一个重要维度，并赋予“创作面向人民”以新的内涵。最生动的例证是影视作品的文化传播力和影响力开始全面超越舞台作品，成为最活跃的文艺样式、最兴旺的文化产业、最大众化的文艺作品、最主流的文艺创作和最热门的社会话题之一，也是单一的评奖激励评价机制向市场化、多元化的激励评价机制转型的开始。正因如此，影视作品在思想价值上坚定信念、凝聚人心，在艺术价值上提升审美层次、净化心灵，在创新价值上汇聚最高端的智力、最雄厚的财力，是当代文艺创作当之无愧的主阵地。

2006 年，浙江广播电视集团以“回报观众，回报社会”为宗旨，在全国率先举办“中国浙江电视观众节”，以大型主题系列活动和特色文艺演播为主要内容，突出“参与、热闹、娱乐、开放”的基本特征，包括广电集团开放日、互动联欢会、同城观众日、观众嘉年华、激情飞扬主题晚会、钱塘盛会、十大剧献等众多项目。第一届电视观众节中直接参加现场活动的人数达到 15 万多，参加网络投票的有 480 万人次。到了第六届电视观众节，直接参加人数增加到 30 多万，网络投票人数增加到 5200 万人次。历届电视观众节的举办，都以一种崭新的创意编码，改变了广大民众对广播电视公共文化的参与、解读方式，创造了一种风格别样的媒体传播规则。

2010 年，浙江新注册影视公司 121 家；生产剧作 43 部 1500 集，占全国电视剧产量的 1/10；参与出品电影 33 部。浙江影视精品创作一直以鲜明的国家主流意识形态为价值导向，以现实题材和革命历史题材见长。2005 年，浙江的主旋律影视创作开始脱颖而出。在中央电视台一套黄金时间热播的电视剧《海之门》，以改革开放以来浙江沿海城市的经济社会大发展为背景，浓墨重彩地描绘了一幅改革开放的时代画卷，栩栩如生地刻画了浙江儿女的艺术形象，在全国引起较大反响，于 2007 年获得了全国精神文明建设“五个一工程”奖。

2008 年底，电视剧《十万人家》作为纪念改革开放 30 周年的献礼作品，在中央电视台一套黄金时间压轴播出。该剧以党的十六大以来浙江经济社会发展转型时期的浙商及浙商的转型为创作素材，艺术地表现推进科学发展观、建设和谐社会在浙江的实践，反映了与时俱进的浙江精神，于 2009 年获得第 27 届电视剧“飞天奖”长篇电视剧一等奖。在全国电视剧佳作辈出、竞争异常激烈的环境里，这座“飞天奖”奖杯体现了浙江影视剧创作整体实力的上升，表明浙江影视生产队伍不断壮大、素质不断提高。专业制片人、导演和编剧善于把握时代鲜活的脉搏，敢于关注现实生活，创作出了和当代生活同步的作品。

同期的浙产电视剧在政府奖评选中也频频摘得桂冠。2007 年播映的电视剧《大工匠》，讲述了新中国成立后两代产业工人在社会发展和变革转型中艰苦创业的故事，创下当时单集销售 87 万元的市场成绩，获全国精神文明建设“五个一工程”奖，实现了社会效益与经济效益的双丰收。2008 年播映的电视剧《北风那个吹》，讲述知青生活的艰难历程，颂扬人性美好，再次创造收视热点，获全国第十一届精神文明建设“五个一工程”奖及多个电视剧单项大奖。《名校》获“飞天奖”少儿电视剧一等奖；《招贤记》获“飞天奖”戏曲电视剧一等奖；《中国往事》获“金鹰奖”优秀电视剧奖和首尔国际电视节大奖；动画片《郑和下西洋》获全国精神文明建设“五个一工程”奖。

2008 年 10 月上映的影片《超强台风》由浙江省委宣传部、温州市委宣传部、台州市委宣传部以及浙江广电集团和浙江影视集团等共同投资 5000 万元拍摄，由冯小宁执导，入围 2008 年的东京国际电影节并角逐金麒麟奖，同时，被业界誉为“主流电影的商业诉求与国家主流意识形态诉求有机融合的突破之作”。影片以浙江人民迎战 2006 年夏季超强台风为素材，再现浙江各级党委政府和广大军民科学决策、以人为本、团结一致、抢险救灾的壮举。在拍摄期间，影片使用了比美国灾难大片《完美风暴》更加逼真的、几乎和实景接近 1:1 比例的布景进行拍摄，后期制作采用了大量电脑特技、特效镜头。媒体称这部影片是“中国人特技走世界”，完成了主旋律电影类型化的现实转型。2009 年，《超强台风》获第十一届全国精神文明建设“五个一工程”奖，被列入“华表奖”优秀电影提名影片。

动漫、创意等数字内容产品创作的兴起，对浙江文化精品生产从单一内容载体各自为政向内容介质之间相互融合的转型起到了承上启下的作用。浙江的动漫产品创作最早的大本营在杭州。着力打造“天堂硅谷”的杭州是国家信息化试点城市、电子商务试点城市、电子政务试点城市、数字电视试点城市和国家软件产业化基地、集成电路设计产业化基地。杭州动漫产业的崛起，还依托了中国美术学院、浙江大学、浙江传媒学院等高校的创意人才优势。

2003 年，浙江中南集团卡通影视有限公司成立，标志着浙江的动漫创作开始具备与北京、广州、长沙、上海等城市相抗衡的竞争实力。2004 年 12 月，国家广电总局批准“国家动画产业基地”和“中国美院动画教学研究基地”落户杭州高新（滨江）区。高新区出台《关于鼓励和扶持动画产业发展的若干意见（试行）》，从 2005 年起，区财政每年从产业扶持资金中安排不少于 2000 万元的“杭州高新区国家动画产业基地专项扶持资金”，主要用于动漫产业公共服务（技术）平台的建设、动漫作品原创及对动漫企业发展的财政扶持，鼓励动漫生产企业和科研院所充分挖掘、利用中国的优秀文化资源，开发具有自主知识产权的动漫作品，创建民族自主品牌，提升国际国内影响力。

2005 年，中南卡通投入 4800 万元推出的《天眼》是杭州“国家级动画产业基地”揭牌后的第一部成型的原创大型动画片，由中央戏剧学院、北京电影学院和中央电视台专家教授组成剧本主创队伍，上百人参与制作，在技术上采用国际先进的二维与三维技术相结合的表现手法，堪称当年国内卡通片的顶尖之作。五年中，浙江中南卡通原创出品了涵盖十大题材的 14 部精品动画片，获得国际、国内奖项 41 项。《天眼神虎》《魔幻仙踪》《星际飙车王》《劲爆战士》等动画片先后在包括中央电视台、北京卡酷等动画上星频道在内的全国地市以上电视台播出近千次。

2007 年度国家广电总局推荐播出的 50 部优秀动画片中，杭产动画片

《秦时明月之百步飞剑》《火星娃勇闯魔晶岛》《星际飙车王》《戏曲动画集粹》等上榜，居全国各省市第一位。2008 年度，浙江又有《中国古代科学家》《劲爆战士》《秦时明月之夜尽天明》《奇趣宝典俱乐部》《无不想》《科科成长日记》等 6 部作品入选，数量居全国第二。2009 年，国家广电总局评出最受业界关注的“原创动画片制作生产十大机构”中，杭州漫奇妙动漫制作有限公司以年产 10 部、12945 分钟的成绩居榜首，成为唯一一家产量超 10000 分钟的企业，占全国原创动漫总产量的 7.5%，遥遥领先于排名第二的央视动画有限公司。全国原创动画片制作生产十大机构中，浙江占了 5 席。杭州市继续保持国产动画片创作生产数量第一，宁波位列第七。

2006～2010 年，与“浙江影视现象”和浙江动漫基地的迅速崛起同步的，是浙江文化精品创作全面跃上新台阶。在第十届全国精神文明建设“五个一工程”奖评选中，浙江选送的 9 部作品入选。在当时，这是 1991 年后历届全国“五个一工程”评选中浙江入选作品最多的一届。浙江省委宣传部因此获得组织工作一等奖。

五年里，浙江共有 11 种文艺类图书获得全国精神文明建设“五个一工程”奖、“中国出版政府奖”等国家级奖项。其中，长篇纪实文学《让我们敲希望的钟啊》《中国模范生》《家国书》获全国精神文明建设“五个一工程”奖；报告文学《天使在作战》，诗集《看见》《行吟长征路》获第四届“鲁迅文学奖”；杂文集《病了的字母》获第五届“鲁迅文学奖”；长篇小说《暗算》获第七届“茅盾文学奖”；长篇小说《兄弟》获首届“中华图书特殊贡献奖”。蒋风获第二届世界儿童文学大会暨第八届亚洲儿童文学大会儿童文学理论贡献奖。

在戏剧方面，昆曲《公孙子都》获“文华大奖”；越剧《五女拜寿》获文化部首届优秀保留剧目大奖；昆曲《公孙子都》、越剧《梁祝》先后入选国家舞台艺术精品工程“十大精品剧目”，并获中国戏曲学会奖；越剧《九斤姑娘》获中国戏曲学会奖；越剧《梁祝》《大道行吟》获中国戏剧节优秀剧目奖；昆曲《红泥关》《西园记》获中国昆曲艺术节金奖；越剧《梁祝》《红色浪漫》《天道正义》《烟雨青瓷》《李慧娘》《一缕麻》《结发夫妻》《大漠骊歌》《九斤姑娘》获中国越剧艺术节金奖；京剧《宝莲灯》《藏羚羊》获中国京剧艺术节金奖；京剧《宝莲灯》、婺剧《昆仑女》获中国少数民族戏剧会演“金孔雀大奖”；校园剧《西泠守望》、越剧《红楼人物秀》获“中国戏剧奖·校园剧奖”。

歌舞作品方面，歌曲《江南青青竹》《钢筋班的棒小伙》获全国精神文明建设“五个一工程”奖；歌曲《美丽的塞里木河》获“文华奖”；歌曲《对鸟》《阿拉村里的巧匠郎》《招潮蟹儿》、青瓷乐合奏《越·瓷风》、歌曲获“群星奖”；大型交响组曲《中国大运河》入围全国“金唱片奖”。大型民俗风情舞剧《十里红妆·女儿梦》、大型歌舞《宋城千古情》获全国精神文明建设“五个一工程”奖；《那么远，这么近》《水调歌头》《山野吹来的风》获中国舞蹈“荷花奖”；《群雕》获全国舞蹈大赛“文华创作奖”；少儿舞蹈《我的偶像》《开心渔儿》获全国“小荷风采”舞蹈比赛创作金奖；舞蹈《蚕匾上的婚礼》《竹儿青，妹儿红》《碗窑印象》《象山渔鼓》《九龙柱》等获“群星奖”。

在第十一届全国美展中，浙江入选作品 260 件，其中，动画《小红军长征记》、平面艺术设计作品《5·12 我有一个理想》获金奖，3 件作品获银奖，7 件作品获铜奖，7 件作品获优秀奖。在“国家重大历史题材美术创作工程”的 100 幅签约作品中，浙江画家创作的《1937 年 12 月·南京》《义勇军进行曲》《起航》等 10 幅油画、4 幅国画和 1 件雕塑作品入选，数量居全国各省（自治区、直辖市）之首。在第 21 届、第 22 届、第 23 届全国摄影艺术展和第 12 届、13 届国际摄影艺术展上，《风雨无阻》《骏骨折西风》《风雨兼程》《后天 NO. 1》《两生花》《达措一家》6 件作品获金奖，3 人获第七届中国摄影“金像奖”。

曲艺方面，杭州小锣书《没有拆迁的“拆迁户”》，绍兴莲花落《“110”与“120”》《征母》，宁波走书《“买”进“卖”出》，杭州摊簧《青风收徒》，曲艺理论《浙江曲艺的生态现状及思考》等获得中国曲艺“牡丹奖”。绍兴平湖调《白雪遗音》、莲花落《午夜电话》等获“群星奖”；兰溪摊簧《古村戏韵》获全国少儿曲艺大赛一等奖。绍兴莲花落《兄妹拜堂》和温州鼓词《锦绣中华美如春》获法国“卢浮节目奖”。杂技节目《蹬伞·墨荷》获第八届全国杂技（魔术）比赛“文华奖”杂技银奖；《云顶罗汉——头顶技巧》《高椅》《扛人蹬伞》《良渚玉鸟——皮条》等分别获俄罗斯、法国、意大利国际杂技节、马戏节金奖。

三　2011年后：网络文化催生数字内容的新创作和新传播

文化创作，创意制胜。2011 年前后，网络文化作为一种新型的文化形态，构建了一个以信息技术为先驱、以新的时空和世界观为框架的庞杂的社会系统，把社会主义文化建设和管理的重点难点再次摆到管理者面前。正是在这个时间点上，文化精品创作直面网络文化发展的必要性和紧迫性不断增强。在影视文化持续升温 20 年之后，既有的文化发展格局面临调整，网络文化不仅带来了文化表达、传播、承载和融合上的大变革（大量新文化样式不断涌现并得到社会认同），还表现出了强大的整合力，开拓出一片潜力巨大的文化蓝海：谁紧跟创新，谁拥有大众，谁就能成为文化传播的主导力量。

浙江省委、省政府和宣传文化系统的职能部门，清醒而敏锐地把握住了互联网作为一种文化媒介和文化载体，已深入渗透社会文化各个领域的大趋势，并给予这种文化发展趋势以正面回应。浙江网络文化阵地和网络文化服务供给从无到有、由小到大，实现了跨越式发展。浙江省委宣传部在全省开展了“让网络空间清朗起来”的主题实践活动，把提升网上舆论工作水平，牢牢掌握网上舆论工作的领导权、管理权、话语权，作为浙江宣传文化系统一项为全省干好“一三五”、实现“四翻番”提供有力的舆论支持的具有十分重大现实意义的工作。浙江宣传文化系统的职能部门深刻认识到发展健康向上的网络文化是文化强省建设的题中之义，是实现精神富有目标的重要途径，因此必须始终对网络文化保持高效严格、积极参与、紧跟创新的管理态势。

为浙江网络文化树立“新浙军”品牌的首先是浙江网络文学创作。作为传统意义上的文学大省，浙江在网络文学创作上起步早、发展快、人数多、影响大，据浙江省作协的一项不完全统计，目前活跃在各大网络文学网站上的浙江籍网络文学作家有近千人，几乎覆盖了网络文学的各主要类型。

有较明确的主创题材类型是浙江网络作家能迅速形成整体优势的关键原因。如《盗墓笔记》系列作品、《后宫·甄嬛传》、女性武侠系列作品、历史演义系列作品都为类型创作树立了范式。这种集团式的作家群体优势，还在向浙江的新生代和更多数量的网络作者延伸。

2007 年，杭州市作家协会成立了全国第一个（网络）类型文学创作委员会。2008 年，浙江省作协（网络）类型文学创作委员会成立，并建立了覆盖全省的培育网络文学、类型文学的创作基地。这些举措充分体现了浙江文艺组织的敏锐和管理结构的灵活，有“敢为天下先”的地域性格和创新能力。

2011 年，浙江省作协、中国作协《文艺报》等单位联合举办了首届“西湖·类型文学双年奖”评选活动，提出了一些针对网络文学的评价指标，让专业文艺批评积极介入网络文学创作。

2013 年，浙江网络文学组织建设和阵地建设取得长足进展，浙江网络文化创作研究基地在湖州建立，成为浙江网络文学的首块“试验田”。

2014 年 1 月 7 日，浙江省网络作家协会第一次全体会员大会在杭州召开。浙江省网络作家协会是全国第一家由网络文学创作、评论、编辑和组织工作者自愿结合的省级协会组织，协会宗旨是团结广大网络文学工作者，坚持文艺“二为”方向和“双百”方针，坚持以人民为中心的创作导向，传递和弘扬社会主义核心价值观，探索网络文学创作规律，提升网络文学审美价值，示范网络写作创作模式，调动网络作家的积极性和创造性，引导助推更多更好的、为网民喜闻乐见的网络文学作品，推进浙江网络文学健康发展。9 月，由浙江省作家协会等单位设立的首届华语网络文学双年奖启动，旨在以评奖促进创作，以作品提升奖项，帮助优秀的网络文学提升规格、扩大影响、发展衍生品，为广大网络作家搭建广阔平台。

为浙江网络文化精品建设树立标杆的是浙江的新媒体产品。自 2013 年上半年开始，互联网移动客户端资源布局迅速展开，新一轮网络舆论和文化传播平台竞争异常激烈。11 月，经浙江省委常委会研究讨论，由浙江日报报业集团负责的“红色新媒体建设工程”启动，并成立数字采编中心和工程核心机构，承担集团新媒体产品研发和牵引集团媒体融合发展的重任。

2014 年 6 月 16 日，浙报集团新媒体矩阵的两大核心产品——“浙江新闻”移动客户端和浙江手机报（升级版）亮相。其中，“浙江新闻”移动客户端是经由省委常委会研究讨论并一致通过的省内唯一的权威移动端媒体，投入使用后将率先发布省内权威信息，是省内发布重大政策、人事任免和突发事件回应的重要渠道。作为“浙江政经新闻第一平台”，“浙江新闻”移动客户端每日及时提供省委、省政府主要领导活动报道以及省内外重大时政、财经、文化、体育等资讯，在新媒体平台与各级党委政府之间建立快捷的信息沟通渠道，在移动端传递党的声音，抢占网上舆论制高点。浙江手机报是国内发行的首家省级手机报，全新升级改版后的手机报重点宣传省委、省政府的中心工作，更多运用视频等更符合手机阅读习惯的元素，体现“资讯即时性、阅读延伸性、呈现多媒体”的特点，大大增强了可读性和吸引力，能更有效地对手机用户进行新闻传播和舆论引导。

浙江网络文化平台的另一项创新工程是浙报集团正在推进的“全媒体融合智能信息服务平台”。该平台主要由三个部分组成：一是5000 万级的用户数据仓库。包括浙报集团 600 万名读者数据库资源、5.6 亿网络注册用户和 4000 多万活跃用户资源，这是集团全面互联网化融合发展的服务对象，也是集团全媒体产品矩阵的目标对象。二是专业化的内容数据仓库。包括集团全媒体动态采编资源库、全媒体历史资源库、全网资源库（含网站、微博、微信等）的海量数据，有了这些内容资源，通过定性与定量的数据分析加工，可以使新闻生产实现专业化、智能化、现代化。三是全媒体智能信息服务平台。包括全媒体智能监测分析和线索发现、全媒体融合采编系统、全媒体融合发布系统，涵盖微信、电商、微网站 APP 模板服务等新媒体云服务开放平台和应用评估及用户行为分析等子系统。该平台能够对新媒体应用进行结构化、模板化开发，同时还将为集团内外的新媒体生产提供有效引导和支撑。

“全媒体融合智能信息服务平台”项目计划三年完成，目前正在申请国家文化专项资金的扶持。2013 年实际投入 1800 万元，2014 年预算投入 1.3

亿元，2015 年预算投入 1.2 亿元。有专家指出，这是当前国内媒体集团推进媒体融合思考和规划最深入、最全面的重大科研项目。

2012 年 7 月，浙江卫视《中国好声音》开播，改变了“为娱乐而娱乐”的选秀节目风，为后选秀时代的中国电视综艺类节目提供了一条成功的突围之路。作为一档平民娱乐选秀节目，除了其内在的娱乐内容之外，更重要的是以讲故事的方式表现选手在实现歌唱梦想过程中的努力和坚持。制作方在借鉴 The Voice of Holland 的娱乐内容制作经验的同时，传递了中国本土青少年追求梦想的正能量。这个核心竞争力，既创造了收视奇迹，也收获了巨大的广告效益。

《中国好声音》第二季首播收视率达到 3.62，某视频网站 3142 万用户在节目播出的 48 小时内播放《中国好声音》视频超过 1.2 亿次。央视索福瑞 CSM46 城收视率统计数据显示，《中国好声音》第二季收视率连续 4 周在当天全国所有节目中排名第一，第五期收视率达 5.031，甩开当日第二名 3 倍多，再度创下新高。《中国好声音》在各大网络平台上成为“刷屏”的最大热门词，领先于其他综艺节目 3～10 倍。在新浪微博热门话题排行当中，《中国好声音》的话题引发的讨论超过 7800 万条；在微博的综合热门搜索当中，《中国好声音》同样位居搜索排行榜的首位。来自百度的搜索指数也显示，在所有综艺排行当中，“中国好声音”的搜索指数长期稳居搜索榜榜首。2012 年底《中国好声音》第二季的招标中，参与《中国好声音》投标的 29 家品牌中，国际品牌就有 8 个。除了“全程首席赞助”被加多宝以高出 2012 年 3 倍多的价格拿下以外，《中国好声音》第二季的 15 秒广告费用也由 36 万元直接飙升至 102 万元。①

“心有多大，舞台就有多大。”浙江卫视以“中国蓝”的立台思想，精心推出《中国好声音》《中国梦想秀》等一系列优秀娱乐类品牌节目，在后娱乐时代成功突围，为中国电视娱乐节目树立了新的标杆。“好声音”成为

---

① 参见张子帆《中国好声音的产业和传播力》，载浙江省文艺评论家协会编《信息时代的艺术》，浙江人民出版社，2014，第 53～54 页。

正能量传播的代名词。

2011 年以来，浙产电影《岁岁清明》，电视剧《东方》《向东是大海》，音乐剧《告诉海》，歌曲《东方为什么这样红》，广播剧《踮起脚尖》，文艺类图书《主义之花》获中宣部第十二届精神文明建设“五个一工程”奖。2012 年，浙江影视（集团）有限公司的《中国 1921》在第二十六届中国电视“金鹰奖”评选中获唯一一项最佳电视剧奖，同时获奖的电视剧《东方》《古村女人》《远去的飞鹰》《抬头见喜》《雪豹》《黎明之前》《开天辟地》《北京爱情故事》《古今大战秦俑情》《永远的忠诚》《幸福来敲门》《金婚风雨情》《最熟悉的陌生人》等作品都有浙江的影视公司参与投资。2013 年，中国电视剧政府奖、第 29 届“飞天奖”获奖的 42 部电视剧中，浙江有 11 部作品上榜，位居全国首位。2014 年第十三届精神文明“五个一工程”奖评选中，浙江电视剧《国家命运》《温州一家人》，电影《听风者》，越剧《我的娘姨我的娘》，广播剧《海螺心》《你的飞翔我的梦》，长篇小说《回家》，歌曲《同志们》，歌剧《红帮裁缝》等 10 部作品获奖，再创历史新高。

除了荣获大奖的浙江越剧团现代越剧《我的娘姨我的娘》，还涌现了越剧《二泉映月》、京剧《飞虎将军》《少年中国梦》、舞剧《王羲之》、交响乐《山海经》、民族管弦乐《富春山居随想》、话剧《谁主沉浮》《女人初老》、儿童剧《琪琪的红舞鞋》等一大批优秀舞台艺术精品。其中话剧《谁主沉浮》入选 2011 全国现代戏优秀剧目展演剧目、国家舞台艺术精品工程（2010 ~ 2011 年度）年度资助剧目，并获 2012 全国戏剧文化奖话剧金狮剧目奖；《女人初老》参加 2013 年全国优秀小剧场戏剧优秀剧目展演；儿童剧《琪琪的红舞鞋》荣膺全国儿童剧优秀剧目奖；京剧《飞虎将军》获第八届中国戏剧文化奖“原创剧目大奖”，入围文化部、财政部“2013 年国家舞台艺术精品工程 30 台优秀作品奖”。

此外，浙江还成功举办了第三届中国越剧艺术节、第十二届浙江省戏剧节以及第八届、第九届浙江省音乐舞蹈节、第四届浙江省曲艺杂技节等品牌重点文化艺术活动，组织了庆祝建党 90 周年、纪念辛亥革命 100 周年、庆祝新中国成立65周年、浙江省“五水共治”组歌专场音乐会、“中国梦”主题文艺创作等重大主题性文艺活动。

2011年，在全国中华文明历史题材美术创作工程的评选中，浙江有26件作品入选，位列全国各省市之首。同年在第四届全国青年美展上，浙江有16位青年美术家获得优秀作品奖，团体综合排名全国第二。浙江书法作品中共有481件作品参加全国性书法篆刻展览，其中60人获奖，特别是在第十届全国书法展中，浙江书法作品取得了获奖数全国第一、入展数全国第三的成绩，创历届新高。在第24届全国摄影艺术展中，浙江入选作品71幅，共获金奖1枚、银奖3枚、铜奖4枚，另有2幅作品获得评委推荐奖，获奖数和入选数均列全国第一；在第56届世界新闻摄影比赛（荷赛）中，中国共有4位摄影师获奖，其中浙江摄影师占据3席，自然类组照《牢笼》、体育动作类单幅作品《热身》、组照《我好想爸爸妈妈》为浙江赢得了荣誉。

歌唱家、艺术表演团体在国家级和国际声乐器乐表演比赛中，共获得金奖4个、银奖4个、优秀奖5个。舞蹈创作表演方面，共有5个作品获中国舞蹈“荷花奖”奖项，7个作品获华东六省一市专业舞蹈比赛创作和表演奖。杂技《蹬伞·墨荷》获第八届中国杂技“金菊奖”第三次全国杂技比赛金奖，魔术《宠物小精灵》获第八届中国杂技“金菊奖”第五次全国魔术比赛银奖，魔术《牌影》分获第二届FISM、ASIA世界魔术联盟亚洲冠军及亚洲魔术大会比赛（香港）第三名。

动漫精品创作继续领跑全国，高水准动画电影集中呈现。《秦时明月》系列动画片在百度网全球动漫作品搜索排行榜前50位中排第14位，是榜单中仅有的两部国产动画片之一。后起之秀《中华五千年》被评为国家文化出口重点项目和省“五个一工程”奖，在北美最大的中文电视台——麒麟卫视播出，并被东南亚600多所华文学校当作教材使用。2012年，浙江动画片生产数量居全国第三位。《乐比悠悠》《小牛向前冲》《哥斯拉不说话》《秦时明月》《长歌行》《E哥有话说》6部作品入选文化部“国家动漫精品工程”名单。

第二节　政府主导　文化工程引领主流价值

“一个大变革、大转折、大发展、大跨越的时期，是一个新创造、新经验、新成果不断涌现的时期，也是一个新情况、新问题、新矛盾层出不穷的时期。”① 这是社会进步的表现，同时也对文艺工作者提出了一系列新课题、新考验。

2005 年 11 月 7 日，习近平同志出席了浙江省文学艺术界联合会第六次代表大会，简要而精辟地概述了当代文艺创作要直面的“大时代”。在强调文艺为人民服务、为社会主义服务的方向和百花齐放、百家争鸣的方针之前，他以清晰有力的短句子为文艺创作树立起一个信心更加坚定、视野更加深广、胸襟更加开阔的目标，“要坚持马克思主义在意识形态领域的指导地位，巩固全社会的共同思想基础、国家的主导价值和民族的精神支柱，在承认和发展多元化、多样化的同时，坚持指导思想与主导价值的一元化，在多元中求主导，在多样中成主体，在多选择中争主流”②。

主导、主体、主流，明确地将党管文艺的中心任务指向价值引领、阵地建设、市场培育、队伍建设、政策保障方面，多措并举繁荣文化精品创作。在这次关于“繁荣发展浙江文艺”的重要讲话中，习近平同志明确要求，全省各级党委和政府要始终坚持和全面贯彻党的文艺工作的方针政策，从提高党的执政能力的高度，深刻认识繁荣发展文艺事业在加快文化大省建设中的重要位置，以实施文化建设“八项工程”为龙头，推动浙江文艺的繁荣和发展。

---

① 任仲平：《论三贴近——贴近实际、贴近生活、贴近群众》，《人民日报》2004 年 12 月 17 日，第 1 版。

② 习近平：《干在实处　走在前列——推进浙江新发展的思考与实践》，中共中央党校出版社，2006，第 333 页。

一　省委、省政府高度重视，为文化精品生产提供有力支持

2014 年 9 月 13 日，第十三届精神文明建设“五个一工程”奖评选结果揭晓，浙江有 10 部作品获奖，再创历史新高。浙江坚持多措并举，繁荣文艺创作的“五抓五强”的经验做法包括五个方面：一是抓创作导向，强价值引领；二是抓科学规划，强项目推进；三是抓主体培育，强市场活力；四是抓队伍建设，强人才支撑；五是抓政策扶持，强投入保障。

自加快文化大省建设纳入浙江经济社会发展的总体战略以来，省委、省政府、各级各部门加大文化投入，全社会积极参与文化建设的格局和氛围成为浙江文化精品生产的重要支撑。近年来，省财政专门设立了每年 5000 万元的文化专业发展专项资金，每年安排省文化精品工程扶持资金 1500 万元、省属院团的舞台艺术创作生产扶持资金 800 万元、影视动画精品创作生产扶持资金 1000 万元、文学“两项精品工程”扶持经费 50 万元。浙江广电集团每年用于影视创作生产的投入达 3000 万元；杭州市（市本级）每年用于扶持、奖励文艺创作的财政经费达 3000 万元；宁波市（市本级）每年用于文艺作品创作生产的专项经费超过 2000 万元。其他各市各单位用于精品创作、生产、奖励的资金也逐年递增。民营资本投入文化产品创作生产的热情也空前高涨，在文化体制改革和发展文化产业的推动下，文化产品创作生产多元投入的机制业已形成。各级党委、政府和各部门加大对精品创作投入力度，为进一步推动精品创作繁荣发展提供经费保障。

在加大对重大文艺项目资金投入的基础上，为进一步发挥文艺评奖的示范和激励作用，浙江已经设立的省级文艺奖项主要包含以下几大类：浙江文艺界最高奖项——鲁迅文艺奖；由省委宣传部主抓的“五个一工程”奖；由省文化厅主抓的浙江省戏剧节、浙江省曲杂节、浙江省音舞节；由省广电局主抓的电视节目技术质量奖；由省文联所属各文艺家协会主办的浙江美术奖、浙江书法奖（设浙江书法奖·沙孟海奖和浙江书法奖·陆维钊奖两个子项）、浙江摄影金像奖、浙江电视牡丹奖、浙江电影凤凰奖、浙江戏剧奖·金桂表演奖、浙江舞蹈奖、浙江民间文艺映山红奖；由省作协主抓的郁

达夫小说奖、文学之星评选等。这些奖项在推动文艺精品创作方面产生了积极作用，并逐渐得到各方面的重视和支持。

在政策支持方面，浙江根据实际需要不断完善相关配套政策，先后制定并实施了《浙江文艺精品扶持工程实施办法》《浙江省“五个一工程”奖配套奖励办法》《浙江省优秀电视剧播出奖励办法》《浙江省文学期刊创作成果奖励办法》等一系列政策措施。浙江在人文社科方面的政策也走在全国前列，首次制定《浙江省哲学社会科学“十一五”发展规划》，并纳入浙江省“十一五”发展总规划之列；在颁布实施的《浙江省科学技术普及办法》中，正式将“社会科学”与“科学技术”并列，纳入其中。

二　文化精品扶持工程引领创作导向，搭建组织管理创新平台

2005 年 5 月启动的“文化精品工程”是加快文化大省建设的“八项工程”中最早启动实施的，通过工程化和项目化的方式，引领创作导向，集聚创作资源，为催生精品力作搭建扶持平台。

文化精品战略项目面向全社会申报，经过专家评审确定重点项目，由政府适当出资，重点扶持具有导向性、示范性和精品潜质的创作项目，通过策划、论证、研讨、经济补贴、宣传推介、表彰奖励等方式，对立项项目进行扶持，重点在前期扶持，属于公益性的、文化内容的建设工程。政府以适当资助的方式在前期介入文化精品创作，通过进一步明确重点创作项目的实施主体，加强对重大题材、重点作品的策划论证，对重点项目的创作、制作、传播过程进行评估、扶持和奖励，确保文化精品项目的价值引领作用得到充分发挥，由此建立的专家与市场相结合的选拔机制比文艺评奖更具现实指导意义。同时，在充分尊重文艺规律和作家、艺术家创造性劳动的基础上，加大组织化程度，努力形成“资源共享、优势互补、力量整合、上下互动”的良好格局，为优秀人才和优秀作品的脱颖而出创造良好条件。

2006 ~ 2009 年实施的“浙江省重大题材美术创作工程”是浙江省政府以政府采购的方式，出资扶持文化精品创作重大项目取得突出成绩的典型案例。

该项目是浙江省文化精品工程的首批重点扶持项目，浙江文化精品工程作为项目的主要资助方，斥资4500万元向社会公开招标创作者，这在全国各省份中尚属首次。

“浙江省重大题材美术创作工程”由浙江省委宣传部、省文化厅、省财政厅、省文联共同组织实施，浙江省美术家协会、中国美术学院承办。工程在国家重大历史题材美术创作工程立项的背景下启动，以浙江7000年发展历史为主线，通过国画、油画、版画、雕塑等形式，艺术地再现波澜壮阔的浙江历史及著名人物、重大事件和现实生活，反映与时俱进的浙江精神。整组作品包括“良渚文化”“大禹治水的传说”等重大历史题材作品60件，“周恩来与杭州梅家坞”“义乌联合国村”等重大现实题材作品40件。

2008年6月，已完工的80余件巨型作品在中国美术学院象山校区“巨长型”美术馆接受工程组委会、艺委会和国家重大题材美术创作工程专家组的观摩审定。2009年8月，浙江重大题材美术创作工程圆满完成，作为新建成的浙江美术馆开馆展览之一，该展览被命名为“历史的凝眸——浙江历史文化重大题材美术作品大展”，113件参展作品全部被浙江美术馆永久保存。在“国家重大历史题材美术创作工程”的100幅签约作品中，“浙江省重大题材美术创作工程”有15件作品入选，数量居全国各省（自治区、直辖市）之首。

2006~2012年，浙江省文化精品扶持工程7年接受申报项目900多项，经过专家评审，共扶持了7批140多个创作项目，已经成为浙江文化建设的重要品牌。文化精品工程扶持5批10个大类，包括戏剧、电影、电视剧、广播剧、动画片、文学、音乐、美术、摄影等各种艺术门类，扶持的戏剧种类有越剧、昆剧、婺剧、绍剧、舞剧、杂技剧、滑稽剧等，扶持资助的电视剧创作风格多样，呈现出史诗、现实主义、浪漫主义等多种风格；扶持支持的电影创作既有高投入、大制作的影片，又有低成本、小制作的电视电影等；还扶持了一批电视动画片，推出了多个原创动漫形象，也资助了一些动画电影创作；资助的文学创作项目，最多的是表现革命历史题材和现实题材的长篇小说和报告文学，还有诗歌集、散文集等；重点扶持的浙江省重大题材美术创作工程，在国画和油画两个领域都取得了骄人的成绩。以上种种充分体现了文化精品工程在体裁、风格、形式上的丰富性和多样性。

文化精品工程创作投资主体同样多元多样，浙江广电集团、省文联、艺术类高校、浙江文学院、省级国有院团等国有文化单位担纲，成为文化精品工程的主力军；浙江长城影视公司、浙江华策影视公司、杭州南广影视制作有限公司、浙江横店影视制作有限公司、浙江中南卡通等一批民营文化公司申报文化精品工程项目的热情逐年递增；文学类个人申报也十分踊跃。从文化精品工程申报地域来看，杭州、宁波齐头并进，形成两个创作高地，其他地市也不甘落后。文化精品工程对国有、民营、个人申报者一视同仁，打破体制内外的界限，建立了开放、公平、公正的扶持模式，面向全社会接受申报，极大地调动了民营企业、社会个体的创作积极性。

三　文化研究工程成为繁荣浙江社会科学研究的顶层规划平台

2005 年，在文化大省建设中单独启动的文化研究工程，是浙江文化建设的一大特色。从当时全国省域范围看，以学术研究为主的大型文化工程是唯一的；从现在工程取得的成果看，一届接一届的领导班子真抓实干，并将浙江文化研究提升到国家文化研究层面，足见当时决策者的家国情怀。

浙江文化研究工程是习近平同志亲自倡导的浙江文化建设“八项工程”的重要内容之一，也是迄今国内最大的地方文化研究项目。在启动之初，他亲自担任了工程指导委员会主任，要求通过实施浙江文化研究工程，努力用浙江历史教育浙江人民、用浙江文化熏陶浙江人民、用浙江精神鼓舞浙江人民、用浙江经验引领浙江人民，进一步激发浙江人民的无穷智慧和伟大创造力，推动浙江实现又快又好发展。他亲自指导工程的首期规划，并亲自出题，要求工程首先把浙江文化“梳一梳”，把毛泽东同志在浙江的日日夜夜及对中国进程的重大影响研究研究，把“半部在浙江”的民国史研究研究。他还提出，“浙江学术”要有“浙江气派”。

作为一个省域内统领性、综合性的哲学社会科学研究项目集成平台，浙江文化研究工程旨在从哲学社会科学的角度，对浙江历史文化和当代发展进行系统研究，为浙江经济社会的进一步快速发展提供精神动力和智力支持；作为一个整合全省各级政府力量和社科科研力量的文化建设工作平台，它旨在高效率地调动各级政府的文化建设资源，最大限度地带动全省各地各方面的人文社科队伍进行科研工作，打造团结省域内高端人文研究力量的顶层规划平台。

浙江文化研究工程充分具备了省域人文社科研究顶层规划功能，涵盖浙江文化研究“今、古、人、文”四个板块，分别对应浙江当代发展问题研究、浙江历史文化专题研究、浙江名人研究、浙江历史文献整理。在研究内容上，深入挖掘浙江文化底蕴，系统梳理和分析浙江历史文化的内部结构、变化规律和地域特色，坚持和发展浙江精神；研究浙江文化与其他地域文化的异同，厘清浙江文化在中国文化中的地位和相互影响的关系；围绕浙江生动的当代实践，深入解读浙江现象，总结浙江经验，指导浙江发展。

工程中有一批关于浙江社会发展中重大理论和现实问题的对策研究课题，自 2005 年工程启动，即以省社科重大招标课题形式，围绕社会建设、社会政策、社会管理等具有浙江特色的现实问题展开调研，每年设立若干选题，突出对既具有浙江发展特色，又对全国发展具有借鉴意义的重大问题、社会动态等进行细致的个案调研，为省委、省政府做出重大决策和浙江继续走在全国前列提供理论支撑。

传统文化的研究和传承方面的课题成果比较突出。2005 年 12 月，《浙江通史》（全 12 卷）由浙江人民出版社出版，全书 580 余万字，第一次系统全面地叙述自新石器时代的“建德人”以来，特别是从河姆渡文化到中华人民共和国成立约 7000 年的浙江历史和文明。编撰过程中，众多部门协作，众多学者攻关，省内外历史学、经济学、社会学、文化学、考古学、地理学、文献整理学等领域专家学者参与编写、审阅，全省各级地方史资料研究部门、图书馆、博物馆、地方志及社会各界相关部门、力量辅助工作。《浙江通史》于出版当年获第十五届浙江树人出版奖特等奖，2007 年获首届中国出版政府奖。

2008 年 1 月出版的《吕祖谦全集》（24 卷），由浙江师范大学、浙江古籍出版社、中国社会科学院历史研究所、华东师范大学古籍所、中华书局等单位的著名文献学家、资深编辑 20 余人参加点校，历时 8 年，获省内外多方支持，被同时列入国家新闻出版总署"'十一五'规划重点图书"和"国家古委会重点资助项目"。2011 年，《吕祖谦全集》（24 卷）获中国出版政府奖提名奖。此前的 2010 年，时任浙江省省长的吕祖善访问台湾时，曾将《吕祖谦全集》作为礼物赠给台湾吕氏宗亲会。

2008 年 12 月，浙江大学、浙江省文物局负责编纂的《宋画全集》由浙江大学出版社出版。这部大型宋画资料分图册与文献两部分，共出版 8 卷 32 册 7500 多页。收录卷帙分列故宫博物院藏品、上海博物馆藏品、辽宁省博物馆藏品、台北故宫博物院藏品等，还包括欧美国家藏品（美国大都会博物馆、波士顿艺术博物馆、克利夫兰艺术博物馆、纳尔逊 - 阿特金斯艺术博物馆等）、日本藏品（日本东京国立博物馆、大阪市立美术馆）等。项目历时 6 年，耗资数千万元，填补了宋画整理汇编的历史空白，开中国绘画历史大型断代集成的先河，是迄今为止最权威、最完整的宋画编纂集成，也是继《全宋词》《全宋诗》《全宋文》等大型宋代典籍之后，对宋代文化艺术的又一次大规模专题研究成果。

《浙江文献集成》是迄今为止国内最大的地方文献整理出版工程，内容丰富、领域广泛、研究周期长、参与人员多。2006 年 4 月，浙江省政府正式批准浙江文献集成编纂中心列入浙江省人文社科重点研究基地管理，同时，浙江文献编纂中心的《胡应麟全集》《郁达夫全集》《章学诚全集》《陈望道全集》等 18 种文献整理项目被确定为工程项目。设在浙江大学的浙江文献编纂中心是浙江历史文献整理板块的子平台，联合制定公布年度选题目录，并实行整体规划、统一形式出版。浙江文献整理出版工程与文献编纂中心的工作架构，积极发挥了浙江大学学科、人才和对外学术影响的整体优势，同时汇聚省内教学科研单位、知名院校、实际工作部门以及各地的研究特色，充分利用省外、国外学者的智力资源，建立了一套更符合社会科学发展规律的科研管理机制、工作机制和人才运作机制。

浙江文化研究工程实施 9 年来，省委、省政府领导高度重视文化研究工程，省委主要领导相继担任指导委员会主任，并多次就"文化研究工程"

规划的制定和实施做出重要指示。同时文化研究工程作为迄今为止浙江最大的社科研究计划，省财政计划投入 6000 万元，带动各教学科研机构及市县配套投入 6000 万元以上，实际已支出 5200 余万元。浙江文化研究工程还产生了强大的示范带动效应，各市（县）都相应地组织开展了地域文化整理、挖掘和研究工作，温州、宁波、金华、义乌等地都整理出版了地方历史文献。工程的实施在省内外产生了较大的积极影响，北京、广东、云南、山东等省市纷纷来浙江了解相关情况。

文化研究工程的实施，确立了浙江文化建设的价值导向，使学习借鉴古今中外的优秀文化成果、深化文化研究成为浙江文化建设的一项核心内容。工程的实施拓展了浙江文化建设的工作格局，进一步加强了浙江哲学社会科学研究的总体规划、资源整合、系统开发，促进并建立了符合哲学社会科学发展规律的管理体制和工作机制，推动了浙江哲学社会科学研究上规模、上档次，形成了一批具有重大学术影响和良好社会效益的学术成果，培养了一支拥有高水平学科带头人的学术梯队，建设了一批具有浙江特色的哲学社会科学重点学科和学术品牌，进一步繁荣和发展了浙江的哲学社会科学，提升了浙江文化软实力。

第三节　对接市场　打通文化事业和文化产业的节点

2003 年 7 月 18 日，习近平同志在浙江省文化体制改革和文化大省建设座谈会上指出，“建设文化大省，要充分发挥社会主义市场经济体制的优势，创作和生产‘贴近实际、贴近生活、贴近群众’和‘面向现代化、面向世界、面向未来’的文化产品，去占领市场，赢得群众，不断巩固和扩大社会主义意识形态阵地”。[①] 在文化事业改革和文化产业发展的新形势下，他对浙江的文艺精品创作提出了更高要求：“文化产品的意识形态属性与产

① 习近平：《干在实处　走在前列——推进浙江新发展的思考与实践》，中共中央党校出版社，2006，第 332 页。

业属性是一致的，占领市场与占领阵地是一致的，社会效益与经济效益是一致的。[①]”

文化体制改革，就是要打通文化事业与文化产业的节点，在划清政府和市场在文化建设中的边界的同时，推动国有文化单位的体制改革，使之成为文化精品生产的中坚力量。

一 国有文化企业成为市场出精品的主力军

“浙剧”走出了一条评奖和市场双赢的精品创作之路，带头的是改制后的国有文化企业。2004 年 12 月，由浙江广电集团全资控股独资经营的浙江影视（集团）有限公司成立。十年来，凭借生产大格局、大视野的影视精品，浙江影视集团公司获得了社会效益和经济效益双丰收。电视剧有 2010 年的《延安爱情》《古今大战秦俑情》，2011 年的《中国 1921》《万箭穿心》《我的燃情岁月》，2012 年的《离婚前规则》《创业年代》《那样芬芳》以及红色枪战动作巨制《冬日惊雷》；电影有《超强台风》《集结号》《非诚勿扰》《非诚勿扰 2》《唐山大地震》等。

电视连续剧《中国 1921》堪称“红剧走红”的典范，是继《十万人家》之后，又一部在党和国家重大节庆和历史节点上献礼的“浙剧”精品。2009 年，《中国 1921》项目组邀请中央文献研究室副主任陈晋、北京市作协主席刘恒和北京电影学院摄影系主任穆德远分别担任党史顾问、文学策划和导演。2011 年，中央电视台以百万高价购得《中国 1921》全国首播权，并作为央视首部庆祝建党 90 周年的献礼剧播出，播出首日就创下同时段所有上星频道收视率第一的惊人成绩。在上海电视节交易市场，乐视网以 21 万元每集的高价购得该剧独家网络首播权，创下了主旋律电视剧网络版权售价的最高纪录。2012 年，《中国 1921》捧回金鹰奖最高奖项——电视剧最佳作品奖。浙江影视集团凭借品位、品牌、品相“三品俱佳”获得了市场

① 习近平：《干在实处 走在前列——推进浙江新发展的思考与实践》，中共中央党校出版社，2006，第 332 页。

与评奖的双丰收，是浙江国有文化企业主动自觉传播文化、制作影视精品、担当社会责任的一个范本。

2003 年，浙江出版联合集团被列为全国文化体制改革试点单位。2006 年底，浙江出版联合集团在全国 25 家省级出版集团中率先完成整体改制，总资产、净资产、销售收入均居全国第二位。2010 年，集团总资产和总销售首次迈入“双百亿”的门槛，到 2013 年底，集团资产总额达到 139 亿元，当年总销售额达 158 亿元，主营业务收入达 107 亿元，全年出书 8300 余种，各项经营指标创历史新高。

“十二五”以来，浙江人民出版社推出的“非物质文化遗产丛书”、《剑桥非洲史》列入国家“十二五”重点图书出版规划，《中国共产党执政兴国图集》列入迎接党的十八大重点选题，《群众路线与党内教育活动》列入宣传贯彻党的十八大精神主题出版重点选题，《毛泽东著作辞典》荣获第四届中华优秀出版物奖提名奖、第三届中国出版政府奖。浙江人民美术出版社与文物出版社合作出版的 30 卷本《中国绘画全集》《中国民间美术全集》均荣获国家图书奖荣誉奖；与山东美术出版社合作的 10 卷本《黄宾虹全集》荣获首届中国出版政府奖；6 卷本《陆俨少全集》和 6 卷本《潘天寿全集》的出版，完善了全集类精品群的出版体系。浙江少年儿童出版社的《沈石溪濒危动物传奇故事》等 4 个项目 44 册图书列入国家“十二五”规划，《信仰的种子》入选总局“十八大精神主题出版重点选题”；《绘画本中国近代史》等两种图书入选为中宣部、教育部、共青团中央向全国青少年推荐的 100 种优秀图书；《我成了个隐身人》获第三届中国出版政府奖图书提名奖；《真好！我的第一套励志书》等 3 种图书入选总局向全国青少年推荐的百种优秀图书。浙江文艺出版社的“中国现代经典作家诗文全编书系”“经典印象译丛”“学者散文丛书”“世纪文存”等一批丛书都是树立文艺出版品牌的畅销精品。浙江古籍出版社的《黄宗羲全集》《李渔全集》《马一浮集》《夏承焘集》《宋濂全集》《中国近现代人物名号大辞典》《中国印刷史》《1860：圆明园大劫难》及“两浙作家文丛”“中国小说史丛书”等重点图书构筑起强大的市场影响力和专业影响力。集团本级和少儿社、教育社、省新华书店集团以及华硕公司被中宣部、商务部、新闻出版总署等六部委认定为“全国文化出口重点企业”。

浙江小百花越剧团因体现“国家水准、民族特色”而成为中国越剧界唯一的国有文艺院团。2013年，浙江小百花越剧团入选39家全国地方戏创作演出重点院团，这是越剧界唯一获此殊荣的剧团。21世纪以来，剧团创作的《陆游与唐琬》《红丝错》《琵琶记》《藏书之家》，新版《梁祝》《春琴传》等作品，揽获国家舞台艺术精品工程、文华大奖、首届优秀保留剧目大奖、中国戏曲学会奖、中国戏剧奖等诸多奖项。浙江小百花越剧团在2014年迎来建团30周年纪念巡演，杭州、嵊州、北京、上海……所到之处，戏迷欢腾。“青春戏曲”的创新实践开拓了文化精品市场化的一条创新之路，是需要保留国有体制的浙江小百花越剧团的勇敢探索。

二 民营文化企业成为文化精品生产的冲浪者

横店集团是浙江民营企业涉足文化产业领域的先行者。在2003年底浙江被确定为国家文化体制改革试点省份的背景下，横店集团开始了转型之旅，着力打造由政府部门主管、以企业为发展主体的横店影视产业实验区，实现从影视基地、影视文化旅游企业到影视要素集聚平台的跨越发展。10年来，包括华谊兄弟、光线传媒、香港唐人电影等在内的众多知名影视企业纷纷入驻实验区，入区企业从28家跃升至570家，国内2/3的古装电视剧和海内外500多部电影在此诞生，最多时一天有46个剧组同时拍摄，堪称“中国好莱坞”。

横店影视实验区在影视精品制作的布局上不断拓展眼光，开辟新路，重点在寻求文化与科技、资本的深度融合方面着力，提升行业地位。2010年6月，在经过3个月的考察后，浙江宁波人施雄广看准横店影视产业的空档，注册成立了横店第一家影视后期制作公司——红点影视后期制作有限公司。红点入驻横店后，市场之好出乎施雄广的意料：单子多得根本做不完。之后公司还与浙江大学合作研发了“跨区域后期制作远程协同平台”，创建了国内首个4K/3D影视后期制作平台。2013年，横店被授予“第二批国家级文化与科技融合示范基地”称号。2014 年 7 月，横店成为中科院的“数字文化实验基地”。横店的精品影视制作开始走上国际化发展之路，与澳大利亚等国合作拍摄的《寻龙夺宝》等影片，使其成为世界影视制作产业的新锐。另外，横店还积极发展电影终端市场，打造“横店院线”品牌，目前已在全国各地开业 130 多家五星级影城，在全国排名第九位。

在浙江民营影视文化企业中，2005 年 10 月横空出世的华策影视股份有限公司经过近十年发展，已在影视精品生产和出口产业中独占鳌头。2010 年，华策影视在深圳创业板成功上市，成为国内影视行业影视剧年产量第一、市场占有率第一、品牌影响力最大的龙头企业，目前年产量达千集，版权库超万集，已将 8000 多小时的节目发行授权至全球 91 个国家和地区，连续四届被评为国家文化出口重点企业。华策影视以多元化的产品类型探索精品影视剧生产的市场化道路，既降低投资风险，又提升产品的市场竞争力，主旋律剧和各类影视题材精品剧不断涌现。主旋律剧方面，讲述我国“两弹一星”研发历程的 29 集大型纪实性主旋律革命史诗大片《国家命运》与平民史诗大剧《全家福》捧回第 29 届飞天奖的奖杯；《中国往事》《倾城之恋》《雪豹》《抬头见喜》等获得金鹰奖等众多奖项；商业片《薛平贵与王宝钏》《天涯明月刀》《百万新娘之爱无悔》《幸福的面条》《新洛神》等屡破收视纪录。

2008 年投拍的中国首部精神病题材悬疑喜剧电影《A 面 B 面》，掀开了华策影视进军电影产业的重要一页。之后的《听风者》和《西风烈》先后荣获浙江电影“凤凰奖”优秀故事片奖、“2012 年度最具影响力电影”以及省和国家“五个一工程”奖等多个奖项。2013 年参投的《分手合约》，更是华策电影史上在投资决策和票房回报方面最具代表性的影片之一，并被选为 2013 年韩国电影节闭幕式的献映影片。华策影视在拓展出口为导向的影视产业中也佳作频出，由国家新闻出版广电总局委派的文化输出工程《婆婆来了》的英文版和法文版获“中国优秀影视作品走进‘亚非拉’贡献奖”。《妈妈的花样年华》和《老爸的心愿》两部剧也被译制成英语和斯瓦希里语输出到东部非洲国家和地区。

浙江影视创作精品的市场平台在2013年实现了跨越式发展。2013中国（杭州）电视剧秋季推介会首次从北京移师杭州，吸引了华策影视、中影集团、华谊兄弟、光线传媒、小马奔腾、香港TVB、Now TV等300家海内外电视制作机构，125家电视台（频道），新媒体和相关部门各级领导、编剧、导演、学者专家以及制作业、播出业精英和观众代表等1200人出席，参展剧目17700集，会议规模和版权交易数创历届新高。在推介会上，同时举办了浙江省首个国际性专业影视节展，受到了行业和媒体的高度关注，成为浙江省文化品牌价值及影响力的新标杆。

第四节　网罗人才　选拔造就一支文化“浙军”

2005年10月19日，习近平同志在浙江省首批30名特级专家授证仪式上强调，要加快培养造就一支高水平的专家队伍，推进高层次人才队伍建设，进一步营造“四个尊重”氛围，增强浙江对各类人才的吸引力和集聚力，充分发挥高层次人才作用，为浙江“干在实处，走在前列”提供强有力的人力智力支持。①

11月7日，习近平同志出席浙江省文联第六次代表大会，再次重点围绕人才工作提出了造就浙江文艺名家、建设文艺“浙军”的要求。他说，“优秀的文艺队伍，是繁荣发展文艺的基础”；“‘德艺双馨’是对所有优秀艺术家成功之路的科学概括，也是党和国家对广大文艺工作者的期待和要求。我们要紧密联系浙江文艺发展的实际，创新工作方法，探索行业服务、行业自律的新途径，大力倡导德艺双馨，努力造就一批在全国有较大影响的文艺名家、大家，形成一支老中青相结合、专业和业余相结合、各类文艺人才齐全的文艺‘浙军’”。②

① 《浙江省特级专家授证仪式在杭举行》，《浙江日报》2005年10月20日，第1版。

② 习近平：《干在实处　走在前列——推进浙江新发展的思考与实践》，中共中央党校出版社，2006，第335页。

一 努力造就一批高层次文化领军人物和团队

2005 年，浙江省宣传文化系统“五个一批”人才工程启动。工程着力于选拔、培养一批全面掌握邓小平理论和“三个代表”重要思想、有较高学术造诣、联系实际的理论专家，一批坚持正确方向、深入反映生活、受到群众喜爱的名记者、名编辑、名主持，一批熟悉党和国家政策，社会责任感强、业务精通的出版专家，一批紧跟时代步伐、热爱祖国和人民、艺术水平精湛的作家、艺术家，一批既懂得宣传文化发展规律，又懂得市场运作规律的文化经营管理专家（简称“五个一批”人才）。该项工程主要着眼于对 50 周岁以下的中青年骨干文艺人才的培养和扶持，从 2005 年开始实施，每两年评选一次，已选拔培养了四批共 279 名在新闻、出版、文艺、社科及文化经营管理等方面的领军人物和骨干人才，他们在各自的岗位上都为浙江宣传文化工作做出了积极贡献。浙江省委宣传部依托人才所在单位实施了个性化培养方案，建立领导干部联系人才制度，积极推荐人才到上级部门和基层挂职锻炼，组织各种调研采风和实践活动，安排或资助优秀人才参加重大理论研究、重大宣传活动、重点工程项目等。同时积极配合做好国家和省级层面高级人才的选拔工作，包括全国宣传文化系统“四个一批”人才培养工程、国务院政府特殊津贴、国家青年拔尖人才支撑计划、浙江省有突出贡献中青年专家的选拔和管理、浙江省特级专家、浙江省海外高层次人才引进计划、浙江省新世纪 151 人才工程等。

浙江省重点创新团队（文化创新类）建设从 2009 年开始，按照“人才、平台、项目、环境”四位一体的培养格局，专注于增强文化创新能力。文化创新团队在全省高等院校、社科研究、文化创意、新闻出版、公共文化服务机构中选拔，旨在建设和扶持一批创新人才集聚、创新机制灵活、持续创新能力强、创新绩效明显，具有国内一流水平的团队。每年遴选建设 15 个，3 年为一个周期，已有 65 个团队入选。浙江省财政对入选团队给予一定的经费资助，用于团队人才培养及围绕主攻方向进行的调查研究、项目研发、平台建设、学术交流等。浙江省委宣传部给入选的 45 个文化类重点创新团队下拨了每个团队30万元的扶持经费，并按照《浙江省重点创新团队（文化创新类）建设管理办法》精神，依托所在单位，做好团队建设管理工作，帮助解决建设发展中的重大问题。同时推荐创新团队承担各类重大攻关项目和有影响的文化交流活动，申报省哲学社会科学规划重点课题、省文化精品工程等；推荐团队带头人入选各类高层次人才培养工程等。

创新团队一般以领军人才为核心，团队协作为基础，围绕明确的创新目标和任务，依托一定的平台和项目拓展工作，在五个层面完成既定发展目标：集聚培养带动了一批高层次人才；取得了一系列优秀成果；发挥在党委政府决策中的智库作用；发挥公共文化服务体系建设和文化产业发展中的示范作用；引领文化科技（艺术）创新。

二　具有鲜明浙江特色的青年英才开发系列工程

浙江青年英才开发系列工程主要着眼于加强人才战略性开发，提升浙江未来人才竞争力，不断加强青年文化艺术人才的培养，在继续实施之江青年学者培养计划、青年艺术人才“新松计划”，规范“浙江省青年文学之星”评比的基础上，不断加强青年文化艺术人才的培养。在宣传文化领域每年重点选拔培养一批年龄在35周岁以下具有较大发展潜力的青年人才。

开展较早的是浙江作家协会的“浙江省青年文学之星”评选，这是浙江省青年作家的最高荣誉。自1998年启动以来，每年一届，每届一名，要求在该年度有突出文学创作成就和较大社会影响，年龄在40周岁以下的青年作家，经省作协各专门委员会和各市作协（文联）推荐，或3名以上省作协主席团委员联名推荐均可参加浙江省青年文学之星奖的评选。每届评出优秀青年作品奖作品1~3部。16年来，共评选出16位“浙江文学之星”，他们分别是艾伟（1998年）、洪治纲（1999年）、赵柏田（2000年）、夏季风（2001年）、柳营（2002年）、畀愚（2003年）、海飞（2004年）、赵海虹（2005年）、俞梁波（2006年）、张忌（2007年）、东君（2008年）、陈集益（2009年）、杨怡芬（2010年）、鲍贝（2011年）、哲贵（2012年）、高鹏程（2013年），他们中的大部分作家已经成为当代中国文坛的活跃力量和浙江文坛的中坚力量。

艺术人才培养方面，浙江省文化厅负责实施的浙江青年艺术人才培养“新松计划”一直非常活跃且成效不凡。自2005年以来，每年投入专项资金200万元，培养和资助青年创作、表演人员近200人，取得了一定的成效。其中，较有影响力的活动有：委托浙江艺术职业学院开办的全省青年表演人才高级研修班，连续5年举办生、旦、老生、武生、武旦、丑（老旦）等戏曲行当的研修班，来自全省28家戏曲院团、8个剧种的91名青年演员先后参加了研修班的学习，接受了来自北京、上海、台湾及省内的诸多戏曲表演名家和中央戏剧学院、上海戏剧学院、中国戏曲学院专业教师全面规范的封闭式集中教学；举办了全省歌曲新人新作大赛、全省舞蹈青年演员基本功大赛、全省京剧昆剧中青年演员大赛等青年表演者基本功评比活动；资助浙江越剧团、浙江小百花越剧团、浙江歌舞剧院、浙江交响乐团、浙江京剧团、浙江昆剧团、浙江话剧团、浙江曲艺杂技总团等艺术院团的优秀青年演员举办个人艺术专场，赴国内外高等艺术院校深造学习，一大批青年创作、表演、演奏人才得以崭露头角。截至目前，浙江优秀艺术人才累计获文化部文华单项奖74人次、中国戏剧“梅花奖”27人次。

浙江省“之江青年社科学者行动计划”是浙江人文社科研究青年人才培养的一个创新做法。自2011年实施，根据浙江省社科联《之江青年社科学者行动计划实施方案（2011～2015）》，共组织了两期“之江青年社科学者”和团队评选，每期为时3年。省社科联针对“之江青年社科学者”和团队，制定了项目研究、学习研修、学术交流、导师引导等培养支持策略，专门组织各项学术研讨、交流培训和调研活动，各有关单位在课题研究经费上给予1∶1配套，在科研条件和时间保障等方面予以支持，并有计划地组织承办“青年学术论坛”。

2011～2012年，浙江省委宣传部会同省人力资源和社会保障厅、省文联开展了全省中青年德艺双馨文艺工作者评选表彰活动。该表彰活动每两年评选一次，每次评选不超过20名，着眼于在浙江文艺界营造崇德尚艺的良好风气，激励广大文艺工作者弘扬职业精神，恪守职业道德，评选表彰一批活跃在一线的优秀中青年文艺工作者，年龄一般在55周岁以下，已有20名优秀文艺工作者得到表彰。

三　充分调动各方力量参与的民间文艺人才遴选

为加强对体制外人才的培养和扶持力度，从2009年开始，浙江实施了《全省民间文艺人才培养管理办法》，对掌握某项文化技能，专业上有较高造诣，行业内公认，社会上有影响，具有奉献精神的优秀民间艺术家、非物质文化遗产代表性传承人和有突出贡献的群众性文艺工作者进行了培养和扶持。每2~3年遴选扶持一批，每批选拔1000人左右，到2015年预计入选者达到3000人左右，现已完成第一批988名、第二批949名“优秀民间文艺人才”的遴选。对入选人员建立了省优秀民间文艺人才信息档案，并给予一次性文化津贴，同时搭建平台，通过专业化教学、制度化传承来培养民间艺人。一大批在全国有较大影响的民间优秀文艺人才被吸纳进省级人才。此外，还有如朱炳仁铜艺馆、冯耀忠天石微雕艺术馆、张德和根艺馆、“十里红妆”博物馆等一批民间艺术馆和博物馆增强了浙江文化建设的根基和实力。

四　灵活机动的人才引进计划

人才引进依托的是城市实力和吸引力，浙江的文化人才引进工作以省会杭州最具人气，先后引进了余华和麦家两位作家。杭州引进人才的方式灵活机动，人才可定居，可短期逗留，可项目合作。2007~2010年，杭州市为余华、麦家、刘恒等开办了创作室，并为文艺人才提供“人才专项用房”，政府还拨出几千万元专款用于文艺人才的引进、奖励和安家费等。在这些政策的推动下，余华回到出生地杭州定居，成为杭州市文联专业作家；麦家到杭州定居；韩美林在杭州建起韩美林艺术馆，将上千件艺术作品捐赠给杭州；朱德庸、蔡志忠到杭州进行创作；赖声川在西溪湿地把话剧《暗恋桃花源》改编成了越剧版。把文艺家请进门的同时，杭州还推出“青年文艺家发现计划”，设立专项发现基金，每年选送5~8人到国外深造，选送10~15人到基层挂职。

2008年，刚刚从成都落户杭州的麦家，凭小说《暗算》获第七届茅盾文学奖。2013 年 7 月，麦家当选浙江省作家协会新一届主席，他的“麦家理想谷”正式运营，融书店与文学写作营为一体。他提出计划在 3 年里努力打造“浙江文学振兴计划”，其中包括文学精品助推计划、文学人才培养计划和文学品牌打造计划，每年推出 30 余部优秀作品，3 年 100 部；每年重点推出 10 名青年作家，3 年 30 名。在之江创意园开有工作室的先锋戏剧导演孟京辉，连续两年策划举办了杭州国际戏剧节，使杭州又多了张国际化的文化名片。

第五节　文化“走出去”展示浙江文化的浙江气派

创新文化“走出去”模式，首先要有非常自觉的文化主题意识，这样才能使自己的文化产品真正具有吸引力，在国际文化竞争中形成软实力。借助外交活动和经贸洽谈平台展示地区文化样貌，是一条传统有效的途径。

2006 年 5 月 9 日，2006“美国·中国浙江周”活动在纽约开幕，习近平同志在开幕式上做了“共享机遇、共谋发展”的主旨演讲，谈到了浙江具有市场经济体制比较完善的优势、对外开放的区位优势、良好的产业优势、明显的环境优势、城市和乡村协调发展的优势、得天独厚的人文优势。这些优势既为我们自身的发展奠定了良好的基础，也为深化中美双方互利合作、共谋发展提供了机遇，搭建了平台，做好了准备。开幕式上共签约 63 个投资项目，总投资 24.9 亿美元，协议外资 10.2 亿美元，其中投资 3000 万美元以上的项目达 28 个。“浙江周”期间还签订了涉及旅游、教育、金融、交通等方面的合作协议 20 项，同时还举行了“美国·中国浙江文化周活动”，举行了杂技专场演出、摄影图片展览和电视展播等一系列活动。①

一　浙江文化“走出去”的基本框架形成

浙江省商务厅从 2007 年度开始，在外经贸促进政策体系中增加了“支

① 参见《“美国·中国浙江周”在纽约开幕》，《浙江日报》2006 年 5 月 11 日，第 1 版。

持服务贸易发展，扩大文化出口”的内容，对文化出口重点企业开拓国际市场给予资金支持。2008 年，国家商务部正式开始安排“文化出口专项资金”，用于支持各地扩大文化产品与服务出口，浙江有 4 个项目获得商务部批准和支持。

经过近十年的建设，浙江省由政府主导、社会参与的文化贸易格局和工作机制已基本确立。依托省本级及地方政府的主导力量，浙江积极打造了一批具有中国特色、国际水准的对外文化精品，形成了文化“走出去”的推动力。文化产品和服务出口的平台项目逐步形成，如义乌文化博览会，已成为中国文体业外贸型展会的重要平台。大力加强对外文化品牌建设，精心打造和包装浙江优势文化资源，形成了一批具有鲜明浙江特色又适应海外市场的文化产品和项目。

通过深化文化体制改革，浙江重点扶持了一批新兴文化产业和文化出口重点企业，先后制定出台了《进一步完善文化经济政策促进文化大省建设若干意见》《浙江省商业演出展览文化产品出口指导目录管理办法》等管理规章。

二　文化“送出去”：“连线浙江”“浙江文化节”搭建政府间平台

“连线浙江”是浙江精心打造的对外新闻文化交流和对外宣传的品牌，旨在为浙江文化对外传播创造一条既贴近浙江发展的实际，又贴近国外受众需求，贴近国外受众思维习惯的传播渠道。“连线浙江”由浙江省委外宣办、省外办联合举办，从 1999 年开始每年邀请国外新闻文化界主流人士来浙实地考察采访、互动交流，亲身感受浙江经济社会发展变化。同时，借助来宾的传播渠道，对外展示浙江改革开放和经济发展的巨大成就，树立浙江的良好形象。目前，已有国外主流媒体记者、世界知名摄影家、文学家、汉学家、中国问题专家近 800 人次来浙参观，在国内外产生了良好的反响。

“浙江文化节”自 2005 年开始举办，是浙江文化开拓国际交流展示的主打项目。2009 年，“浙江文化节”第一次走进拉美地区，由墨西哥下加利福尼亚州政府、浙江省人民政府主办，墨西哥下加利福尼亚州文化厅、浙江省文化厅承办，中国丝绸博物馆协办。文化节由丝绸展、浙江民俗摄影展、书画展以及以杂技和魔术为主的综艺节目组成。浙江省和下加利福尼亚州共同派出了强大的媒体记者随团报道。文化展示内容主要包括中国剪纸（浦江剪纸、乐清细纹刻纸）、杭州刺绣、黄杨木雕、东阳竹编、浦江麦秆贴、西湖绸伞、丝绸织锦、萧山花边、王星记扇子、象山竹根雕、龙泉宝剑、温州米塑、温州夹缬等精彩纷呈的浙江非物质文化遗产。

“2010 年芬兰·中国浙江文化节”由浙江省文化厅和芬兰赫尔辛基大都会区艺术委员会主办，主展为中国丝绸博物馆和埃斯堡当代艺术博物馆承办的“天上人间——5000 年中国丝绸文化展”，共展出 126 件中国丝绸博物馆的馆藏展品，其中有国家一级文物 12 件。同时，芬兰埃斯堡画廊举办了“田野海风——浙江农民画渔民画展”，在帝波里中心上演了“龙飞凤舞——浙江民间艺术表演”，展现了浙江的民间美术、民俗风情和有着 400 多年历史的浙江婺剧的风采。

2011 年的“浙江文化节”带着“物华天工——中国浙江非物质文化遗产展”和“在水一方·非洲浙江”文艺演出首次走进非洲，先后在埃塞俄比亚和津巴布韦两国举办。浙江非物质文化遗产展展示了 13 个列入人类非物质文化遗产和国家级非物质文化遗产名录的非遗代表项目，共 80 余件展品，4 位浙江非遗传人现场表演。

“2012 西班牙·中国浙江文化节”由浙江省文化厅、西班牙马德里中国文化中心主办，中国丝绸博物馆承办，举办地是刚刚建成开放的马德里中国文化中心大楼，“超越历史和物质——中国当代丝绸艺术展”和“锦绣浙江——民俗风情摄影展”两场展览是主题项目。

“2013 德国·中国浙江文化节”由浙江省文化厅与柏林中国文化中心共同主办，在柏林中国文化中心举行。中国丝绸博物馆再次承办主题展，“超越历史和物质——中国当代丝绸艺术展”呈现中国丝绸上千年的历史文化传承和与时代同步的创新发展。浙江的歌舞艺术、戏剧表演、工艺展览、文化艺术教育培训以及本土原创动漫网游产品展映和推介等活动进驻柏林中国文化中心。来自金华的浙江婺剧团参加了世界十大狂欢节之一的柏林文化狂欢节，并以“龙舞”和“九狮图”一举获得总分第三名，是中国团队的最好成绩。

“2014欢乐春节·浙江文化节”分别在美国洛杉矶的亚太博物馆、好莱坞环球影城、南海岸广场、亨廷顿图书馆等主流社会最集中的场所进行，举办以浙江文化为主题的系列文艺、非遗展演活动，并在美国ICN国际卫视播放10集浙江纪录片，通过美国主流文化娱乐平台传播中国传统优秀文化。演出团还前往美国电影金球奖的颁奖地比弗利山庄，参与ICN国际电视联播网主办的北美春节晚会录演直播，向全世界展示中国浙江诸多代表性艺术的风采。

三　文化“售出去”：文化产品和服务出口全国领先

根据有关文化产品与服务出口目录统计，2002年浙江文化产品和服务年出口总额10亿美元，2006年达27.41亿美元，2008年增加到41亿美元，年均增幅高达26.8%，出口市场遍及世界180多个国家和地区。全省有17家企业和28个项目分别入选“2009～2010年度国家文化出口重点企业”和“文化出口重点项目”，分别占全国的8.1%和12.4%。

一是浙江出版集团是图书实物出口和版权贸易的绝对主力。2013年浙江出版集团版权输出300种，收入达600万美元。在法国的出版机构东方书局已初步形成出版规模和出版特色。集团东京分社开始运作，东方书局英国分社也开始筹建。博库书城海外网站和连锁机构有序拓展，在美国和我国台湾打下良好基础，开始探索面向非洲、南美开展业务。对非洲的合作出版中，非洲农业和保健两个系列已经增加到4个语种，合作国家涉及马里、纳米比亚、坦桑尼亚、肯尼亚、卢旺达、塞拉利昂、埃塞俄比亚、苏丹、津巴布韦、赤道几内亚、尼日利亚、南非等10多个国家。中学科学教材输出马来西亚，进入全日制中学。中学数学教材进入中国香港，小学数学教材出版了面向非洲的法语版。集团在全球主流电子书平台的B2C销售、海外数字图书馆的B2B销售、海外无线运营商平台电子书销售三大板块实现突破。与美国亚马逊网站的深度合作继续快速推进，漫画进入日本主流手机阅读平台。

在浙江版权贸易对外输出逐年增加的基础上，中外出版机构共同策划选题、合作编辑加工、共谋发行的新合作模式也已出现。2013 年，《中国印刷史》英文版在古登堡印刷博物馆举行新书首发。另外，《中国共产党执政兴国图集》、胡鞍钢看中国系列以及《中国文学经典》、《沈石溪动物传奇故事》、《易中天中华史》、《当代中国美术》、麦家作品系列等图书与斯普林格、麦格劳希尔、企鹅等国际知名出版集团建立了合作关系。麦家作品系列已经输出版权 24 种，引起欧美主流市场、主流媒体的强烈反响。

二是电视节目境外落地、数字报纸境外发行与影视、动漫产品出口进展明显。如浙江广电集团海外中心已实现国际频道在欧美落地，同时与美国洛城双语电台、加拿大华侨之声电台、日本枥木放送电台、澳大利亚国家电台、新西兰金水滴电视台、美国斯科拉卫星电视网和凤凰卫视美洲台等海外广播电视机构建立了良好的合作关系，每月固定播出对外广播电视自办节目 550 分钟左右。浙江影视制作机构和动漫企业努力开拓海外市场，总销售额突破 400 万美元，居全国前列。

三是境外商业性文艺展演平稳起步。杭州金海岸文化发展有限公司在海外展演上取得突破性进展，2008 年 8 月，《中国印象》专程前往荷兰、比利时进行商业演出，45 天行程演出 33 场。浙江曲艺杂技总团组织了《杭州故事》《喜缀》《天堂风情》等节目，赴欧美先后演出 400 余场，观众 70 余万人次。①

四是超大规模交易平台建设全国领先。中国义乌文化产品交易博览会创办于 2006 年，是文化产品交易（出口）、文化产业展示、文化信息交流、文化项目合作的重要平台，于 2008 年被评为“中国最具影响力的文化行业品牌展会”，2010 年升格为由文化部、浙江省人民政府主办，浙江省文化厅和义乌市人民政府承办的文体行业唯一外贸主导型国家级展会，被列入文化

① 参见张钱江、赵智展《对外文化贸易：新型的战略引擎——浙江对外文化贸易发展战略的若干思考》，《浙江经济》2009 年第 21 期。

部“十二五”期间重点扶持的品牌展会之一。2014 年，第九届义乌文博会新增了中国国际贸易促进会为主办单位，并正式更名为“中国（义乌）文化产品交易会”（简称“中国文交会”），实现洽谈交易额 49.1 亿元，已成为中国文化产品交易的重要平台、中外文化交流的重要窗口、中国文化产业国际贸易的“风向标”、促进文化产业结构调整和创新的重要载体，为促进文化产业发展和中华文化“走出去”做出了贡献。

第七章
民间文化：文化归属与社会凝聚的动力源泉

“东南财赋地，江浙人文薮”，道出了宋代以来江浙地区在经济、文化等方面的优势地位。改革开放以来，浙江不仅经济发达，而且文化繁荣，成为全国的文化大省和文化强省。“旧时王谢堂前燕，飞入寻常百姓家。”近10年来，民间文化的繁荣发展从一个侧面展示了浙江文化大省和文化强省建设所取得的辉煌成就。

习近平同志在2005年浙江省文学艺术联合会上的讲话中指出，繁荣发展浙江文艺，必须始终坚持“三贴近”原则，“贴近实际、贴近生活、贴近群众是时代的呼唤、人民的要求”，“实际是根基，生活是源泉，群众是出发点和落脚点，实际、生活、群众始终是优秀作品的活力与魅力所在、价值和意义所在”。浙江各级党政领导认真贯彻习近平同志的讲话精神，紧密结合实际，不断满足群众的文化生活需求，努力推动民间文化不断繁荣发展，实现了非物质文化遗产（简称“非遗”）的活态传承，涌现了异彩纷呈的民间文化组织，开展了丰富多彩的群众文化活动。

广大人民群众是文化创新和文化活动的主体，是非物质文化遗产的保护者和传承者，是新时期浙江文化繁荣发展的重要推动力量。积淀深厚的浙江历史文化深藏于民间，丰富多彩的浙江当代文化活跃于民间。当代浙江文化的繁荣发展，既源于深厚的历史文化底蕴，又得益于新时期党的文化发展战略；既源于广大民众的文化自觉意识，又得益于广大民众的文化创造力；既源于民间资源的有效整合，又得益于党委政府的大力推动。新时期浙江的民间文化，内涵丰厚，形式多样，格调向上，具有鲜明的文化渊源、地域风貌，体现了强烈的时代特征和浙江精神。非物质文化遗产保护传承取得的累累硕果，民间文化组织的异彩纷呈，群众文化生活的丰富多彩，说明浙江民众的文化首创精神得到了充分激发，“自发”“自在”“自为”的文化自觉意识被充分激活。民间文化的繁荣发展，不仅成为浙江经济发展、和谐社会建设的精神推力，而且成为增强广大民众文化归属感与社会凝聚力的动力源泉，同时也为全国其他地区民间文化的发展树立了榜样。

新时期浙江民间文化的发展繁荣，为实现中华民族伟大复兴的“中国梦”做了丰富而生动的注脚。正如习近平同志在为《浙江文化研究工程成果文库》而作的“总序”中所说：“文化为群体生活提供规范、方式与环境，文化通过传承为社会进步发挥基础作用，文化会促进或制约经济乃至整个社会的发展。文化的力量，已经深深熔铸在民族的生命力、创造力和凝聚力之中。”

第一节　非物质文化遗产的活态传承

保护和传承历史文化遗产，是习近平总书记文化建设思想的重要组成部分，也是实现“中国梦”不可或缺的重要实践。习近平同志在任职浙江期间，不仅早已阐发了这一重要思想，而且已经得到了行之有效的实践。2005年初，习近平同志曾先后5次就加强浙江非物质文化遗产的保护工作做了重要批示，从中可见对非物质文化遗产保护工作的重视程度。2006年6月10日“文化遗产日”，习近平同志进一步做出明确指示，要加强对浙江文化遗产的保护，传承优秀文化传统。浙江省文化系统紧紧围绕将浙江建设成为文化大省的宏伟目标，加快非物质文化遗产的保护和传承，在名录建设、政策制定、队伍建设等各项工作上，一直处于全国前列。

作为非遗大省，浙江的人类非遗项目和国家级非遗项目的上榜数均居全国之首。浙江省率先开展非遗大普查，率先设立非遗专项资金，率先编制出台非遗保护规划，率先出台非遗保护地方法规，率先对传承人颁发政府津贴，率先建立高校非遗研究基地，率先公布省级非遗宣传展示基地、传统节日保护示范基地，率先开展非遗保护新闻人物评选和精神家园守护者评选活动等。先期取得的突出成绩和积累的丰富经验，使浙江省成为首批国家非遗综合试点的两个省份之一。2008 年 2 月，浙江省又在全国率先命名了 7 个非遗文化生态保护区。在这些文化生态保护区里，把保护传统文化生态与保护大众的生活质量结合起来，使众多非物质文化遗产得到活态传承。

探究浙江省在非物质文化遗产保护和传承方面能够走在全国前列的原因，首先在于以习近平同志为代表的浙江历届党政领导的高度重视，其次是形成了一套科学有效的非遗保护机制，再次是浙江民众逐渐参与非遗的保护事业。

一 政府主导的非物质文化遗产保护机制

2003 年 10 月，联合国教科文组织通过了《保护非物质文化遗产公约》，“非物质文化遗产”术语的使用开始在国际上定型。2005 年 3 月 26 日，国务院办公厅下发了《国务院办公厅关于加强我国非物质文化遗产保护工作的意见》，我国从此开始统一使用“非物质文化遗产”一词。2005 年 8 月，《国务院关于加强文化遗产保护的通知》将“非物质文化遗产”明确定义为：“非物质文化遗产是指各种以非物质形态存在的与群众生活密切相关、世代相承的传统文化表现形式，包括口头传统、传统表演艺术、民俗活动和礼仪与节庆、有关自然界和宇宙的民间传统知识和实践、传统手工艺技能等以及与上述传统文化表现形式相关的文化空间。”同时明确了进行非遗工作的原则和方针：“非物质文化遗产保护要贯彻‘保护为主、抢救第一、合理利用、传承发展’的方针。”对于文化遗产保护工作，习近平同志在 2006 年“文化遗产日”调研时指出：“我们深化文化体制改革有一个明确的界限，就是区分事业和产业，文化遗产保护应该是事业为主、产业为辅”，“在这方面的工作，主要是保护、抢救，更多的是花钱，而不是赚钱，这个问题在体制上要把握好。”这不仅为浙江非物质文化遗产保护做出了科学定位，更为具体工作指明了方向。

非物质文化遗产主要存在于民间社会，因其具有很强的民族性、地域性和因人而传等显著特点，极容易随着社会环境和生活方式的改变以及传承人的离世而失传。因此，只有建立起健全的工作机制，才能使非物质文化遗产得以有效保护和传承。浙江省非物质文化遗产工作起步早，在保护非遗的工作中，逐渐健全机构，完善法规，制定规划，投入经费，深入普查，公布名录，形成了完善的非物质文化遗产保护机制。

（一）组织机构的健全

非物质文化遗产保护是以政府为主导的工作，需要有专门的组织机构来保障保护工作的开展。在全国，浙江率先实现省、市、县三级非遗保护机构全覆盖。早在“非物质文化遗产”术语进入我国以前，浙江省就已开始对民族民间艺术进行保护，奏响了全面开展非遗保护的序曲。2003 年，浙江省文化厅会同省财政厅建立了浙江省民族民间艺术保护工程领导小组和专家委员会，这就成为浙江非遗组织机构的前身。2006 年，浙江省政府又将非物质文化遗产保护工作纳入省历史文化遗产保护管理委员会的工作范畴，并专设办公室。随着非物质文化遗产保护工作的深入开展，2009 年浙江省文化厅设立了非物质文化遗产处，专门负责拟订非物质文化遗产保护法规政策、发展规划，承办省级非遗名录项目的申报与评审，组织实施非遗的传承与宣传、展示等工作。随后，市、县两级也都设立了非遗保护中心，成立工作领导小组，配备专职人员从事保护工作。各级非遗机构的建立，为浙江省非遗保护工作提供了强有力的组织保障。

（二）法规制度的完善

为扎实有效地开展非物质文化遗产保护工作，浙江省不断完善相关法规，明确发展规划，在科学化、法制化、常态化方面做出了积极探索和实践。对此，习近平同志在2006 年就曾做出重要指示：“要切实加强对文化遗产保护的领导，加大立法和保障力度，理顺文化遗产保护的工作机制。”传承保护非物质文化遗产是浙江建设文化大省的重要组成部分，也是社会各界的共识。浙江省委、省政府出台的《浙江省建设文化大省纲要（2001 ~ 2020 年）》《中共浙江省委关于加快建设文化大省的决定》，以及“八八战略”的实施，都为非遗保护工作创造了良好的政策环境。2004 年 3 月，省政府办公厅下发的《关于加强民族民间艺术保护工作的通知》，对民族民间艺术保护工程进行全面深入的部署。2006 年，浙江省印发了《浙江省非物质文化遗产保护专项资金管理暂行办法》，对于专项资金的使用、管理做了详细规定。2007 年 2 ~5 月，浙江省连续出台了《浙江省非物质文化遗产代表性传承人申报与认定办法》《浙江省非物质文化遗产名录评审工作规则(试行)》《浙江省非物质文化遗产普查试点工作方案》《浙江省非物质文化遗产代表作保护与管理暂行办法》，如此密集出台的办法、规划与方案，足见浙江各级党政领导和社会各界在认识上的高度一致、思想上的高度重视、行动上的高度统一。上述举措有力地推动和规范了浙江的非遗保护工作。同年 6 月，浙江省开始实行《浙江省非物质文化遗产保护条例》，对科学保护浙江非物质文化遗产做了详细规定，并在全国率先提出建立“非物质文化遗产生态保护区”的构想。与此相适应，各市、县甚至一些乡镇也纷纷出台法规以保护当地的非物质文化遗产。以嘉兴市为例，自 2006 年以来，嘉兴市先后出台了 6 份保护非物质文化遗产的文件，海宁、嘉善等县（市）也都制定了相关政策。这些地方法规和发展规划的出台，为浙江省非物质文化遗产保护提供了科学有效的制度保障。

（三）保护经费的投入

落实专项资金是顺利、持久、有效开展非遗保护工作的重要保障。对此，习近平同志在“文化遗产日”调研时的讲话表达了十分明确的态度，他认为“更多的是花钱，而不是赚钱”，要增加对文化遗产保护的投入。浙江省文化部门和财政部门积极努力，从 2002 年至 2005 年，累计拨款 2000 万元用于民族民间艺术的抢救保护和民间艺术人才培养。从 2006 年起，省财政每年安排 1500 万元专项资金用于非物质文化遗产抢救保护，同年浙江省文化厅和财政厅还共同制定了有关非物质文化遗产专项资金管理办法。各市、县（市、区）也先后设立专项资金以保护非物质文化遗产，如杭州市从 2004 年起，市财政每年安排 400 万元基层文化建设专项资金，其中 150 万元用于优秀民族民间艺术资源的发掘和保护；嘉兴市秀洲区计划用 7 年时间，投入 1.5 亿元，用于兴建“秀洲中国农民画村”等。浙江省在非遗保护工作方面的财政支持力度，在全国也是罕见的，为全面做好非物质文化遗产保护工作提供了坚实的物质保障。

（四）普查工作的深入

非物质文化遗产深藏于民间，没有广泛而深入的普查工作，就无从建立比较完整的非遗名录，更谈不上进行系统有效的传承与保护。浙江省在全国第一个启动了非物质文化遗产的普查工作。浙江省非物质文化遗产普查工作，从2003年下半年开始至2008年全面完成，前后分为两个阶段：2003～2006年，主要以民族民间资源为重点进行普查；2007～2008年，按照文化部的部署，开展了涉及17个门类的非物质文化遗产大普查。在普查工作中，严格按照“不漏村镇、不漏线索、不漏种类”的要求，运用文字、录音、录像等多种手段，对非物质文化遗产资源进行地毯式的调查和登记。历时5年的非遗普查工作，全省投入23万余名普查员，覆盖面达到全省所有乡镇、街道及行政村，摸排出非物质文化遗产线索271.9万条，调查和登记传承人16.5万人，收集相关实物资料2.3万余件。经过普查，比较系统和全面地掌握了浙江省非物质文化遗产资源的种类、存量、分布情况、存在环境和传承现状。组织有力、覆盖面广、深入扎实的普查工作，为浙江非遗资源的挖掘、整理、保护、传承和发展奠定了全面可靠的信息化基础。

（五）非遗名录的公布

建立非物质文化遗产名录体系，是非物质文化遗产保护的核心内容。浙江省根据对非物质文化遗产资源普查工作的成果，确定了各地需要抢救和保护的非物质文化遗产项目，逐渐建立了省、市、县三级非物质文化遗产名录体系。2005年5月，浙江省政府发文公布了第一批省非物质文化遗产代表作名录，共有64个项目入围。浙江省是全国最早公布省级非遗名录的省份，比国务院公布第一批国家级非遗名录早了整整一年（2006年6月）。由于浙江省对非遗资源普查工作进行得最早而且广泛深入，其名录体系建设工作也领跑于全国。在国务院先后公布的3批国家级非物质文化遗产名录中，浙江分别有44项、85项、58项，连续名列全国之首。目前，浙江已公布4批省级非遗名录项目，共计788项。至2013年，浙江省各地已公布市级非遗名录项目 2506 项、县级非遗名录项目 5421 项，基本建立了省、市、县三级非物质文化遗产名录体系。浙江省非物质文化遗产名录体系的建立，为非物质文化遗产的保护和传承工作打下了坚实的基础。

二　民众参与的非物质文化遗产保护事业

非物质文化遗产的健康发展，不仅需要政府完善保护机制，更需要广大民众自觉行动参与到非物质文化遗产的保护中来。非物质文化遗产是来自民间生活实际需要的创造，在民间延续，是民间自发、自为、自在的传统文化。但是，随着现代化的冲击，不少非物质文化的传承遭遇危机，在民间逐渐失去了活力。在此背景下，遂有以政府为主导的非物质文化遗产保护。非物质文化遗产作为民间文化的精髓，其保护和传承的主体还应该是广大的民众。因此，非物质文化遗产的保护和传承，必须根植于民间，不断提高广大民众的参与度，以此不断丰富人们的社会生活和精神生活，这样才能促进非物质文化遗产活态传承。

要实现民众的广泛参与，就必须让更多的民众了解非遗，为他们的真正参与提供空间与便利，提高民众的参与意识，进而让非遗走进广大民众的生活中。对此，在浙江省各级政府正确的引导下，浙江逐渐建成不同类型的非遗传承基地，形成一定规模的传承人队伍，从而使民众逐渐参与到非物质文化遗产传承和保护中。不仅如此，随着非遗文化成果的建成，民众的非遗知识得到了普及；在传媒的宣传下，民众保护非遗的意识增强；在社会力量的自发参与下，非遗工作进展顺利；通过开展丰富多彩的文化活动，让非遗逐步走进浙江民众的生活。随着民众的广泛参与，孕育于民间的非物质文化遗产重新焕发了新的活力，逐渐成为民间基层文化归属与社会凝聚的动力源泉。

（一）非遗传承基地提高了民众的参与度

各类传承基地是非物质文化遗产得以保护和传承的重要场所。近 10 年来，浙江省大力发展各种类型的非物质文化遗产传承基地，为各类非遗传承人的培养和民众的参与提供了空间和便利。至 2013 年，浙江省文化厅会同省教育厅公布了 131 个省级非遗传承教学基地，浙江省文化厅公布了 46 个省级非遗传承基地、20个省级民族传统节日保护基地、50个省级非遗宣传展示基地、55个省级非遗生产性保护基地、9个非遗生态保护实验区、8所高校省级非遗研究基地。不仅如此，还建成各种各样的非遗展示馆深入到浙江各地。以德清县为例，该县共有151个自然村，至2013年已建成56个非遗展示馆，计划在随后3年内建成100个村级非遗展示馆。非遗展示馆的建成和开放极大地促进了非遗的传播，如金华非遗馆共分7个展区，展示150多项非遗项目，开馆半年后累计参观者已达3.5万余人次。浙江各地十分重视加强非遗展示馆、非遗传习所等非遗传播和展示的基础设施建设，着力推进非遗宣传展示基地的创建工作，为民众在更广范围和更深层次上参与非遗保护和传承提供了重要载体。

（二）非遗传承人在培育中成长

非物质文化遗产是以活态的形式出现的，其传承载体是活生生的人。传承人是非物质文化遗产的重要承载者和传承者，因此加强对传承人的保护，自然成为非物质文化遗产保护的关键工作。非物质文化遗产作为一种“活态”的文化又往往比较脆弱，因为这些活的载体一旦消失，非物质文化遗产的传承渠道便随之失去，依附于传承人的非物质文化遗产也将随之消失。因此，保护传承人、扩大传承人队伍，加强传承人的管理和保护等，成为非物质文化遗产保护的重要工作之一。为此，浙江省采取了许多积极有效的措施。首先，对于非物质文化遗产名录项目的代表性传承人，浙江省制定了相应的申报和认定办法，建立名录，并且为其开展传习活动提供场所，资助其开展授徒传艺、教学、交流等活动，对传承工作有突出贡献的代表性传承人给予表彰、奖励。其次，对学艺者采取助学、奖学的鼓励方式，以培养更多的后继人才。如平湖市为推进国家级非遗项目平湖派琵琶、平湖钹子书的保护传承，在5所学校开设了长期培训班，先后招收学生400余名。在各种资助政策的推动下，浙江省逐渐形成了具有一定规模的传承人队伍，至2013年，浙江省拥有国家级非遗项目代表性传承人122人，省级非遗项目代表性传承人738人。不仅如此，这些传承人还在全国产生积极影响，在2012年颁发的“中华非物质文化遗产传承人薪传奖”中，浙江省有5人获此殊荣，是全国受表彰人数最多的省份。

（三）民众非遗知识在文化成果建设中普及

为了更好地展示和保存非物质文化遗产成果，拓展非遗的传承和传播途径，在民众中普及非遗文化成果，浙江省组织有关力量，先后编撰出版了《浙江省民族民间造型艺术集成》《浙江省民族民间表演艺术集成补辑》以及“浙江省非物质文化遗产代表作丛书”等系列图书。各地也相应编撰了地方非遗丛书，如金华有《金华非物质文化遗产大观》《金华非遗十年画册》以及《黄大仙传说》等21种非遗丛书，舟山有《定海非物质文化遗产集成》《昌国遗风——舟山市非物质文化遗产大观》，台州有《台州记忆——非物质文化遗产品读》，等等。同时，全省各地着手推进非物质文化遗产资料库和数据库建设。如杭州市非遗数据库系统就由一个综合应用平台、四大数据库、六大系统组成。基础数据库是整个系统的数据来源和业务支撑，由普查数据库、申报数据库、名录数据库、传承人数据库、保护载体数据库、专家数据库六部分组成。各类非遗丛书的编撰出版、资料库和数据库的建设，极大地方便了广大民众对非遗成果的了解和接触，有效构筑和拓展了非遗的传播途径，使民众的非遗文化知识得到了普及。

（四）民众在媒体宣传下增强非遗保护意识

习近平同志在2006年“文化遗产日”调研时强调了非遗宣传工作的重要性，他指示要组织开展一系列宣传活动，利用各种渠道宣传文化遗产保护，通过展示、演出和媒体等各种载体向人民群众，尤其是青少年进行文化遗产的保护宣传和教育，倡导珍爱文化遗产的文明之风，增强公众对文化遗产的认识和了解，努力形成全社会共同参与的文化遗产保护的良好氛围。根据习近平同志的重要指示和省委、省政府的具体部署，浙江省文化部门积极通过广播影视、报刊、互联网等大众传媒，宣传报道非物质文化遗产保护工作。2012年8月，浙江省宣传部门和文化部门联合启动了为期3个月的“人文浙江·传承非遗”网络寻访活动，征集到以非遗为主题的各类网络视频作品500余个，活动专题页面点击量达120余万人次，网民参与非常踊跃。自2013年始，浙江电视台钱江都市频道首次开播《美丽非遗》专题栏目。浙江省文化厅非遗处开通了浙江非物质文化遗产网，宁波、金华等地也纷纷开通了宁波非遗网、金华非遗网等平台。省文化厅主办的《浙江文化月刊》也开设“走进非遗”“美丽非遗”等专栏，大力宣传非遗的保护、传承和传播。2011 年起，《金华非遗》（季刊）工作简报开始编印，成为宣传金华市非遗保护工作的重要窗口。各类媒体的宣传，不仅让广大民众了解了非遗，还增强了民众保护非遗的意识，极大地扩大了非遗的影响力，为民众自发地承担非物质文化遗产的保护与传承奠定了良好的群众基础。

（五）社会力量自发参与非遗建设

习近平同志对动员广泛社会力量投身非遗保护工作也具有深刻的见解，他曾提出要积极引导、鼓励社会力量参与文化遗产的保护，在坚持政府投入为主的前提下，引导民间资金进入文化遗产的保护和开发。社会力量的自发参与，进一步促进了非物质文化遗产的保护和传承。如台州市政府联合企业，共同出资 260 万元成立了民营的台州市海东方乱弹剧团，5 家发起单位每年各出 20 万元作为剧团的运行经费；新昌县建立了调腔保护发展基金会，10 家企业共同出资支持，先后筹集到 400 万元的扶持资金；长兴县在全县建立了 12 个百叶龙艺术培训基地，合力打造百叶龙艺术品牌；海宁市以民间力量创办了海宁皮影艺术团有限公司和皮影戏艺术馆。社会力量的参与尤其是社会资金的注入，给非物质文化遗产的保护和传承工作注入了新的活力，这也是浙江非遗工作机制的重要创新。不仅如此，浙江省为让普通民众自发参与到非遗保护行列，还组建了非遗保护志愿服务团队。目前，浙江有 10 多所高校、8 个市、30 多个县（市、区）建立了非遗保护志愿服务组织，全省非遗志愿者社团注册会员 1.57 万人，各地参与非遗普查和保护的志愿者达 23 万人。志愿者的广泛加入，为各种类型非遗活动的开展、非遗的保护和传承开辟了广阔天地。

（六）非遗文化活动融入民众生活

将非物质文化遗产融入各种文化活动中，是传播非遗行之有效的手段。全省各地开展了各种活动来宣传非遗，以提高人们保护、传承非遗的意识。2004 年，浙江省举办的非物质文化遗产保护成果展暨首届民间工艺美术博览会，引起广泛反响。此后，各地举行了反映非遗文化资源的各式活动，如杭州市举办的“海内外江南丝竹邀请赛”，宁波市举办的“世遗—梁祝文化展示月”，绍兴市举办的《风雨如磐》展览，台州市举行的民族风情剪纸艺术大展，丽水市、金华市编排了大型歌舞《畲山风》《畲家谣》《仙山婺水·金华人》进行演出，以丰富多彩的形式展示了当地的非遗成果。此外，各地还纷纷举办了中国越剧艺术节、中国西施文化节、全国鼓乐邀请赛、全国渔歌邀请赛等具有一定规模和影响的活动。以非遗为主题的丰富多彩的文化活动，吸引了各地的民众，极大地拓展了非遗的受众面，使非遗走进寻常百姓家，使非物质文化遗产在浙江大地得到活态传承。

第二节 异彩纷呈的民间文化组织

民间组织是社会团体和民办非企业单位的总称。前者一般是指由公民自愿组成，为实现共同意愿，按照章程开展活动的非营利性社会组织。本节所涉及的民间组织主要是指类似前者的社会团体和组织。2005 年 8 月，习近平同志在浙江省民政厅调研时就曾指出：“法治政府也就是有限政府，政府不可能包揽代替社会生活的各个方面，政府加强社会管理还需要发挥社会组织的作用。”他强调，“历史和现实都证明，对社会组织管理得过严，不利于社会和谐，激发社会活力；相反，疏于对社会组织的管理，也不利于社会稳定，维护社会秩序”。在此基础上，他提出要处理好三个关系，一是“组织领导和政治领导的关系”；二是“控制和引导的关系”；三是“管理和服务的关系”。[①] 习近平同志的这番论述，一方面充分肯定了民间文化组织在群众文化生活中起到的组织、协调和推动作用，另一方面为新时期民间组织的发展指明了正确方向。浙江省社科联于 2008 年实施的“民办社科研究机构资格审查办法”，一方面积极鼓励社会力量举办社科研究机构，另

① 习近平：《干在实处 走在前列——推进浙江新发展的思考与实践》，中共中央党校出版社，2006，第 249 ~ 250 页。

一方面加强对民办社科研究机构的引导、指导和监督，促进其规范运作和健康发展。

一　民间文化组织的蓬勃发展

（一）民间文化组织的基本特征

民间组织的种类纷繁复杂，不仅行业和领域分布极其广泛，而且功能多样。即便是就各级民政部门正式登记的民间组织而言，其数量在一时间内谁都难以确切统计，更不必说许许多多散落于街道（乡镇）、社区等广泛领域的各类未经民间部门登记的社会组织了。在浙江省民政厅调研时，一位从事社会团体管理的工作人员坦诚地告诉我们，省民政厅掌握的社会团体中，一方面真正属于文化性质的团体数量不是太多；另一方面省级层面的文化类社团，更多从事的是面上的和宏观的工作，至于省级文化社团与广大基层群众的关系，在接触面上不是很广，在接触程度上不是很深。事实上，真正与基层群众文化生活紧密相关的恰恰是以下两类民间组织：一类是地市级以下尤其是县（市、区）一级的基层社会团体，它们组织开展活动十分频繁，与基层百姓的社会生活和文化活动联系密切，具有指导性与参与性紧密结合的重要特征；另一类则是广泛分布于街道（乡镇）、社区甚至广大农村，未经各级民政部门登记的“草根性”民间文化组织。

从普遍意义上说，“草根性”民间文化组织往往具有自发性强、参与者众、广接“地气”、活动频繁、吸引力大、影响面广等一系列特点。所有这些特点，都是与民间文化组织成员的基层性、草根性等特点紧密相关的。民间文化组织的成员生活于基层，来源于基层，活动于基层，他们往往身怀一技之长，又有共同志趣，因而容易自发地聚集在一起；他们没有明确的利益目标，主要以自娱自乐为目的，活动不拘时间、地点和形式，从而充分体现了民间文化组织的“三自”特点，即“自发”“自在”“自为”。

（二）民间文化组织的自身发展

基层性、草根性的民间文化组织，在丰富基层群众文化生活、提升群众生活品质等方面发挥了重要作用。一是为极大丰富群众文化生活构筑了大舞台；二是在丰富多彩的文化活动中营造了健康和谐的人文环境，汇聚了社会正能量，不仅增强了群众的文化归属感，而且增强了社会凝聚力。

2011 年底，宁海的深甽镇就实现了“村村建有文艺队伍”的目标，全镇 22 个行政村拥有锣鼓队、腰鼓队、秧歌队、銮驾队、舞龙队、舞蹈队、铜管乐队、书画创作社等 30 余支业余团队。浦江县许多村庄以古祠堂为阵地，将各姓氏的文化艺术队伍编排起来，统一组建成一支支文化表演队伍。如东岭村拥有舞狮队、什锦班和乒乓球队 3 支队伍；冯村拥有腰鼓队、摄影队、健身跳舞队等 6 支队伍。自然美与人文美的有机融合，使人们深深感到美在环境、乐在乡村、活在文化，构筑了绿色新文化的文明之路。临安市双塔村村民以文化谱写生活，以文艺陪伴生活。该村拥有龙灯队、排舞队和腰鼓队等文艺队伍，朴实无华的农民艺术家尽情展示兴趣与爱好，书写精彩与欢笑，用独特的方式享受生活、体悟人生。2010 年 3 月，中国新闻网以“浙江温州民间文化艺术暗香浮动”为题，报道了温州的民间合唱团。温州拥有二三十支民间合唱团，而且都是自发形成。温州每年举办的新年合唱音乐会上，往往有 13～15 支源于民间的合唱团参与其中。民间合唱团的登台，充分展示了民间文化组织由“自发”“自为”而显现出的勃勃生机。至今，谁也说不清温州究竟有多少民间艺术团体，但从一个有趣现象中可见一斑：温州一些爱美的女子们竟自发成立了“旗袍会”，身穿旗袍频频亮相于各种晚会（宴）和聚会，以五彩缤纷的旗袍演绎多姿多彩的生活。

与此同时，民间文化组织实现了由传统文化艺术形式向现代文化生活方式的转型。一方面，舞龙舞狮、踩高跷、荡湖船等传统民俗文化活动历久弥新，另一方面现代文化生活方式极大地激发了群众的文化创造力，新的文化活动方式层出不穷。嘉兴市秀洲区农民摄影公社的成立、东阳市横店镇杨店社区“演员村”的形成、慈溪市振东村女子铜管乐队的活跃等，充分说明现代文化生活方式已成为新时期民间文化生活的主流之一。

（三）民间文化组织发展的主要特点

浙江省民间组织研究会于 2005 年完成了一项浙江省科技攻关计划重点项目，围绕全省民间组织发展问题展开了系统调研。研究成果将民间组织分为三大类：

一是根据政府职能部门的要求自上而下建立的，如老年协会、残疾人协会；二是满足居民实际需要，由居民自下而上建立的主要开展联谊、娱乐、健身、维权等活动的各类群众组织，如票友队、练功队、老年文艺队等；三是为居民提供日常便民利民服务的非营利性实体机构，如社区服务中心、社区卫生医疗机构等。对杭州市的调查显示，杭州市下城、上城、西湖、拱墅、江干5个区共有民间组织1790个，其中自上而下组建的与自下而上组建的民间组织在数目上接近，占比都在43%以上。对绍兴市的调研主要侧重于民间组织的行业分布，当时绍兴市6个县（市、区）共有424个民间组织，其中教育类组织116个（27.4%）、卫生类组织67个（15.8%）、体育类组织35个（8.3%）、文艺类组织56个（13.2%）、民政类组织39个（9.2%）、中介类组织90个（21.2%），其他类别21个（5%）。上述数据虽然直接反映的是杭州和绍兴两市的情况，但在很大程度上折射出浙江全省民间组织发展的基本态势。

综观近10年间浙江全省民间组织的发展，我们可以对其概括出以下主要特点：一是发展迅速，数量众多。二是分布广泛，在行业上遍布各行各业，在地域上遍及城乡，广泛分布于街道（乡镇）、社区甚至广大农村。三是功能多样，具体包括资源融合、服务、管理、文化、教育等诸方面。四是群众基础广泛，如杭州市下城区王马社区于2003年6月成立的“新时代文娱健身俱乐部”就包括10支文体团队，在很短时间内就吸纳了700多名会员。五是以“三自”为主，真正体现民间性，如宁海县的40多支音乐团队，遍布街道（乡镇），直接参与人数达1000多人，这些音乐团队不隶属于政府文化部门，完全是由音乐爱好者自发组织、自我管理、自娱自乐的民间团体，包括民间演唱队、民乐队、鼓乐队、铜管乐队及合唱团等①。

二　民间文化组织的活力焕发

（一）民间文化组织的生命活力

民间文化组织之所以具有政府所不可替代的作用，最重要的原因就在于

① 参见徐廷常《浙江宁海县民间音乐团队：一支充满活力和希望的群众文化大军》，《文化月刊》2009年第8期。

它源于民间、活跃于民间，它贴近基层、贴近群众，因而具有可亲、可近的特点。正是这种可亲、可近的特点，充分展示了民间文化组织的生命力和活力，也使其具有了强大的凝聚力和号召力。百姓徜徉于这样的组织之中，文化认同感和归属感就会油然而生。湖州民间文化组织积极搭建公共平台服务居民就充分展示了这一特点。在湖州余家漾社区公园，每天早晚成群结队打太极拳、练功夫扇的老人都来自社区文体协会。他们平日在一起浓墨挥毫、妙手丹青、亮亮嗓子、说学逗唱，甚至组队骑车环行长岛公园。余家漾虽是一个新社区，但到 2011 年就已经建立了文体协会、企业家俱乐部、太太俱乐部和人大代表团 4 个具有公共服务性质的民间组织，其所拥有的 100 多位固定成员活跃于社区，开展各项公共管理服务，极大地丰富和活跃了社区居民生活。如太太俱乐部组织的登山踏青、邻里厨艺大赛等活动拉近了邻里关系；为湖州福利院、后庄民工子弟学校组织的公益活动不仅奉献了爱心，而且丰富了会员的退休生活；企业家俱乐部会员与贫困大学生结对助学，体现了企业家的社会责任意识；人大代表团开辟的“热线传递”为及时倾听和反映群众呼声疏通了渠道。余家漾社区的这一模式在湖州各社区得到普遍推广，充分展示了民间文化组织的活力、魅力，产生了良好的社会效益。

台州路桥古街社区基于居民以中老年为主的特点，大力开展以“古街、老人、新文化”为主题的基层文化建设。社区文化活动中心设立了摄影、书画、花卉、诗词、棋牌、阅览等活动室，组建了 10 余支文体队伍。这些文体组织，立足社区特点，了解居民心理，急百姓之所急，想百姓之所想，开展形式多样的活动，以满足不同层次群众的文化需求，丰富居民的精神生活。路桥区图书馆于 2007 年开始，开办了“南官人文大讲堂”，以大众化、普及化为宗旨，吸引了来自不同文化程度、不同职业、不同年龄、不同地域的普通百姓听众，为爱好人文的市民构筑了“以文会友”的平台，因而被人们称为台州民间的“百家讲坛”。至今这一活动从未间断，其持续的生命力就在于它贴近民众，充分体现了民间性特点。

2007 年，杭州市上城区成立了全省首个规范化的民间文艺组织——上城区文艺团队联合会，充分发挥主体作用，引领群众文化活动，丰富群众精神生活。一方面利用区文化馆、街道文化站、吴山广场、太庙广场、伍公山等场地，为群众文艺团队提供活动场地；另一方面鼓励引导文艺团队创特色、打品牌、出精品，为广大群众提供一系列文化盛宴。2011年初，上城区文艺团队联合会拥有队伍401支会员12000余名，分别有183人次、316人次和581人次获得国家级、省级和市级奖项，成为引领精神文明建设的一支重要生力军。吴山广场成为上城区文艺团队宣传、丰富群众文化生活、展示民间文化风采的大舞台。上城区组织文艺团队在吴山广场开展了“百团百场文化大汇演”活动，每个周末都有演出，观众平均每场可达3000人次。值得肯定的是，在这些活动中，参加演出的演员都是老百姓，观看演出的观众也是老百姓。

（二）民间文化组织的品牌建设

随着民间文化组织的蓬勃发展，对其加大扶持、规范管理、提升品质显得尤为重要，这对于民间文化的品牌建设和社会影响都具有重要作用。杭州市坚持“政府主导、群众自主管理”的原则，大力扶持群众文艺团队建设，引导群众文艺团队经常性地开展文化活动。一是树典型，2008年在13个区、县（市）命名46支群众文化团队为市级群众文化示范团队；二是建平台，开辟特色文化广场活动、“百团百场文化大汇演”活动等平台；三是给资金，每年对市级群众文化示范团队给予5000元的经费补助。通过树典型、建平台、给资金，充分激发了团队的主动性，极大提升了团队的业务素质。舟山市定海区针对区内拥有680余支业余文化团队和9000多名文化骨干及爱好者的实际情况，于2012年制定了《群众文化星级示范团队评选办法》，实行一至五星级示范团队年度评审制以规范文化队伍管理、促进群众文化团队建设。宁波市鄞州区大力发展群众文化团队，积极鼓励有一技之长的社会人士以文化义工的身份参与公益文化服务。截至2011年底，该区拥有各类文化义工400多名，活跃于博物馆、爱国主义教育基地、图书馆、文化广场和综合文化活动中心等场所。至今，文化义工队伍建设已成为鄞州区提升民间文化建设品牌的一支重要力量。

与此同时，乡镇一级也积极探索与实践，着力加强民间文化组织管理。

嘉善县陶庄镇可谓乡镇一级民间文化组织管理的示范。陶庄镇在民间文艺队伍建设方面，一是建立网络管理，推动健康发展，强化建设“一村一品、一队一品、一村多品、一队多品”的文艺队伍新格局；二是实行监督服务、激励发展、自我约束、市场运作、多种扶持五大机制，规范队伍建设；三是开展按需培训，打造乡土人才；四是开展等级评定。这些举措加强了陶庄镇民间文艺队伍的管理，对推动“了凡故里文化名镇”建设和社会主义新农村建设具有重要促进作用。

第三节　丰富多彩的群众文化生活

近10年来，浙江各地的群众文化活动在形式上丰富多彩，在内容上推陈出新，在格调上积极健康，广大民众参与文化活动和文化建设的主体性和积极性得到充分发挥，形成了以文化人、以文育人的正能量，文化在经济发展、社会和谐建设中的引领作用越来越显著，民间文化所拥有的文化归属与社会凝聚作用得到充分发挥。在此过程中，浙江群众文化建设形成了广大群众主动参与、民间力量广泛介入、政府部门积极主导的互动格局，群众文化生活实现了由单纯的文化娱乐到文体结合的休闲文化、由传统文化活动方式到现代文化生活方式、由个体文化享受到提升群体文化品位等一系列重大转变。

一　源于民间活力的群众文化生活

（一）民间文化热情的充分激发

2013年春，金华市金东区举办了一场真正意义上的农民艺术盛会，12个乡镇在20多天时间内自编、自导、自演了一台40分钟的文艺演出；在农民文化PK赛上，12台演出80个节目从早上8时半一直持续到傍晚5时许，有时尚的萨克斯演奏、印度舞、街舞，也有传统的舞龙、婺剧，洋文化与土文化结合的表演使农民观看得不亦乐乎，展现了浙江农村文化蓬勃的生命力。这是群众文化自觉被激活、文化热情被点燃的一个缩影。在这场盛会中，演员们都是自掏腰包请老师作曲或指导、自费租用设备和场地，充分说明基层民众对文化生活的渴望心情和参与热情。

随着经济发展和人民生活水平的不断提高，广场舞日渐兴盛。广场舞作为一种新型的群众健身舞蹈，以其动作简单、灵活多变，不受场地限制为特点广泛活跃于浙江大地。如东阳市 18 个乡镇（街道），镇镇有广场，村村建广场，推动广场舞不断发展。[①] 为满足民众需求，加强引导，仙居县于 2008 年 10 月举行了“首届基层文化俱乐部广场舞大赛”，10 个乡镇（街道）代表队 200 多名选手参加了健美操、国标舞、爵士舞、民族舞、街舞、扇子舞等 10 多个项目的比赛。仙居县将宣传文化部门引导、政府支持与大众参与相结合，使广场舞成为一道亮丽、独特的风景线，日益成为城乡居民热捧的休闲方式。仙居县的做法不仅是对广场舞这一新生事物顺势而为的集中体现，而且充分说明政府对新兴群众文化活动的认同、鼓励和支持。

再来看温州市瓯海区，2009 年 7 月推出的“红色旅游节”，吸引了全国各地游客来温州参观和平解放谈判旧址景德寺和“包产到户改革”发源地燎原社。但这只是该区推广“月月有节庆”系列活动中的一项。瓯海区各乡镇纷纷利用当地资源，广大百姓参与文化活动的积极性空前高涨。丽岙的“迎春花卉节”，周岙的“挑灯节”“翟溪二月初一会市”，梧田的“读书节”、仙岩绿文化节、茶山生态杨梅文化旅游节等民间文化活动此起彼伏，真可谓“你方唱罢我登台”。政府部门所做的工作就是引导和服务，活动的主体则完全是基层百姓。“月月有节庆”使蕴藏于民间的文化活力得到了充分激发。绍兴市拥有一大批文艺人才，文化氛围浓厚，发展了球类、扇子舞、腰鼓队等 500 多支队伍，开展的各类文化活动就像种子一样播撒在绍兴各地。当地文化广电新闻出版局负责人冯健感慨地说：“以前的活动以专业文艺队伍为主，现在逐渐以民间文艺人才的表演为主。文化主体和受众实现了转换。”可见，民间力量的激发是推动民间文化发展的动力和源泉。

（二）民间文化资源的有效整合

随着物质生活水平的提高，群众不仅积极参与各种文化活动，而且广

---

① 参见晏李霞《新时期广场舞蹈发展》，《浙江文化月刊》2011 年第 9 期。

泛参与各种文化建设活动。据 2014 年 3 月 15 日《浙江日报》报道，由温州人张金成投入 300 多万元、历经多年收集的温州首个民间灯文化专题博物馆免费开馆，首期展出了煤油灯、马灯、汽灯、酥油灯、吊灯等 350 多盏各式灯具。张金成希望发挥博物馆的教育作用，让人们在主题馆中静下心来思考和欣赏。张金成的做法一方面得到了社会各界和当地政府的支持，另一方面又推动政府吸引更多民间资源投身公共文化建设。瓯海区政府因势利导规划了大型博物馆教育主题园区，包括文化博物馆、温州塘河文化生活馆、温州石雕造像馆、温州老行当体验馆、温州瓯窑博物馆五大主题馆和一个青灯书院。龙湾区民间自办文化场馆也蔚然成风。殿前村村民于 2010 年开始，自筹资金 200 多万元修建完成了王瓒书院及碑林。近 10 年来，龙湾区许多民间文化热心人自筹资金，兴办博物馆、诗社、民俗馆、图书馆等文化设施，自觉担当起传承发扬优秀民间文化的历史责任。截至 2013 年底，全区 7600 多万元社会资金投向公共文化领域，目前已建成温州瓯窑文化创意工作室、紫砂壶博物馆、金洲动物博物馆、白水民俗博物馆、吉夫图书馆、张璁文化纪念馆等设施。“民间办文化”作为公共文化设施建设的辅翼，有效整合了各种社会资源，推进了文化事业发展，展现了民间文化活力，更好地满足了人们的精神文化需求，在很大程度上弥补了政府投资的不足。

据《中国文化报》报道，首个民间龙舞文化博物馆于 2012 年 5 月在安吉上舍村正式开馆。安吉上舍村拥有国家级非物质文化遗产百叶龙、省级非物质文化遗产化龙灯和竹叶龙，以及民间老艺人的手编竹龙。博物馆陈列了浙江各地龙舞代表作品，如安吉竹叶龙、长兴百叶龙、东阳板凳龙、奉化布龙、杭州临安水龙、温州拼字龙及平湖九彩龙等，同时展示了龙舞表演的相关道具实物和与龙舞的历史文化、制作工艺、流派及民间舞龙文化相关的文字资料与图片，描绘出一幅壮观的“舞龙家族”图景。全国首个民间龙舞文化博物馆的建成，既为浙江富有地方特色的民俗风情提供了鲜活样本和表演平台，也为发展文化产业、丰富文化内涵带来了广阔前景，更为民间文化资源的有效整合提供了重要启示和良好示范。

（三）群众文化活动此起彼伏

《浙江省文化建设“四个一批”规划（2005～2010）》明确提出坚持大众文化与精品文化并举的原则，要面向基层，贴近生活、贴近群众、贴近实际，推进各具特色的社区文化、校园文化、企业文化等大众文化建设。近10年来，浙江各地的群众性文化活动此起彼伏，逐渐呈现主题化、规模化、载体新、参与广的趋势和特点。群众文化活动以和谐社会建设为主线，以弘扬社会主义核心价值观为主旋律，以繁荣文化、发展经济、娱乐百姓、凝聚人心为目的，充分发挥各地民间文化优势，积极创新活动载体，真正使民间文化成为增强人民群众文化归属感的动力源泉。

1. 社区文化活动亮点纷呈

浙江各地在社区文化建设中，一是重视突出传统和地域色彩，如余姚阳明社区的历史文化研究小组、宁波镇海后大街社区的“十里红妆”婚俗打击乐队。二是注重将社区建设成为本土化和原创性的文化生产发源地，如宁波江东区社区团队着力于身边人、身边事进行创作和演出；杭州市东山弄社区越剧队所编的越剧小品，题材都来自邻里关系、婆媳关系等日常生活。三是注重主题化品牌建设，社区文化节、运动会、读书节、邻居节等主题化新型节日活动层出不穷，如嘉兴市桂苑社区的趣味运动会至今已举办10多届，因时间在周末、项目老少咸宜而吸引了众多参与者；杭州的邻居节、嘉兴的合唱节均是由一个社区发起而逐渐成为遍及全城的社区节日和特色文化品牌。地处海岛的舟山盐仓街道拥有5个社区，从2005年开始举办的社区文化艺术节，有力推动了群众文化发展。叉河社区义工文化艺术节、昌洲社区科普文化艺术节、虹桥社区和谐文化艺术节、新螺头社区戏曲文化艺术节、兴舟社区新居民文化艺术节等系列活动，各具特点和优势，使广大社区居民得以就近沐浴新文化的阳光雨露，丰富了精神文化生活。

2007年国庆节前后，浙江大地莺歌燕舞，群众文化活动遍地开花。省城杭州——广场文化显生机。在武林广场，杭州大篷车演艺公司推出的“曲艺新天地”吸引了数千名观众，小品《醉魁祸首》、杭州话版的RAP《杭州好》与街舞组合，令人忍俊不禁；涌金广场，杭州杂技总团的“杂技大舞台”让游客大开眼界；吴山广场，黄龙越剧团的综合演出，让越剧老戏迷如痴如醉；西城广场，杭州歌舞团的“广场音乐会”受到周围居民尤其是年轻人的青睐。宁波——在家门口享受国庆“文化大餐”。国庆期间的中山广场，排舞大赛、少儿综艺、鄞州石碶专场演出、鄞州洞桥专场演出等活动丰富多彩。绍兴——越剧戏迷网友相约寻根故里。来自杭州、湖南、上海等地的60多名越剧迷会聚一堂，用独特的方式庆祝国庆，相互切磋交流。

国庆期间比较集中的群众文化活动只是浙江群众性节庆文化的一个缩影，但它从一个侧面展示了近10年来浙江群众文化建设的丰硕成果。

2. 校园文化引领学生健康成长

长期以来，浙江各地无论是幼儿园、中小学，还是高等院校，都十分重视校园文化的育人功能，以校园文化建设引领学生的成人和成才。各级各类学校既立足于历史与地域优势，又立足于专业与学科特色，紧紧围绕引领学生成人成才的目标，将校园文化建设融入教育教学工作的方方面面，积极打造校园文化建设品牌，取得了丰硕成果。

2013年5月举行的以“美丽、幸福、教育梦”为核心的浙江省“校园文化建设主题论坛”，集中展示了近年来全省中小学校园文化建设的成就和特色。会议承办单位宾虹小学的校园文化建设成果，从一个侧面折射出浙江中小学到处盛开的美丽幸福的“教育梦之花”以及校园文化的育人魅力。学校邀请到浙江师范大学美术学院的专家设计视觉形象识别系统，著名画家吴山明题写校名，儿童文学理论家蒋风拟定“勤学、悦读、修身、洁行”校训；学校设有“师生悦读吧”“书籍漂流站”以及“师生共情工作坊”“家长工作坊”“标点工作坊”“开心农场”等园地。所有这些，使学校摆脱了应试教育窠臼而成为“理想教育”乐园，实现了美丽幸福的教育梦。

浙江高校校园文化在全国颇具影响力。在各高校注重文化建设的基础上，省委教育工会更是推波助澜、强力推进铸造浙江高校校园文化品牌。高校校园文化品牌建设坚持社会主义先进文化的发展方向，以实施科学文化素质教育为基础，以建设优良的校风、教风、学风为核心，以优化校园文化环境为重点，体现社会主义特点、时代特征和学校特色。在具体要求上，一是主题鲜明，富有时代感。二是彰显个性，体现办学特色。坚持贴近校园、贴近学生、贴近生活，结合师生特点，传承学校优良传统和历史积淀，展示学校独特的文化风貌。三是参与面广，强调辐射和示范作用。浙江农林大学的“绿色”主题教育、中国计量学院的“计量文化”、浙江海洋学院的“海洋文化”、衢州学院的“南孔文化”、温州医科大学的“名医故事会”等，特色鲜明，可谓“春雨润物细无声，于无声处孕芳华”。荣获 2010 年全国高校校园文化建设优秀成果一等奖的浙江师范大学“阿西剧社”，立足校园，坚持原创，以传播戏剧文化、普及戏剧知识、提升大学生人文艺术素养和审美能力、丰富大学生校园文化生活为核心，开展剧本创作、剧本编辑、戏剧讲座、舞台表演等一系列活动，成为兼具影响力、行动力和原创力的校园文化品牌。

同时，校园文化主动走出校园，积极与社区形成互动，如中国美术学院与清波街道互动，一是开展“艺术实践进社区”志愿服务项目；二是以艺术展览丰富社区文化生活，为社区居民提供高层次文化享受。

3. 企业文化构筑精神家园

走在经济发展前列的浙江企业家充分意识到，企业的核心竞争力不仅取决于产品和服务，更取决于企业文化魅力。因此，企业家们把优秀企业文化作为企业发展的重要内容，企业文化建设亮点频出。

精心打造人文化、国际化、现代化的国内一流能源企业，以发展谋求“百年浙能”，以文化铸就“和谐浙能”，是浙江省能源集团的企业文化核心所在。天能集团以“成为全球领先的绿色能源供应商”为愿景，以“绿色能源，驱动世界”为使命，以“责任为魂，创新共赢”为核心价值观，以“天行健，能无限”为企业精神，以采购文化、研发文化、制造文化、营销文化等 17 个特色子文化板块，构筑卓越的天能“动力文化”体系。申通快递“内外兼修”的企业文化建设也取得可喜成果，在第七届国际物流节上，申通快递荣获“2011 年中国物流业最佳雇主企业”称号。“用心成就你我”

在申通不仅是一句口号，更与企业愿景和使命紧密相连。“为人类健康，献至诚至爱”作为浙江康恩贝制药股份有限公司的宗旨，促使企业和员工不断增强使命感与责任感，恪守诚信之道，这是康恩贝品牌的 DNA，为企业积累了丰厚的无形资产。

企业文化建设不仅成就了企业本身，而且构筑了一方精神家园，凝聚了社会正能量。正如阿里巴巴的党员马旭燕所说，“我们相信，人人都有社会责任，在网络化的便捷环境下，人人也都有能力履行社会责任”。“能力有多大，责任就有多大”已成为浙江企业家们的共识，如浙江舜江建设集团有限公司在实现跨越式发展的同时，积极承担社会责任，时刻不忘回馈社会，不断将盈利所得捐助家乡的基础建设，积极参与各类慈善募捐活动。2008 年汶川大地震发生后，公司立即组织开展抗震救灾募捐活动，募得善款百万余元；积极筹建抗震援建突击队赶赴灾区，完成 592 套板房援建任务，赢得绍兴市建筑企业援建整体数量第一的佳绩，企业也因之获得全国“责任献社会奖”和浙江省“慈善爱心奖”。

二　机制创新开创群众文化新天地

浙江各地充分认识到，有文化的生活，才是有品质的生活。群众文化作为公共文化服务体系的重要部分，一直是浙江各级党委政府的关注点和着力点。2005 年《中共浙江省委关于加快建设文化大省的决定》就明确提出了大力实施文化建设的“八项工程”。其中的文化阵地工程强调，文化阵地是发展先进文化的重要载体，并对文化阵地的建设提出了以下具体任务：充分发挥图书馆、文化馆、博物馆等公共文化设施功能；加强县及县以下特别是农村、社区公益性文化阵地建设；培育一批文化示范村和文化示范社区；推进文化下乡，做到经常化、制度化。同时，文化传播工程、文化人才工程的实施，都为推动群众文化的发展提供了重要的制度保障。以文化下乡为重点，各地积极开展“送文化”与“种文化”活动，取得了显著的社会效益。在此以金华、宁波、衢州三地为个案着重加以分析。

金华市以“万场电影进农村”“婺剧演出季”“千场演出进农村”“万

册图书进农村”等系列“送文化”活动和“千镇万村种文化”活动为有效载体，广泛开展村镇“种文化”竞赛、“种文化”成果展示、节庆民俗文化活动、优秀传统特色文化展播、“种文化”成果评选等系列“种文化”活动，极大丰富了基层群众的精神文化生活。浙江婺剧团、义乌市婺剧团、东阳市婺剧团等专业剧团每年送婺剧到农村120场以上，20余家业余婺剧团年演出近万场。2007年，全市完成“送戏下乡”1437场，送电影下乡2.1万场，送书下乡22.27万册，建立图书流动站50个。金华市各公共图书馆积极开展送书下乡活动，并在全省率先建立了两家“山区图书流通站”。2013年，全市共完成送戏下乡1853场，送电影下乡4.3万场，送书下乡33.9万册。同时，全面激活农村（社区）居民的文化活力，建立以农民、农村为文化建设主体的群众文化发展模式。早在2007年，全市农村组建村级文体队伍达5700支以上，参加农民达14万人，每年组织文体活动近3万次，参与观众1500万人次；建成市级文化示范村90个，民族民间艺术特色村18个，市本级文化特色村16个，文化普及村120个。为促进此间文化繁荣发展，各地立足挖掘地域文化传统，开展各具特色、群众喜闻乐见的活动。从2003年开始，每年举办“金华市文化艺术节”，开展戏剧、音乐、舞蹈、曲艺小品、书法美术等几十项文化活动，每年参与人数达10余万。金东区马腰孔村的“孔子文化”、兰溪三峰村的“孝文化”活动，极富乡土特色。始于2013年的“欢乐金华”百姓文化节，广泛开展“百姓好声音”“百姓才艺大赛”“百姓舞蹈大赛”“百姓书画大赛”“百姓摄影大赛”等系列活动，牢牢立足“百姓”主体，充分突出“民间”特色，从而营造了“百姓文化我参与，享受文化我快乐”的群众文化氛围。

宁波市坚持普及与提高相结合的原则，一方面注重推出精品力作，另一方面注重民间文化的繁荣发展，通过一系列文化惠民活动丰富基层群众文化生活，提高基层群众生活质量和幸福指数，以先进文化引领百姓文化生活，大力发挥先进文化在和谐社会建设中的凝聚作用。10多年间，以改革开放30周年、新中国成立60周年、建党90周年等重要纪念活动为载体，宁波市创作了电视剧《至高利益》《天地粮人》，音乐剧《告诉海》，图书《家国书》《主义之花》等优秀作品。同时，通过电视剧《向东是大海》，舞剧《十里红妆·女儿梦》，甬剧《典妻》《宁波大哥》等乡土文艺作品，不断提升地域文化的影响力。在“五个一工程”示范下，群众文化蓬勃发展，形成了“天天演”文化惠民工程、全民读书月、农民电影节等特色群众文化品牌。广大群众一方面尽情享受文化建设成果，另一方面积极投入文化创作和文化体验活动。宁波市的文化惠民行动在全国产生重要影响，其中文化场馆免费开放经验得到文化部部长蔡武的充分肯定。宁波市图书馆于2011年成为“全民阅读示范基地”。同时，宁波市持续打造“天然舞台”“群星课堂”“天一讲堂”等系列群众文化品牌。2011年，全市举办各类文化文物展览300多场、公益讲座400多场、公益性培训3000多场，建成农家书屋2199家，行政村覆盖率达82%；建成10个“一级文化馆”，29个文化示范乡镇（街道），194个文化示范村（社区），有5个乡镇（街道）被授予“浙江省文化强镇”称号。

衢州市打造的流动“文化加油站”品牌在全国反响强烈。衢州市为繁荣基层群众文化生活，消除公共文化服务盲区，着力向基层延伸城区固定式文化设施的服务范围，探索打造欠发达地区的流动“文化加油站”，相继推出“流动文化馆”“流动图书馆”“流动博物馆”“农家乐大篷车”等系列公共文化服务品牌，取得了显著成效。近年来，年均赴基层送书10万册、送戏1000场、送电影2万场、送培训辅导120次、送讲座送展览150期，累计受益群众达300多万人次。各项流动文化服务平台常年在全市基层流转服务，推动实现欠发达地区公共文化服务均等化。其中的“流动大篷车”进基层，采取自编自演送戏下乡、“菜单点选+主题送演”、政府买单群众消费等相结合的方式，坚持“不花农民一分钱”的零费用、纯公益原则，演出服务由政府统一买单，下乡演出不收取任何费用，演职员的吃、住、行经费全部自筹解决。自2005年在全省率先启动该活动以来，已实现市内行政村全覆盖，先后得到中宣部、文化部、省委、省政府领导的充分肯定。此外，衢州市还组织“流动文化馆”进基层，开展公益文艺培训、加强基层文化辅导、培育社会文化团体；组织“流动图书馆”进基层，具体采取建分馆设流通点、提供共享工程数字文化服务、举办展览讲座等方式；组织“流动博物馆”进基层，具体采取展板巡展进基层、多媒体展示进校园、引进精品展览等方式。

三 浙江民间文化繁荣发展的主要脉络

梳理和分析2003～2013年期间浙江群众文化的发展历程及其成效，我们可以清晰地看出以下脉络：浙江群众文化的繁荣发展，民众是主体，政府主导是保障，贴近群众是源泉，机制创新是动力，民间资源整合是新路径。

（1）群众是文化创造和文化体验活动的主体。繁荣发展群众文化的原动力首先来自民间。浙江是东南沿海甚至全国经济最发达的地区之一，经济发展和生活水平的提高为广大群众参与文化活动奠定了良好的物质基础，广大民众的文化自觉意识在新时期的文化创造和文化体验活动中得到了前所未有的激发。物质生活逐渐富裕起来的居民日益注重生活品质提升，浙江城乡到处活跃着健身秧歌队、太极拳队、腰鼓队、篮球队、门球队等文体团队，鄞州区五乡镇明伦村广场百人共练健身舞等景象，已成为浙江民间文化生活的一道道亮丽风景。

（2）政府主导、行政推动是促进群众文化健康、快速发展的重要保障。浙江各地根据省委关于加快建设文化大省的战略部署，纷纷出台加快建设文化大（强）市的决定、文化事业发展纲要以及实施细则（或意见），正确处理好文化事业与文化产业的关系，在经费投入、设施建设、队伍建设、文化活动、氛围营造等各方面对群众文化建设提出明确要求，将公益性文化设施建设和公共文化产品生产列入公共财政预算。

（3）贴近群众、贴近生活是吸引民众广泛参与的源泉。贴近群众、贴近生活，要求的是突出文化活动可亲、可近的特点，这就需要既注重正确的文化建设方向，又充分挖掘源于民间、源于百姓的文化资源。只有充分“接地气”的文化活动才能为群众所喜爱、所接受，因而最大限度地吸引基层群众的广泛参与。事实证明，新时期的民间文化，既需要“阳春白雪”，又需要“下里巴人”。

（4）机制创新是促进群众文化繁荣发展的不竭动力。浙江各地在群众文化建设实践中，将“送文化”与“种文化”有机结合。杭州市探索创新“送文化”服务机制，实现了“送文化”服务从“分配形式”到“供求形式”的重大转变，真正满足了群众内在的文化需求。“种文化”则充分调动了广大群众的主动性和创造性，推动了民间文化的可持续和内生性发展。“种文化”不仅丰富了群众的文化生活，更重要的是激发了群众的主体意识，已经超出了农村文化建设的范畴。

（5）民间资源的参与和整合是推动群众文化繁荣发展的新路径。民间资源包括民间资金、民间文艺、民间人才等各种资源。浙江历史悠久、人杰地灵，拥有丰富的民间人文历史资源和高水平的民间文化人才，同时浙江又是经济发达地区，拥有丰富的民间资本。平湖市星光村市人大代表、星阁建材集团总经理张保根，每年出资代表新埭镇参加平湖西瓜灯文化节的龙舟赛；乐清市里港造船有限公司等民营企业争相捐资在村里举办文体活动，诸如此类的活动在浙江大地已蔚然成风。有效整合民间资源，积极引导民间资源投向民间文化事业，是实现个体文化享受向提升群体文化品位转变、推动群众文化繁荣发展的重要路径。

总之，在推动群众文化发展、丰富群众生活方面，浙江各地积极探索，努力实践，上下联动（自上而下与自下而上相结合），动静结合（文化基础设施建设与文化活动相结合），雅俗共赏（高雅文化、精品文化与大众文化融合发展），真正使文化强国的“中国梦”融入群众的日常生活。

第八章
浙江文化建设启示：探索文化治理的本土路径

我们在考察浙江十余年来文化建设的实践成果时，越来越清晰地意识到，浙江的文化建设正在实现一种具有重要意义的突破，这种突破可能正代表了中国文化未来的发展趋势，指明了中国文化复兴的未来之路，也预示了中国梦实现的软实力支撑正在逐渐形成。

在我们这样一个正值改革发展关键时期的国家，如何走出一条文化发展的本土路径？浙江经验给我们的启示是：必须从根本上建立文化自觉，结合时代需求探索适应本土实际的发展道路，以“文化治理”这一创新体制机制的突破性举措，推动文化建设，走向典范性的生活。

第一节　文化战略的浙江样本：从文化大省到文化强省

2002 年，山西在全国率先提出建设“文化强省”战略，到党的十七届六中全会之前，河北、辽宁、江苏、浙江、安徽等多个省及天津、重庆等直辖市均提出文化强省（市）的战略。在党的十七届六中全会提出“文化强国”的概念以后，“文化强省”这个概念更加受到各地省委、省政府的青睐。浙江在 2011 年召开的中共浙江省委第十二届十次全会上进一步出台了《关于认真贯彻党的十七届六中全会精神大力推进文化强省建设的决定》，明确了“人文精神高尚、文化事业繁荣、文化产业发达、文化氛围浓厚、文化形象鲜明”的文化强省目标。

文化强省是全国一多半省份都已经提出来的发展目标，浙江建设“文化强省”战略的提出与其他地方究竟有什么不同，这个战略又是如何促进浙江的文化建设走出一条不同寻常的“本土路径”的呢？我们的看法是：

首先，适应浙江经济发展的道德建设是浙江省文化强省建设的灵魂。

道德建设是文化建设的灵魂，而在浙江，道德建设具体表现为对于“浙商文化”向现代市场伦理转型的高度重视。在浙江经济发展的早期，以血缘、姻缘、地缘为纽带的传统人际关系对经济发展有着重要的影响，浙江经济中特有的“团块经济”的形成与这种人际关系中的“传、扶、帮、带”文化有密切的内在关联。但当经济发展到一定阶段，浙江企业需要面对全国市场竞争和世界市场竞争的更大挑战时，这种以“熟人社会”为基础的商业伦理的局限性就凸显出来。一方面它制约了企业在普遍的市场信用基础上的扩张和成长。另一方面，小圈子内部相互担保在金融风险到来时就会变成企业之间的风险捆绑，使企业金融风险陡然增加，很容易出现系统性风险。金融危机爆发后浙江企业界出现的一些“跑路”现象，都与这种不成熟的商业伦理有关。

由于特殊的历史原因，浙江民营经济普遍存在着能人治理、家族管理等现象，这对浙江经济迈上更高台阶、走向更为广阔的舞台形成了重大制约。金融危机爆发后，能人经济、家族管理模式遇到巨大挑战，浙江省委、省政府抓住机遇，积极引导民营企业推进股权社会化、经营专业化、管理职业化等现代企业治理体系建设，把全省现代市场伦理建设推进到新层面。长期不懈地进行社会信用体系建构和现代商业伦理建设，使浙江企业的市场诚信观念和市场伦理观念得到极大提升，浙江企业在世界经济舞台上不断攻城略地，成为中国经济走向世界的一支劲旅。

浙江本地学者在总结“浙江精神”的时候获得了这样一个可贵的认识：“建设现代化浙江，需要形成两种新的精神文化因素，具体来说，需要形成‘竞争性’和‘规范性’两种精神文化因素。”① 他们从浙江发展的实践中总

① 陈立旭：《建设文化强省：基于现代化浙江战略目标的考察》，载陈野主编《2013 年浙江发展报告（文化卷）》，杭州出版社，2013，第 65 页。

结出两种精神因素，将效率（以竞争性概念来表征）和公平（以规范性概念来表征）两种伦理原则结合起来，开拓出了中国市场经济伦理研究的新向度。

其次，高度的文化自觉是浙江省文化强省建设的不竭动力。

高度的文化自觉是浙江文化建设留给我们的突出印象。政府、企业、民间热情高涨地投入文化建设，这形成了文化强省建设的不竭动力。开放的地域风气和高度重视文化教育的地方传统决定了文化自觉始终贯穿在浙江发展的过程中。

从21世纪之初开始，浙江发展的文化战略历经了三次跃升，文化自觉意识不断提升。2000年出台的《浙江省建设文化大省纲要（2001～2020年）》充分体现了初步富裕起来、经济建设走在全国前列的浙江对文化建设重要性、必要性的深刻认识，标志着浙江文化建设跨上了意识自觉的新起点。2005年出台的《中共浙江省委关于加快建设文化大省的决定》将文化建设纳入促进浙江全面发展的“八八战略”，并提出了深入推进文明素质工程、文化精品工程、文化研究工程、文化保护工程、文化产业促进工程、文化阵地工程、文化传播工程、文化人才工程“八项工程”，这标志着浙江文化建设走向了路径自觉。2011年出台的《中共浙江省委关于认真贯彻党的十七届六中全会精神大力推进文化强省建设的决定》，要求深入推进社会主义核心价值体系、公共文化服务体系、文化产业发展体系“三大体系”建设，并重点实施中国特色社会主义理论体系普及计划、公民道德养成计划、文艺精品打造计划、网络文化和现代媒体建设计划、重大文化设施建设计划、基本公共文化服务提升计划、文化遗产传承计划、文化产业倍增计划、对外文化拓展计划、文化名家造就计划“十大计划”，标志着浙江文化建设的路径自觉更加成熟和清晰，文化建设的战略目标更加明确。2012年，中国共产党浙江省第十三次代表大会上的报告提出了建设物质富裕精神富有的社会主义现代化浙江的战略目标，并指出“要更加强调共建共享，更加强调社会和谐，更加强调物的现代化与人的现代化有机统一，使现代化建设成果惠及全省人民，切实增强全省人民的发展自豪感、生活幸福感、心灵归属感、社会认同感”，这标志着浙江文化建设正在走向文化发展的本位自觉。

文化发展的本位自觉，就是要让文化建设从服务于发展、从发展的配角地位回归到发展的主角地位，让文化本身成为发展的最高目标，使文化建设真正服从于人的全面发展，从而让人民生活得更有文化内涵。只有充分实现了文化发展的本位自觉，文化发展才能摆脱“为经济建设搭台”的尴尬地位，真正成为发展本身的目标。浙江文化战略不断走向自觉的跃升过程，正是浙江文化建设不断创新和突破的重要动力。

最后，形成全面创新的文化发展格局是文化强省建设的成功标志。

从确立建设文化大省开始，浙江就将全面创新贯彻到了文化建设的方方面面。在公共文化服务领域，为推进基层公共文化服务设施建设，浙江创造性地提出了“东海明珠”工程，以显著高于国家标准的要求推进乡镇和村级公共文化服务场所建设，使全省基层公共文化服务基础设施建设全面走在全国前列。近年来，浙江省又根据基层公共文化服务发展的新需求，重点建设农村“文化礼堂”，通过资源整合、功能升级、自我管理等方式全面提升乡村公共文化服务效率，为全国基层公共文化服务绩效提升提供了浙江经验。此外，浙江还开展了基层公共文化服务“创新奖”评选活动。公共博物馆免费开放、5A 级的西湖景区整体免费开放等举措都是全国首创；杭州市开创的公共图书馆“一证通”，在全国首创市级—县、区级—街道、乡镇—村四级公共图书馆通借通还模式，并将外来人口、农民工一并纳入服务对象，颠覆性地改变了我国公共图书馆的服务模式和理念；浙江各地还纷纷提出了“十五分钟文化圈”、农民工文化绿卡、千镇万村“种文化”、“流动文化加油站”以及“百分之一文化计划”“一村一品”“文化富民四季行”等多种公共文化服务的理念与方式，不断丰富公共文化服务的内涵。在文化产业领域，浙江人更是以其独有的商业敏感和创新意识开拓着中国文化产业的新业态和新边界。亚洲最大的影视拍摄与制作基地横店影视文化产业试验区、全球文化类商品贸易风向标中国（义乌）文化产品交易会、中国最大的民营电视剧生产商华策影视、“中国演艺第一股”宋城演艺、“中国电影第一股”华谊兄弟、“网吧软件第一股”网顺科技等均出自浙江，这些文化企业的市场成功无不来自商业模式与文化内容的成功创新。早在 10 多年前，习近平同志就曾说过，“浙江改革开放20多年的发展史，从某种意义上说，就是一部生动的创新史”①。在浙江，文化创新已经成为一种自觉习惯。多年来浙江文化建设的历史，正是浙江人不断开创文化建设新格局的创新史。

自20世纪90年代开始，人类社会开始普遍进入“后现代”或“后工业化”时代，其基本特征就表现为知识经济将逐渐取代工业制造占据经济发展的主导地位，而知识经济的核心动力是人的创意或创造力，所以人力资本也就成为后现代社会最具价值的资本。而如何激发人的创造力就成为后工业时代各个国家普遍面临的问题，也是决定哪个国家能够在新一轮的经济全球化过程中占据先发优势的关键因素。但是，如果再追问一句，我们就会看到，创造力的基础是文化，文化的灵魂是“伦理精神”，是一种道德力量，而适合创造力勃发的社会一定是一个具有良好伦理传统和现代精神的社会。

浙江文化强省战略的提出体现了浙江对其文化大省建设成果的自信，更表现出浙江对其未来文化建设把控的自觉，自觉意识到文化建设要始终“以人为本”；自觉意识到文化发展要与社会经济发展相适应；自觉意识到经济的转型升级、产业的改造提升都要依靠文化创造力的释放和激发。更为重要的是，在浙江由文化大省走向文化强省的过程中，要努力“走出一条具有中国特色、时代特征、浙江特点的文化建设新路子”②。

第二节　文化建设的浙江选择：探索文化发展的本土路径

浙江文化强省建设的提出是其在审时度势、着眼未来的基础上做出的战略选择，而探索文化发展的本土路径是实现文化强省建设的关键出路。

我们在第一章中已经提及浙江在文化建设方面的一些创新做法，这里将主要围绕浙江如何立足于城乡基层社会资源潜力、激发人民群众文化创造力、促进文化在经济社会转型中的作用等方面进行分析，特别围绕其在公共

① 习近平：《干在实处　走在前列——推进浙江新发展的思考与实践》，中共中央党校出版社，2006，第79页。

② 参见《中共浙江省委关于认真贯彻党的十七届六中全会精神　大力推进文化强省建设的决定》。

文化服务领域的一些创新做法展开讨论，因为公共文化服务最为直接地作用于个人，也最有可能作用于所有人。

关于文化在经济社会转型中的作用问题的讨论已经很多，人们也逐渐认识到文化是综合国力竞争的重要因素和经济社会发展的智力支撑，但究竟文化是如何发挥这些作用的，各地又应如何因地制宜地制定措施以保证文化作用的发挥仍是值得进一步关注的问题。而浙江经验为我们思考这一问题提供了较好的样本。

首先，通过“种文化”、农村文化礼堂建设等活动，积极培育公民的主体意识和自组织能力。

在当今时代，我们需要一种有创造力的文化，而这种文化的培养离不开民众的广泛参与。如果民众没有参与文化的积极性和主动性，文化的创造性就是无源之水、无本之木。因此，如何调动和激发民众的参与热情，并使之由具有参与感转向具备权利感就成为问题的关键。

浙江为使文化在基层群众中生根发芽，形成内在的、可持续的自生机制，在乡镇积极培养当地的文艺骨干，广泛开展了“种文化”活动，产生了明显的效果。我们在调研中发现，近年来浙江农村广泛开展的创建文化礼堂活动已经成为整合村镇公共文化服务体系的有效手段，无论是新建还是改建，农村文化礼堂一改近年来基层公共文化设施有设施无服务的冷清景象，越来越成为当地居民开展多种文化活动的经常性场所。有些地方的文化礼堂是利用当地的祠堂改建而成，有些是在原有公共文化服务设施上扩建、改建而成，但无论采用何种做法，基本上都会选择当地居民经常聚集的地方。

这些文化礼堂广泛开展了村民自己组织的文艺活动，在选材方面也大多以本土文化资源为基础，选取当地百姓最为熟悉的艺术形式，比如大陈村的“一碗大陈面”就是根据当地的民俗创作的村歌，得到了当地百姓的喜爱，“一碗大陈面”在大陈村中几乎人人会唱。在编排文艺节目、开展文艺活动方面，有些地方是村委、村主任亲自主持，甚至上场表演，有些地方则是由文艺骨干负责组织排练，参加演出的也基本是当地百姓。

《可操作的民主——罗伯特议事规则下乡全纪录》一书讲述了基层民主建设的一个成功案例——南塘村兴农合作社建立民主议事规则的故事，其中提到实现村民自治的首要步骤是通过开展文艺活动以逐步提高村民的参与程度，是“以文艺促进参与、以参与促进合作、以合作促进发展”的民主化路径[①]。这与浙江的文化建设实践殊途同归。文艺是最贴近人们生活的一种方式，也是民众最容易参与其中的一种方式。最为重要的是，政府在其中主要提供资金支持和指导意见，而具体的活动安排和组织形式都由村民自己决定，这有利于使村民的参与感逐渐转变为权利感，也有利于公民主体意识的形成和自我组织能力的培养。

其次，通过“一县一品”“一堂一特色”的多元化文化建设之路，引导当地群众发展村落微型文化产业。

我们通常认为，县级以下很难发展文化产业，但我们在浙江调研时发现，浙江村落微型文化产业正在逐渐成形，已经成为文化发展的一条重要路径。

浙江在文化建设中始终强调以当地文化资源为依托进行多样化、特色化文化建设，尽量做到“一县一品”“一村一特色”。这有利于当地文化资源的盘活，加之群众参与文化建设的热情不断提高，很多之前仅作为自娱自乐的传统技艺逐渐成为可进行产业开发的文化资源。

比如，浙江的农民画和农民画家最近引起了广泛关注。浙江有着丰厚的民间美术土壤，民间历来多能工巧匠和擅长丹青的书画家。这些土生土长的农民或自学成才，或通过“种文化”的艺术培训，使用手中画笔创作出一幅幅描绘当地农民生活的美术作品，嘉善姚庄的农民画甚至走出了国门，在西班牙展出一个月[②]。更为重要的是，农民们开始考虑如何用这些美术作品来改善自己的生活。浙江武义的一位名叫王舍安的农民，在农闲季节里，通

---

① 参见寇延丁、袁天鹏《可操作的民主——罗伯特议事规则下乡全纪录》，浙江大学出版社，2012。

② http：//www. zjfeiyi. cn/news/detail/31 –3907. html。

过画泥水画赚了20多万元[①]。

再如，我们在浙江调研时参观了一家竹器加工厂，当地出产毛竹，所以村里人很多都有加工竹器的手艺，之前制作的竹器仅供家庭使用，现在却可能成为工艺制品远销海内外。这让我们想到台湾20世纪80年代开始的造社运动，同样包括培养当地文化人才，盘整村落文化资源，发展村落微型文化产业，改善村落文化据点，发展当地美学的生活空间等全方位举措。

再次，通过调动社会力量参与文化建设，积极培育社会组织。

深化文化体制改革的一个重要方面是政府要进一步简政放权，问题是放权给谁？如果全部放给市场，当市场失灵时，也无法保证普惠与公平。正因如此，党的十八届三中全会的决定中首次提出要“培育文化非营利组织”，政府不能做、不便做和做不好的事情应赋权给文化非营利组织承接，以发挥其在政府和市场之间的桥梁和纽带作用。

浙江在文化建设上始终注重调动社会力量参与，其社会组织数量也较多。在文化领域，目前，在浙江农村活跃着1300多支电影放映队、500多家民间剧团、1万多支业余文保队伍、近2.5万支业余文体队伍，集聚了超过50万名业余文体骨干。

浙江民营经济发达，具有良好的发展文化性非营利机构的土壤，因此在全国民办博物馆中浙江拥有的数量最多、影响最大，已经形成了良好的生态环境。浙江现有民办博物馆79家，其中不乏生态、社区、遗址、旧址和数字等多种新形态的专题性博物馆，已经形成了资源配置全面、涵盖行业全面的民营博物馆群落。此外，浙江电影家协会、浙江美术家协会、浙江音乐家协会等行业自律组织也大量存在。

更为重要的是，我们在调研中发现，一些社会组织在开展公益性活动时已经表现出“尊重意识”。比如，在衢州市柯城区荷花街道的志愿者服务中心，我们发现了一个助残爱心超市，货架上摆放着各种日常生活用品，下面的标签不是价格，而是分数。这些分数是残障人士做义工积累下来的，积累

① http：//zjnews.zjol.com.cn/05zjnews/system/2011/12/06/018054914.shtml。

几分就可以换取几分的生活用品。这种方式与传统的单向给予之间的本质区别就在于被救助者是通过自己的劳动获得帮助的，是在帮助别人的时候受到了帮助，他们是有尊严的，他们的人格更加健全。

如果想要真正做到尊重群众的选择、尊重群众的利益、尊重群众的权利，就要学会换位思考、将心比心，就要关注群众是否活得有尊严。可以说，这是由文化发展走向文化治理的重要一步。总之，浙江为培育有创造力的文化以推动经济社会转型积极探索本土路径，这条本土路径所指向的正是文化治理。

第三节　文化发展的浙江突破：从本土路径到文化治理

谈及“文化治理”，学界对它的界定始终莫衷一是，在此我们并不想继续其学理上的争论，但为了说清浙江是如何通过文化发展的本土路径走向文化治理的问题，需要对这个概念进行简单的说明。

需要强调的是，这里我们所要谈的不是传统意义上的文化治理，而是现代意义上的文化治理。在传统的社会管理体系中，文化通常被视为治理的对象和治理的工具，以规范社会基层的道德伦理、行为举止和生活方式，这就是我们通常所说的文化的社会教化功能。现代意义上的文化治理是现代国家治理的一种形式，它体现了政府的文化职能从传统的文化管理向现代治理的根本性转变。这种转变与政府职能的转变、公民社会的培育密切相关。换言之，现代国家治理的主体是多元的，不仅有政府，还应有社会。这里的“政府”应是有限政府和服务型政府，这里的“社会”应是民众参与度高、公共性强，企业和社会自组织活跃的社会。

在公共文化服务领域中，传统的公共服务供给模式是以政府为主导，通过自上而下的、单一化的公共行政管理途径得以实现的，职能部门只能按照设施供给目录进行选择供给，而不能根据本地区民众真正的文化需求来进行调整，不仅造成文化供给与文化需求的错位，公共文化服务效率低下，且庞大的公共文化服务开支也造成财政负担日益加重。但在现代文化治理体系中，公共文化服务的供给模式将发生根本性转变，由单一变为多元，由供给变为共治。政府要按照服务型政府的要求，进一步简政放权，但仍要在公共文化资源配置和管理协调中发挥主导作用，提高自身的监管水平，而其他不该管的事要交给社会和企业，并充分调动社会力量、培育非营利性文化组织，促进公民形成公共需求、参与文化创造。这样才可以协调好政府与市场、社会组织和个人的关系，实现公共文化服务的有效供给。

由此可见，要想实现文化治理，除了政府职能需要转变之外，还有几个前提需要同时满足：（1）文化企业要富有活力；（2）社会组织要富有效率；（3）普通民众要富有兴趣。所谓“文化企业要富有活力”是指，不仅要充分激发文化企业的创意和创新能力，生产多样化、高质量的文化产品，繁荣文化市场，而且要通过行政、税收等手段鼓励企业参与公益性文化建设。所谓“社会组织要富有效率”是指，要彻底改变社会组织过分依附政府，效率低下的局面，使其真正组织起来、行动起来，充分发挥其协同政府治理、弥补市场失灵的功能。所谓“普通民众要富有兴趣”是指，要彻底改变群众对公共文化活动被动接受、敷衍了事、漠然处之的状况，使其愿意参与、乐于参与、积极参与，充分调动群众参与文化共治的积极性和创造性。

以此反观浙江文化发展的本土路径，我们发现，它的很多做法正是为实现文化治理铺路搭桥，使之最终水到渠成。

首先，浙江文化企业众多、文化产品多样、文化市场繁荣。很多企业对参与公益性文化建设不仅有意愿，而且有行动。如浙江广播电视集团自2006 年起在全国率先举办以“回报观众，回报社会”为主题的中国浙江电视观众节，以大型主题系列活动和特色文艺演播为主要内容，向观众开放、与观众互动，覆盖观众数量逐年增加，且通过互联网等新媒体平台不断扩大影响力。

作为国有文化企业，参与公益性文化建设似乎理所应当，但如果一家私营企业本身并不是文化企业，却投资了 110 多万元建立了一家公益性非物质文化遗产博物馆，就会显得意义非凡。2007 年，中国三科电器有限公司在浙江乐清建立了“三科非物质文化遗产博物馆”，专门收藏乐清黄杨木雕和细纹刻纸精品。另外，“影视第一股”华策集团今年也将启动首期5亿元的青年导演扶持基金，为怀揣梦想的年轻电影人提供最好的造梦机会，等等。我们从这些个案中看到了浙江企业参与公益性文化建设的热情及表现出来的社会担当。

其次，浙江的社会组织不仅数量多，且表现活跃。仍以上文提到的衢州市柯城区为例，近年来，柯城区开展的“志愿者家园·爱心圆梦”建设活动，已经形成了覆盖全区的志愿者联合会、志愿者联合分会、志愿者服务站（志愿者家园）三级志愿者服务组织网络。目前，柯城区已有各类特色志愿者小组50多个，志愿者人数1万多人，开展志愿者服务2万多次。

我们在其中一家志愿者服务站参观时发现了一棵心愿树，据相关人士介绍，这种心愿树在每个志愿者服务站都有，困难群众会把自己的心愿写在卡上、挂在树上，这些心愿虽然并不大，但爱心人士的认领、圆梦的行动传递了人与人之间的温情，在整个过程中所构建的诚信、责任、仁爱、奉献的价值观意义更大。

再次，浙江当地群众的文化参与度很高，这种参与度不仅表现在参与文体活动的热情上，而且表现为一种文化传承与发展的责任意识。我们在有名的书画村——金华市浦江县岩头镇礼张村的农村礼堂参观时，发现有几位当地老人在义务教当地儿童学习书法、练习绘画。这些老人有的已年过八旬，但仍每天坚持到礼堂里或在自己家中教授学生，他们将此视为自己的一份责任，认为自己有义务把当地的书画传统传承下去。

我们在浦江还遇到了已经70多岁的麦秆画传人蒋云花老人，整整32年，蒋云花和她的徒弟们创作了《百鸽图》《梅兰竹菊》《虎啸图》等麦秆画精品，多次在全国工艺展上获大奖。2008年，浦江麦秆画还入选为全国非物质文化遗产代表作名录。作为浙江省非物质文化遗产浦江麦秆画的传承人，蒋云花又开始组织人员着手设计图案，并最终选中能反映我国古代都市繁华景象的《清明上河图》参加世博会。这些年来，陆续有人提出要高价收购《清明上河图》等作品，蒋云花老师都拒绝了，她希望这些手工艺精品能为更多人所认识，更希望她的徒弟们不要因为追求经济效益而荒废了手艺。

总之，文化治理对于我国而言是一种全新的尝试，需要进行的准备工作很多，而浙江在文化建设中自觉探索本土路径却为其实现从文化发展向文化治理的转变奠定了必要基础。尽管如此，要真正实现文化治理，甚至由文化治理走向文明典范，仍有很长的路要走，这也应成为浙江文化建设的未来之路。

第四节　文化梦想的浙江愿景：从文化治理到文明典范

中国在历史上很长的一段时间内都代表了一种文明典范，并由此构建了中华文明圈。但现代化的进程解构了中国传统的乡土社会组织结构和治理方式，也解构了中华文明圈和中国文明的典范意义。浙江的文化发展以其独特的本土化路径，为我们显示出文化梦想的浙江模式：从现代文化治理走向新型文明典范。

中国的现代化进程已经持续了上百年的时间，近 10 多年来进入了高峰期，伴随而来的是如火如荼的城镇化，这意味着我国传统乡土社会的迅速瓦解，传统的社会组织和治理方式也随之退出了日常生活。这使我们变成了无根的、没有“乡愁”的一代。人们开始思考生活本身的意义，追问“一种什么样的生活是值得追求的”，一种典范性的文化生活方式是否可以重建，以何种方式重建，这不仅关乎我国社会经济文化转型的成败，更关乎中华民族再次为世界贡献一种文明典范这一愿景能否实现。

从浙江经验我们看到，在现代化的过程中，能够走向一种典范的生活方式的合理路径就是文化治理。一种根植于基层社会的文化治理对于乡土社会重构和城市社区社会重构具有重要意义，并在本质上代表了后小康时代中国人整体生活方式的重构，这种生活方式可能通向新的文明典范。

首先，通过文化治理，进一步启蒙了民智，提高了公民意识。

现代社会没有了士绅，没有了权威，民众要学会自治，这是通向文明典范生活方式的第一步。但如果按照对我国国民性进行批判的传统，中国人一向是“逆来顺受”“事不关己高高挂起”的沉默的大多数，要想实现由“被管理对象”到“治理主体”的转变，公民意识的培养至关重要。

浙江在进行文化治理的过程中，民众的参与意识和权利意识得到了有效提高。他们不仅组织了各类业余文艺团体、志愿者组织和非营利性文化组织等，而且也在组建各种机构、团体的过程中逐渐学会了制衡与协调。因为无论机构大小，都会涉及与他人之间如何合作的问题，而这种合作又要在成员间相互平等的前提下实现。可以说，每个社会组织在本质上都类似于一个公民社会，民众通过参与各类社会组织，熟悉公民社会的规则与方式。

更为重要的是，民众在参与文化治理的过程中较为容易形成公共需求，达成公共事务方面的共识。在传统文化管理的供给模式中，民众很难形成公共需求，通常是政府配套什么资源，就利用什么资源；政府也因无从获得明确的公共需求而无法实现有效的文化供给。但在文化治理中，由于民众自己参与其中，因此可以较明确地表达自己的文化需求，再经过集体协商讨论，便可以形成一个群体的公共需求。

其次，通过文化治理，政府与民众的关系更加融洽，社会更加和谐稳定。

在文化治理中，民众不再是“被管理的对象”，而是作为与政府同样的治理主体参与文化建设。以农村文化礼堂建设为例，我们在调研中发现，很多村支书或村主任本身既是文化礼堂的主持者，也是文化活动的组织者，甚至和当地百姓一起唱村歌、跳排舞，由此拉近了与群众之间的距离。当群众遇到难事和问题时，也会主动来找村干部帮忙解决，因此，浙江才有了“大事小事不出村”的自信。

基层的稳定关系到整个社会的稳定，社会的稳定不应是建立在维稳压力下形成的表面上的稳定，而应是基于有效沟通、矛盾化解、问题解决的真正的稳定，这就需要“文化”这个润滑剂，也需要“文化治理”这个转换器。

再次，通过文化治理，乡土社会中互帮互助的传统得以重建。

现代社会因精于理性算计而患上了人情冷漠的痼疾，而浙江浓厚的互助传统，可能成为医治这一痼疾的一剂良药。

随着城镇化的不断推进和人口流动速度及规模的不断增大，出现了很多空巢老人无人照料，这种情况在广大农村尤其严重。我们在调研中发现，在很多社区街道或农村文化礼堂中都建有养老服务中心。有些中心免费或收取少量费用为那些家中无人照顾的老人提供餐饮服务，有些中心甚至为需要照顾的老人提供床位，照顾起居。这些养老中心的建立既有效解决了外出务工人员的后顾之忧，又延续了中国几千年来以孝为先、邻里互助的优良传统。

总之，随着中国传统乡土社会所蕴含的生活方式走向终结，现代社会所需“位育”的生活方式正在形成中。我们在浙江看到了这种新的生活方式所应具有的一些特征，比如，公民具有自治意识和主体意识，政府与民众之间的关系由管理与被管理转变为协商共治，再如，人们之间并不会因为理性算计而忽视应有的温情。

当然，究竟现代社会的生活方式应是怎样的，始终是个有争议的命题。但不可否认的是，当物质生活达到小康水平以后，人们有理由也有权利要求过一种更有尊严的生活。与此同时，自身的权利感、被平等看待、被群体关注等无疑是判断人们是否活得有尊严的重要指标。而民众是否活得有尊严更是判断一个民族、一个社会是否文明的重要标志。

结语：浙江经验与“中国梦”

习近平总书记在执政伊始就提出“中国梦”的概念，这不应仅仅被视为一个政治标语和口号，而是应被视为其对中国今日成就之自信和未来发展之期许，这也不应被看作是其成为新一代领导核心后的突发奇想，而是可以从其执掌浙江时的思想和实践中找到踪迹。

中国历史上曾有过“万国来朝、傲视万方”的辉煌，亨廷顿更是把以中国为核心国的中华文明圈视为唯一存续至今的古代文明。然而，近代以来，中华帝国沦落，人民被讥为“东亚病夫”，那些曾经主动选择“被中国化”的藩属国也在程度不等地推行着“去中国化”。经过 30 多年的改革开放，中国的 GDP 总量已经超越日本，跃居世界第二，但问题是，我们是否已经实现了“中国梦”？中华民族在多大程度上恢复自己往日的辉煌，取决于是否能重现其超凡的文化吸引力。

如果“中国梦”仅指“硬实力”的增强，那么我们可以自豪地说，我们已达梦想实现的彼岸；但事实上，仅凭经济和军事实力，而没有文化上的吸引力，中国的和平崛起只会引起其他国家的忌惮甚至敌意。

因此，中国能否再次为世界贡献一种文明典范，能否再次为世界提供一种令人羡慕和向往的生活方式和发展模式，这是“中国梦”所应期许的，是“两个百年”所应期许的，更是世界对中国和平崛起所期许的。那么，如何实现包含这种期许的“中国梦”?

我们相信，国家治理体系和治理能力现代化所重新确立的社会组织模式和治理方式，其在文化领域的实践，将重新为世界贡献一种文明典范。文化治理将是国家治理体系和治理能力现代化的重要途径和基点。通过对浙江经验的梳理，我们有理由认为，习总书记在执掌浙江时期，已经对以文化治理实现“中国梦”有所勾画，才会有浙江文化建设“一张蓝图绘到底”，才会有浙江从文化发展到文化治理的转变。

由此可见，浙江未来的文化建设之路更应在“中国梦”的指引下，不断强化由文化发展到文化治理的转变，以期在新一轮的国家治理体系和治理能力现代化中继续走在全国前列。

基于此，我们建议浙江加强以下几个方面的工作：

第一，进一步深化文化体制改革，推动文化行政管理部门由管文化向治文化转变。在传统的文化管理体制中，文化行政管理部门是自己办文化，自文化体制改革以来，自己办文化的做法显著减少了，逐渐向管文化转变。但这还不够，要进一步由管文化转变为“治理文化”，也即文化行政管理部门要以培育基层自组织能力为目标，进一步下放自己的文化管理权，把不需要自己管理，以及即使需要管理也可能管不好的部分交给社会组织或民众自己来管。

第二，进一步加强公共文化服务的软件建设。可以说，近年来，随着我国公共文化服务投入的不断增加，硬件设施建设已经相当完备，但这些设施的利用率普遍不高，因此，目前亟须加强公共文化服务的软件建设。

尽管浙江在这方面的工作已取得一定成果，但按照文化治理的要求，还应进一步加强公共文化服务建设与当地文化资源的紧密对接。只有如此，才能使当地百姓更有意愿参与公共文化事务，以此可以进一步盘活当地的文化资源，发展当地微型文化产业，实现当地文化资源的可持续开发与利用。

第三，进一步激发企业，特别是民营文化企业参与公益性文化活动的热情。企业不仅是繁荣文化市场的主体力量，更应成为文化治理的主体之一。浙江市场经济体系健全，民营经济历来发展较好，民营文化企业也有很大的参与公益性文化活动的积极性。因此，政府要以创新性的方式发展公共文化服务体系建设，特别是要运用“政府采购”等市场化手段，吸引民营文化企业参与公共文化服务的提供。同时，进一步加大减免税收、政策倾斜等传统手段的执行力度，鼓励文化企业，特别是民营文化企业参与公益性文化活动，共同参与文化治理。

第四，进一步加强对社会组织的培育，使其真正成为文化治理的主体之一。由于我国民众公共性意识不强、缺乏建立社会组织的经验和基础等各类原因，我国的社会组织始终发育不良，具有执行力、富有行动力的社会组织数量较少。但社会组织在文化治理中的作用却是相当重要的，因此，有必要通过减少审批程序、降低准入门槛、提供必要的政策指导等方式积极培育社会组织，并通过完善法规制度、加强监督等方式保证社会组织的活动正常有序。

综上所述，再为世界贡献一个文明典范是“中国梦”的应有之义，而文化治理是通向文明典范的重要途径。浙江的文化实践正在经历由文化发展向文化治理的转变，浙江的文化建设只要沿着这个方向前进，一定会为实现“中国梦”提供一个值得仿效的“浙江样本”。

参考文献

1. 习近平:《干在实处　走在前列——推进浙江新发展的思考与实践》，中共中央党校出版社，2006。
2. 习近平:《之江新语》，浙江出版联合集团、浙江人民出版社，2007。
3. 中共中央宣传部编《习近平总书记系列重要讲话读本》，学习出版社、人民出版社，2014。
4. 中共中央文献研究室编《习近平关于实现中华民族伟大复兴的中国梦论述摘编》，中央文献出版社，2013。
5. 中共中央文献研究室编《习近平关于全面深化改革论述摘编》，中央文献出版社，2014。
6. 人民出版社编《学习习近平总书记 8・19 重要讲话》，人民出版社，2013。
7.《中共中央关于构建社会主义和谐社会若干重大问题的决定》，2006 年 10 月 11 日中国共产党第十六届中央委员会第六次全体会议通过。
8.《中共中央关于深化文化体制改革　推动社会主义文化大发展大繁荣若干重大问题的决定》，2011 年 10 月 18 日中国共产党第十七届中央委员会第六次全体会议通过。
9.《中共中央关于全面深化改革若干重大问题的决定》，2013 年 11 月 12 日中国共产党第十八届中央委员会第三次全体会议通过。
10.《浙江省建设文化大省纲要（2001～2020 年）》，2000 年 12 月 21 日中共浙江省委常委会讨论通过。
11.《中共浙江省委关于加快建设文化大省的决定》，2005 年 7 月 29 日中国共产党浙江省第十一届委员会第八次全体会议通过。

12. 《浙江省文化建设“四个一批”规划（2005～2010）》，浙政发〔2006〕7号。
13. 《浙江省推动文化大发展大繁荣纲要（2008～2012）》，中共浙江省委、浙江省人民政府2008年7月3日发布。
14. 《中共浙江省委关于认真贯彻党的十七届六中全会精神大力推进文化强省建设的决定》，2011年11月18日中国共产党浙江省第十二届委员会第十次全体会议通过。
15. 《中共浙江省委关于认真学习贯彻党的十八届三中全会精神　全面深化改革再创体制机制新优势的决定》，2013年11月29日中国共产党浙江省第十三届委员会第四次全体会议通过。
16. 万斌总编《浙江蓝皮书：2005年浙江发展报告（文化卷）》，杭州出版社，2005。
17. 万斌总编《浙江蓝皮书：2006年浙江发展报告（文化卷）》，杭州出版社，2006。
18. 万斌总编《浙江蓝皮书：2007年浙江发展报告（文化卷）》，杭州出版社，2007。
19. 陈野主编《浙江蓝皮书：2008年浙江发展报告（文化卷）》，杭州出版社，2008。
20. 林吕建主编《浙江蓝皮书：2009年浙江发展报告（文化卷）》，杭州出版社，2009。
21. 林吕建主编《浙江蓝皮书：2010年浙江发展报告（文化卷）》，杭州出版社，2010。
22. 林吕建主编《浙江蓝皮书：2011年浙江发展报告（文化卷）》，杭州出版社，2011。
23. 林吕建主编《浙江蓝皮书：2012年浙江发展报告（文化卷）》，杭州出版社，2012。
24. 张伟斌主编《浙江蓝皮书：2013年浙江发展报告（文化卷）》，杭州出版社，2013。

25. 张伟斌主编《浙江蓝皮书：2014 年浙江发展报告（文化卷）》，浙江人民出版社，2014。
26. 郭建宁：《社会主义核心价值观基本内容释义》，人民出版社，2014。
27. 翁卫军主编《我们的价值观》，杭州出版社，2014。
28. 张伟斌主编《浙江历史人文读本》，浙江人民出版社，2013。
29. 朱颖原：《社会主义核心价值观多维研究》，人民出版社，2013。
30. 宋俊华：《非物质文化遗产保护研究》，中山大学出版社，2013。
31. 陈瑶主编《公共文化服务：制度与模式》，浙江大学出版社，2012。
32. 中共杭州市委宣传部编《走向精神高地："我们的价值观"主题实践活动》，杭州出版社，2012。
33. 黄传新等：《社会主义意识形态的吸引力和凝聚力研究》，学习出版社，2012。
34. 中共杭州市委宣传部编《核心价值大众化的杭州实践》，杭州出版社，2012。
35. 姜义华：《中华文明的根柢——民族复兴的核心价值》，上海人民出版社，2012。
36. 李强主编《建设物质富裕精神富有的现代化浙江》，浙江人民出版社，2012。
37. 黄坤明主编《领导干部国学读本》，浙江古籍出版社，2010。
38. 陈立旭：《文化的力量》，浙江大学出版社，2008。
39. 杭州市文化体制改革工作领导小组办公室编《杭州市文化体制改革回眸》，杭州出版社，2007。
40. 李景源、张晓明主编《浙江经验与中国发展（文化卷）》，社会科学文献出版社，2007。
41. 卢映川、万鹏飞等：《创新公共服务的组织和管理》，人民出版社，2007。
42. 张仁寿等：《透视"浙江现象"》，浙江人民出版社，2006。
43. 陈威主编《公共文化服务体系研究》，深圳报业集团出版社，2006。
44. 中共浙江省委宣传部编《与时俱进的浙江精神》，浙江人民出版社，

2005。

45. 中宣部文化体制改革和发展办公室、文化部对外文化联络局编《国际文化发展报告》，商务印书馆，2005。

46. 金普森、陈剩勇主编《浙江通史》，浙江人民出版社，2005。

47. 〔英〕吉姆·麦圭根：《重新思考文化政策》，何道宽译，中国人民大学出版社，2010。

48. 〔英〕阿雷恩·鲍尔德温等：《文化研究导论》，陶东风等译，高等教育出版社，2004。

后　记

2014年3月21日，浙江省社会科学院召开院相关人员会议，正式布置“中国梦与浙江实践”重大课题各分卷课题组组建工作，指定院《智库报告》编辑部主编陈野研究员担任文化组副组长。4月9~12日，浙江方课题组成员集中学习习近平同志《干在实处　走在前列——推进浙江新发展的思考与实践》《之江新语》两部专著和党的十八大以来的系列重要讲话等资料。文化组成员陈野研究员、院《智库报告》编辑周静副研究员参加。在分管副院长葛立成研究员的主持下，陈野研究员负责起草了文化卷写作大纲初稿，于4月11日提交课题组讨论。

4月22日，“中国梦与浙江实践”课题组第一次全体会议在杭州召开。与会人员有文化组组长、中国社会科学院哲学研究所所长谢地坤研究员，中国社会科学院文化研究中心常务副主任张晓明研究员，中国社会科学院文化研究中心副主任贾旭东研究员与浙江方专家陈野研究员，浙江省委党校教育长（时任社会学文化学教研室主任）陈立旭教授，浙江省社会科学院办公室副主任王正，周静副研究员。会议就人员组成、任务分工、写作大纲初稿、实地调研方案等进行商议。此后，北京、浙江两地就相关事宜进行反复协商交流。其间，浙江大学传媒与国际文化学院副院长李杰教授、浙江省委党校社会学文化学教研室张红岭副教授等浙江方专家先后加入文化组。6月3日，写作大纲完成。

6月11日上午，课题组召开文化卷写作大纲评审会，文化组浙江方专家陈野、李杰、周静参加。评审专家胡坚、张伟斌、金延锋、毛跃、邵清、马力宏、盛世豪在基本肯定写作大纲的基础上，提出中肯详细的修改建议。按照专家意见，文化组对写作大纲进行了调整修改。至此，在反复修改10

余次的基础上，写作大纲基本定稿。

在“中国梦与浙江实践”课题组召开第一次全体会议后，张晓明研究员受谢地坤研究员委托，组织北京方专家调研前的准备工作，并召开会议专题讨论浙江调研事宜，根据本次调研的目的和要求，初步确定课题组成员，明确调研重点与方向，并布置前期资料搜集与整理工作。

6月23～28日，文化组赴杭州、衢州、金华、江山、柯城、龙游、东阳、浦江等市、县（市、区）和省级宣传文化系统开展实地调研，陈野研究员、王正副主任组织了实地调研的前期筹备和具体实施工作。张晓明研究员、中国社会科学院文化研究中心副主任吴尚明编审、陈野研究员、陈立旭教授、李杰教授、王正副主任、中国社会科学院文化研究中心主任助理惠鸣副研究员、周静副研究员、中国社会科学院文化研究中心祖春明助理研究员等参加了调研活动。调研活动得到相关地区和部门领导、专家的积极支持和协助。在衢州、金华、杭州三地调研期间，文化组分别与当地市委宣传部及直属部门、各县（市、区）宣传文化系统代表举行座谈，开展考察、参观、访谈活动。在省级宣传文化系统调研中，省委宣传部、省文明办、省文化厅、省新闻出版广电局、省统计局、省作协、省文联、浙报集团、省广电集团、省出版联合集团、省文化馆等相关部门处室负责人向文化组介绍了浙江近年来文化建设各个领域的进展情况，提供了丰富的资料和案例。

调研期间，文化组召开了两次讨论会。第一次会议围绕各章大纲，确定写作框架，明确各章调研重点和阶段性进度要求。第二次会议结合调研情况，对浙江基层文化建设和农村文化礼堂工作做了重点研讨，就进一步修改、充实写作大纲，交流思想、梳理思路、明确要求。在谢地坤所长安排下，衢州学院科研处处长吴锡标教授、魏俊杰副教授等加入文化组。至此，文化组人员全部落实到位。

调研结束后，北京方课题组在对调研材料进行充分梳理和研究的基础上，在张晓明研究员的主持下，文化研究中心李河研究员、吴尚民编审、惠鸣副研究员、祖春明助理研究员等经过反复讨论、深入研究，基本形成了导论与第八章的写作提纲，并确定具体的写作分工与进度安排。写作过程中，大家多次通过电话、邮件等方式，交换遇到的问题，不断完善写作思路。

浙江方面，在陈野研究员主持下，课题组就人员分工、思路定位、体例规范、资料收集、内容选择、观点提炼等方面开展多次研讨会商，陈立旭、李杰、吴锡标、周静、张红玲、魏俊杰分别承担了第一章至第七章的研究和写作任务。

北京、浙江两地专家紧密合作，不断交流并补充新的资料和数据，基本于10月中旬完成初稿。张晓明研究员、陈野研究员分别多次审阅初稿，从体例、内容、资料、数据、观点等方面提出具体修改意见。各位作者积极配合，反复修改，其中一些章节做了数次以上较大程度的调整修改，形成二稿。

11月，文化组收到胡坚、金延锋、连晓鸣、陈先春等评审专家的审稿意见反馈。11月29日上午，陈野研究员组织浙江方专家讨论会，再次梳理写作主线，逐章讨论专家提出的修改意见和建议，明确了修改要求。经各位作者仔细修改，形成三稿。

12月5~8日，课题组举行各分卷浙江方统稿会，陈野研究员对文化卷三稿做了处理交叉重复、增补内容和资料、删减文字、核对数据等统稿工作，把一些具体问题反馈给作者修改。周静副研究员协助配合，做了很多工作。统稿后，形成四稿。

值此文化卷完成撰写，即将交付出版之际，我们对课题研究过程中给予我们大力支持的中国社会科学院、中共浙江省委宣传部、浙江省社会科学院等相关部门领导，以及上述给予我们直接指导的领导、专家、学者和此处限于篇幅未及提到的帮助我们开展研究的所有同志，表示衷心的感谢！

文化卷各章节作者为：

导论，张晓明、惠鸣（中国社会科学院）；

第一章，周静（浙江省社会科学院）；

第二章，陈野（浙江省社会科学院）；

第三章，张红岭、陈野（中共浙江省委党校、浙江省社会科学院）；

第四章，陈立旭（中共浙江省委党校）；

第五章，李杰（浙江大学）；

第六章，周静（浙江省社会科学院）；

第七章，吴锡标、魏俊杰（衢州学院）；

第八章，张晓明、祖春明（中国社会科学院）。

《中国梦与浙江实践·文化卷》课题组

2014 年 12 月 8 日

图书在版编目(CIP)数据

中国梦与浙江实践. 文化卷/谢地坤主编. —北京: 社会科学文献出版社, 2015.8

ISBN 978-7-5097-7698-8

Ⅰ.①中… Ⅱ.①谢… Ⅲ.①社会主义建设成就-浙江省②文化发展-成就-浙江省 Ⅳ.①D619.55 ②G127.55

中国版本图书馆 CIP 数据核字 (2015) 第 147280 号

中国梦与浙江实践·文化卷

主　　编 / 谢地坤
副 主 编 / 陈　野

出 版 人 / 谢寿光
项目统筹 / 王　绯　曹义恒
责任编辑 / 周　琼

出　　版 / 社会科学文献出版社·社会政法分社 (010) 59367156
地址: 北京市北三环中路甲 29 号院华龙大厦　邮编: 100029
网址: www.ssap.com.cn
发　　行 / 市场营销中心 (010) 59367081　59367090
读者服务中心 (010) 59367028
印　　装 / 三河市尚艺印装有限公司

规　　格 / 开 本: 787mm×1092mm 1/16
印 张: 22.75　字 数: 345 千字
版　　次 / 2015 年 8 月第 1 版　2015 年 8 月第 1 次印刷
书　　号 / ISBN 978-7-5097-7698-8
定　　价 / 68.00 元